THE GEOGRAPHY OF INNOVATION

创新地理学

吕拉昌◎等著

科学出版社
北京

内 容 简 介

创新地理学研究人类创新活动的空间规律，与社会学、经济学、管理学、政治学、地理学等多个学科有关。本书由活跃在我国创新地理研究领域的多位学者撰写，提出了创新地理学研究的对象、学科性质与任务；系统阐述了创新理论及其发展历程；分析了知识创新、技术创新、制度创新、研发的空间效应与扩散、创新集群与创新网络；揭示了产业创新、新兴产业、服务业创新与区域发展的规律；探究了创意产业与创意城市建设、创新带动城市发展的机理；对中外创新系统进行了比较分析，探讨了创新地理学的规划应用。

本书是我国第一部较为系统的创新地理学专著，可供社会学、经济学、管理学、政治学、地理学等领域的研究人员、管理人员和高等院校从事相关研究的师生参考。

图书在版编目（CIP）数据

创新地理学 / 吕拉昌等著. —北京：科学出版社，2017.1

ISBN 978-7-03-049504-4

I. ①创… II. ①吕… III. ①技术革新-区域布局-研究飞 IV. ①F062.4

中国版本图书馆 CIP 数据核字（2016）第 179328 号

责任编辑：石 卉 张翠霞 / 责任校对：彭 涛

责任印制：赵 博 / 封面设计：有道文化

科学出版社出版

北京东黄城根北街 16 号

邮政编码：100717

http://www.sciencep.com

天津市新科印刷有限公司印刷

科学出版社发行 各地新华书店经销

*

2017 年 1 月第 一 版 开本：B5 (720×1000)

2025 年 1 月第二十三次印刷 印张：26 1/4

字数：512 000

定价：98.00 元

（如有印装质量问题，我社负责调换）

PREFACE 前言

知识经济时代，创新已成为人类社会经济活动的核心，各种创新活动对区域与城市发展都产生了深刻的影响，成为国家与区域发展的关键。美国 2009 年 9 月出台的《美国创新战略》着眼对创新基本要素投资，以创新为利器，推动美国经济长期持续增长。欧盟 2008 年推出的《欧洲 2020 战略》认为知识创造和创新是未来经济增长的推动力。我国早在 2006 年发布的《国家中长期科学和技术发展规划纲要（2006—2020 年）》中，就提出建设创新型国家。党的十七大报告把提高自主创新能力、建设创新型国家作为国家发展战略的核心，并提出到 2020 年，我国的自主创新能力显著增强，科技进步对经济增长的贡献率大幅上升，进入创新型国家行列的发展目标。在中国经济转型的关键时期，党的十八大进一步提升了创新的战略地位，明确提出："科技创新是提高社会生产力和综合国力的战略支撑，必须摆在国家发展全局的核心位置，要坚持走中国特色自主创新道路、实施创新驱动战略。"可见，创新对国家发展的重要性，正如 2015 年成都全球创新创业交易会达成的《全球创新创业成都共识》中所指出的：创新创业是"人类社会发展的永恒主题"，是"经济发展的强大引擎"，是"城市转型的核心动力"，是"跨越国界的共同语言"，是"国际交流合作的重要载体"。

自约瑟夫•熊彼特（Joseph A. Schumpeter）提出创新理论以来，创新的研究视野不断扩展。从企业及其环境创新，到国家创新系统，再到区域与城市创新系统、创新生态系统，从创新要素、产业创新、创新集群、创新网络到创新能力、创新绩效与创新治理（governance of innovation），都成为创新的热点研究领域，社会科学将“创新研究”作为一种使命。经济学、政治学、社会学、工商管理都从不同的视角研究“创新”。经济学家关注创新同经济发展与变化的关系；社会学家关注创新的过程及其对社会技术过程的影响；政治学学者们关注创新政策及其影响；工商管理学者则强调如何对企业创新进行管理并整合至商业战略；多学科关注“创新”研究表明创新的多学科性质。

创新发生在空间，具有特定的时间与地点，创新在空间上是有规律的。地理学研究的核心是人地关系地域系统，是地球表层的人类活动与地理环境相互作用的空间规律，也是一门经世致用的学科。地球表层的人类活动既有人类的生产活动、生活活动，更包括人类的创新活动，而人类的创新活动是人类与自然界联系的重要纽带之一，对人类的其他活动产生重大影响。地理学者从“空间”的视角对地球表层极为重要的人类创新活动进行研究，研究这些活动的空间规律、空间组合特征，研究其与地理环境的关系及其所产生的影响。自 1994 年弗里德曼（Feldman M P）提出创新地理学，创新与经济增长的空间研究已成为经济地理学的核心研究议题（Feldman，1994）。

我国学者也主张建立创新地理学，一批地理学者已从人文地理的视角对“创新”进行了大量的研究工作，取得了可喜的研究成果，在学科建设方面也稳步推进，对国家实施创新发展战略提供了重要的决策与政策依据。2014 年，在中国地理学会主办、首都师范大学承办的“中国首届创新地理学术研讨会”上，来自不同学科的学者对创新地理专题进行了深入探讨，会议向中国地理学会发出成立中国地理学会创新地理专业委员会的倡议，并提出编写《创新地理学》的设想。同年，在四川成都召开的“中国地理学 2014 年学术年会”上由王铮、吕拉昌主持开设了“创新地理学与演化地理学”专题。2015 年，在首都师范大学举办的“2015 创新地理学术沙龙”上，进一步讨论了创新地理学的相关议题，并对《创新地理学》的编写提纲进行了认真的讨论。经过近一年的撰写与反复修改，研究成果终于呈现给大家。本书为国家自然科学基金项目（41471136、41371175、

41301109、41471106、41471103），国家社会科学基金项目（15BGL208），教育部人文社科重点研究基地重大项目（13JJD840010），教育部第 49 批留学回国人员科研启动基金项目，广东省哲学社会科学十二五规划项目（GD13CYJ08）的部分研究成果。

本书由吕拉昌教授设计编写提纲并组织撰写，由活跃在我国创新地理研究的高校中青年骨干教师共同撰写。本书撰写分工如下：第一章、第二章由首都师范大学吕拉昌教授撰写；第三章、第十二章由上海师范大学王承云教授撰写；第四章由南京师范大学汪涛教授、范雪晴撰写；第五章、第九章由华东师范大学汪明峰教授、赵讷、夏锋撰写；第六章、第十三章由华南师范大学的符文颖副教授撰写；第七章由兰州财经大学张永凯教授撰写；第八章由广州大学千庆兰教授撰写；第十章由华南师范大学方远平教授撰写；第十一章由深圳大学段杰教授撰写；第十四章由东南大学王兴平教授、杨攀、袁野峰林撰写。在此，感谢各位作者为出版本书所做的努力。同时，要感谢中国地理学会理事长傅伯杰院士，中国地理学会副理事长张国友研究员，国家自然科学基金委员会地学部副主任宋长青研究员、冷疏影处长，中国地理学会副理事长、首都师范大学校长宫辉力教授，首都师范大学资源环境与旅游学院院长李小娟教授等的支持与帮助。由于创新地理学是仍在发展中的学科，加之作者水平有限，书中难免有遗漏和不足之处，敬请各位同行及读者批评指正。

吕拉昌

2016 年 4 月 15 日于北京

CONTENTS

目录

第一章

创新地理学的研究对象、学科性质与任务

20 世纪初，美籍奥地利经济学家熊彼特（Schumpeter J A）首次提出“创新理论”，他认为创新是一种内部自行发生的过程，是一种创造性的破坏（creative destruction）（Schumpeter，1934）。然而，创新在经济发展中的作用并没有引起当时正统的经济学家的重视，直到 20 世纪 50 年代，伴随技术创新经济学和制度创新经济学的发展，熊彼特的创新理论才受到重视。与此同时，创新的空间问题也引起了地理学家的关注，但并没有成为地理学研究的主流领域。1953 年，哈格斯特朗（Hägerstand T）提出了创新三阶段空间扩散的观点。1977 年，普雷德（Pred A）解释了创新通过城市体系的等级扩散，认为大城市在这个过程中占据循环优势（Pred，1977）。

自 20 世纪 80 年代以来，伴随知识经济的发展，创新、创意成为区域发展的决定性因素，社会科学的“空间化”倾向，以及人文地理学的“制度文化转向”“关系转向”，使得人文地理学对“空间”的理解深化，“软空间”的研究受到重视，创新地理成为主要的研究方向，国内外学者对创新地理进行了深入研究。1994 年，弗里德曼提出了创新地理学，创新地理研究进入新的发展阶段（Feldman，1994）。然而，创新地理学的学科基础理论建设仍很薄弱，能否作为一门学科仍受争议，其研究对象、学科性质、主要任务等都需要进一步研究（吕拉昌等，2016）。本章基于前人对创新地理学的研究成果，对创新地理学的产生与发展、研究对象、学科性质及主要任务进行了探讨。

第一节　创新地理学的产生

20 世纪 80 年代，一系列的因素促进创新地理学的产生：①21 世纪，以知识为基础的经济逐渐占据国际经济的主导地位，知识经济时代需要知识的不断创新，其发展直接依赖于知识和信息的生产、扩散和应用，增长动力转向创新与创意，这一浪潮促进了地理学家重视“知识”“创新”的研究，促进了创新地理学的产生；②社会科学开始重视“空间”，制度经济学、演化经济学等在创新机制中发现了“地理”的重要性，“新区域主义”把创新作为一种相互学习的空间过程；③地理学的“社会化”与社会科学相向而行。从 20 世纪 70 年代开始，经济地理由新古典学派转向政治经济学派，大卫·哈维（David Harvey）把空间看作是围绕经济活动的社会关系的产物。20 世纪 80 年代中期以来，西方发达国家经济发展方式由福特主义向后福特主义转型：法国规制理论（regulation theory）产生，其强调社会规范与经济过程的相互作用及文化和社会因素是构成规制模式的重要因素。新经济地理学强调“文化转向”“制度转向”“关系转向”，更多的区域性的因素，如“制度”“文化”，被引入创新机制解读，提出了“制度厚度”

“社会网络”“学习机制”等一系列概念，人文地理学引入社会学概念成为打开区域发展的一把钥匙，促进了创新空间机制的研究。

创新发生在特定的时间与地点，在空间进行，因此，创新与地理学有着极为密切的关系。20 世纪 80 年代以来，关于创新的研究纳入了地理学的视野与研究内容，提出了一些重要的研究范式，如创新环境学派（Aydalot，1988）、产业集群与创新集群学派（Das，1998）、新产业区学派（Granovetter，1985；Amin and Thrift，1992）、国家创新系统（包括随后发展而来的区域创新系统及城市创新系统）（Lundvall，1992；Cook，1992）、创意城市理论等（Scott，1998；Yencken，1988），这些都奠定了创新地理学发展的理论基础。这一时期地理学者作了大量的实证研究工作，取得了丰富的研究成果（Jaffe et al.，1993；Malecki，1985；DeBresson and Amesse，1991）。1994 年，弗里德曼提出了创新地理学，创新地理研究进入学科发展研究的新阶段。

创新在中国的研究受到广泛关注，地理学者对创新研究有重要的贡献。早在 21 世纪初始就有学者对集群创新（王缉慈等，2002）、技术扩散、区域创新系统（曾刚等，2006a；2006b）、R&D 研究创新（杜德斌等，2007；2010）、知识创新网络（汪涛等，2011）等方面做了深入研究，并提出了创新区概念，认为创新区包括创新源、联系通道、空间梯度和创新扩散空间（张苏梅等，2001），探讨了中国城市新产业空间（王兴平，2005）。2009 年吕拉昌从城市地理视角，提出基于创新的城市化（吕拉昌等，2009），并从中国城市创新体系（吕拉昌和李勇，2010）、创新联系（吕拉昌等，2015）、城市创新职能（吕拉昌等，2014）、大都市创新（吕拉昌等，2013）等多个角度进行了深入研究。方创琳对创新城市开展研究（方创琳等，2013；2014），王承云对城市研发集群进行了探讨（王承云等，2013），陈秉钊等对知识创新空间的形成机理进行了探讨（陈秉钊和范军勇，2007），隋映辉提出了大城市创新圈的概念（隋映辉，2004）。

城市创新能力、创新型城市、创意城市成为学术界乃至政府关注的热点问题。在经济发展及学科发展的热切需求下，创新地理学学科建设迫在眉睫。2001 年甄峰等提出建立创新地理学（甄峰等，2001）。2007 年波伦斯基的 *The Economic Geography of Innovation* 一书介绍了国外创新地理测量、制度与创新系统、全球创新网络等内容（Polenske，2007）。2004 年 Fagerberg 等的 *The Oxford Handbook of Innovation* 专门设了一章探讨创新地理学（Fagerberg et al.，2004）。2013 年龙开元出版《创新地理学——中国科技布局的理论与实践》（龙开元，2013）。2014 年中国地理学会主办，首都师范大学承办“中国首届创新地理学术研讨会”。同年在四川成都召开的“中国地理学 2014 年学术年会”上由王铮、吕拉昌主持开设了“创新地理学与演化地理学”专题，2015 年首都师范大学举办了“2015 创新地理学术沙龙”，标志着创新地理学在中国受到学术界高度关注，成为研究的热点领域，创新地理在中国进入快速发展时期。

第二节　创新地理学的研究对象与学科性质

一、创新地理学的研究对象

关于创新地理学的研究对象，国内外已有一些观点，弗里德曼认为创新地理学是研究一个由多维空间因子决定的复杂地理过程：知识的地理集中有利于信息搜寻、增大搜寻强度和任务合作，而创新地理实际上是一个为新产品商业化过程提供所需不同知识的组织在空间上的表现形式（Feldman，1999）。甄峰认为创新地理学的研究对象是创新（包括知识、技术、人才、信息等）的生产、分配、交换和消费在时空上的分布与组合及其在地理环境中的相互作用（甄峰等，2001）。本书认为创新地理学是人文地理学的分支学科，需要在此前提下分析创新地理学的研究对象。

1．创新地理学是人文地理学的分支学科

地理学的研究对象是“人地关系地域系统”（吴传钧，1991），这一点已经在中国地理界达成共识。创新与人地关系地域系统有密切的关系。

在人地关系的构成中，创新活动是人类最重要的实践活动。地理学研究的核心是人地关系地域系统，人地关系地域系统是由地理环境和人类活动两个子系统交错构成的复杂的开放的巨系统。“人”是指社会的人，是指在一定生产方式下从事各种生产活动或社会活动的人，是指有意识地从事同自然进行物质交换而组成社会的人，是指在地球表面特定空间上活动着的人（李振泉，1985）。由此可见，地理学人地关系中所提及的“人”是指人类活动。人类活动可分为人类的生产活动、社会活动，更为重要的是人类的“智慧”活动，也就是人类的创新、创造活动。

从人地关系演化角度来看，现阶段的人地关系更需要人类的创新活动进行协调。吕拉昌等提出人地关系的三元模式——“人”“地”和“文化”，人类智慧作为人类文化的最重要方面，现代人地关系已发展到“智慧”的人地关系：“智慧”的人地关系发展的本质是发挥人类的创造、创新能力（吕拉昌和黄茹，2013）。创新、创意对人地关系的协调起重要作用。

现代人类社会发展面临新的转变，经济发展的全球化与知识化是当今世界发展的两大趋势。以知识为基础的经济正日益广泛和深刻地影响着人类生产和生活的各个方面。知识、技术和信息成为经济发展的首要生产要素。知识的创新、扩散和使用成为经济增长最主要的动力。经济学家用知识和技术的创新能力解释不同国家和地区的经济表现，得出了令人信服的结论（Nelson，1993）。为应对知识

经济时代，应提高国家创新能力和经济竞争力。而国家创新能力的提高，关键在于建立和完善国家创新系统，提高知识的生产、传播和应用的效率（刘燕华和李秀彬，1998）。面对经济时代人地关系的新变化，地理学迫切需要建立一门研究知识、技术、创新与人地关系地域系统的学科。这就成为创新地理学的产生与发展的重要契机。

从地理学的学科发展的动态演化来看，伴随人类社会的发展、地理学人地关系演进与地理科学研究发展是密切相关的。人类社会发展至今已经历了农业经济时代、工业经济时代，正进入知识经济时代。作为研究“地球表面的自然现象与人文现象的空间分布以及两者之间的相互关系的一门学科”，人文地理学发展深受社会、经济发展背景的影响，先后出现了多个与产业、经济相关的人文地理学分支学科（如农业地理学、工业地理学、产业地理学、服务业地理学、金融地理学、经济地理学等），与人类本身及文化相关的人文地理学分支学科（如人口地理学、人类地理学、政治地理学、文化地理学、民族地理学、军事地理学、社会地理学、文学地理学等），从时间尺度研究地理学人地关系相关的人文地理学分支学科（如历史地理学），以及以人类活动区域划分相关的人文地理学分支学科（如城市地理学、乡村地理学等）。知识经济的到来、创新时代的到来为创新地理学提供了重要的社会经济基础，创新地理学作为人文地理学的重要分支应运而生。

2．创新地理学研究对象的条件

作为创新地理学的研究对象，需要具备三个条件：①独特性。独特性是指其他学科没有将其作为研究对象或研究重点。创新地理学将创新与空间联系起来。例如，专利的发明在一定的地域进行，研究的投入与产出各区域具有差异，新产品的开发与上市具有区位选择的问题，创新在一地发生，发生需要什么条件与区域的人文地理环境有关联等。创新在空间的集聚与扩散上都与空间联系在一起，这正是创新地理研究的独特性。虽然经济学、社会学对创新的研究中也涉及创新的空间问题，但揭示创新空间规律不是其研究的重点。例如，经济学关于国家创新系统、区域创新系统的研究关注的是创新主体（大学、研究机构、企业）的关系，以及与创新环境之间的关系，但在区域创新系统研究中，城市的创新职能与分工、创新环境的区域差异、创新能力的区域差异等并不是其研究的重点。因此，创新地理学在人类创新活动的空间规律研究方面发挥着重要的作用。②地域性。空间是地理学存在的理由，创新的空间性也已被证明。国家之间、区域之间创新系统存在差异。虽然有人相信在信息技术浪潮下“地理学的终结”（the end of geography），但是无论社会如何变化，人与自然的关系仍将是社会发展的主题。旧的区域差异会缩小，但新的区域差异会不断产生。结合地理创新研究的特点，刘燕华等认为地理学至少在知识交流和扩散的空间过程、知识和技术创新群专业区的形成和演化、国家和地区创新能力的评估体系方面发挥作用（刘燕华和李秀彬，1998）。③关联性。创新地理与地理学的其他分支与地理学研究的人地关系地域系统具有关联性。创新地理学与经济地理学、城市地理学、创新资源学、人才地理学都密切相关。创新与地理学的人地关系系统联系在一起，主要表现在：发生在任何空间的知识或技术创新带来这一区域的社会经济重组与调整，从而影响这一区域的人地关系变化，重大的技术创新甚至会带来人地关系革命性的转变。例如，工业革命使世界的人地关系格局发生了重大变化，计算机技术及信息技术的变化也带来了世界范围内的人地关系大调整。

按照上述三个条件，本书认为创新地理学可以作为一门新兴的人文地理学的分支，其研究对象是人类创新活动与地理环境关系的地域系统。这一研究对象具有独特性，主要包括五个方面的研究：①创新要素的时空分布、特征、组合、集聚规律；②创新活动的发生、发展及组织与管治；③创新活动空间特征与规律；④创新活动与地理环境的多尺度相互作用机制；⑤创新活动与区域效应与空间格局演变。

二、创新地理学的学科性质

创新地理学研究人类创新活动的空间规律。人类创新活动是与人有关的社会现象，因此从本质上讲创新地理学属于社会科学。创新地理学所研究的人类创新活动与地理环境关系的地域系统，与社会、经济、技术、政策等多种因素有关。创新活动的发生、发展是多种因素作用的结果，创新活动也会引发地理环境各种因素及结构的变化。因此，创新地理学具有交叉学科的性质，可分为外部交叉和内部交叉。

1. 外部交叉

外部交叉是指创新地理学与地理学及地理学以外的学科有明显的交叉。因为创新活动从本质上讲，是一种综合性的社会活动，与社会学、经济学、管理学、政治学、地理学等多个学科都有关系，社会学、经济学、管理学、政治学、地理学的相关理论是创新地理学重要的理论基础（图 1-1）。

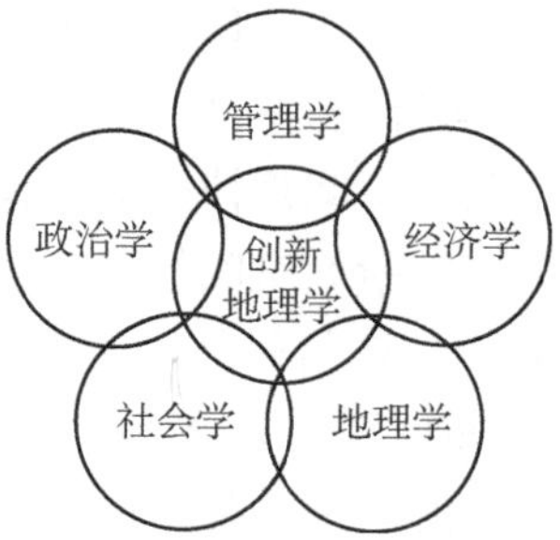

图 1-1 创新地理学的外部交叉

（1）社会学与创新地理学的关系。社会学注重社会现象、社会关系和社会行为的研究。创新行为是人类的一种社会现象与行为，创新行为主体涉及创新群体、企业、科研机构与大学及社区，20 世纪 90 年代以来，社会学者研究复杂社会网络视角下的创新合作与扩散，消费者网络结构与扩散、区域创新合作的知识扩散、合作绩效与网络演化以及知识网络（黄玮强等，2012；肖冬平和彭雪红，2011）。创新地理学则侧重创新主体空间的差异研究，创新行为的区域差异研究。各创新主体的创新行为的规律是认识创新空间活动的基础。

（2）经济学与创新地理学的关系。经济学研究人类经济活动的规律，创新活动能带来投入的报酬递增和价值的增长是经济学的研究范畴。经济学对创新研究的学科较多，如技术创新经济学、制度创新经济学、知识经济学、演化经济学等。经济学注重技术、制度、人力资本、知识等对创新发生与发展过程的研究，但经济学的此类研究很少关注具体的区域空间。创新地理学除关注这些要素对实体区域的作用，更关注其组合状态及区域环境的协调与适应。

（3）管理学与创新地理学的关系。管理学以人为研究对象，实质上是对组织各层面之间的关系进行协调。创新主体之间的知识流动成为管理学创新研究的重要内容。知识经济时代外部知识网络逐渐成为企业创新的重要构成要素和驱动创新的一种组织方式（Huggins and Johnston，2009），企业不得不在创新的各个阶段寻求外部合作，将各类外部知识源纳入创新生态群落（Escribano et al.，2009；Pedersen et al.，2011），建立跨地域、时区或组织的知识连接纽带，通过学习性组织的建设，社会系统复杂性的嵌入来把自己所积累的知识变成竞争优势。尤其是研发联盟中组织之间知识、信息的对流，以及产学研的网络对创新起至关重要的作用。创新地理学借鉴管理学的组织网络理论、组织学习理论，研究区域的关系资产、知识流动、关系嵌入、产学研网络、行动者网络，研究区域的路径依赖、地区与全球网络。

（4）政治学与创新地理学的关系。政治学把以公共权力为中心的政治关系、政治制度、政治思想、政治文化和政治行为及其发展规律作为研究对象。政治学涉及创新的公共政策与环境，创新地理学关注区域的创新环境、政策、法律等方面。政治地理学关注尺度政治（scalepolitics），特别是地方分权背景下中央和地方政府的关系，区域地方政府制定的相关区域创新政策，形成区域主体协同行动框架的制度能力的影响等。政治地理学事实上也涉及创新地理学的研究内容。

2．内部交叉

创新地理学与地理学的相关分支学科存在交叉。创新活动所涉及的地理环境包括自然地理环境与人文地理环境，两者对创新活动均有重要的影响。自然地理环境通过气候、生态等因素，直接影响创新要素（如创新人才）的人居环境，也通过区位效应影响创新活动。

人文地理环境是人类的社会、文化和生产、生活活动的地域组合，包括人口、民族、聚落、政治、社团、经济、交通、军事、社会行为等。人文地理环境直接影响创新活动。人文地理学科中已有一些分支学科研究创新活动及空间规律，如社会地理学、文化地理学、经济地理学、城市地理学、人口地理学、资源地理学。社会文化地理学关注创新发生的社会与文化环境。创新经济地理学主要关注创新及创新空间的测量、信息与知识流的制度与空间研究、创新集群与创新网络、国家与区域创新系统。城市是创新要素的集中地，是创新的源头，城市地理对创新的研究给予了高度重视，从城市地理学分支形成城市创新地理学。城市创新地理学主要关注基于创新的城市化（innovation-based urbanization）、城市内部产学研的结构与空间结合关系，城市创新系统、城市创新扩散与集聚、大都市创新系统、城市创新联系等方面。作为人口地理学分支的人才地理学，主要研究作为创新要素的人才移动与区域创新的关系（Florida，2002）。创新资源地理学强调创新要素人才、资金、技术等创新要素的空间及地域组合规律。目前，经济地理学对研发产业、技术空间扩散、跨国公司的研发活动作了大量的研究。综上所述，创新活动主要与人文地理环境有关，因此作为人文地理学的分支学科，创新地理学与人文地理学分支学科有较多的交叉点。

第三节　创新地理学研究的主要任务

根据创新地理学的研究对象、学科性质，结合地理学的研究传统以及社会经济发展的需要，创新地理学的主要研究任务如下。

一、创新地理学基本理论

创新地理学基本理论的研究不仅对充实创新地理学的研究内容、提高学科发展水平有重要意义，而且对学科的再发展有着重要的影响。创新地理学作为一门独立学科存在，需要加强对创新地理学学术思想的形成、发展与历史回顾及总结，逐渐建立起一套完整的关于创新地理学的理论体系，对创新地理学的研究目标、研究内容、学科性质、基础理论与原理、学科应用、现实意义、时代特点以及与其他学科间的联系等进行纵深研究，做出具有信息和知识社会时代特征的科学回答，促使学科不断完善与发展，以适应当今创新潮流，以及满足知识经济对创新地理学研究发展的需要。

二、创新要素在空间的地域分布与组合规律

创新地理学研究主要涉及空间的创新，以及空间创新与企业家、人才、资本、技术及信息等之间的内在关系。创新的实质在于通过资源、信息和能力的整合，实现价值增值。在各个区域处于不同的创新价值链（innovation value chain，IVC）的发展阶段时，如创意产生（idea generation）阶段、创意转化（idea conversion）阶段和创意扩散（idea diffusion）阶段，需要不同的资源导入活动（如内部导入、跨部门导入、外部导入、创意筛选、创意开发和创意扩散）（Hansen and Birkinshaw，2008），其实质是创新资源的组合与状态。因此，从创新价值链视角，区域创新要素的组合状态可以是按创新活动所需要的要素组合，以一个产品形成的组合，即横向组合；也可以是产品从概念到技术、融资、制造、销售，形成不同阶段的决策权的组合。这两种组合都影响区域的创新生态。

创新地理学需要研究人才、资本、技术、知识及信息等创新要素的区域分布及区域组合状态，特别是：①企业家的空间分布及其对空间创新的格局的影响；②人才的区域流动及人才集聚与创新关系；③区域技术分布格局、技术通道、技术空间扩散与转移；④区域资本的来源、途径及对区域创新的作用，一些创新创业的资本，如风险投资、天使投资等的分布与对创新创业的影响；⑤知识的存量与增量及其区域的转化途径；⑥创新的基础设施（如 R&D、通信设施、实验设施等）的投入区域分布及区域效应。跨国公司是世界人才、技术、资本的主要载体，跨国公司的区位选择对创新要素的集聚起重要作用，因此跨国公司的研发区位选择受到广泛关注。对创新资源的研究可以在不同尺度上进行研究，如全球尺度创新资源的分布与流动研究；国家尺度的创新资源流动与分布研究；区域尺度创新资源的流动与分布。城市成为各种创新要素的集聚地，需要研究城市创新资源的分布，以及城市创新生态系统，从更微观的角度也可以研究城市创客空间生态系统。

三、创新环境、创新生态及评价

创新环境是一个由多种环境综合而成的复杂环境，是一个动态的发展过程。它为一系列创新活动的开展提供了支撑条件，创新地理研究区域的创新环境，区域创新环境研究关注以下几个方面：①区域创新环境的基本理论问题，包括概念、基本构成、分类、构建和如何培育等方面；②对区域创新环境形成机理分析；③区域创新环境测度与评价；④创新环境对创新能力、创新绩效的影响；⑤区域创新环境的差异分析。

创新生态与创新环境有一定的联系，创新生态更强调创新主体与创新环境的联系。区域创新生态成为近年来创新研究最为关注的课题，如何形成创新循环、创新链、创新流动是区域创新生态研究关注的问题。政府部门正努力形成区域的

创新创业的生态系统，并为此研究针对性的政策体系。

四、创新地理测度、创新空间格局与效应

研究创新的测度是创新地理的核心问题之一，国内外创新地理研究者主要运用创新投入、创新产出、创新主体三类数据进行创新空间集聚或分散测量，20 世纪 90 年代以来，创新网络数据逐渐受到了学者们的关注，创新调查的方法也逐步被引入创新的测度中，这方面研究的问题主要是：①创新在区域的集聚与分散的研究；②区域创新格局的内在机制和影响因素；③创新的空间格局如何影响国家和区域的经济发展；④创新的溢出效应的度量及其空间效应产生机理和影响。

五、创新联系、创新网络及创新集群

创新联系显示出区域创新强度与内部协作程度。创新联系是创新网络的基本单元，无数的创新联系构成了创新网络。目前采用新方法（如引力模型、论文合作、专利合作及引用等方法）探究创新联系，以及创新网络的组织绩效、空间特征成为学者关注重点。国内外学者重视对创新集群的形成模式、演化动力的研究，在创新集群的建设模式及创新集群的生命周期演化上取得了大量成果。这方面今后仍有较多的问题需要进行深入研究：①如何采用更有效的方法测度创新联系？创新联系的种类如何？何种创新联系对区域的发展最为关键？②创新网络主体的相互作用机制、主体与创新环境的作用机制；创新网络主体的组织网络、“权力关系”、内外网络关系，不同主体对创新网络的作用及对区域创新的影响，创新网络的学习机制；创新群落的创新生态。③创新集群的结构、形成机制及相应的政策体系研究。

六、多尺度的创新系统研究

创新体系包含不同层面，有国家创新体系、区域创新体系、大都市圈创新体系、城市创新体系。各个层面的创新体系研究都关注创新体系运行机制研究、创新能力或绩效的评价、创新系统生命周期研究、创新政策研究、不同区域创新体系比较研究。从创新地理视角研究的创新体系突出空间的重要性，主要研究：①国家创新体系的空间体系；②不同创新体系的区域背景对创新体系形成、运行影响；③跨区域、超行政边界的区域创新体系。

七、创新、城市发展与规划

城市是创新机器，城市创新包括创意与创新，也相应形成两个研究方向，即城市创意地理与城市创新地理。城市创意地理主要研究：城市创意产业集群的形成与发展机制；城市创意产业发展模式、路径；城市创意产业效率评价；城市创意产业支撑条件；城市创意产业园区等方面的内容。城市创新地理主要研究：基于创新的城市化、城市创新的形成条件；城市创新环境及城市创新生态；城市创新体系；城市创新空间；创新城市等方面的内容。

传统的城市规划重视城市物质空间的规划，这明显是不足的（吕拉昌，2004），城市创意空间与创新空间的兴起，需要在城市规划中加以考虑。这方面需要研究：①城市创新空间的区位选择；②城市创新空间与物质空间的关系；③城市创新等级体系与城市规划；④城市知识通道及传播；⑤城市内部空间的创新联系。

第四节 本章小结

（1）响应全球新一轮知识经济与创新的潮流，社会科学的"空间化"，经济地理学重视文化、制度、网络与关系的研究，促进了"软空间"研究的兴起，创新地理学的产生与发展是必然的。创新地理学是研究人类创新活动与地理环境关系的地域系统，"人类创新活动"是人类活动最为重要的方面，对智慧的人地关系系统建设具有重要的意义。中国政府响应这种创新潮流，提出"大众创业，万众创新"，此举具有重要意义。中国地理界需要充分整合地理学界关于创新的研究力量，通过定期组织国际、国内学术交流，举办多种形式的研讨会，建立与国外同行的交流机制，对创新地理学的理论、方法与应用进行深入探讨，形成学科发展共识，推动创新地理学的发展，同时，应发挥地理学科的优势，为国家、区域、城市的创新发展与决策服务。

（2）创新地理学作为一门独立的人文地理分支学科，具有交叉学科的性质。创新地理学是一门交叉学科，需要借鉴经济学、管理学、社会学、政治学的理论，进一步整合经济地理学、城市地理学、创新资源学、人才地理学的研究成果，提升学科的理论研究水平；同时，其作为一门新兴的学科，需要加强基础理论建设，建立较完善的学科理论体系，更好地指导科学实践。

（3）创新地理学要面对知识经济发展，中国实施国家创新发展，努力参与国家与地区的创新型国家战略规划、创新城市建设、创新集群建设任务，同时，对案例研究大量的"经验"知识进行总结、归纳与升华，需要做"学术地理学"，形成学科的理论及理论体系，围绕创新的空间研究这一核心任务，发展成地理学一门理论与方法兼备，具有地域性、综合性及应用性的人文地理学的分支学科。

丨参考文献丨

陈秉钊，范军勇. 2007. 知识创新空间论. 北京：中国建筑工业出版社.

大卫•哈维. 1996. 高泳源译. 地理学中的解释. 北京：商务印书馆.

杜德斌，孙一飞，盛垒. 2010. 跨国公司在华 R&D 机构的空间集聚研究. 世界地理研究，19（3）：1-13.

杜德斌，周天瑜，王勇，等. 2007. 世界 R&D 产业的发展现状及趋势. 世界地理研究，16（1）：1-6.

方创琳，刘毅，林跃然，等. 2013. 中国创新型城市发展报告. 北京：科学出版社.

方创琳，马海涛，王振波，等. 2014. 中国创新型城市建设的综合评估与空间格局分异. 地理学报，69（4）：459-473.

黄玮强，庄新田，姚爽. 2012. 基于创新合作网络的产业集群知识扩散研究. 管理科学，25（2）：13-23.

李振泉. 1985. 人地关系论//李旭旦. 人文地理学论丛. 北京：人民教育出版社：75-78.

刘燕华，李秀彬. 1998. 国家创新系统研究中地理学的视角. 地理研究，17（3）：2-5.

龙开元. 2013. 创新地理学——中国科技布局的理论与实践. 北京：科学技术文献出版社.

吕拉昌. 2004. 新经济时代我国特大城市发展与空间组织. 人文地理，19（2）：17-21.

吕拉昌，黄茹，廖倩. 2016. 创新地理学研究的几个理论问题. 地理科学，36（5）：653-660.

吕拉昌，何爱，黄茹. 2014. 基于知识产出的北京城市创新职能. 地理研究，33（10）：1817-1824.

吕拉昌，黄茹. 2013. 人地关系认知路线图. 经济地理，33（8）：5-9.

吕拉昌，李勇. 2010. 基于城市创新职能的中国创新城市空间体系. 地理学报，65（2）：177-190.

吕拉昌，李永洁，刘毅华. 2009. 城市创新职能与创新城市空间体系. 经济地理，29（5）：710-713.

吕拉昌，梁政骥，黄茹. 2015. 中国主要城市间的创新联系研究. 地理科学，35（1）：30-37.

吕拉昌，谢媛媛，黄茹. 2013. 我国三大都市圈城市创新能级体系比较. 人文地理，28（3）：91-95.

隋映辉. 2004. 城市创新系统与“城市创新圈”. 学术界，106（3）：105-112.

汪涛，Hennemann S，Liefner I，等. 2011. 知识网络空间结构演化及对 NIS 建设的启示——以我国生物技术知识为例. 地理研究，30（10）：1861-1872.

王承云，秦健，杨随. 2013. 京津沪渝创新型城区研发产业集群研究. 地理学报，68（8）：1097-1109.

王缉慈. 2001. 创新的空间. 北京：北京大学出版社.

王兴平. 2005. 中国城市新产业空间：发展机制与空间组织. 北京：科学出版社.

吴传钧. 1991. 论地理学的研究核心——人地关系地域系统. 经济地理，11（3）：1-4.

肖冬平，彭雪红. 2011. 组织知识网络结构特征、关系质量与创新能力关系的实证研究. 图书情报工作，55（18）：107-111.

曾刚，李英戈，樊杰. 2006 a. 京沪区域创新系统比较研究. 城市规划，30（3）：32-38.

曾刚，林兰，樊鸿伟. 2006 b. 论技术扩散的影响因子. 世界地理研究，15（1）：1-8.

张苏梅，顾朝林，葛幼松，等. 2001. 论国家创新体系的空间结构. 人文地理，16（1）：51-54.

甄峰，徐海贤，朱传耿. 2001. 创新地理学：一门新兴的地理学分支学科. 地域研究与开发，20（1）：9-11.

Amin A，Thrift N. 1992. Neo-marshallian nodes in global networks. International Journal of Urban and Regional

Research，16（4）：571-587.

Aydalot P. 1988. High Technology Industry and Innovation Environments. London：Routledge.

Cook P. 1992. Regional innovation systems：Competitive regulation in the new Europe. Geoforum，（23）：365-382.

Das K. 1998. Collective dynamism and firm strategy：Study of an Indian industrial cluster. Entrepreneurship & Regional Development，10（1）：33-49.

DeBresson C，Amesse F. 1991. Networks of innovators：A review and introduction to the issue. Research Policy，20（5）：363-379.

Escribano A，Fosfuri A，Tribõ J. 2009. Management external knowledge floes：The moderating role of absorptive capacity. Research Policy，38：96-105.

Fagerberg J，Mowery D C. 2004. The Oxford Handbook of Innovation. Oxford：Oxford University Press：11.

Feldman M P. 1994. The Geography of Innovation. Maryland：Springer.

Feldman M P. 1999. The new economics of innovation，spillovers and agglomeration：A review of empirical studies. Economics of Innovation and New Technology，8（1/2）：5.

Florida R. 2002. The economic geography of talent. Annals of the Association of American Geography，92（4）：743-755.

Granovetter M S. 1985. Economic action and social structure：The problem of embeddedness. American Journal of Sociology，91（3）：481-510.

Hägerstrand T.1953. Innovationsförloppet ur korologisk synpunkt. Bokhandeln：Lund, Gleerupska univ.

Hansen M T，Birkinshaw J. 2008. The innovation value chain. Harvard Business Review，（4）：121-130.

Huggins R，Johnston A. 2009. Knowledge networks in an uncompetitive region：SME innovation and growth. Growth and Change，40（2）：227-259.

Jaffe A B，Trajtenberg M，Henderson R. 1993. Geographic localization of knowledge spillovers as evidenced by patent citations. The Quarterly Journal of Economics，108（3）：577-598.

Lundvall B-Å. 1992. National Systems of Innovation：Towards A Theory of Innovation and Interactive Learning. London：Pinter.

Malecki E J. 1985. Industrial location and corporate organization in high technology industries. Economic Geography，61（4）：345-369.

Nelson R. 1993. National Innovation System：A Comparative Analysis. Oxford：Oxford University Press.

Pedersen S E，Hurd S S，Lemanske R F，et al. 2011. Global strategy for the diagnosis and management of asthma in children 5 years and younger. Pediatric Pulmonology，46（1）：1-17.

Polenske K R. 2007. The Economic Geography of Innovation. Cambridge：Cambridge University Press.

Pred A. 1977. City System in Advanced Societies. London：Hutchinson.

Schumpeter J A. 1934. The Theory of Economic Development. Cambridge M A：Harvard University Press.

Scott J C. 1998. Seeing Like a State：How Certain Schemes to Improve the Human Condition have Failed. London：Yale University Press.

Yencken D. 1988. The creative city. Meanjin，47（4）: 597.

第二章

创新理论及其发展历程

创新并不是新的现象，可以说它的历史与人类的历史一样悠久（Fagerberg et al.，2004）。创新对人类社会发展起着重要的作用。创新包含的内容十分丰富，发明是创新的一部分，但绝对不可以将发明与创新等同起来。学术界对创新的研究起步较晚，在经济学领域已经形成了创新研究的理论体系，在社会学、地理学方面创新研究的理论体系正在形成。本章将首先介绍创新理论的演化，再着重分析作为创新地理重要理论基础的国家创新系统理论及创新生态理论。

第一节 创新理论的发展演化

一、创造性破坏与新熊彼特主义

较早的论及创新与经济发展的理论可以追溯到古典经济学家亚当·斯密（Adam Smith），其在《国富论》中指出："国家的富裕在于分工，而分工之所以有助于经济的增长，一个重要的原因就是它有助于某些机械的发明，这些发明将减少生产中的劳动投入，提高劳动生产率。"（王朗玲和孟庆琳，1996），可见亚当·斯密已注意到创新（发明）对生产过程的重要性。

20 世纪初，美籍奥地利经济学家约瑟夫·熊彼特（Schumpeter J A）首次在《经济发展理论》一书中提出"创新理论"，其创新理论要点包括：①"创新"就是把生产要素和生产条件的新组合引入生产体系，即"建立一种新的生产函数"，其目的是为了获得潜在的利润。②创新的承担者（主体）只能是企业家，企业家的创新活动是经济兴起和发展的主要原因。③经济会由于创新而增长，但这种增长呈现周期性。资本主义经济增长的过程是通过繁荣、衰退、萧条和复苏的周期过程而实现的，而创新是决定这种周期的主要因素。④创新是一种内部自行发生的过程，是一种创造性的破坏（creative destruction）。创新的过程是不断破坏旧的结构，不断创造新的结构的过程，是一个创造性的破坏过程。（Schumpeter，1934）

由于熊彼特的《经济发展理论》一书是在 1912 年使用德文出版的，当时并没有引起人们的重视，直到 1934 年英文版出版后，才受到学术界的广泛关注。到 20 世纪 50 年代，熊彼特的拥护者和追随者把"创新理论"发展成为当代西方经济学的另外两个分支：以技术变革和技术推广为对象的技术创新经济学，以制度变革和制度形成为对象的制度创新经济学，形成了所谓的"新熊彼特主义"。

"新熊彼特主义"的技术创新经济学把熊彼特的创新理论与研究方法，同新古典学派的微观经济理论相结合，继承和发展了熊彼特的创新理论。具代表性的理论如格哈特·门施（Gerhard Mensch）等的周期理论、克里斯·弗里曼（Chris

Freeman）的技术创新政策体系和莫顿·卡曼（Morton I. Kamien）的市场理论。门施的周期理论发展了熊彼特的长波技术论。门施同熊彼特一样，把技术看成是经济增长和长期波动的主要原因。但门施认为，熊彼特理论最大的不足是只强调了企业家的创新而没有涉及这一创新所需要的环境和前提体系，因而没有解决技术创新周期阵发的原因。他认为，经济衰退和大危机刺激了技术创新，它是技术创新高潮出现的主要动力；危机会迫使企业寻求新技术，而大批创新的出现成为经济发展浪潮的基础。但以英国弗里曼等为代表的一些新熊彼特主义不同意门施的萧条触发创新的观点，提出了政府的科技政策对技术创新起重要作用的理论体系。这一政策体系为国家创新系统提供了理论基础。以爱德温·曼斯菲尔德（Edwin Marsfield）、莫顿·卡曼（Morton I. Kamien）、南寒·施瓦茨（Nanal L. Schwartz）、理查德·列文（Richard Levin）、海纳（Hayner）等为代表的技术创新体系经济理论，研究了技术创新与垄断、竞争与企业规模之间的关系，认为竞争程度、企业规模和垄断力量是决定技术创新的三个重要因素。

新熊彼特的制度创新理论重视“制度”创新对经济发展的作用。兰斯·戴维斯（Davis L E）和道格拉斯·诺尔斯（North D C）认为，“制度创新”是指经济的组织形式或经营管理方式的革新，如股份公司、工会制度、社会保险制度、国营企业建立等，这种组织和管理的革命是现代经济增长的原因。

二、人力资本理论、内生人力资本理论与知识创新理论

20 世纪 80 年代，越来越多的人意识到人力资本已成为经济增长的主要力量。美国经济学家西奥多·舒尔茨（Theodore W. Schultz）认为，人力资本是现代经济增长的主要动力和源泉，并建立了“人的时间价值增加”的经济增长理论。人力资本理论的核心是人力知识资本（固化在人脑中的知识）决定了劳动价值，而一般劳动的劳动价值相对越小，一个国家人力知识资本存量越大，经济越发达。

西奥多·舒尔茨及罗伯特·索洛（Robert Merton Solow）的理论均把技术、人力资本与教育作为“外生变量”，无法解释 20 世纪以来持续的经济增长率。罗伯特·卢卡斯（Robert Emerson Lucas）第一个用内生技术进步解释持续的经济增长率，把外生的技术进步转变为人力资本来研究，提出了内生的人力资本理论。内生的人力资本增长理论也称为新增长理论。代表人物是罗伯特·卢卡斯、吉恩·格罗斯曼（Gene M. Grossman）、保罗·罗默（Paul M. Romer）等。内生人力资本模型提出“知识的滞后作用”和“边干边学”的假设，罗默则直接研究了知识积累过程，把知识分解为一般知识和专业化知识，并认为特殊的知识和专业化的人力资本是经济增长的主要因素。

20 世纪 90 年代以来，随着科技的发展，特别是高技术增长、知识密集产业

的发展，知识创新在知识资本形成中的作用得到加强，并受到越来越多的关注。随之，知识创新理论受到重视。西蒙·库兹涅茨（Simon S. Kuznets）指出，知识和技术上的创新是任何重大经济增长的前提。1991 年罗斯菲尔德（Rosenfeld）发表了关于科学研究与工业创新之间关系的论文。1993 年在美国（白宫）发表的《科学与国家利益》的国家科学政策报告中，克林顿（Clinton）总统提出："技术是经济增长的发动机，科学为发动机加油"。后来经过美国学者阿密顿·罗杰斯（Rogers D M）、荷兰学者鲁宾格（Rabbinge R）和埃文利斯（Evelees K G）等，确定了知识创新系统的含义，可以看出知识创新包括基础研究、应用研究和知识在教育过程中的流动。知识创新是通过科学研究（包括基础研究和应用研究）获得或创造新的自然科学知识、社会科学知识和科技科学知识，也包括为了社会和经济利益、创造、演化、交换和应用新思想，使其转化成市场化的产品和服务。在经济学研究创新与经济发展的关系的同时，创新在空间尺度的研究也进一步展开。

第二节　创新的空间学派

在创新的空间研究方面具有较大影响的理论如下。

一、创新环境学派

创新环境（innovative milieu）学派源于欧洲大陆，特别是以由法国、意大利、瑞士区域经济家组成的 GREMI（Groupement de Recherche Eupopéen sur les Milieux Innovateurs）小组自 20 世纪 80 年代中期以来的一系列工作为主，其代表人物主要有艾达洛（Aydalot）、卡马尼（Camagni）等。该学派在遵循"自下而上"发展、"产业区"和"地方生产系统"等理论传统的基础上，将区域发展解释为一定地域内创新活动和创新环境协同的结果，并将关注的焦点放在技术创新和创新环境上。但在对创新环境的认识上，该学派内部也存在一些差异。一些学者将创新环境描述成导致创新的区域制度、规则和实践系统，该系统协调着区域的各种行为者组成的投入产出网络。另一些学者则将网络本身看作是创新环境。他们认为，地域由经济和社会相互作用产生的关系空间（relational space）构成，时间则体现为学习和创新过程的步伐，地域由于在减少创新企业动态不确定性方面的独特作用而成为经济活动的控制者。因此，创新环境由一组关系（市场关系、权力关系、合作关系等）或网络构成，通过这组关系或网络，地方生产系统、各种参与者和它们的代表及产业文化得以统一起来，从而产生了地方化的动态的集体学习过程。特别是合作关系或称地域网络，包括地方网络和跨区网络，构成了创新环境的核心组成部分，它们以一个集体的社会化的方式，通过“近邻效应”（proximity effect）和社会化效应（socialization effect），降低了生产成本和交易成本，减少了创新的静态和动态不确定性，并为学习过程提供了持久的基础与保证。

创新环境学派主要强调地区环境的孵化器的功能（Aydalot，1988），强调“集体学习”“制度厚度”“学习行为”“社会合作及社会空间协作”，其特色在于强调特定地域中的技术创新过程和创新环境的重要性，同时也认识到地方环境并不能保证创新能力的连续再生，跨区域网络和创新环境的结构变革对持续的创新非常重要。

二、新产业地理理论

新产业地理理论主要包含新产业区及新产业空间两大理论（Martin and Sunley，1996）。

新产业区是指以特定的地方劳动市场为基础的由社会劳动分工紧密联系在一起的企业所组成的本地化网络。新产业区研究最早起源于 20 世纪 70 年代末，由意大利的社会学家巴格那斯科（Bagnasco，1977）首先提出“第三意大利”的概念，后来意大利的社会学家科莫乔·贝卡蒂尼（Giacomo Becattini）将“第三意大利”的发展模式定义为“产业区”发展模式，并将这些产业区定义为“产业区是具有共同社会背景的人们和企业在一定自然与社会意义的地域上形成的社会地域生产综合体”。新产业区理论强调根植性及产业的集聚发展与创新，认为企业的柔性专业化是产业实现空间集聚的推动力和产业内部结网的动因，而区域的发展则正是依赖于所形成的区域网络不断创新以及创新网络在区域环境中的发展、根植。（Piore and Sabel，1984；Camagini，1991；Harrison，1992）。

新产业空间（new industrial spaces）学派又称加利福尼亚学派，其研究阵营位于美国加州大学洛杉矶分校（UCLA），其代表人物主要有斯科特（Scott）、斯托珀（Storper）等。新产业空间学派特别关注技术变化的新经济学以及演化与路径依赖在区域发展中的核心作用，强调地域的空间接近是劳动社会分工的一种重要投入，它允许企业进行不同程度的专业化试验，并通过特定地域空间中组织之间的正式交换和非贸易相互依存等集聚的外部经济实现技术创新和递增收益，而地域空间中组织之间各种关系的协调并非单纯基于理性和市场，地域的惯例、制度、文化作为地域特定的关系资产（relational assets）在决定经济主体的“行动能力”（action capacities）方面发挥着重要作用，并且认为不确定的市场和技术路径已经取代了过去那些确定性市场条件，同时认识到产业中的创新与本地知识交流的重要性，进而重新主张制度的重要性（Scott，1988；Christopherson and

Storper，1986；Storper，1997；Storper and Walker，1989）。

三、国家及区域创新系统理论

国家创新系统理论最早关注创新系统的国家差异，以后扩展到多尺度区域及城市的创新研究（Braczyk et al.，1998），涉及不同尺度、不同发展阶段、不同产业结构、不同自治程度及不同的体制配置。这一部分内容将于本章第三节进行详述。

四、城市创新与创新城市理论

城市创新与创新城市理论主要包括城市创新能力的研究，通过建立指标，评价城市创新能力（Florida，2002）。城市创新体系的研究强调城市内创新主体之间及环境间的交互作用（Gertler，2003；Storper and Venables，2004）。城市创新集群、城市创意集群的研究强调区域产业集群可以深化企业间的劳动分工，促进企业间形成弹性化的生产网络，从而加速学习和创新过程（Scott，1998；Amin and Cohendet，1999）。城市创新网络研究强调全球城市网络联系测度，由属性测度转向“功能测度”，主要采用公司空间组织网络进行描述（Taylor，2004；Derudder，2006），是面向知识经济的城市间的知识网络的研究。创新城市研究主要集中于创新城市的内涵、类型与模式（Landry，2000）构造了关于创新城市的一套完整战略框架和实施机制，指出了富有创意的人、意志与领导力、人的多样性与智慧获取、开放的组织文化、对本地身份强烈的正面认同感、城市空间与设施和上网机会对创新城市建设有重要影响。詹姆斯·西米（James Simmie）认为创新型城市的成功主要取决于两种核心资产：知识劳动力和便利的基础设施及通信（Simmie, 2003）。霍尔认为时间与机遇对创新型城市构建十分重要（Hall，2003）。2005 年世界银行“东亚创新型城市”研究报告，指出了成为创新型城市的先决条件。斯科特提出创新城市（或创意城市、创造性城市）的三个主要经济因素：生产者网络、地方劳动力市场（社会环境和氛围）和创意场，强调创新城市的全球化视角，即创新城市间的联系（Scott，2007）。

五、创新生态系统理论

创新生态系统理论于 20 世纪 90 年代提出，被广泛应用于决策研究，理论研究框架正在形成，这一内容将于本章第四节进行详细综述与分析。

第三节　多尺度的创新系统

一、国家创新体系

1987 年弗里曼出版了《技术和经济运行：来自日本的经验》一书。书中介绍了日本企业组织、生产组织、企业间关系、政府（尤其是日本通产省）的作用，深入探讨了日本“技术应用”政策和技术创新机制，指出国家创新系统是国家内部系统组织及其子系统间的相互作用，其对日本经济高速发展产生了巨大作用（Freeman，1987）。1988 年，他在《日本——一个新的国家创新系统？》一文中分析了国家创新系统。1988 年美国学者理查德·纳尔逊（Richard Nelson）在其著作《作为演化过程的技术变革》中介绍了美国国家的创新系统。1993 年纳尔逊（Nelson）主编的《国家创新系统：比较分析》指出了不同国家由于其历史、文化、地理、大小、资源、社会和政治系统及发展水平的不同，国家创新系统存在很大差异。

1992 年，丹麦的本特-奥克·伦德瓦尔（Bengt-Ake Lundvall）主编的《国家创新系统：构建创新和交互学习的理论》研究了国家创新系统的构成与运作，行为主体的作用及相互关系。1994 年经济合作与发展组织（OECD）开始了国家创新系统的比较研究项目，并于 1995 年在维也纳举办了国家创新系统学习班，1997 年公布《国家创新系统》研究报告，1998 年公布《国家创新系统》专题研究报告。

1995 年麦特卡尔夫（Metcalfe）提出了对国家创新系统的新理解，国家创新系统是创造、存储和转移知识、技能和新技术产品的相互联系的机构组成的系统。1996 年，OECD 在《以知识为基础的经济》的年度报告中强调了国家创新系统与知识经济的关系。1996 年美国学者罗杰斯（Rodgers）提出知识创新系统，同年荷兰学者鲁宾格（Rabbinge）和埃文利斯（Evelees）提出知识创新系统。

根据有关研究工作，可以将国家创新系统的演化分成三个阶段（表 2-1）。

第一阶段：国家技术创新系统。这一阶段始于第二次世界大战后，属于工业经济时代的国家创新系统。其特点是受技术创新理论和技术进步理论的影响较大，强调技术创新、技术流动、行为主体的作用和政策创新等。代表人物有弗里曼、纳尔逊、帕特尔（Patel）和帕维特（Palett）等。

第二阶段：国家创新系统。这一阶段是从工业经济时代向知识经济时代过渡时期的国家创新系统，该系统受内生人力资本理论、新增长理论的影响较大。该阶段除了继续重视技术创新外，强调了知识的生产、传播和应用及其在经济中的作用，重视新知识、新技能和新技术，重点研究知识扩散、人员流动和创新指标等。研究工作主要来自伦德瓦尔（Lundvall）、麦特卡尔夫（Metcalfe）、OECD等。

第三阶段：国家知识创新系统。该阶段强调知识创新和新知识的高效应用，主要研究来自美国国家研究理事会的《国家知识评估》报告。研究工作主要来自美国学者罗杰斯，荷兰学者鲁宾格和埃文利斯。

表 2-1 国家创新系统演变的三个阶段

阶段	名称	时代	特点	参考文献
第一阶段	国家技术创新系统	工业经济时代（20世纪40～80年代）	强调技术创新和技术流动及相互作用	Freeman（1987） Nelson（1993）
第二阶段	国家创新系统	从工业经济向知识经济转移的过渡时期（20世纪90年代）	强调技术创新和知识的创造、扩散、应用及人员流动	Lundvall（1992） Metcalfe（1995） OECD（1997）
第三阶段	国家知识创新系统	知识经济时代（21世纪）	强调知识创新和新知识高效利用	美国国家研究理事会（1996） Rogers（1996）

资料来源：He C Q. 1998. National Knowledge Innovation System：Structure，Function and Indicators. Proceedings of 98'Sino-French Workshop on S&T Policy. Beijing：CHEP，Springer Press：18-26

目前，对国家创新系统的定义尚无定论，代表性的观点如下。

伦德瓦尔认为，国家创新系统是一些要素及其相互联系的组合，各要素在生产、扩散和使用有用的新知识过程中的相互作用。国家创新系统有广义和狭义之分。狭义的国家创新系统包括参与研究和探索活动的机构和组织，如从事R&D活动的机构、技术学院和大学。广义的国家创新系统包括经济结构、影响学习和研究与探索的所有部门及方向，如生产系统、市场系统、财政系统及其子系统，这些系统都是学习发生的地方。

1995年，麦特卡尔夫认为，国家创新系统是一组独特的机构，它们分别或联合地推进新技术的发展与扩散、提供政府形成和执行关于创新的政策框架。因此，国家创新系统是创造、存储和转移知识、技能和新技术产品的相互联系的机构组成的系统。这个定义被英国贸易与工业部在1997年的研究报告《英国的国家创新系统》（*The UK Innovation System*）中采纳。

1996年，OECD在一份报告中认为，国家创新系统可以定义为公共和私营部门中的组织结构网络，这些部门的活动和相互作用决定着一个国家扩散知识和技术的能力，并影响着国家的创新业绩。1996年，OECD在《以知识为基础的经济》中指出，国家创新系统的结构是重要经济决定因素。

1997年，OECD又推出了《国家创新系统》研究报告，强调国家创新系统中个人、企业和机构之间的技术与信息流动，提出了一整套国家创新系统分析方法，以便政策制定者理解和建设国家创新系统。

概括地说，近年来对国家创新系统的研究，已经从早期的强调技术创新，转移到既重视技术创新，又关注知识在经济中的作用，既重视知识的生产、存储，又注重转移和应用上来。1994 年开始的 OECD 国家创新系统实证研究，已经把知识扩散力、知识网络、知识和人才流动及创新指标研究作为重点。

根据伦德瓦尔（Lundvall，1992）、麦特卡尔夫（Metcalfe，1995）和 OECD（1997）等的观点，国家创新系统一般由政府、企业、教育与培训机构、科研机构、中介机构和基础设施等组成。国家创新系统有六个基本要素，即创新活动的行为主体、行为主体的内部运行机制、行为主体之间的联系、创新政策、市场环境和国际联系。国家知识创新系统的研究尚处在发展过程中，国家知识创新系统的实践还不多。

根据中国学者何传启（何传启和张凤，2001），以及荷兰学者鲁宾格和埃文利斯（Rabbinge and Eveleens，1994）等的观点，国家知识创新系统包括知识创新部门、知识传播部门和新知识应用部门。具体地讲，国家知识创新系统包括从事知识创新的企业、高等院校和科研机构，从事知识传播的教育与培训机构、信息服务机构，从事知识应用的企业、社会机构、政府机构、中介机构和基础设施等。

二、区域创新系统与城市创新系统

区域创新系统与国家创新系统既相互联系又相互区别。区域创新系统可以看作是国家创新系统的子系统，国家创新系统主要组织重大创新计划和项目，而区域创新系统则担负着把科技创新转化为区域增长的动力，提升区域竞争力，促进区域内产业结构合理化。

1. 区域创新系统的内涵

区域创新系统首次由英国卡迪夫大学的菲利普·库克（Philip Cooke）于 1991 年提出，在此之后关于区域创新体系的研究文献不断增多，包括对区域创新环境、创新支持体系、企业创新行为的研究等。虽然国内外对区域创新系统的概念尚未形成统一的说法，但其基本内涵可以概括为以下几个方面：①具有一定的地域空间和开放的边界；②以生产企业、研究与开发机构、高等院校、地方政府机构和服务机构为主要的创新主体；③不同创新主体之间的社会交互作用，构成了创新系统的组织和空间结构，从而形成一个社会系统；④把制度因素摆在突出的位置加以考虑，强调制度因素和治理安排对于知识的形成、利用和扩散的重要作用；⑤以促进区域内创新活动为目的，鼓励区域内的企业充分利用地域范围内的社会关系、规范、价值和交互作用等来形成特殊形式的资本（社会资本）以增强区域创新能力和竞争力；⑥创新单元通过创新（组织和空间）结构自身组织及其与环境的相互作用而实现创新功能，并对区域社会、经济和生态产生影响；⑦通过与环境的作用和系统自组织作用维持创新的运行及实现创新的持续发展。

2．区域创新系统的结构与功能

区域创新系统从要素构成方面看主要有主体要素、功能要素和环境要素。主体要素包括企业、大学、科研机构、中介服务机构和地方政府；功能要素包括制度创新、技术创新、管理创新和服务创新；环境要素包括体制、机构、政府或法制调控、基础设施建设和保障条件。从知识的生产、扩散和应用方面看，区域创新系统由知识创新子系统、技术创新子系统、知识传播子系统和知识应用子系统构成。从创新的结构看，区域创新系统由创新主体子系统、创新基础子系统（技术标准、数据库、信息网络、科技设施等）、创新资源子系统（人才、知识、专利、信息、资金等）和创新环境子系统（政策法规、管理体制、市场和服务等）构成。从系统论的角度看，区域创新系统由组织创新系统、制度创新系统、政策创新系统、过程创新系统和基础条件创新系统构成。

区域创新系统功能是协调、催化、化险、解惑，通过这些功能可整合区域创新要素，促进区域产业结构升级，形成区域竞争优势，激发区域活力，促进科技成果转化。

3．城市创新系统

城市创新系统指以城市为中心的区域内，各种与创新相联系的主体要素（创新的机构和组织——企业、政府、大学、科研机构和中介组织）和非主体要素（创新所需要的公共制度、内部平台保障）在创新过程中相互依存、相互作用而形成的社会经济系统（赵黎明和冷晓明，2002），很显然城市创新系统与区域创新系统是区域系统的一种，在概念上有一定的相似性，只是系统的边界有一定的差异，系统创新要素的集聚性更强，联系更紧密，因而被称为“创新的机器”。

第四节　创新生态系统

一、创新生态系统的定义、内涵与特征

“创新生态系统”产生于对生态系统概念的借用，“创新系统”强调了创新过程的系统特性，指出企业的创新并非是孤立的，而是与其他组织合作并相互依赖。这一概念将沃德（Ward，1999）对企业工作生态和波尔（Por，2001）对知识生态的描述进行了重新梳理，强调一个鼓励、培育、催化创新思想和理念，并能够使其转化为有价值的工作环境，以及个人、团队和所有机构为经济可持续发

展开展的研究工作。最早提出创新生态学（innovation ecology）的可能是以色列裔学者罗恩·德维尔（Ron Dvir）。其给出的定义是“一门研究关于空间、时间、文化、相互关系、基础设施和为创新提供养分以营造外部氛围的科学”。沃尔夫认为创新生态环境包括相互关联的机构、法律、政策及创新基础设施如教育、科研、税收政策、智力资本（Wulf，2007）；通常认为创新生态系统就是要素相互作用的复杂系统，但在构成要素上略有差异［Wessner，2007；Water,Engineering and Development Centre（WEDC），2009］。

罗恩·德维尔（Ron Dvir）和埃德娜·潘谢尔（Edna Pasher）认为创新生态包括如下 14 个要素：时间、组织结构、物理空间、风险容忍、战略、激励与认可、虚拟空间、结构化与自发过程、知识管理、金融资本、多样性、对未来的关注、挑战、交流。

我国学者对创新生态系统有类似理解，认为城市创新生态系统是指在某个城市内部，城市创新群落与创新环境之间以及城市创新群落内部相互作用和相互影响的有机整体。创新群落，包括该城市中各类企业和各种服务机构；创新环境，包括体制、政策、法制、市场、文化等要素。创新主体、服务机构与创新环境，形成相互依存、相互促进的良性生态循环，统一于创新的整个动态过程中。创新生态系统具有自组织性、多样性、平衡及创新主体的共生共荣（孙福全，2012）；吴陆生等（2007）认为科技创新生态系统具有开放性、层次性、整体性、自组织性；曾国屏等（2013）将创新生态系统的特征归纳为动态性、栖息性与生长性。

从上述分析可见：国外学者都强调创新生态系统的“系统性”，强调开放、整体、相互作用及动态演化分析，在具体的定义上有所不同，但核心的理念，分析创新群体与环境之间关系这一核心思想是一致的。

二、产业创新生态系统的研究

按创新主体不同，创新生态系统分为两种：一种是基于企业层面的，主要是企业和相关组织等个体构成的网络研究；另一种是基于产业层面的，不但关注产业内的同类创新主体的垂直和水平联系与作用机制，还关注产业间不同创新组织群体的联系和集聚及与环境的相互作用。

产业创新生态系统按研究的尺度不同，可以分为国家尺度和区域尺度，这些不同尺度的产业创新系统决定了国家及区域的创新的特点、模式与方式，在一定时期内的重要产业，对国家与区域的驱动发展作用是异常显著的。日本在 20 世纪七八十年代的经济繁荣就是由汽车、家电等特定产业的创新所驱动的；在 20 世纪 90 年代美国经济复苏背后发挥主要作用的则是大型计算机、微型计算机、个人计算机、超微和客户服务器处理以及互联网等技术和行业的演化和替代。

国外将产业创新生态系统研究与创新体系分析结合起来进行研究（王昌盛，2013），国家创新系统的特点分析源于对国家产业创新生态的分析（Porter et al.，2002），在揭示国家创新系统的差异时，这种分析在国家层面、区域层次、国际层面展开（Chun，2002）。这种分析与国家创新系统、区域创新系统的分析混在一起。目前，国外对某一具体产业创新生态有一些分析，但从总体上基于产业层面的创新生态系统研究相对较少。

国内学者把产业创新生态系统看作是产业内各企业、独立科研机构、行业政府、科研院所等创新主体以及产业发展的技术条件、科技政策等要素的密切配合与协同互动产业视角的创新生态系统，拥有“共同知识”的企业集合（汪志波，2012）。研究集中于以下几方面：①技术产业创新生态系统，具体涉及创新主体间基于技术的相互作用，产业生态系统的结构和特征（余凌和杨悦儿，2012）；②高科技产业的创新生态系统（张运生，2009）；③产业集群创新生态系统。其分析都比较关注企业的产业链组织，对产业本身的创新生态的分析并不充分。

三、区域与国家的创新生态系统研究

区域创新生态系统是在一定的区域范围内，各种相关创新群体与创新环境之间相互作用和相互影响的有机整体（黄鲁成，2003b；周青和陈畴镛，2000）。区域创新生态系统的研究集中于以下四个方面。

（1）成功区域的创新生态研究。萨克森宁对硅谷的创新进行了详尽分析（Saxenian，1994），这些研究充分揭示了这些成功区域的创新生态的特征。美国国家科学院在《美国创新系统的总貌》报告中，注意到国家创新系统“作为其活动和相互作用是为了发动、开发、变更和商业化新技术的公共与私人部门之间的机构网络”，从创新生态的观点来考察硅谷，给硅谷冠以创新创业栖息地的美誉，将之视为硅谷优势之所在，是一个产生了广泛影响的重要观点。

（2）区域创新生态模型。朱迪·埃斯特琳（Estrin，2010）的创新生态模型认为区域内的创新主体和相关组织对应创新的一般过程，被看作研究、开发和应用三个集合或群落，正是这三个群落之间的健康和平衡决定了区域创新生态系统的可持续性。她认为扶持创新也有一套包括五个要素的核心价值观：询问、冒险、开放、耐心与信任。正是这些价值观成为创新的基础，它们共同决定个人、组织和国家的应变能力。

（3）区域文化对区域创新生态系统的影响。例如，研究硅谷发展的文化基础（李钟文等，2002），还有对产学研联系方式、方法及效率的研究。

（4）创新生态系统的创新生态要素的集聚及溢出效应（Polenske，2007）。

国家层面的创新生态系统研究关注以下三个方面。

（1）国家创新生态系统的比较研究。在纳尔逊（2012）的《国家（地区）创新体系比较分析》中对美国、日本、德国、英国、法国等的国家创新体系进行了比较，发现这些国家在创新生态系统方面的差异。

（2）关注非企业性组织和制度。在美国竞争力委员会的报告中，国家创新生态系统在政策环境和基础设施条件下，为创新提供所需的供给和需求。2008 年，美国科技顾问委员会发布《创新生态系统中的大学——私人研究机构的伙伴关系》报告，从 R&D 融资环境、开放的创新平台、创新投入和创新产出四个方面来描述创新生态系统。2012 年，国家比较创新政策委员会在《崛起的挑战：美国应对全球经济的创新政策》中指出，企业与大学之间密切的合作，公共和私人的风险性投资以及鼓励研究者创办公司，构成了美国创新生态体系的主要内容。

（3）创新生态系统类型的研究：有学者认为创新生态系统有“创新的生产”和“创新的应用”两类活动，系统所有成员和组织都可能同时参与这两类活动（Gordon and McCann，2005），两种子系统逐渐融合，形成所谓“技术+经济”的社会景观。

四、创新生态因子对创新的影响

创新的生态因子包括法律、政策及创新基础设施，如教育、科研、税收政策、智力资本（Wulf，2007）。创新生态落后于技术变革的步伐。结构与社会力量促进创新，一整套相关的复杂因素，需要从整体视角进行观察。几个重要的因素影响一个国家或地区的创新生态，包括政府在培育创新的作用，创新的融资机制及企业家伦理（Bollier，2000）。

格力菲思（Griffiths et al.，2009）对 34 个国家的创新生态研究表明，研发水平、人力资本和早期的种子风险投资对创新起关键作用。研发程度越大，越易获得熟练的劳动力，以及私人和公共的风险资本投入越多，说明这个国家的创新生态越强大。

关于创新与企业成长的关系的研究取得了初步的成果，戈德和拉奥利用 R&D 的支出与专利统计数据对高科技公司研究后认为“在商业上有用的知识的增加”，创新对高速成长的企业比一般的企业要重要（Coad and Rao，2007）。值得注意的是虽然不是所有的创新组织更可能增长，但创新者可能成长更多。

国家政策和公共机构对企业的创新活动有直接的影响（Furman et al.，2002）。创新政策中与创新能力直接关联的是研发资源水平和人力投资资本。奥尔雷德和斯丁斯默发现发达国家进行竞争的公司在研发上投入更多（Allred and Steensma，2005）。弗伦克尔也发现熟练工人的缺乏是开发新产品和工艺的一个障碍（Frenkel，2003）。

对研发资源配置而言，政府的作用对提高创新环境有重要作用（Porter and

Stern，2001），政府通过制定和管理一套的规则，促进创新活动（Metcalfe and Ramlogan，2008）。弗曼等发现，R&D 生产率随政策选择的不同而不同，如知识产权的保护与国际贸易的开放性（Furman et al.，2002）。立法及知识产权的保护力度影响一个国家创新的数量和质量（Gimenez and Sanau，2007）。

风险投资已经被证明是一个国家创新生态的重要组成部分。经济资本不足是创新的负债。新的风险投资更容易资源依赖而不是资源充足（Steensma et al.，2000）。在企业发展的早期阶段，风险资本投资提高了国家的创新能力（Wonglimpiyarat，2007），但是博兹卡亚对 103 家比利时科技型小企业进行的一项研究发现，风险资本在后期更为活跃。但无论如何，风险资本是新生企业融资的主要来源（Bozkaya，2008）。高潜力、高风险的风险投资刺激了经济增长。许多国家，政府机构越来越多地使用风险资本资助的研究和发展，并创造了政府支持计划，鼓励风险资本融资（Cumming et al.，2007），这其中包括政府支持的风险投资基金及私人风险投资（Lerner and Tirole，2002）。

五、美国国家创新系统的研究

美国提出创新生态系统较早，对国家创新生态在决策层面进行了一定的研究。美国的创新系统具有强大的自调节、不断超越的功能，是创新与创业的结合（方新，1997）。1994 年克林顿政府发布的第一份有关科学政策的正式总统报告《科学与国家利益》提出："今天的科学和技术事业更像一个生态系统，而不是一条生产线。"美国总统科技顾问委员会（PCAST）于 2003 年年初探索美国的创新领导力以及国家的创新生态面临的挑战，正式将创新生态系统（innovation ecosystem）概念作为总括性核心概念。PCAST 的第一个研究报告《维护国家的创新生态体系、信息技术制造和竞争力》于 2004 年 1 月发布。报告认为，国家的技术和创新领导地位取决于有活力的、动态的"创新生态系统"，而非机械的终端对终端的过程。要支撑美国创新生态系统的健康状态，一是加强国家的研发能力，包括增强对美国大学中数学、科学和工程学领域的基础研究的资助，并与各州政府更好地协调研发而努力，以及要考虑新一代的"贝尔实验室"模式；二是改善劳动力/教育状况，培养足够的可资利用的科学家和工程师及大量后备的技能雇员；三是提升美国创业氛围；四是保持基础设施改善的进取性日程。PCAST 的第二个研究报告《维护国家的创新生态系统：保持美国科学和工程能力之实力》于 2004 年 6 月发布，此报告强调美国的经济繁荣和在全球经济中的领导地位得益于一个精心编制的创新生态系统，它来源于几个卓越的组成部分：发明家、技术人才和创业者；积极进取的劳动力；世界水平的研究性大学；富有成效的研发中心（包括产业资助的和联邦资助的）；充满活力的风险资本产业；政府资助的聚焦于高度潜力领域的基础研究。这个创新生态系统的一个核心驱动因素是国家关于科学、技术、工程和数学的技能上的实力，而这个美国的创新生态系统由于当前全球技术人才库的变化、技术人才的全球市场份额的丢失而面临着威胁。

2004 年 7 月美国竞争力委员会的《创新美国：在挑战和变化世界中保持繁荣》民间中期报告也开始使用“创新生态”概念，并提出一个“创新框架”。次年发布了正式报告《创新美国：全国创新高峰会议和报告》，将中期报告中使用的“创新框架”改进成为“创新生态模型”。这两个报告指出，创新是帮助美国在 21 世纪取得成功的最重要因素。在过去的 25 年中，美国优化了组织的效率和质量；在未来的 25 年中，必须为了创新而优化整个社会，在企业、政府、教育家和工人之间建立一种新的关系，形成一个 21 世纪的创新生态系统。“国家创新倡议”（NII）提出要实现“人才”“投资”和“基础设施”三方面的目标和议程。在人才方面，要建立国家创新教育战略，培养多样的、创新的和接受技术训练的劳动力，成就下一代美国创新者，保证劳动者在全球经济中取得成功。在投资方面，要使前沿和多学科研究充满生机，激活创业经济，加强承受风险的和长期的投资。在基础设施方面，要达成关于创新增长战略的全国共识，建立一种 21 世纪的知识产权秩序，加强美国的制造能力，建设 21 世纪的创新基础设施。2011 年，奥巴马政府发起了“创业美国”倡议，号召联邦政府和私人部门两方面大力在全国推进创业普遍性和成功率，并在五个领域推出了一组聚焦于创业者的政策倡议：解开资本之锁而为创业增长加油；促进导师和教育与创业者的联系；减少障碍、使得政府为创业者工作；为突破性技术加快从“实验室到市场”的创新。

六、中国创新生态系统研究

开始于 21 世纪初，在 2000 年发表的第一篇以“创新生态”为标题的文章——《技术创新生态的组成要素及作用》，开启了我国创新生态系统的研究。

（1）起步阶段。学者主要研究视角是将“生态系统”的概念运用到创新系统里，如陆玲（2001）提出企业群落也是自然生物群落；刘友金（2002）以群落学为基础探讨技术创新群落；黄鲁成（2003a）从生态学视角研究区域技术创新系统。这些学者的研究对在“创新生态系统”的内涵等方面进行深入研究奠定了基础。

（2）理论初步探讨阶段。逐渐展开“创新生态系统”内涵、特征、运行机制、治理机制等方面研究，如黄鲁成（2003b）提出区域技术创新生态系统的定义与整体性、层次性、耗散性三个特征，并分析区域技术创新生态系统的生存机制；隋映辉（2004）探讨城市创新生态系统与“城市创新圈”，提出城市创新系统是一个独特的科技、经济、社会结构的自组织创新体系和相互依赖的战略生态系统；吴陆生等（2007）从生态系统论视角研究科技创新系统，分析了科技创新生态系统中行为活动主体、行为主体的运行机制、创新政策、市场环境和国际关系等内在要素间的相互联系和相互作用；贺团涛和曾德明（2008）探讨知识创新生态系统的理论和机制。

（3）理论扩展阶段。近几年，对不同尺度视角创新群体形成创新生态系统的研究得到发展：①从产业层面看，曹如中等（2010）提出创意产业创新生态系统，分析了创意产业生态系统的生态因子与创意产业创新生态链的演化规律；林婷婷（2012）在提出产业技术创新生态系统内涵的基础上，分析其形成、运行机制、演化机制与政策等。②从区域层面看，吴兰波等（2010）提出了城市创新生态系统指标体系并以广州和深圳进行比较说明；余建清和吕拉昌（2011）对广州和深圳的创新生态进行了比较分析；苌千里（2012）在提出区域创新生态系统理论的基础上，对河南省区域创新生态系统进行适宜度研究；颜永才（2013）构建了产业集群创新生态系统的“双钻石”结构和基于多中心治理理论的产业集群创新生态系统治理结构模型。③从企业层面看，对于高科技企业，主要探讨高科技企业创新生态系统的内涵（张利飞，2009a）、可持续发展机理（覃荔荔，2012）、运行机制（张利飞，2009b）、治理机制（邹思明，2010）；另外，黄敏（2011）提出了大学学科创新生态系统，并对第三军医大学进行了实证分析。

（4）实践应用阶段。2011 年年底科技部办公厅调研室和中国科技发展战略研究院共同举办的“创新圆桌会议”，邀请业界专家围绕专题研讨了“创新生态体系”的内涵、结构、特征、功能及有关政策启示等内容（王缉慈等，2012），这是我国建设创新型国家中作为决策咨询层面上的专题研讨；2012 年元月深圳市政府工作报告中，提出“构建充满活力的创新生态体系”，进入区域决策层面；同年 7 月，深圳市委市政府在全国科技创新大会上做了“营造创新生态　加快建设国家创新型城市”的典型交流发言，将“创新生态”作为基础性总括概念；随后，2012 年 11 月，浦江创新论坛以“产业变革与创新生态”为主题，探讨技术发展与产业变革的互动过程与未来趋势，分析创新生态建设的挑战与路径。

总的来说，目前对于“创新生态系统”的研究还处在初期阶段，正在从多个领域逐步展开，借鉴生态系统理论、系统自组织理论和复杂性理论、演化经济学等学科领域的研究成果，已取得了一定的研究进展，但从产业细分、尤其是新兴产业方面的分析研究文献还不多，与发达国家的对比研究也不足，这有待进一步研究。

七、研究评述

（1）创新生态系统是学科交叉、概念借鉴形成的新概念，对其概念内涵还没有统一的认识，甚至没有一个统一的定义，但是其核心是创新主体与环境的关系，这一点已经达成共识。

（2）在创新生态系统的分析中，学者所定义的创新生态系统的要素有一定的区别，有的学者提出三大核心要素，有的提出四大核心要素，有的提出十四大核心要素，我们认为创新生态系统的“生境”分析要区分尺度及产业类型，各地区的创新文化本底是基础，产业类型的特点可能导致影响创新生态的关键因素存在差异，因此对创新生态系统的研究需要结合产业特点、文化特点及区域特点进行。

（3）产业创新生态系统分不同的类型，各产业创新系统有共性的一面，也有差异性的一面，区域产业创新系统或国家产业创新系统对区域或国家的创新生态系统的影响很大，区域创新生态系统的发展状况与产业生态系统关系密切，尤其需要关注新兴产业的产业生态。

（4）创新生态包括法律、政策、教育、科研、税收政策、智力资本等方面，创新生态系统不仅取决于创新生态，也由其组合所决定。有时，几个重要的因素影响一个国家或地区的创新生态，其中包括政府在培育创新的作用，创新的融资机制及企业家伦理。各地区或国家的创新生态及因子组合状况差别明显，这是影响区域创新生态的关键。

（5）美国创新生态系统提出较早，在国家决策层面进行了一定的研究，并发挥了重要作用，我国创新生态起步较晚，但已引起学界及政府层面的高度关注。对中美创新生态系统的比较分析，有利于借鉴美国创新生态系统发展的经验，构建中国的创新生态系统。

第五节 本 章 小 结

自20世纪初产生以来，创新理论不断发展演化，新的创新理论层出不穷。

第一，创新理论的演化。20 世纪初，熊彼特提出创新理论。20 世纪 50 年代，伴随技术与制度在区域发展的重要性被认识，出现以技术创新经济学与制度创新经济学为核心的“新熊彼特主义”。20 世纪 50 年代，创新更加关注“人”的创新，舒尔茨的人力资本理论强调人力资本是现代经济增长的主要动力与源泉。卢卡斯把外生的技术进步转变为人力资本来研究，提出了内生人力资本理论。罗默直接研究了知识积累过程，认为特殊的知识和专业化的人力资本是经济增长的主要动力，直接推动了知识创新理论的发展。伴随经济学创新理论的发展，社会科学的“空间化”，一系列创新空间学派产生。创新环境学派强调创新主体与创新环境的相互作用与联系。国家创新系统理论、区域创新系统理论、城市创新系统理论强调区域的产学研及其与环境的关系。创新理论的再发展，发现各产业系统对创新环境要求的差异，直接推动了创新生态系统的发展。创新理论进入了全要素创新、网络创新、差异化创新的新阶段。

第二，创新空间学派突出地区网络与关系。创新环境是创新活动与创新环境的关系，创新环境是关系空间，包括市场关系、权力关系、合作关系、制度关系等网络关系等。新产业区理论则将产业、空间与社会的分析联系起来，强调根植、集聚与结网；新的产业空间将非理性引入空间研究，将地域的惯例、制度与文化作为“关系资产”。国家创新体系、区域创新系统主要关注产学研主体与创新环境的关系。因此，可以概括地讲，创新空间学派是关系与网络的学派，强调区域发展的正式关系、非正式的关系，强调区域发展的地区“根基”，产业集聚与结网；更强调创新主体与创新环境的相互促进的关系。

第三，创新生态系统的提出可以看成是国家或地区创新生态系统进一步的深化，创新主体、创新服务机构、创新环境需要更为精准的制度安排。这种安排，各地区存在差异，各产业也存在差异。一般来说，在国家层面，研发水平、人力资本和早期的风险投资对创新起关键作用，但各个国家的法律、制度、政策差异很大，产业发展的水平、层次以及种类也差别很大，因此创新生态系统差异很大，需要根据各个层次、各个地区、各个行业创新生态系统的特点，给予精准的创新创业的资源供给。

| 参考文献 |

Estrin J. 2010. 美国创新在衰退. 北京：机械工业出版社.

Scott A J. 2007.创意城市：概念问题和政策审视. 汤茂林译. 现代城市研究, 22（2）: 66-77.

曹如中，高长春，曹桂红. 2010. 创意产业创新生态系统演化机理研究. 科技进步与对策，21：81-85.

苌千里. 2012. 河南省区域创新生态系统适宜度研究. 河南大学博士学位论文.

方新. 1997. 知识经济中的国家创新系统. 中国科技论坛, (4): 1-2.

何传启，张凤. 2001.知识创新：竞争新焦点. 北京：经济管理出版社.

贺团涛，曾德明. 2008. 知识创新生态系统的理论框架与运行机制研究. 情报杂志, 27(6): 23-25.

黄鲁成. 2003a. 区域技术创新系统研究：生态学的思考. 科学学研究，21（2）：215-219.

黄鲁成. 2003b. 论区域技术创新生态系统的生存机制. 科学管理研究，02：47-51.

黄敏. 2011. 基于协同创新的大学学科创新生态系统模型构建的研究. 第三军医大学博士学位论文.

李钟文，威廉・米勒，玛格丽特・韩柯克，等. 2002. 硅谷优势——创新与创业精神的栖息地. 北京：人民出版社.

林婷婷. 2012. 产业技术创新生态系统研究. 哈尔滨工程大学博士学位论文.

刘友金. 2002. 论集群式创新的组织模式. 中国软科学，（2）：71-75.

陆玲. 2001. 企业群落与企业群落学. 生态科学，20（1）：162-164.

纳尔逊. 2012. 国家（地区）创新体系比较分析. 曾国屏，刘小玲，王程铧，等译. 北京：知识产权出版社.

隋映辉. 2004. 城市创新生态系统与“城市创新圈”. 社会科学辑刊，(2)：65-70.

孙福全. 2012-02-01.创造有生命力的创新生态系统. 经济日报.

覃荔荔. 2012. 高科技企业创新生态系统可持续发展机理与评价研究. 湖南大学博士学位论文.

汪志波. 2012. 产业技术创新生态系统演化机理研究. 生产力研究，(3)：192.

王昌盛. 2013. 产业创新系统的功能动态模型研究. 现代经济探讨，(4)：41-45.

王缉慈，余江，王涛，等. 2012-01-15. 创新生态系统——创新圆桌会议 2011 年第四次会议发言摘要. 科技日报.

王朗玲，孟庆琳. 1996. 西方经济学思想库. 第二卷. 北京：经济科学出版社.

吴兰波，吕拉昌，许惠. 2010. 城市创新生态系统指标体系构建及以广州-深圳比较研究. 特区经济，(260)：125-127.

吴陆生，张素娟，王海兰，等. 2007. 科技创新生态系统论视角研究. 科技管理研究，27（3）：30-32.

颜永才. 2013. 产业集群创新生态系统的构建及其治理研究. 武汉理工大学硕士学位论文.

余建清，吕拉昌. 2011. 城市创新生态系统指标体系的构建及其比较研究——以广州和深圳为例. 规划师，27（3）：99-103.

余凌，杨悦儿. 2012. 产业技术生态系统研究. 科学管理研究，30（5）：48-51.

曾国屏，苟尤钊，刘磊. 2013. 从“创新系统”到“创新生态系统”. 科学学研究, 1: 4-12.

张利飞. 2009a.高科技产业创新生态系统耦合理论综评. 研究与发展管理, 21(3): 70-75.

张利飞. 2009b. 高科技企业创新生态系统运行机制研究. 中国科技论坛，04：57-61.

张运生. 2009. 高科技产业创新生态系统耦合战略研究. 中国软科学，(1)：134-143.

赵黎明，冷晓明. 2002. 城市创新系统. 天津：天津大学出版社.

周青，陈畴镛. 2000. 中国区域技术创新生态系统适宜度的实证研究. 科学学研究，26：242-246.

邹思明. 2010.高科技企业创新生态系统治理机制研究. 科学学研究，28（05）：785-792.

Allred B B, Steensma H K. 2005.The influence of industry and home country characteristics on firms' pursuit of innovation. MIR: Management International Review：383-412.

Amidon D M. 1997. Innovation Strategy for the Knowledge Economy: The Ken Awakening. London：Routledge.

Amin A, Cohendet P. 1999.Learning and adaptation in decentralised business networks. Environment and Planning D: Society and Space, 17(1): 87-104.

Aydalot P. 1988. High Technology Industry and Innovation Environments. London：Routledge.

Bagnasco A . 1977. Tre Italie: la Problematica Territoriale Dello Sviluppo Italiano. Bologne：Il Mulino.

Becattini G. 1979. Dal Settore Industriale Al Distretto Industriale. Alcune Considerazioni Sull'unità Di Indagine Dell'economia Industriale.Bologne: Il Mulino.

Bollier D. 2000.Ecologies of innovation: The role of information and communications technologies. A report of the eighth annual Aspen Institute Roundtable on Information Technology. Aspen Institute.

Bozkaya A. 2008.Who funds technology-based small firms? Evidence from Belgium. Economics of Innovation and New Technology, 17(1-2): 97-122.

Braczyk H J, Cooke P N, Heidenreich M. 1998. Regional Innovation Systems:The Role of Governances in a Globalized

World. London：Psychology Press.

Bygrave W D, Timmons J A. 1992.Venture Capital at the Crossroads. Cambridge：Harvard Business Press.

Camagini R. 1991. Innovation Networks: Spatial Perspectives. London: Beelhaven-Pinter.

Christopherson S, Storper M. 1986. The city as studio; the world as back lot: The impact of vertical disintegration on the location of the motion picture industry. Environment and Planning D: Society and Space, 4(3): 305-320.

Chun S. 2002. Building a national innovation system through regional innovation systems. Technovation, 22:485-491.

Coad A, Rao R. 2007.The Employment Effects of Innovations in High Tech Industries. Max Planck Inst. of Economics, Evolutionary Economics Group.

Cooke P. 1991.Regional innovation systems: Competitive regulation in the New Europe.Geo forum Vol.

Council on Competitiveness. 2004. Innovate America: Thriving in a World of Challenge and Change. National Innovation Initiative Interim Report.

Cumming D, Siegel D S, Wright M. 2007. Private equity, leveraged buyouts and governance. Journal of Corporate Finance, 13(4): 439-460.

Davis L E, North D C, Smorodin C. 1971. Institutional Change and American Economic Growth. CUP Archive.

Derudder B. 2006.On conceptual confusion in empirical analyses of a transnational urban network. Urban Studies, 43(11): 2027-2046.

Dvir R, Pasher E. 2004. Innovation engines for knowledge cities: An innovation ecology perspective. Journal of Knowledge Management, 8(5): 16-27.

Fagerberg J，Mowery D，Nelson R. 2004. The Oxford Handbook of Innovation. Oxford：Oxford University Press.

Florida R. 2002.The Rise of the Creative Class, and How It is Transforming Work, Leisure, Community and Everyday Life. New York:Basic Books.

Freeman C. 1987. Technology Policy and Economic Performance：Lessons from Japan. London：Pinter.

Freeman C. 1988. Japan: A new national innovation system. Technology and Economy Theory, 331-348.

Frenkel A. 2003. Barriers and Limitations in the Development of Industrial Innovation in the Region. European Planning Studies, 11(2): 115-137.

Furman J L, Porter M E, Stern S. 2002. The determinants of national innovative capacity. Research Policy, 31(6): 899-933.

Gertler M S. 2003.Tacit knowledge and the economic geography of context, or the undefinable tacitness of being (there). Journal of Economic Geography, 3(1): 75-99.

Gimenez G, Sanau J. 2007. Interrelationship among institutional infrastructure, technological innovation and growth: An empirical evidence. Applied Economics, 39(10): 1267-1282.

Gordon I R, McCann P. 2005.Innovation, agglomeration, and regional development. Journal of Economic Geography, 5(5): 523-543.

Griffiths M D, Gundry L, Kickul J,et al.2009.Innovation ecology as a precursor to entrepreneurial growth: A cross-country empirical investigation. Journal of Small Business and Enterprise Development, 16(3): 375-390.

Grossman G M, Helpman E. 1989.Comparative advantage and long-run growth.The American Economic Review, 80(4)：796-815.

Hall P. 2003. Cities in civilization: Culture, innovation and urban order. Journal of Irish Urban Studies, 2: 1-14.

Harrison L E.1992. Who Prospers: How Cultural Values Shape Economic & Political Success. New York: Basic Books, Harper-Collins Publishers.

Kamien M I, Schwartz N L. 1982. Market Structure and Innovation. Cambridge：Cambridge University Press.

Kuznets S S. 1971. Economic Growth of Nations: Total Output and Production Structure. Cambridge, Mass. :Belknap Press of Harvard University Press.

Landry C. 2000. The Creative City: A Toolkit for Urban Innovators. London: Earth scan.

Lerner J, Tirole J. 2002. Some simple economics of open source. The Journal of Industrial Economics, 50(2): 197-234.

Levin R C, Cohen W M, Mowery D C. 1985. R & D appropriability, opportunity, and market structure: New evidence on some schumpeterian hypotheses. The American Economic Review, 75(2): 20-24.

Lucas R E. 1988. On the mechanics of economic development. Journal of Monetary Economics, 22(1): 3-42.

Lundvall B A. 1992. National Systems of Innovation：Towards a Theory of Innovation and Interactive Learning. London：Pinter.

Martin R, Sunley P. 1996. Paul Krugman's geographical economics and its implications for regional development theory: A critical assessment. Economic Geography, 72(3): 259-292.

Mensch G. 1979.Stalemate in technology: Innovations overcome the depression. Cambridge M A：Ballinger Pub Co.

Metcalfe S, Ramlogan R. 2008.Innovation systems and the competitive process in developing economies. The Quarterly Review of Economics and Finance, 48(2): 433-446.

Metcalfe S. 1995.The economic foundations of technology policy: Equilibrium and evolutionary perspectives. Handbook of the Economics of Innovation and Technological Change：446.

Nelson R R. 1993. National Innovation Systems：A Comparative Analysis. Oxford：Oxford University Press.

Nelson R.1988.Institutions supporting technical change in the United States // Dosi G，Freeman C，Nelson R，et al.Technical Change and Economic Theory. London: Pinter.

OECD. 1994. Hg, Co-operative Risk, Reduction Activities for Certain Dangerous Chemicals, Environment Directorate OECD. Paris：OECD.

OECD. 1996. The Knowledge-based Economy. Paris: OECD.

OECD. 1997. Costs and Benefits of Food Safety Regulations: Fresh Meat Hygiene Standards in the United Kingdom. Paris: OECD.

Pasher E, Ronen T. 2011.The Complete Guide to Knowledge Management: A Strategic Plan to Leverage Your Company's Intellectual Capital. America: John Wiley & Sons.

Patel E，Pavitt K. 1994. Uneven（and divergent）technological accumulation among advanced countries：Evidence and a framework for explanation. Industrial and Corporate Change, 3:739-787.

Patel P, Pavitt K. 1994. National innovational system: Why they are important, and how they might be measured and compared. Economics of Innovation and New Technology, 3:77-95.

Piore M J, Sabel C F. 1984.The Second Industrial Divide: Possibilities for Prosperity. New York：Basic books.

Polenske K R. 2007. The Economic Geography of Innovation. Cambridge: Cambridge University Press.

Por G.2001. Introduction to Knowledge Ecology.http://www.knowledgecology.com[2002-2-1]

Porter M E, Sachs J, Schwab K. 2002. Global Competitiveness Report, 2001-2002. New York: Oxford University Press.

Porter M E, Stern S. 2001. Innovation: Location matters. MIT Sloan Management Review, 42(4): 28.

Rabbinge R, Eveleens K G. Current trends in post-graduate education at Wageningen Agricultural University:Innovation, organization and internationalization. European Journal of Agricultural Education and Extension, 1994, 1(1): 91-102.

Rabbinge R, Evelees K G.2004. Current trend in post-graduated education at Wageningen Agriculture University: Innovation, organization and internationalization. Http://www.bib.wau.nl/ejae/vjnl-6. html[2005-1-1].

Rogers D M A.1996.The challenge of fifth generation R&D. Research-Technology Management，39(4)：33-41.

Romer P M. 1986.Increasing returns and long-run growth. The Journal of Political Economy, 94(5)：1002-1037.

Saxenian A. 1994. Regional Advantage: Culture and Competition in Silicon Valley and Route 128. Cambridge M A: Harvard University Press.

Schultz T W, Schultz T W. 1982.Investing in People: The Economics of Population Quality. Berkly C A：University of California Press.

Schumpeter J A. 1934. The Theory of Economic Development. Cambridge M A: Harvard University Press.

Scott A J. 1988.Flexible production systems and regional development: The rise of new industrial spaces in North America and Western Europe. International Journal of Urban and Regional Research, 12(2): 171-186.

Scott A. J. 1998. Metropolis: From the Division of Labor to Urban Form. Berkely C A: University of California Press.

Simmie J. 2003. Innovation and urban regions as national and international nodes for the transfer and sharing of knowledge. Regional Studies, 37(6-7): 607-620.

Solow R M. 1956.A contribution to the theory of economic growth. The Quarterly Journal of Economics,70(1): 65-94.

Steensma H K, Marino L, Weaver K M, et al. 2000.The influence of national culture on the formation of technology alliances by entrepreneurial firms. Academy of Management Journal, 43(5): 951-973.

Storper M, Venables A J. 2004.Buzz: Face-to-face contact and the urban economy. Journal of Economic Geography, 4(4): 351-370.

Storper M, Walker R. 1989. The Capitalist Imperative: Territory, Technology, and Industrial Growth. The United Kingdom: Blackwell.

Storper M. 1997.The regional world: Territorial development in a global economy. New York: Guilford Press.

Taylor P J. 2004.The new geography of global civil society: NGOs in the world city network. Globalizations, 1(2): 265-277.

Ward A. 1999. Work Ecology: The Next Step in the Evolution of the High Performance Enterprise.http://www.workfrontier.com/cybrary.html[2002-2-1]

Water, Engineering and Development Centre (WEDC) .2009.Lough borough University of Technology: 376-385.

Wessner C W. 2007. Innovation Polices for 21st Century//Report of a Symposium Committee on Comparative Innovation Policy. Washington D C：National Reserch Council.

Wonglimpiyarat J. 2007.Management and governance of venture capital: A challenge for commercial bank. Technovation, 27(12): 721-731.

Wulf W A. 2007. Changes in innovation ecology. Science,316(5829):1253.

第三章

创新的空间测度

新经济地理学理论关注的核心是经济活动在空间上的集聚（Krugman，1991）。学者们证实了这个观点，并发现创新活动同样具有明显的空间集聚特征（Feldman，1994）。这一发现引起了学者们对创新的空间维度研究的广泛关注，重点是明确创新活动空间集聚趋势的影响因素和机制（Audretsch and Feldman，1996）。任何创新空间的实证研究都离不开测量。然而，测量仍旧是创新地理学研究中的一个挑战，无论是理论上还是实践上测量创新和它的地理特征都很困难（Carter，2007）。Griliches（1990）指出经济学中很多没有解决的问题仅仅是由于测量的困难，这也适用于地理学。有效数据较少是创新地理学研究的一个障碍，理论模型的完备性和概念的精准性也影响了分析者选择有关创新的合适的数据和稳健的实证指标、标度、检验和分析。创新地理学的精确测量需要精确的概念和意义（Polenske，2007）。

第一节 创新空间测度研究进展及评述

一、国外研究进展与趋势

（一）创新空间测量的数据

国外学者主要使用科学、技术及创新模式（science，technology and innovation，STI），将领域里已有的相关数据作为创新数据。创新数据根据传统创新过程概念分为创新投入、创新产出和创新主体三类（Sirilli，1998；Godin，2002），另外还有近年来增多的创新网络等其他数据。

1．创新投入

最早和最常用的创新活动的实证研究就是以研究与开发（R&D）活动为研究对象。主要是 R&D 人员和 R&D 支出数据，如科学家和工程师数量、R&D 经费、R&D 强度［R&D 占国内生产总值（GDP）比重］等。创新投入数据常作为知识生产函数中的自变量以检验跨地区的知识溢出程度。Jaffe（1989）利用产业和大学 R&D 经费支出作为创新生产函数的投入指标，度量了大学 R&D 向企业 R&D 溢出的本地性；Varga 等（2005）以高科技产业雇员数作为知识生产函数自变量对美国区域创新的时空特征进行了研究。还有学者使用创新部门或者行业雇员数作为创新投入数据对创新空间分布进行测度（Fingleton et al.，2003；Alecke，2006）。

2. 创新产出

创新产出是另一组重要的创新数据，学者们主要使用专利数据和直接创新数目。专利数据是 STI 研究领域尤其是创新领域最早和最广泛使用的数据（Godin，2002）。不过，采用专利数据作为研究的原始资料也是有一些局限性的。一方面并非所有的专利发明都具有经济价值，另一方面也并非所有的创新都获得了专利（Griliches，1990）。Acs 等（2002）利用美国小企业管理局（SBA）的创新统计数据检验了美国州及大都市统计区（MSA）层面的大学 R&D 和高技术创新之间的空间溢出程度，并与专利的检验结果进行了对比；Hinloopen（2003）利用欧盟赞助的一个公共创新调查项目（Community Innovation Survey，CIS）提供的创新产出数据对欧洲国家的创新分布进行了研究；Nelson（2009）分别利用专利、技术许可及出版物三个指标测度了 DNA 重组技术领域的知识流动情况；Agrawal 等（2014）利用美国专利商标局（United States Patent and Trademark Office，USPTO）提供的 1975～2000 年的专利数据考察了公司规模多样性和研发实验室对美国大都市统计区创新的影响。

3. 创新主体

相比创新投入和创新产出，创新主体更加突出了创新的地理区位特征，是区分创新地理学研究和 STI 其他研究领域的关键。由于新企业的形成与创新思想往往难为现存企业所接受，因此新企业的创立常被看作与创新活动相关联。Audretsch 和 Vivareli（1994）将新企业的创立和存活看作是创新活动的外在表现之一；Malecki（1985）利用新公司形成的数目对美国大都市统计区的创新活动进行了研究；Zucker 等（1994）研究生物技术产业中新成立的企业在美国邮政编码（ZIP）层面上的分布情况，检验了明星科学家、企业与大学及公共 R&D 机构的合作对新公司空间分布的影响；Adams（2002）经常用企业或企业的研发实验室代表创新主体，对知识溢出的区域化现象进行研究。

4. 创新网络和其他创新指标

学者们用很多数据对创新网络进行了实证研究。Feldman 和 Lichtenberg（1998）利用研发项目出版和发表的成果生成反映"知识清晰度"的数据，研究了欧洲研发活动的空间分布；Maggioni 等（2014）利用专利引用数据分析了区域之间的知识流动过程，指出区域之间的知识流动对区域创新产生积极影响。

现有创新数据存在一定局限（Polenske，2007）。R&D 活动只是创新的一种投入，虽然它与技术变化明显相关，但它不能测度这种变化，且与创新产出没有必然联系。专利指标直接测度的是发明，而不是创新，无论是申请还是授予的专利数据都不是创新产出的指标。并不是所有的发明和技术进步都申请了专利，不同公司在申请专利上有不同的策略，在不同国家，专利审批和授予的法律和制度也不尽相同；基于文献的创新数据的获取绝不仅限于可得的杂志数，数据采集的方法应该使各类企业的创新具有相同的被采集概率，需要选择适当的报刊；由于企业对公布工艺创新没有积极性，此方法仅限于收集产品创新数据，且很少反映创新过程；基于创新投入、组织及创新产出数据的创新资源静态集中度的测度较多，而对于创新活动的联系方面研究比较薄弱。

（二）创新空间测量指标

早期国外对创新空间集聚研究主要采用案例分析法。例如，Saxenian（1985）对波士顿 128 号公路区域和硅谷的创新活动的比较研究。直到 20 世纪 80 年代，定量分析方法才被大量运用到创新空间的实证研究中，主要采用经济地理学、区域科学中已有的地理集中指标，大多没有发展新的方法。根据是否测量创新的溢出效应分为两类：①不能测量溢出效应的方法包括区位商（LQ）、水平集聚区位商（HCQL）、区位基尼系数（LGC）、赫芬达尔-赫希曼指数（简称“赫芬达尔指数”，HHI）；②一定程度考察溢出效应的方法：Ellison-Glaeser 地理集聚指数（EGGCI）、地理共现指数（GCI）。广泛使用的指标还有测量空间关联模式的莫兰指数（Moran’s I）。Audretsch 等（1996）利用空间基尼系数测度了美国州层面创新活动空间分布特征；Verspagen 和 Schoenmakers（2004）基于赫芬达尔指数的变形公式衡量了跨国公司专利的空间分布；Fornahl 和 Brenner（2009）分别应用基尼系数、赫芬达尔指数、E-G 指数测度了德国行政区化层面创新活动的地理集中程度，并比较了不同指标测度结果之间的差异；Lim（2003）测算了大都市统计区层面专利的莫兰指数和空间基尼系数，检验专利空间分布情况。

Alecke 等（2006）指出，测度创新集聚/扩散的指标应符合如下条件：①跨产业的比较；②控制经济活动的总体集聚程度；③控制产业的集中；④对地理尺度和集聚做无偏见的度量；⑤能够进行估计结果的显著性检验等。现有指标中：①LQ 和 HCLQ 指标测量结果受产业分类情况的影响。部门分类越细，所得结果越可靠。其次，这两种指标均无法解释整个区域的产业集聚/分散程度。②LGC 和 HHI 无法区分企业的区位选择是随机行为还是确实基于某些考虑，如自然优势或溢出效应。同时，这两个指标对于企业数比较敏感，指标在区域和行业之间不可比（Kim et al.，2000）。③EGGCI 和 GCI 虽然能够通过简单的模型识别创新集聚中知识溢出的存在与否，但缺乏对溢出效应强度和产生机制的反映。

（三）观察的空间单元

在创新的区位实证研究中还没有形成一个共识性的地域范围，而考察的空间单元的差异可能会产生迥异的结果。许多学者认为以美国的州为基本单元进行创新空间集聚测度在空间尺度上有些宽泛，尤其是对知识溢出的研究（Ratanwaraha and Polenske，2007）。但是美国关于区位的早期研究多数还是以州作为基本地理单元，这种选择更多是决定于州一级数据的有效性而不是概念的表现性（Clark et al.，2003）。最近的研究在区位选择层面上已经使用了城市的概念，如选取大都市统计区或者合并的大都市统计区（MSA）作为研究对象（Knudsen et al.，2007；Andersson et al.，2005；Fornahl and Brenner，2009）。另外一些研究旨在提炼影响创新的合理区域范围，使用一些更小的区域单元［如县、经济分析局（BEA）分区］，甚至小到美国邮政分区（Zucker and Darby，1996；Lerner，1999）。Wallsten（2001）和 Adams（2002）则没有局限于固定地理单元，采用了地理衰减率的概念。不过有些学者认为地理是组织经济活动的一个平台，距离的测量不能把握复杂的社会关系（Feldman，2002；Branstetter，2000）。

二、国内研究进展与趋势

国内不同学科对创新的空间测度研究也取得了丰富的成果。孙一飞较早使用专利数据，采用变异系数（CV）、信息熵（Entropy Index）的方法对中国省级尺度的专利空间分布模式进行了研究（Sun，2000）；李志刚等（2006）以省际专利数据作为衡量创新产出的指标，利用泰尔熵（Theil 熵）和莫兰指数，考察了我国创新活动的空间集中度和空间相关性；吴玉鸣（2006）引入了空间计量模型，以各个省域每十万人口拥有的专利授权数代表各省域创新产出的基本指标作为被解释变量，以 R&D 支出经费占各省域 GDP 的比重、每十万人拥有大专以上受教育程度人口、区域万人大中型工业企业科学家工程师全时当量代表创新投入指标作为解释变量，分析了大学、企业研发活动对区域创新的影响；张玉明和李凯（2008）以专利数据作为衡量创新产出的指标，采用区位基尼系数和莫兰指数，测度了省际创新空间分布和空间相关性；孙亚梅等使用环境保护专利数据代表创新产出指标，采用区位商的方法对中国环境科技创新的省际空间尺度时空演变特征进行了研究（Sun，2008）；魏守华等（2009）以长三角两省一市的城市作为分析的地理单元，以高技术产业的新产品销售额代表创新产出指标作为被解释变量，使用 R&D 经费代表内生创新努力和长三角整体的一致性指数及两两之间一致性代表的本土技术溢出效应作为解释变量，重点分析了本土技术溢出对长三角高技术产业创新绩效的影响；彭向和蒋传海（2011）基于省际空间尺度，采用 21 个两位数工业行业的新产品产值代表创新产出，实证检验区域内知识溢出和企业竞争对地区产业创新的影响；李国平和王春杨（2012）以我国 31 个省域作为空间观测单元，以专利申请受理数作为创新产出的衡量指标，采用区位基尼系数、集中度指数和莫兰指数，对我国 1997～2008 年省域创新产出的空间分布进行了研究；方远平等（2012；2013）选取各省市研究与试验发展人员占总就业人员的比例、研究与试验发展经费支出、普通高等院校的数量、技术市场成交合同数作为代表性指标，用来衡量创新要素空间分布及其差异，再利用专利授权量作为衡量创新产出的指标，通过莫兰指数和地理加权回归模型考察了创新要素的空间分布特征和对创新产出的影响；蒋天颖等（2014）以浙江省为例，根据最大引力线数量与区域创新产出联系总量确定了区域创新产出空间联系的中心城市，并结合断裂点公式测度了中心城市的创新产出辐射范围；程叶青等（2014）将专利申请数作为衡量创新产出的表征指标，定量研究创新产出与创新投入之间的时空关系，并着重探讨创新投入和创新产出的溢出效应，进而阐明中国区域创新的时空动态；王春杨和张超（2014）以 341 个地级层面区域作为空间观测单元，以专利申请受理数作为衡量指标，通过莫兰指数，对中国 1997～2009 年地级区域创新产出的时空特征进行了分析；王承云等（2007；2015）利用研发机构数据考察了研发产业与城市创新发展的互动关系；李丹丹等（2015）、汪涛等（2011）利用 2000～2009 年中国生物技术领域合著论文和共同申请专利的信息为原始数据，分别构建中国城市间科学知识网络与技术知识网络从整体网络结构特征、择优链接性、中心城市及其自我网络的空间特征等方面进行分析，探究知识溢出的时空复杂性。

上述研究引入了各种有关数据测量的问题，有以下几点不足：①可得的数据和指标无法很好地表现创新投入转化为创新产出这一创新过程的性质，无法提供和显示经济效率的信息；②大多数国家城市尺度的创新地理数据获取困难，专利数据比较常用且容易获得，但是使用专利作为创新产出的指标有很多不足之处，毕竟简单的专利计数忽略了其对创新的质量和经济影响的差异（Griliches，1990）；③随着创新活动的全球化和 R&D 机构与企业合作的增多，专利的申报地点和创新实际发生地很可能不是同一地点，学者们需要设计新的指标测量创新地理的空间特征；④相比国外，国内在创新空间测量的研究中，数据、指标和空间尺度均过于单一，研究者主要使用专利数据代表创新数据，测量创新空间和创新网络指标发展不足，以引用国外指标为主，受到数据搜集的限制，分析的空间尺度以省际尺度为主，过于宽泛。

第二节 长三角城市创新空间测度实证分析

长三角地区是中国经济、技术、文化最发达的地区之一，拥有自主创新的良好资源和创新网络。其中，上海是中国的研发中心之一；江苏是我国大学和大学生数量最多的省，拥有众多的研发机构和丰富的科技人才；而浙江是中国民营企业最多、市场经济最发达、市场对研究开发需求最旺盛的省份。长三角地区创新资源高度集聚，创新潜力巨大，具有率先建设成创新型区域的良好基础。因此，本章选取长三角地区城市为案例分析区域，对创新空间测量进行实证分析。

实证分析过程如下：首先，基于专利申请数据，分别运用变异系数测度长三角的整体创新水平差异及其集中度，运用基尼系数与赫芬达尔指数测算出专利指数的均衡程度和集聚度，分析长三角地区城市创新的时空差异演变特征；其次，使用探索性空间数据分析（ESDA）考察长三角城市创新空间相关性分布模式；最后，利用因子分析法、空间回归模型探讨创新空间分布和演变的影响因子。

一、研究区域

选取长三角地区 16 座城市（狭义的长三角地区）作为分析的基本地理单元，包括上海市，江苏省的南京市、无锡市、常州市、苏州市、南通市、扬州市、镇江市、泰州市 8 个城市，浙江省的杭州市、宁波市、嘉兴市、湖州市、绍兴市、舟山市、台州市 7 个城市。

二、数据来源与研究方法

（一）数据来源

基于数据的可得性、可靠性和科学性原则，本书采用 2001～2012 年专利申请受理数量来表征区域内各城市的创新水平（表 3-1）。专利申请受理量数据来源于长三角地区江苏、浙江、上海两省一市的知识产权局官网统计数据。相关补充数据主要来源于江苏省、浙江省、上海市及各个城市的 2012 年统计年鉴和 2012 中国各城市统计年鉴。

（二）研究方法

本书首先采用变异系数（CV）、赫芬达尔指数（H_n）和基尼系数（G）来测度长三角地区的整体创新水平差异及其集中度。在此基础之上，通过莫兰指数和空间回归模型方法，对长三角城市创新空间变化特征进行量化分析，以此检验长三角城市群的创新空间关联模式以及影响城市群内部创新发展的主要影响因子。

（1）变异系数：$CV=\sqrt{\dfrac{\sum_{i=1}^{n}\left(x_i-x\right)^2}{n}}\Big/x$。式中，$CV$ 为变异系数；n 为样本数；x_i 为样本值；x 为样本平均值。标准差：$SD=\sqrt{\sum_{i=1}^{n}\left(x_i-x\right)^2/n}$。式中，$SD$ 为标准差；x_i 为样本值；x 为样本平均值，n 为样本数。

表 3-1　2001～2012 年长三角地区城市专利申请量变化

（单位：件）

地区＼年份	2001	2002	2003	2004	2005	2006	2007	2008	2009	2010	2011	2012
南京市	1 872	2 184	3 160	3 839	5 228	6 793	8 032	11 692	14 220	19 252	31 063	42 705
无锡市	1 085	1 696	2 160	3 279	5 621	8 623	7 185	10 899	23 683	32 688	51 520	79 873
常州市	1 058	1 131	1 647	1 886	2 696	3 433	6 021	9 146	12 116	15 878	23 413	39 391
苏州市	2 653	3 111	3 780	4 687	6 780	12 874	33 752	48 558	61 336	77 194	103 383	145 165
南通市	844	1 128	1 431	1 859	3 120	5 342	9 067	14 106	21 904	38 707	56 421	49 924
扬州市	389	795	1 029	1 399	2 077	2 573	4 162	6 124	7 468	9 980	14 459	18 996
镇江市	323	596	909	1 262	2 066	3 405	5 201	7 339	8 608	10 406	15 316	19 235
泰州市	506	657	1 064	1 236	1 645	2 434	3 219	4 677	6 265	7 890	15 103	24 177
上海市	12 769	19 963	22 374	20 471	32 741	36 042	47 205	52 835	62 241	71 196	80 215	82 682
杭州市	2 356	3 397	4 528	5 932	9 486	10 719	13 295	18 549	26 075	29 745	40 892	53 785
宁波市	3 003	4 035	4 628	4 874	7 752	10 412	12 789	16 173	22 738	26 399	47 582	73 647
嘉兴市	539	646	698	1 075	3 806	3 142	4 249	5 328	7 661	9 271	11 662	16 078
湖州市	366	200	476	708	1 774	1 977	3 121	4 887	6 030	7 221	9 534	12 656
绍兴市	630	1 013	1 432	1 532	3 068	6 548	14 103	18 647	14 768	12 294	15 670	22 023
舟山市	94	154	136	145	250	210	318	359	403	579	1 504	2 200
台州市	1 480	2 197	2 345	2 803	4 834	5 626	6 276	9 043	8 806	10 436	12 471	14 111

（2）基尼系数：$G=1+\frac{1}{N}-\frac{2}{N^2\overline{y}}(y_1+2y_2+3y_3+\cdots+Ny_n)$。式中，$G$ 是基尼系数；N 是样本数量；$\overline{y}$ 是样本平均值；y_1，$y_2\cdots y_n$ 是从大到小的样本值。基尼系数反映了长三角地区专利申请受理量的均衡程度，其值越接近 0，表示越集中，反之则越分散。

（3）赫芬达尔指数：$H_n=\sum_{i=1}^{n}p_i^{\ 2}$。式中，$H_n$ 为赫芬达尔指数；p_i 为前 n 位各自所占总数的比值，本书 $n=5$。赫芬达尔指数反映了长三角地区专利申请受理指标的集聚程度，其值越接近 1，创新差异越大；越接近 0，创新差异越小表示趋于平衡。

（4）本节用莫兰指数作为描述总体空间自相关程度和局部单元与临近空间单元相关程度的指标，以此进行确定空间集聚和空间交互作用的重要依据。莫兰散点图常被用来反映区域与周边地区之间的扩散或极化作用是否显著存在。因此本书采用这一指标从总体上识别长三角城市群区域城市创新空间是否存在显著的空间集聚与空间相互作用。其计算公式如下：

$$I=\frac{1}{S^2}\sum_{i=1}^{n}\sum_{j\neq i}^{n}\left(X_i-\overline{X}\right)\left(X_j-\overline{X}\right)\Big/\sum_{i=1}^{n}\sum_{j\neq i}^{n}W_{ij}$$

$$I_i=\frac{\left(X_i-\overline{X}\right)}{S^2}\sum_{j}W_{ij}(X_i-\overline{X})$$

式中，n 为地区总数；$\overline{X}$ 为样本平均值；S 为标准差；I_i 为局域莫兰指数值。W_{ij} 为空间权重矩阵 $\boldsymbol{W}$ 中的任意元素，用来定义空间单元的相互作用关系，相邻为 1，不相邻为 0。本书采用基于 ROOK 规则的二阶邻域来创建权重。

（5）空间误差模型和空间滞后模型。OLS 回归分析这里主要用来开展定量分析和推理自变量对因变量影响因子的程度，如果空间自相关存在，OLS 回归模型估计结果将出现偏差，通过利用最大估计法的空间滞后模型（SLM）和空间误差模型（SEM）对空间自相关等空间因素进行处理的结果，来解释空间分布差异的原因。因此，我们同时还选用空间滞后模型、空间误差模型及 OLS 模型进行比较分析，选取最优计量结果。空间滞后模型还可以甄别各变量在某地区是否有扩散现象（溢出效应）。其模型表达式如下：

$$y=\rho Wy+X\beta+\varepsilon$$

空间误差模型的表达式如下：

$$y=X\beta+\left(1-\lambda W\right)^{-1}\varepsilon$$

式中，参数 β 反映了自变量对因变量的影响；ρ 为空间滞后变量的回归系数，反映了空间距离对区域行为的作用；λ 为空间误差系数，衡量数值的空间依赖作用。

三、长三角地区城市创新空间的时空演变特征

（一）时间演变特征

以变异系数进行测度的长三角地区城市创新差异在 2001～2002 年是有所上升的，随后相对差异便迅速下降，从 2004 年开始相对差异下降速度变缓，成阶梯状下降趋势。而以基尼系数和赫芬达尔指数衡量的长三角地区城市创新的集中度也在不断下降，到 2006 年后开始下降速度变慢，并基本稳定（图 3-1）。上述三个指标随着时间的变化趋势基本一致，反映了长三角地区城市之间的创新水平差异和区域创新集中度随着时间是在不断下降的，而且近年来越来越趋向稳定。

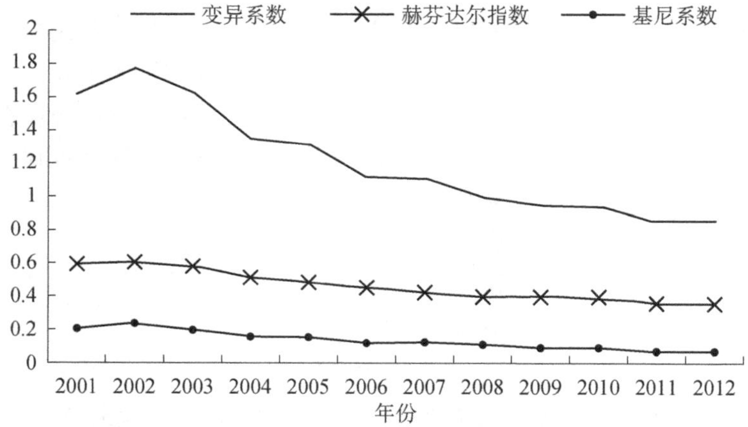

图 3-1 长三角城市创新差异动态变化图（2001～2012 年）

（二）空间演变特征

1．长三角城市创新空间结构差异及演变

本研究为了跟踪长三角城市创新空间结构的动态变化特征，选取了四个年份（2001 年、2004 年、2008 年、2012 年）进行了比较分析，通过 ArcGis 软件分别做出不同年份城市创新空间分布的四分位图（图 3-2），结果发现：整体上看前三个年份长三角城市的创新活动空间分布没有明显区域特征，到 2012 年出现了以沪宁为轴线的苏南地区的集聚特征，轴线上的城市上海、苏州、无锡、常州、南京形成了带状的城市创新活跃地区，而外围的镇江、扬州、泰州则相对滞后，其空间特征基本符合核心-边缘空间模式。南通、常州、绍兴的创新发展水平上升较快，其中绍兴一度和杭州、宁波形成带状分布的创新高地。但浙江各城市创新主要集中在杭州、宁波，其空间集聚范围不大。

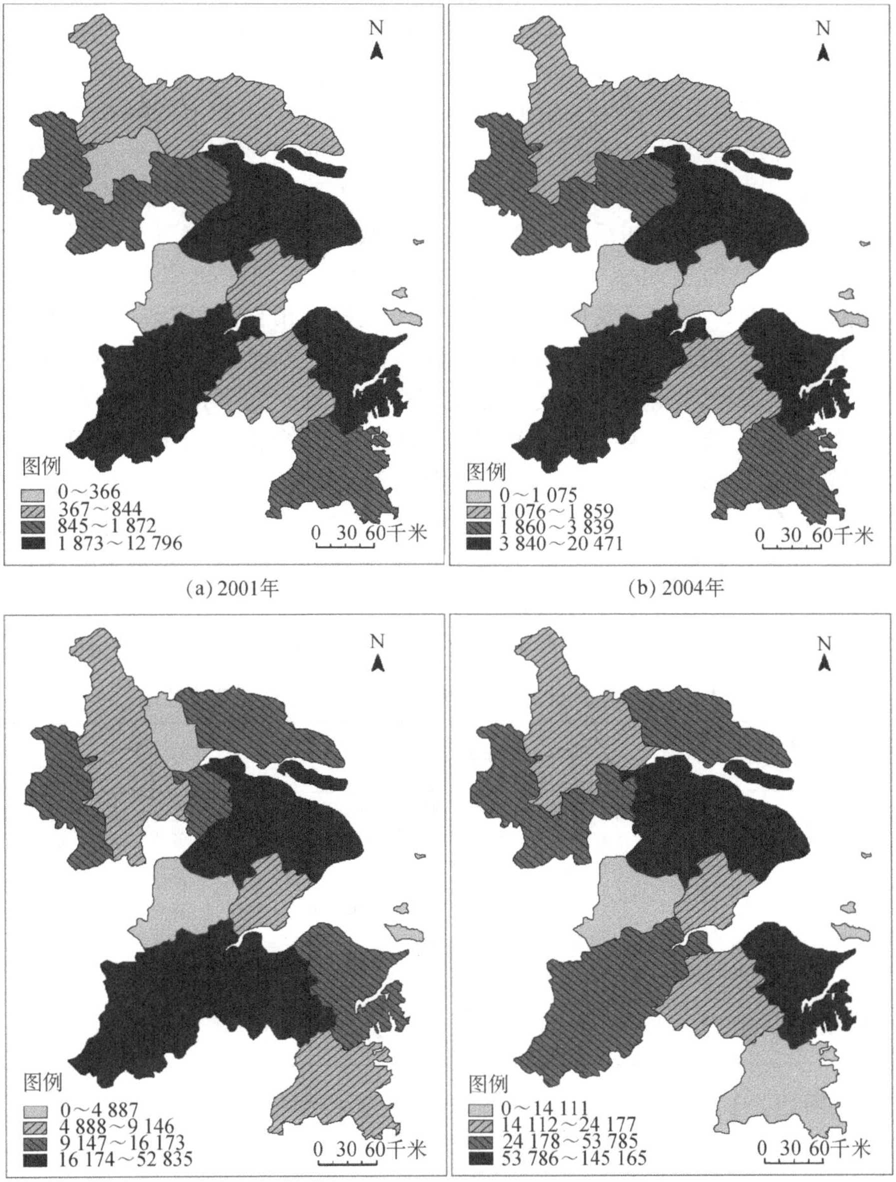

图 3-2　长三角城市创新空间四分位图

2. 长三角城市创新的空间关联效应

以实证研究的方法对长三角城市创新活动是否存在溢出为假设前提，本研究对长三角地区全局自相关莫兰指数进行了计算。为了降低误差和波动性，首先对专利申请数据进行了对数变换，结果发现历年莫兰指数的值均为负；并且未通过 Z 值检验，发现长三角城市群的创新相关性不明显；选取了四个年份（2001 年、

2004年、2008年、2012年），通过莫兰散点图整理结果（表3-2）、局部空间自相关（local indicators of spatial association，LISA）集聚图（图3-3）对长三角城市创新集聚进行实证分析。结果显示：2001年，位于第一象限的城市有上海、苏州、无锡、杭州、台州，得出正的空间相关性，同时证明创新水平高的地区有空间集聚特征；第二象限有湖州、嘉兴、舟山，表明这些地区是负的空间相关，周围城市的创新活动更加活跃；第三象限的城市有扬州、镇江、泰州、南通、绍兴，反映了正的空间相关，而且是创新水平低的地区集聚；第四象限有南京、常州、宁波，反映了负的空间自相关，这些城市被创新活动水平低的地区包围。2004年，相比2001年空间格局变化不大，主要变化是泰州、常州进入了第二象限，说明常州的创新发展速度较慢，而泰州受到周边创新活跃地区的影响较大。2008年，主要变化是南通、绍兴从第三象限变为第四象限，反映了这两个城市的创新活动发展较快，与周围呈现负的相关性。2012年，大部分城市处于第一象限和第二象限，上海、苏州、无锡、常州、南京均处于第一象限，反映了以沪宁为轴线的高高集聚带，这正如上述所言，城市创新空间分布四分位图的结果也是相符的。2001～2012年，第一象限和第二象限的城市明显增多，说明高高创新水平城市的集聚在增加，而低低集聚地区基本消失。

表3-2 部分年份长三角城市创新能力莫兰散点图变化整理

象限 \ 年份	2001	2004	2008	2012
第一象限（HH）	上海、苏州、无锡、杭州、台州	上海、苏州、无锡、杭州、台州	上海、苏州、无锡、杭州	上海、苏州、无锡、南通、常州、南京、杭州
第二象限（LH）	湖州、嘉兴、舟山	湖州、嘉兴、舟山、泰州、常州	常州、嘉兴、湖州、舟山、泰州、台州	扬州、镇江、泰州、湖州、嘉兴、台州、舟山
第三象限（LL）	扬州、镇江、泰州、南通、绍兴	扬州、镇江、南通、绍兴	扬州、镇江	绍兴
第四象限（HL）	南京、常州、宁波	南京、宁波	南京、南通、宁波、绍兴	宁波

综上所述，长三角地区城市群依旧处于要素持续集聚的阶段，创新的空间关联效应并不明显，但正在不断增强。目前创新空间关联区域主要集中于以沪宁为轴的苏南地区及杭州之间。沪宁轴线地区的创新联系紧密是基于地理临近、制度临近、社会临近等影响因素，而且长三角地区的知识资源也集中在这些城市，所以长三角地区的城市创新溢出主要集中在上述地带，也揭示了溢出效应也具有距离衰减效应。根据极化-涓滴效应学说，长三角地区城市创新将出现先有极化效应，随着时间的发展极化效应会减弱，而涓滴效应会不断增强，从表3-1中也可以发现长三角地区近年来涓滴效应要大于极化效应。

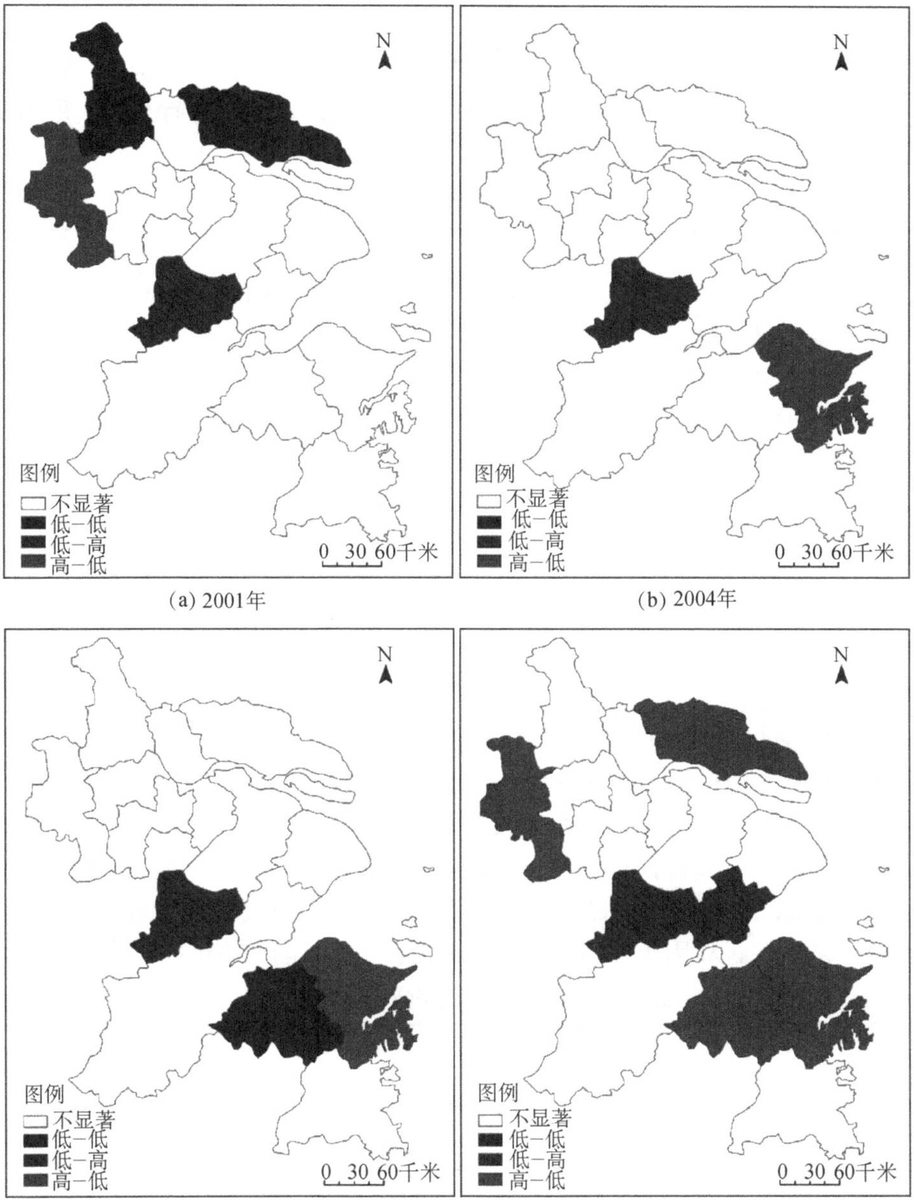

(a) 2001年　(b) 2004年　(c) 2008年　(d) 2012年

图 3-3　长三角城市创新空间局部空间自相关集聚图

四、长三角地区城市创新的影响因子分析

（一）指标选取和数据处理

区域是由复杂系统所组成的地域综合体，影响区域创新的因素有很多，考虑

到长三角城市的实际情况及数据可得性，本书选取 19 个影响因子（表 3-3）。由于创新具有周期性和创新投入产出具有滞后性等因素，影响因子选择 2011 年数据，代表创新产出的专利申请量取滞后两期的 2013 年数据进行分析，所用变量数据均进行自然对数变换作为原始数据。

表 3-3 城市创新的影响因子

序号	影响因子	序号	影响因子
X_1	普通高等学校数	X_{11}	科学与教育财政支出
X_2	高校在校大学生数	X_{12}	年末金融机构贷款余额
X_3	研发经费占 GDP 比重	X_{13}	实际利用外资投资金额
X_4	公共图书馆图书藏量	X_{14}	人均生产总值
X_5	国际互联网用户数	X_{15}	市辖区年末总人口
X_6	规模以上工业企业数	X_{16}	邮电业务收入
X_7	外商投资企业数	X_{17}	移动电话用户数
X_8	信息传输、计算机服务业和软件业及科学研究、技术服务和地质勘查业从业人员	X_{18}	地方财政科技支出占地方财政支出比重
X_9	工业增加值占 GDP 比重	X_{19}	固定资产投资额
X_{10}	高新技术产业总产值		

相关分析的结果表明，自变量与因变量之间的关系显著，但自变量之间也有明显的共线性，因而有必要对 16 个影响因子进行整合。通过因子分析提取了三个主因子。其中主因子 F_1 与 X_1、X_2、X_4、X_5、X_8、X_{11}、X_{12}、X_{15}、X_{16}、X_{17}、X_{19} 因子具有很高的相关性，可以称 F_1 为区域的创新基础环境；F_2 主因子与 X_3、X_{10}、X_{13}、X_{14}、X_{18} 因子的相关性较高，反映了城市经济发展水平与政策环境；F_3 主因子与 X_6、X_7、X_9 因子的相关性较高，代表了区域的经济结构环境（表 3-4）。

表 3-4 城市创新主因子特征（2011 年）

变量	主因子		
	F_1	F_2	F_3
普通高等学校数	0.881	0.442	0.038
高校在校大学生数	0.792	0.572	0.004
研发经费占 GDP 比重	0.590	0.746	0.186
公共图书馆图书藏量	0.894	0.319	0.182
国际互联网用户数	0.553	0.456	0.247
规模以上工业企业数	0.537	0.274	0.768
外商投资企业数	0.560	0.406	0.707
信息传输、计算机服务业和软件业及科学研究、技术服务和地质勘查业从业人员	0.932	0.314	−0.018
工业增加值占 GDP 比重	−0.171	0.275	0.928
高新技术产业总产值	0.493	0.592	0.552

续表

变量	主因子		
	F_1	F_2	F_3
科学与教育财政支出	0.850	0.218	0.455
年末金融机构贷款余额	0.918	0.193	0.277
实际利用外资投资金额	0.476	0.741	0.441
人均生产总值	0.082	0.865	0.416
市辖区年末总人口	0.863	0.303	0.081
邮电业务收入	0.866	0.163	0.454
移动电话用户数	0.853	0.150	0.486
地方财政科技支出占地方财政支出比重	0.484	0.519	0.464
固定资产投资额	0.705	0.512	0.403

（二）模型结果的理论分析

根据表 3-5，从 OLS 回归结果中看出，模型整体显著，R^2 为 67%。但是三个主因子中只有 F_1、F_2 通过了 5%显著性检验，说明这些变量因子可以在一定程度上解释城市的创新发展水平，但不能忽略空间因素对区域内城市创新发展水平的影响。通过对 SLM 模型和 SEM 模型的检验结果比较发现，空间滞后模型的解释力度要高于空间误差模型的解释力度，其 R^2 为 71.6%高于空间误差模型及 OLS 回归分析模型的适合度检验结果，并且 SLM 模型的对数似然函数值要高于另外两个模型的值，所以我们选择空间滞后模型估计结果进行分析。

从回归分析系数看，区域的创新基础环境、经济发展水平及政府投入、经济结构均对创新的发展有积极作用。首先，主因子 F_2 的回归系数最大为 0.262，说明城市的整体经济发展水平及政府对创新的重视程度很大程度上影响了城市创新发展。金融资本在生产要素中是流动性最大的要素，尤其在 20 世纪 80 年代以来，国际性资本流动性十分活跃，跨国公司对外直接投资也快速扩张，资本不断地流向最可创利的地区。资金对企业的经济活动特别是小型企业的创立与发展至关重要，而企业的发展对创新发展水平则直接影响。政策环境直接影响创新投入产出的效率，制度创新、管理创新和政策创新是科技创新的催化剂，良好的政策环境对创新系统的形成及不同区域之间创新网络的交流都有积极作用，尤其在我国市场体制不完善的情况下，政策环境对于创新的发展更是十分重要。其次，主因子 F_1 的回归系数为 0.135，反映了基础设施环境与知识、人力资源环境对城市创新的影响。良好的基础设施环境可以促进行业内及不同行业之间人员的交流与联系，实际上创新活动也多发生在基础设施完善的发达地区。良好的生活环境也是吸引人才的必要基础，而地区的人力资源越充足，其创新的根基就越坚实，它既是驱动区域创新行为发生主体，也是提升区域创新能力的创新主体。知识则是创新的原材料，任何领域的创新都是以该领域原有的知识成果为起点的。最后，主因子 F_3 的回归系数为 0.116，反映了区域经济结构对创新活动具有极大影响。经济地理学对经济结构的研究主要在经济体制不变，忽略企业的运行效率差异前提下而进行的，所以这里主要从产业结构角度分析。同其他世界经济中心与区域相比，长三角地区的主导产业仍集中在劳动密集型及资源密集型产业，一些高技术产品也多停留在劳动密集型和资源密集型的加工、装配等低端阶段，竞争力不强，相比资源密集型及劳动密集型产业，技术密集型产业更能促进创新的发展，而技术的创新又反过来推动经济结构的升级，产业结构上会表现为专业化或多样化的发展。在空间上表现为相关产业的集聚，随着其不断成熟，形成由不同主体构成的创新网络，促进创新的进一步发展。

表 3-5 OLS 模型与空间回归模型估计结果比较

变量	OLS			SLM			SEM		
	系数	T 统计量	概率	系数	z 值	概率	系数	z 值	概率
常数	4.531	68.857	0	6.647	4.634	0	4.529	63.245	0
F_1	0.151	2.229	0.046	0.135	2.447	0.014	0.155	2.663	0.007
F_2	0.272	3.995	0.002	0.262	4.799	0	0.291	4.784	0
F_3	0.127	1.865	0.087	0.116	2.104	0.035	0.132	2.321	0.020
R^2	0.670			0.716			0.675		
对数似然函数值	0.955			1.865			0.998		
空间滞后项 ρ				−0.461	−1.475	0.140			
空间误差项 λ							0.209	0.596	0.551

长三角创新空间的实证分析结果符合理论解释。

首先，自 2000 年以来，长三角各城市规模在不断提升，通过对核心城市 GDP 集中度的计算发现，上海集中度明显下降，而苏州、无锡次级核心城市的 GDP 集中度有明显上升。数据显示，自 2006 年国家部署实施了《国家中长期科学和技术发展规划纲要（2006—2020 年)》，提出“为建设创新型国家而努力奋斗”的工作目标以来，各地知识产权工作迅速升温，均呈现快速增长的趋势（表 3-1）。尤其值得关注的是苏州，同年苏州市政府制定出台《苏州市知识产权战略实施纲要（2006—2020 年)》，并召开全市科技创新大会，在政府大力扶持下，苏州知识产权工作突飞猛进。

其次，该区域的上海、南京、杭州等城市在基础设施、教育资源与研究机构、人力保障等方面具有明显优势。随着沪宁、沪杭高铁的开通，完善的交通网络有利于人流、物流、信息流在城市间的流动，位于流动空间结点城市如上海、南京、杭州、宁波必然是创新资源的集聚地，从而促使城市创新能力的不断提升，而外围的城市吸引力则相对弱化。

最后，企业是创新的主体地位日益凸现，一个城市的企业数量在很大程度上影响着城市的创新能力，尤其是外资企业数量，对当地创新能力的发展更是起到不可替代的作用。在全球化的浪潮中，创新通过发达国家的“技术外溢”被传递到发展中国家和地区，跨国公司通常会在发展环境较好的国家城市中建立总部、区域性总部机构及研发机构，这些城市借此机会参与全球城市体系，成为全球创新城市空间的网络结点，进而显著提升城市的创新能力。跨国公司通过后向与前向联系、人力资本流动、竞争效应及示范效应等渠道促进本土企业的创新能力提升，进而促使城市创新能力的提高。苏南地区城市由于临近上海以及自身基础得到外资企业的青睐，而浙江地区城市由于以民营经济为主，外向经济要弱于苏南地区。随着城市发展模式的转变及城市间联系的日益增强，长三角地区城市创新空间将不断外溢并处于动态演变之中。

五、实证结论

采用专利申请受理数量代表城市的创新产出，通过空间计量的方法对长三角地区城市的创新空间集聚进行了实证研究。实证研究结果表明：

（1）长三角地区不同城市创新能力的差异随着时间的推移在不断缩小，长三角地区创新的集中度也在不断下降，近年来趋向于稳定。

（2）长三角地区城市创新的空间分布存在一定的集聚现象，即以沪宁为轴线地带为创新活跃地区，而且江苏各城市与上海之间创新空间分布基本符合核心-边缘模式特征。而浙江各城市创新的空间分布则无明显区域特征。

（3）通过数据探索发现，长三角城市群创新的溢出效应并不明显，说明其依旧处于要素持续集聚的阶段。通过不同年份莫兰散点图整理结果和局部空间自相关集聚图发现，长三角地区城市间的空间关联效应在增强，主要集中在以沪宁为轴的苏南地区和杭州地区之间，也揭示了溢出效应的距离衰减效应，结合城市创新的空间分布特点说明创新集聚和创新溢出之间具有互动内生作用。

研究认为：区域的整体经济实力和政策环境对创新的发展有显著影响，政府在提升区域的整体经济实力同时应加大对创新的资金投入，营造利于自主创新的政策环境，把制度创新、管理创新、政策创新与科技创新相结合；城市创新离不开良好的创新基础环境，应完善区域内的基础设施一体化建设，提升交通、通信、信息等基础设施水平，注重人才的培养和引进，提高区域的创新支撑能力；经济结构环境对城市的创新发展水平也产生很大影响，要注重产业结构调整，强化企业创新主体地位，提高市场化水平，促使创新和产业的转型升级产生良好互动。

第三节 本章小结

创新是发生于多维度的经济、社会、政治背景下的复杂现象，这也是创新测量缺乏理想的数据、指标和方法的原因所在。未来应建立更完善的创新地理理论体系，为创新空间测度指标提供理论支撑。从对静态创新空间数据的测度向更加注重反映创新动态过程和创新联系的空间测度转变，并且需要针对性地对这一转变提出新的测度指标和方法。在基于行政区作为基本空间分析的基础上，进一步扩展到以一些新型学习型区域，如产业园区、产学研合作集聚区等为空间分析单元，研究创新活动的产生、扩散和空间联系的具体模式和功能。

| 参考文献 |

程叶青，王哲野，马靖. 2014. 中国区域创新的时空动态分析. 地理学报，69（12）：1779-1789.

方远平，谢蔓. 2012. 创新要素的空间分布及其对区域创新产出的影响：基于中国省域的 ESDA-GWR 分析. 经济地理，32（9）：8-14.

方远平，谢蔓，林彰平. 2013. 信息技术对服务业创新影响的空间计量分析. 地理学报，68（8）：1119-1130.

蒋天颖，谢敏，刘刚. 2014. 基于引力模型的区域创新产出空间联系研究. 地理科学，34（11）：1320-1326.

李丹丹，汪涛，魏也华，等. 2015. 中国城市尺度科学知识网络与技术知识网络结构的时空复杂性. 地理研究，34（3）：525-540.

李国平，王春杨. 2012. 我国省域创新产出的空间特征和时空演化. 地理研究，31（1）：95-106.

李志刚，汤书昆，梁晓艳，等. 2006. 我国创新产出的空间分布特征研究——基于省际专利统计数据的空间计量分析. 科学学与科学技术管理，27（8）：64-71.

彭向，蒋传海. 2011. 产业集聚、知识溢出与地区创新——基于中国工业行业的实证检验. 经济学，10（2）：913-934.

汪涛，Hennemann S，Liefner I，等. 2011. 知识网络空间结构演化及对 NIS 建设的启示——以我国生物技术知识为例. 地理研究，30（10）：1861-1872.

王承云，等. 2015.研发产业与城市创新空间. 上海: 上海社会科学院出版社.

王承云，杜德斌. 2007. 在华美、日跨国公司 R&D 投资区位的比较. 人文地理, 94(2):1-5.

王春杨，张超. 2014. 中国地级区域创新产出的时空模式研究——基于 ESDA 的实证. 地理科学，34（12）：1438-1444.

魏守华，姜宁，吴贵生. 2009. 内生创新努力、本土技术溢出与长三角高技术产业创新绩效. 中国工业经济，（2）：25-34.

吴玉鸣. 2006. 空间计量经济模型在省域研发与创新中的应用研究. 数量经济技术经济研究，（5）：74-85.

张玉明，李凯. 2008. 中国创新产出的空间分布及空间相关性研究——基于 1996—2005 年省际专利统计数据的空间计量分析. 中国软科学，（11）：97-103.

Acs Z J，Anselin L，Varga A. 2002. Patents and innovation counts as measures of regional production of new knowledge. Research Policy，31（7）：1069-1085.

Adams J D，Jaffe A B. 2002. Bounding the effects of R&D：An investigation using matched establishment-firm data. Rand Journal of Economics，27：700-721.

Adams J D. 2002. Comparative localization of academic and industrial spillovers. Journal of Economic Geography，2（3）：253-278.

Agrawal A, Cockburn I, Galasso A, et al.2014.Why are some regions more innovative than others? The role of small firms in the presence of large labs. Journal of Urban Economics,81(1):149-165.

Agrawal A K，Cockburn I M，Galasso A，et al. 2012. Why are Some Regions More Innovative Than Others？ The Role of Firm Size Diversity. National Bureau of Economic Research.

Alecke B，Alsleben C，Scharr F，et al. 2006. Are there really high-tech clusters？ The geographic concentration of German manufacturing industries and its determinants. The Annals of Regional Science，40（1）：19-42.

Andersson R，Quigley J M，Wilhelmsson M. 2005. Agglomeration and the spatial distribution of creativity. Regional Science，84（3）：445-464.

Audretsch D B，Feldman M P. 1996. R&D spillovers and the geography of innovation and production. The American Economic Review，86（3）：630-640.

Audretsch D B，Vivarelli M. 1994. Small firms and R&D spillovers：Evidence from Italy. Revue D'économie Industrielle，67（1）：225-237.

Branstetter L. 2000. Measuring the link between academic science and industrial innovation：The case of California's research universities. Cambridge M A: Presented at the 2000 NBER Summer Institute.

Carter A P. 2007. Measurement of the clustering and dispersion of innovation. The Economic Geography of Innovation：13-29.

Clark G L，Feldman M P，Gertler M S. 2003. The Oxford Handbook of Economic Geography. London：Oxford University Press.

Feldman M P，Lichtenberg F R. 1998. The interaction between public and private R&D investment：Cross-country evidence from European Community's R&D information service. Annales d'Economie et de Statistique，（49）：199-222.

Feldman M P. 1994. The Geography of Innovation. Boston：Springer Science & Business Media.

Feldman M P. 2002. The Internet revolution and the geography of innovation. International Social Science Journal，54（171）：47-56.

Fingleton B，Igliori D C，Moore B. 2003. Employment Growth of Small Computing Services Firms and the Role of Horizontal Clusters：Evidence from Great Britain 1991-2000. European Regional Growth. Berlin：Springer Berlin Heidelberg：267-291.

Fornahl D，Brenner T. 2009. Geographic concentration of innovative activities in Germany. Structural Change and Economic Dynamics，20（3）：163-182.

Godin B. 2002. Outline for a history of science measurement. Science，Technology & Human Values，27（1）：3-27.

Griliches Z. 1990. Patentstatistics as economic indicators indicators：A survey. Journal of Economic Literature，28（4）：1661-1707.

Hinloopen J. 2003. Innovation performance across Europe. Economics of Innovation and New Technology，12（2）：

145-161.

Jaffe A B. 1989. Real effects of academic research. The American Economic Review，79（5）：957-970.

Kim Y, Barkley D L, Henry M S. 2000. Industry characteristics linked to establishment concentrations in nonmetropolitan areas. Journal of Regional Science，40（2）：234-259.

Knudsen B，Florida R，Gates G，et al. 2007. Urban Density，Creativity and Innovation. Toronto：The Martin Prosperity Institute. University of Toronto（Working Paper）.

Krugman P. 1991. Geography and Trade. Cambridge：MIT Press.

Lerner J. 1999. The government as venture capitalist：The long-run effects of the SBIR program. Journal of Business，72（3）：285-318.

Lim U. 2003. The spatial distribution of innovative activity in US metropolitan areas：Evidence from patent data. Journal of Regional Analysis and Policy，33（2）：97-98.

Maggioni M A，Uberti T E，Nosvelli M. 2014. Does intentional mean hierarchical？ Knowledge flows and innovative performance of European regions. The Annals of Regional Science，53（2）：453-485.

Malecki E J. 1985. Industrial location and corporate organization in high technology industries. Economic Geography，61：345-369.

Nelson A J. 2009. Measuring knowledge spillovers：What patents，licenses and publications reveal about innovation diffusion. Research Policy，38（6）：994-1005.

Polenske K R.2007.The economic geography of innovation. London: Cambridge University Press.

Saxenian A L. 1985. Silicon valley and route 128：Regional prototypes or historic exceptions. Urban Affairs Annual Reviews，28：81-105.

Sirilli G. 1998. Old and new paradigms in the measurement of R&D. Science and Public Policy，25（5）：305-311.

Sun Y，Lu Y，Wang T，et al. 2008. Pattern of patent-based environmental technology innovation in China. Technological Forecasting and Social Change，75（7）：1032-1042.

Sun Y. 2000. Spatial distribution of patents in China. Regional Studies，34（5）：441-454.

Varga A，Anselin L，Acs Z. 2005. Regional innovation in the US over space and time. Spillovers and Innovations，（4）：93-104.

Verspagen B，Schoenmakers W. 2004. The spatial dimension of patenting by multinational firms in Europe. Journal of Economic Geography，4（1）：23-42.

Wallsten S J. 2001. An empirical test of geographic knowledge spillovers using geographic information systems and firm-level data. Regional Science and Urban Economics，31（5）：571-599.

Zucker L G，Darby M R，Brewer M B. 1993. Intellectual Capital and the Birth of US Biotechnology Enterprises. Cambridge M A：NBER （working paper）.

Zucker L G，Darby M R. 1996. Star scientists and institutional transformation：Patterns of invention and innovation in the formation of the biotechnology industry. Proceedings of the National Academy of Sciences，93（23）：12709-12716.

第四章

知识创新、知识流动与区域创新

进入 21 世纪，世界经济活动正在从物质经济转向知识经济，信息、技术和学习在经济活动中发挥着越来越重要的作用，人类社会正全面迈入知识时代（王缉慈，1999）。自 20 世纪 90 年代中期以来，知识、学习和创新在公司的竞争中起到了越来越重要的作用（Gertler，2003），并且知识密集型产业逐渐成为现代经济增长的重要支柱。一方面，创新往往与知识的分享息息相关，知识的传播（尤其是隐性知识的交流）变得非常重要；另一方面，知识、学习和创新作为影响员工、企业、经济部门、地区和国家的生产力、竞争力、分化、不平等及社会经济发展的战略性因素发挥着重要的作用。尤其是世界各国之间收入和财富的分配越来越不平等，这些不平等程度与相关知识资源的获取难易程度表现出较高关联（Johnson et al.，2002）。知识生产具有显著的地理集中性，世界上最多产的和具有较高影响力的科研人员一般居住在相对数量较少的城市，主要是在美国和欧洲。由于隐性知识的交流需要知识主体间具有地理邻近性，因此往往导致知识在空间上积聚（Heimeriksy and Boschma，2013）。然而，各类创新主体（个人、公司、地方、国家等）对获取知识的渴求，需要促进知识在本地乃至全球的流动。知识一旦产生，它不是无阻碍传播的。“管道”在促进本地和全球的知识流动过程中起着重要的作用（Bathelt et al.，2004）。

第一节　知识的类型与地理分布

一、知识的类型

（一）隐性知识和显性知识

许多人尝试对知识进行定义和分类，其中最早的、影响最大的是迈克尔·波兰尼（Michael Polanyi）从哲学领域对知识的定义（Polanyi，1958；1966）。波兰尼指出：“人类的知识有两种。通常被描述为知识的，即以书面文字、图表和数学公式加以表述的，只是一种类型的知识。而未被表述的知识，像我们在做某事的行动中所拥有的知识，是另一种知识。”他把前者称为显性知识，而将后者称为隐性知识，具体表现为个人经验、印象、感悟、技术诀窍、心智模式和组织惯例等形式。

波兰尼在他的经典著作《隐含维度》中提到“我们所知道的比我们所能表述的更多”来描述隐性知识（或意会知识）和显性知识（或编码知识）之间的区别。这两大类型的知识之间的区别在于正规化程度和知识存在的形式（编撰的或隐性的）。显性知识涉及的知识是可以传达的正式的技能、系统的语言，不需要从直接经验中获取，以蓝图或操作手册的形式被传递。相反，隐性知识是不通过人工编码的直接经验。因此，它代表了无实体的可以通过非正式的学习过程获取的“知道如何做的知识”（know-how），即关于技能知识。事实上，一些隐性知识与无意识的学习过程联系在一起，这种无意识是波兰尼所说的“半知觉”过程（Polanyi，1966）。波兰尼把隐性知识总结为一种“内在的”行为，这是从外界吸收知识的过程，也是学习的过程。然而，隐性知识还更多涉及其固有的价值，如技能。隐性的技能不能直接或容易地传播，因为知识是个人的、特别的，获取这种技能的人需要改变现有的行为（Howells，2002）。

另外，波兰尼认为隐性知识需要通过经验和认知来认识，知识包含学习的过程。获取知识是通过能够消化信息的认知结构过程来完成的。通过学习来获取知识是知识流动的重要因素（Polanyi，1958）。Howells 把隐性知识定义为“通过非正式的学习行为和过程取得的知识”。Maskell 和 Malmberg（1999a）进一步认为隐性知识“只能通过实践获得”。隐性知识必须通过师徒之间的分享，或针对解决某一特定的问题而提出的解决方案。这种基于解决问题的知识要么是个体的、要么是共同性的，通过集体解决问题。这一过程使得隐性知识和社会背景之间建立起联系（Gertler，2003）。许多经济行为的日常、文化和社会习俗包含了强烈的隐性成分（Nelson and Winter，1985）。

然而，显性知识和隐性知识不是割裂的，显性知识需要通过隐性知识解释（Polanyi，1966）。这两者的区别通过进一步分析表明：①知识的编码和商品化正在强化并确保它更快速、低成本扩散；②我们可以清楚地分出知识转移到本地-隐性和全球-编码的模型（matrix）。但是隐性知识和显性知识在本地和全球交换是有条件的。那种认为隐性知识转移受本地环境的限制，而显性知识可在全球几乎无摩擦传播的观点是不正确的（Bathelt et al.，2004）。隐性知识只有在人们彼此之间分享共同的社会背景时才可以被接受：共同的价值观、语言和文化。一些学者认为隐性知识和显性知识不是独立的知识类别（Nonaka and Takeuchi，1995；Maskell and Malmberg，1999a），而是互相依赖、互相补充和辩证地交织在一起。Gertler（2003）认为隐性知识的空间性包括三个方面：第一，由于隐性知识不能被清晰表述并只有在实践中获取，它具有难以远距离传递的特性。第二，它具有基于特定社会联系的属性，导致它不易传播。只有两个团体处于同一社会背景中才能有效地交换知识信息，且此社会背景的重要元素往往局限于当地。第三，创新愈来愈基于互动，并且依靠知识在经济实体之间的流动，如公司（消费者、供应者、竞争者）、研究机构（大学、其他的公共或私人的研究机构）和公共机构（技术转换中心、发展机构）。

（二）从 know-what 到 know-who

伦德瓦尔和约翰逊（Lundvall and Johnson，1994）将知识在个人的水平进行更丰富的分类，即“知道是什么”（know-what）、“知道为什么”（know-why）、“知道怎么做”（know-how）、“知道谁有知识”（know-who）。OECD《以知识为基础的经济》中把前两类知识归为显性知识，后两类归为隐性知识。

“知道是什么”是基于事实的知识，如“纽约人口、煎饼的成分和滑铁卢战斗的日期”，这种知识更接近于人们通常所说的信息。它既可以分解成一个个的字又可以组合起来成为数据。

“知道为什么”是知识的原则和自然、社会和人类思想运动的规律。他们认为这种知识在某些科学领域对技术的发展是极为重要的，如化学、电气/电子产业。获得这种知识往往会使技术发展更快速，并减少试验程序中错误发生的频率。通常我们编码的知识是“知道为什么”的知识，但是这种编码通常是不完善的，如基于个人技能的部分科学基础活动中所涉及的知识。

“知道如何做”是具有技能的概念。这也许与工匠和生产工人的技术相关，事实上它在所有的重要的经济活动中起着重要的作用，如商人判断一种新产品的市场前景或人事经理的选择和培训员工使用他们的“诀窍”。但是单纯地把“知道如何做”的知识的特征看作是实践的而不是理论的，这种看法是错误的。波兰尼（Polanyi，1958）把对“知道如何做”的知识分析的重点放在科学家使用的技术和个人知识上。甚至解决复杂数学问题的方法依靠直觉和技能，这种直觉和技能与扎根于以经验为基础的学习认知模式相关，而不是执行一系列不同的逻辑操作（Ziman，1979）。一些“知道如何做”的知识能够清楚地被表达和编码，但是在一些需要高技术的领域内使用的技能总会有差异，因此被编码的知识也不同。

具体来说，这可能是与日常公司的知识管理问题相关，许多实证表明，个人使用基本的数学技能可能高度依赖以经验为基础的学习。例如，Lave（1988）展示了在学校学到的算术技能在另一个问题领域使用是困难的。在日常工作活动中，个人的控制和协调能力等认知技能与具体解决问题的背景特性相联系。基于不同实际问题的特性，所用到的技术方法也不同。它还与环境有关，包括工厂布置，这有助于特殊问题策略的产生。

“知道如何做”通常是一种在个别公司或单个研究小组内发展的知识，并受其控制。然而随着知识的复杂性增加，组织合作也会发展。最重要的是公司需要能够共享、联合“知道如何做”的产业网络。基于同样的原因，可能在研究团队和实验室之间形成相似的网络。在这种情况下显性和隐性知识之间可以形成很好的互补。公司经常在期刊或会议上宣传他们的科学研究成果。这样他们就能表明自己所具有的特定知识资源和能力，并且有选择地在更多的隐性知识领域达成合作（Hicks，1995）。

“知道谁有知识”变得越来越重要。“知道谁有知识”涉及关于谁知道和谁知道怎么做的信息。但它也涉及与不同的人和专家合作、沟通的社交能力。“知道谁有知识”高度依赖环境，其特性和用途取决于信任、网络和开放性的社会资本。因此，对它编码是相当困难的。

Cowan 等（1999）在他们的著作中提到经济激励措施影响着知识的编码。但在编码知识的时候还应注意区分什么是实际上已经编码的知识和应该编码的知识。Johnson 等（2002）则把对知识的编码区别为完全编码知识和部分编码知识。“知道是什么”和“知道为什么”可以通过书本、讲座和数据库的形式获得。“知道如何做”和“知道谁有知识”与前两种知识类型不同。他们更多地扎根于实践经验，且不能轻易被转化为可以被其他机构理解的编码的形式（即显性知识）。那些在转换过程中因为丢失而没有被编码的知识往往涉及后两种知识类型。这些知识的丢失如果能以编码的形式出现，会进一步影响人们对所编码内容的感知。另外，将四种知识类型的编码与信息技术结合起来有利于知识的产生、传播和创新。

在经济动力的作用下，知识的编码会更加明确化，知识将更容易地在全球范围内传播，这将有利于发展中国家获取、吸收和利用这些知识，并拉近全球，尤其是发达国家和发展中国家之间学习、吸收、产生新知识和创新的能力方面的“学习鸿沟”（Johnson et al.，2002）。

二、知识和地理环境

地理环境是如何影响知识和知识活动的？反过来，知识和知识活动又是怎样影响地理环境的？为什么特定地理环境对于我们理解知识如何产生和发展是重要的？Howells（2002）从个体知识的角度出发，认为地理环境从五个方面影响知识和知识活动：①学习知识的过程，认知、社会、文化和经济的发展影响着知识的学习过程，同时，认知、社会、文化和经济发展又受到地理环境或区域的影响，所以地理环境在一定程度上影响着知识的学习。②个体知识的发展受人类相互交流的影响，并受到区域的塑造，地理距离对个体知识的学习也有限制。③个体知识的发展也需要交流，进而能从外部获得所需的信息，包括显性知识和较多的隐性知识。但是地理距离会阻碍信息的获取，从而产生搜索、吸收知识所需要的成本。④个体知识依靠外部获取的信息，信息也是通过融于地理、社会和经济背景之中的学习过程获得的。大多数的学习不仅仅是通过教育产生，而是通过不断增长的实践获得。⑤最后，个人所获得的所有信息都需要在已有经验的基础上进行理解，个体已有经验不同，学习能力不同，对信息的理解和接受也会不同。

尽管地理位置的重要性随着知识类型和知识产生、转移的环境而变化，地理距离、地理邻近始终对知识生产和交流产生重要影响。虽然个人知识的产生和转移（和消费）仍然重要，对经济地理学来说，如何将这些个体知识集中在一个更广泛的组织领域互动、配置和利用，并创建一个共同的知识背景才是我们要重点解决的问题（Howells，2002）。

关于知识的地理性问题的讨论主要来自于以下三个方面。第一，公司和组织具有认识自己和占有“知识”的属性。把公司归属为直接拥有知识是一种误导。相反，公司通过经理和员工可以利用知识。他们的员工利用公司信息和数据库组织日常活动，并与他人分享，这有助于创造新知识。第二，知识是个体间（或公司间）的“流”，即信息共享，这种共享导致个人或团体知识库的变化。尽管所有个体将获得相同的信息，个人基于本身先前经验学习新事物的能力不同，如何理解信息也将略有不同。在这个基础上，以这些信息为基础的每个人之间获得的新知识也将不同。第三，“地理邻近”的影响通常不是直接的——它的影响往往是间接的、微弱的和变化的。地理空间通过知识的生产和传播影响文化、社会和心理空间。因此，在许多情况下，涉及组织惯例和社会实践的形成的“关系邻近”在直接意义上可能比地理邻近更重要（Amin and Cohendat，1999；2000）。但是地理邻近在这些组织内的惯例和实践上间接重要性仍然存在（Allen，1977）。例如，人与人之间的距离——深刻影响组织内的相互交流——反过来受物理距离的塑造和限制。

第二节　知识创新与知识流动

一、知识创新

知识创新的概念最早是由美国学者艾米顿（Amidon）提出的。艾米顿（Amidon，1997）指出，知识创新指的是创新主体创造、交换和应用新思想，并将其转化为市场化的产品和服务的过程。其中知识创新主要包括三种形式：一是通过研究和开发活动进行知识创新；二是除研发活动之外，在知识的生产、传播、交换和应用过程中发生的知识创新；三是为了实现经济和社会利益而进行的新知识的首次扩散和应用。艾米顿的“知识创新”概念包括了技术创新、制度创新和管理创新三个主要内容。其中，技术创新是知识创新的核心和基础，管理创新是知识创新的保障，制度创新是知识创新的前提。Nonaka 和 Takeuchi（1995）提出了 SECI 知识创造模型，该模型通过知识的社会化、外部化、整合化及内部化四个过程，阐明了组织通过隐性知识的共享，以及隐性知识与显性知识的相互转化创造新知识的过程。王缉慈（1999）认为技术创新主要通过技术重组的过程产生，这就需要行为主体之间的交流和学习，才能够促进技术创新的产生，尤其是隐性知识和技术的传播和交流。何传启和张凤（2001）、张凤和何传启（2005）更多是把知识创新的重点放在“新”知识的产生上，他们认为知识创新是指在世界上首次发现、发明、创造或应用某种新知识，其中，“新”的涵义是知识产权意义的新，即在原理、结构、功能、性质、方法、过程等方面有显著性变化，而不是时间或地理意义的新。新知识是新知识要素和知识载体的一种新组合。知识创新是创新的一种，知识生产、知识传播和知识应用贯穿整个知识创新过程，每个阶段对创新都起着重要作用。这种定义把知识创新与技术创新、管理创新和制度创新等形式的创新区分开，把它们都看成是创新的不同表现形式，并且知识创新和其他创新有部分交叉（图 4-1）。

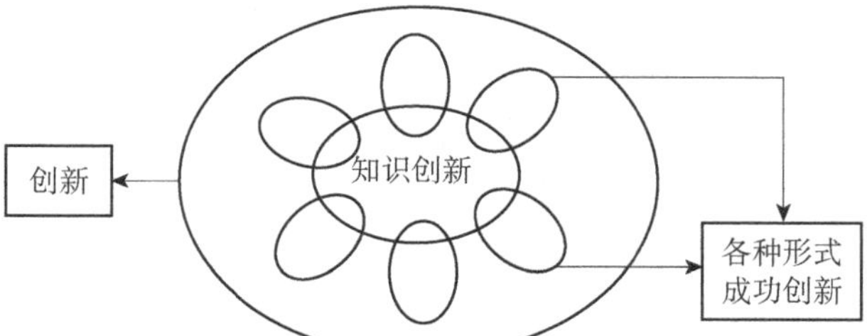

图 4-1 知识创新与各种创新的关系
资料来源：何传启和张凤（2001）

知识创新是知识产品实现其市场价值。在互联网时代，知识创造价值的机会比过去大得多，知识创新的概念鼓励人们在企业中发挥创造力，满足缤纷的市场，同时创造效益（王缉慈，2002；张凤和何传启，2002）。在本地知识和外部知识的交流过程中，当本地知识与外部知识以新颖的方式重组时，知识的新价值就产生了（Bathelt et al.，2004）。OECD（1997）的研究报告认为：对创新而言，重要的不仅仅是投入（研究支出），技术开发中各行为者之间的相互作用，即知识的流动也非常重要。该研究报告认为知识在人、企业、机构之间的流动是创新过程的关键所在，强调创新和技术的发展是该系统中各个角色相互作用的结果。由此可见，知识创新的实质包括两方面：一是知识流动；二是知识产生新的应用价值（胡彩梅，2013）。另外，在地方的创新过程中，王缉慈（1999）把地方的行为主体之间长期正式或非正式的交流上形成的稳定的系统称为创新环境（创新网络），它的形成对区域经济和社会持续而稳定的发展有着重要的作用。创新是很多行为主体通过相互协同作用而创造（生产）技术的过程，所以塑造一个良好的创新环境有利于地方主体之间加强交流、促进创新。

（一）知识创新过程

Bathelt 等（2004）基于空间的角度从三个层面来阐述知识创新的过程，即企业内部和集群内企业之间的知识创新、集群内部的知识创新、集群之间的知识创新。

首先是企业内部和集群内企业之间的知识创新，包括企业内部的知识创新、跨部门的知识创新和企业之间的知识创新。企业内有不同的学习方式（Simon，

1991），这些学习方式通常是与不断增长的内部知识的共享密切相关（Fuchs，2001；Clark and Tracey，2004）。企业通过内部共同的人工产品、惯例和经验，形成了一个基于共同的愿景、价值观和记忆的背景，确保了每个员工的学习内容都能与其他员工的学习内容相联系。然而，知识本身就是未来知识创新的重要来源，即使分享共同的经历，初始个体的差异也会随着时间的推移而增大。随着企业成熟，它的知识储量也会增多，企业以不均衡形式增长，逐渐变得不那么一致。企业间知识以不均衡的形式增长，导致一些企业获得知识较为困难，成本较高，从而又加剧了知识的不均衡增长（Pavitt，1999）。学习是需要成本的，知识的联合可以减低企业需要承担的转换成本（switching cost）（转换成本包括学习的成本和交易的成本），减小阻碍（Simon，1985）。

多部门企业能够从多个领域整合专业知识。来自不同部门的专家聚集在一起开发新产品，第一阶段通常会陈述与这个新开发的产品相关的不同类型的知识。这会使各个专家的隐性知识得到很好的交流和传播。因此，这个阶段可以要求专家互相阐明隐性知识的各种来源，并允许不熟悉这些知识的人进行评价和讨论。第二阶段通过循环的结构化讨论和头脑风暴的方式对各种显性知识进行重组，以显性知识的形式可以很好地定义新产品的概念。在这个阶段一旦产生了新产品概念，企业的技术系统和员工必须掌握这些知识，以此来制造新产品。最后，各个专家的隐性知识通过学习和社会交往不断地转换并达到完善。通过这些阶段，生产能以较低的成本组织起来（Nonaka and Takeuchi，1995；Lawson et al.，1999）；同时，这个知识转化过程（新产品开发）的不同阶段需要不同的内部组织结构来有效运行（Nonaka et al.，2000）。

集群内企业之间的知识创新可以通过企业之间的劳动分工产生。亚当·斯密（Smith，1776）认为推动经济增长的最根本的原因是劳动分工的日益深化和不断演进。随着社会生产力的发展和人类物质生活需求层次的不断提高，劳动分工逐渐演化为具有知识要素的高度专业化分工，即知识分工。随着知识的发展，科学和非科学知识变得更专业的，也会导致知识的加速增长。Bathelt 等（2004）认为通过创造合适的分化，许多企业就能超过他们每个个体单独的发展，更好地发展知识，这就需要集群企业知识资源的互补，需要企业之间相互学习实现这种互补性（魏旭和张艳，2006）。由于集群强调各个企业之间的协作与配合，每个企业都专注于某一个产品或部件的一部分而获得规模经济效应，也有利于知识的创新。同时，不同企业之间的相互合作，即知识分工主体之间的合作，使知识的创新由集中转为分散，大大提高了知识创新的几率。然而，知识在企业之间的扩散导致了企业间认知距离的增加，企业之间进行合作项目时，必须利用不同知识实体克服这些认知距离（Storper and Venables，2004）。从另一方面来看，企业的知识基础必须达到一定的差异才值得互动，学习过程才会发生。同时，如果认知距离过大或知识基础太不同，那么企业间的学习将会终止（Nooteboom，2001）。新产品和新技术的产生需要企业生产过程中的知识的学习和交流。

其次，Bathelt 等利用“本地互动”（local buzz）的概念，探讨了集群内的知识创新是如何产生的。首先，本地社会制度环境、企业间的交流和本地学习过程对创新、知识和经济增长过程起到了重要的作用（Maskell et al.，1997）。本地集群中共享的知识基础使集群企业持续不断地重组、整合各种知识来产生新知识，实现创新。这又促进了集群中专业化和本地化能力的发展（Maskell and Malmberg，1999a；1999b；Bathelt et al.，2004）。而且，产业集群所带来的区位优势不能被其他地方的企业利用。Bathelt 等把这种集群环境所具有的优势称为互动（buzz）。互动是指通过面对面的接触，在同一个产业和地方的人员与企业的共存和同位（co-presence）所产生的信息和交流环境。互动包含特定的信息以及这些信息的不断更新，有组织的或偶然会议中的有意或无意的学习过程，应用相同的解决方案，相互理解新知识和技术，以及共享特定技术领域的文化传统和生活习惯，这些都促进了有利于互动的制度及习惯的建立。互动是集群中形成的交流和信息联系网络。在与当地供应商的谈判中，在办公的电话中、在花园里和邻居的交谈或与其他员工共进午餐的时候等都会发生信息传递。互动的特性是自发的、流动的。在相同的经济和社会环境中位于同一位置可以产生多方面的个人交流机会，这些交流有的是有计划发生的，有的是自发地产生的。

参与本地互动并不需要特别投资，因为它或多或少是自发的产生。通过区域内各种社会和经济活动的人员的信息传播，位于集群内的行为者或多或少会自动收到信息并进行交流。集群的社会经济环境中存在着不同的交流模式（如聊天、八卦、头脑风暴、深度讨论、问题分析）。行为者和企业间的同位和可见性（visibility）会通过人际交往产生高效的信息传播，这是行动者网络理论所强调的（Allen，1997）。集群中的一致性（coherence）是由特定的学习过程、路径依赖、资源互补、技术机会和选择环境所确定的（Murdoch，1995）。

集群内的同位的特性促进了特定的制度结构形成，集群内企业更容易理解本地互动。而且，信任存在于当地环境中，在默认情况下，“内部行为者”会从中受益。制度建立的过程开始于“实践共同体”（Brown and Duguid，2000；Wenger，1999）。Gertler（2003）认为实践共同体是一组非正式地联系起来的劳动者，他们共享经验、专业知识，并对一个共同的事业负有使命。这类团体通常为了解决与应对规模更大组织的实际问题而自发组织起来，并在这个过程中实现创新（包括产品和方法）。在相同的技术和解决同样问题的不断尝试中的共享经验是基于基本的理解和类似的技术模式，支持相互接触的发展，联合企业，共享技能和谈判的意义。实践共同体导致不同惯例、习俗和其他制度安排的产生。在这些共同体内的学习是由于在某种意义上的相互关系、共享的交互方式、其他机构的知识、相似语言和态度的共享的集合（Wenger，1999）。集群可以成为这种交流形成的重要的催化剂。在这种情况下，他们利用本地框架来理解本地互动的一席和重要性，反过来又促进本地互动的产生和传播。

另外，可以从集群的初始阶段理解集群内部的创新。从世界各地大量的产业集群研究中，Bresnahan 等（2001）发现建立一个新集群背后的原因与支持现有的集群发展的原因不同。在比较信息和通信技术集群的研究中，他们发现外部效应、集聚因素和网络协同在集群发展的早期阶段没有太大的影响。相反，杰出的企业家活动、冒险的意愿和进入新领域的能力被认为是集群研究的起源。这些创业的成功在很大程度上取决于企业获得集群外主要市场的能力。此外，这种集群能够吸引其他地区的专业技能流入集群中来。Bresnahan 等（2001）的研究表明集群关系的开放度和寻找外部市场的积极性是理解集群成功产生的关键。同样，Scott（2001）强调本地化生产系统的性能取决于本地和外地交易的正确配置，如果外部市场与生产集群联系起来，就能产生强增长的结果。

最后，利用“管道”来说明知识在跨区域之间传播，以及集群间知识创新的产生。Oinas 认为新知识（学习）的创新可以被看作是近距离和远距离互动“结合”的一个结果。Owen-Smith 和 Powell（2002）使用“管道”这个术语是指在远距离相互作用中所使用的渠道。他们在波士顿生物技术社区的研究结果表明物理距离不是唯一影响知识流动的因素。决定性的、非增量的知识流动经常通过“网络管道”获得，而不是通过非决定性的、自发的“本地互动”获得。利用这个概念 Owen-Smith 和 Powell（2002）在波士顿生物产业的案例中表明新知识的获取不仅仅是通过本地和区域之间的相互作用，而且是经常通过区域之间、国际之间的战略合作伙伴而获得。波士顿的生物企业不仅被嵌入到区域创新网络，还被嵌入到社会网络。

当信息在集群中交换的时候，本地互动的特点是频繁的、广泛的、相对非结构化的，很大程度上是“自发的”，管道则以非常不同的方式起作用。一旦发现外部潜在的合作伙伴时，必须决定合作伙伴应该得到多少信息，在何种程度上必须控制企业的活动。新加入本地集群的伙伴能够从集群中获利，但是不能分享信任，集群企业相互高度信任影响隐性知识的交流（Maskell and Malmberg，1999a）。相反，与新的合作伙伴建立全球性的管道要求有意识、有步骤地建立新的信任，而且建立信任是需要花费时间和成本的（Harrison，1992）。

现在，确实可以认为外部-本地知识流（通过管道系统）不依赖于本地互动。相反，这两个过程是相辅相成的。越多的集群企业参与跨地方管道的建设，进入内部网络并流入本地的市场和技术信息就越多，本地行为者通过本地互动获利也越多。这个过程加强本地交流的潜力，全球管道因此增加了集群的凝聚力，并加强集群行为者之间通过全球网络相互交流和转化（Murdoch，1995）。

外部-本地的联系是必要的，因为本地的网络太接近、专一化和僵硬，这样的社会关系可能对企业的竞争产生威胁。全球管道的交流过程是因情况而定的，存在着很大的不确定性。全球管道包括世界各地的企业，这些企业嵌入在不同社会-制度和文化环境中（Owen-Smith and Powell，2002）。在创新产业中这是非常重要的，创新产业中的前沿知识不断变化，新产品和过程也在不断发展。一旦基于制度的管道成功建立并有效运行，它将为本地行为者提供巨大优势，并能够使行为者走出本地集群的惯例。因此，可以推测本地互动和全球管道为企业参与创新和知识创新提供特定的优势。企业可以在不同的技术和组织中做出选择，并倾向于选择那些在制度环境下积极地寻求变化的创新主体。在知识的生产和传播的前提下，技术和社会创新能力更多是由文化和制度环境中的社会条件所决定的。

（二）知识创新模式

Jensen 等（2007）提出了创新和学习的两种模式——科学、技术及创新模式（science，technology and innovation，STI）和做事、使用和交流模式（即 doing，using and interacting，DUI）。科学、技术及创新模式是基于编码的科学知识和技术知识的生产和使用。做事、使用和交流模式基于非正式的学习和以经验为基础的技能（know-how）的过程。他们的研究结果表明结合两种模式的公司比仅仅依靠一种模式的公司更容易创造新的产品或服务。

不同类型的知识（即 know-what、know-why、know-how、know-who）与学习和创新的这两种方法的定义有关。首先理解“技术”的内涵是关键。20 世纪以来，一些支持最有影响力的技术的知识来自不同科学领域。技术知识涉及理论技术原理、经验技能以及理论和经验互渗的技术三个方面（李兆友和宋保林，2010）。技术知识也可分为显性技术知识和隐性技术知识，显性技术知识主要包括出版的科学技术文献、技术标准、专利及没有出版的科学技术文献、公司内部的报告，隐性技术知识包括个人的隐性技术知识诸如技能，以及组织的隐性技术知识（Alic，1993）。STI 方法是基于显性的技术知识，即已经编码的科学知识。科学的贡献通常是更直接的，但先进的技术不是直接引用大多数领域科学研究的成果。根据我们对“know-why”的定义，这种知识是自然和社会科学的原则，“know-why”的发现不仅直接补充了自然和社会知识的空白，而且对在某些科学领域的技术发展产生间接影响。Brooks（1994）认为技术被视为“know-why”的时候，这种技术更接近科学的含义。另外，我们还需要关注隐性的技术知识。例如，特殊的人工产品和技艺需要将技术从科学中区分出来，因为这些技术涉及大量的隐性知识，并需要面对面的学习过程才能获得。与 DUI 方法不同，在这里本地隐性知识是无关紧要的，我们可以通过使用 STI 方法将“know-why”发展为全球性知识，因为使用这种方法知识很容易通过被编码而传播。STI 创新方法明显是公司使用的方法，在创新活动中应进一步发展大量的类似科学的认识。例如，大公司研发部门中处于前沿领域的科学家，在做实验并解释结果的时候，需要把他们的“know-why”和“know-how”结合起来，即把涉及的科学和技术知识结合起来。但是具体的研发项目经常会遇到有关新产品、流程和用户需求的实际问题，可以使用明确和编码的形式快速解决这个问题。研发部门从工作伊始就开始寻找编码知识，以及寻找可以从外部资源得到的启示。使知识显性化并把问题转化成正式的科学编码的形式有助于和外部的科学家及科研机构进行交流与沟通。

结果作为隐性知识保存在科学家的记忆中是不够的，整个过程以编码形式记录结果仍然是重要的。公司和科研机构的项目经常涉及团队合作和模块化，模块化是指团队成员个人研究的成果为团队中其他成员继续研究提供参考。如果团队项目获得成功，在项目中涉及的组织内或跨组织知识转移的成果会被记录在案，即对这些知识进行编码，有利于这些成果的传播和再利用。申请专利也是对团队知识进行编码的方式。当与 DUI 创新方法相比，以专利和许可证形式的知识的普及使用知识是有实体的。总的来说，从本地开始，学习的 STI 方法将通过各种方式使用“全球”知识。在理想情况下，它最终将成为“潜在的全球知识”，即如果没有受知识产权保护，知识将得到广泛应用。根据知识管理，通过广泛获得公司内编码知识，这种“全球知识”将非常符合知识共享的策略。

DUI 学习方法最明显的是指“know-how”和“know-who”的学习，即隐性知识的学习，在这里知识不仅是隐性的并且经常高度本地化。这种学习可能是公司设计、生产和营销活动的副产品，我们也可以通过构建能够促进干中学（learning by doing）的结构和关系，来有目的地培养 DUI 方法。例如，项目团队、解决问题组等组织的实践能促进学习和知识交流，积极促进创新（Lorenz et al.，2004；Lundvall and Nielsen，1999；Michie and Sheehan，1999）。外部组织的产品和服务的使用者之间更密切的交流通常是以经验为基础的学习的先决条件。

科学或科学认识必须阐明和支持技术实践。大多数领域很少能够完全理解实践活动的科学原理。例如，专业的工程师能够处理工程设计中的问题，而不用理解特别复杂的原理（Nelson，2004）。这说明了 DUI 方法是创新成功的关键。但是无论在何种程度上，这种关于技术的知识最终都是要被编码的。当员工面临不断变化的工作上的新问题的时候，他们需要这种技术知识解决这些问题。找到解决这些问题的办法是提高员工的技能的诀窍。这些新问题有的是特殊的，有的是一般的。因此，学习（learning）技术会使操作者的特定能力和一般能力都得到提升。例如，新飞机模型的干中学，这个过程涉及团队内和团队间的交流，可能形成新的组织共享惯例。在实际的工作中，整个组织变得更加有深刻的见解。这可能会找到更有效的方法去组织工作、解决问题。

通过实践来学习涉及人与人之间和部门之间的交流。创新过程的实证调查的结果表明成功的创新取决于设计部门、生产和销售之间的联系和交流（Rothwell，1977）。这些联系通常是非正式的，并有利于转移隐性知识。这些隐性知识的传播有助于有效地生产和响应用户的要求。Lundvall（1992）的研究已经表明这些联系超出公司的边界，可以跨公司交流和学习。

Jensen 等的结果还表明许多使用 STI 学习方法的公司建立了与 DUI 方法相关的组织要素。使用两种学习方法的部门大都是供应驱动的部门，或在产品和生产过程剧烈变化的部门。应对变化特别需要通过 DUI 的方式学习。在集群中传统部门的公司在技能（know-how）和 DUI 学习上的基本竞争力不足。更好地使用编码科学知识的公司能够找到新的解决方案，开发使他们更有竞争力的新产品。共同使用两种方法更能促进公司的创新性能。STI 方法一般需要编码的知识，而 DUI 方法倾向基于本地隐性的交流。在促进知识创新上，使两种方法共同发挥作用是知识管理的主要任务。

二、知识流动

Boisot（1995）从企业技术战略发展的视角探讨了知识流动的概念，他认为知识流动包括知识的扩散、知识的吸收、知识的扫描及问题解决四个阶段。Zanfei（2000）将跨国企业获取知识的方式以及创新活动的组织方式形容为一个双向的流动网络，并将这个双向流动网络划分为内部网络和外部网络。前者是发生在跨国企业内部机构之间的知识生产和使用活动，后者是指跨国企业与当地企业之间的技术知识流动。Hai（2002）将知识流动界定为：知识在人们之间流动的过程或是知识处理的机制，知识流动包含三个重要的影响因素：主体、内容和方向。主体包括知识发送者和知识接收者；内容是指主体间能够共享的知识或者是合作主体之间都能够理解的知识，主要用来解决合作中面临的问题；方向是发送一方对另一方知识的传递和给予，方向是单向的、不可逆的。

顾新等（2006）从创新的角度提出知识流动是指知识在参与创新活动的不同主体之间的扩散和转移。马旭军（2007）指出知识流动是一种生产要素的重新组合过程，只有能够提供新生产要素满足实现创新的需要，参与知识流动的机构或组织才能对生产要素重新组合的实现做出贡献。华连连和张悟移（2010）认为知识流动是指在特定环境中，知识在有一定需求的主体之间（包括个人、组织和区域），从知识存量高者流向知识存量低者的过程。发送的知识是知识接受者现有知识能匹配和需要的知识。

知识流动的内涵包括：①知识流动过程都需要主体参与，知识流动过程都有知识发送者和接受者，不过在具体的流动过程中主体可能是个体，也可能是组织和区域。知识主体在知识流动过程中起着重要的作用，知识流动促使知识主体相互学习，在学习的过程中，区域内主体依靠自身知识和外部知识的结合来产生新的创新。②知识流动是一个复杂的动态过程，不是主体之间简单的知识传递或交换。知识流动过程伴随着大量主体的参与，不仅有显性知识的流动，同时还有隐性知识的流动，这种知识流动往往是不易察觉的，可能是主动的，也可能是被动的，其过程可能是快速地传播并为知识受体所吸收，也可能其传播是缓慢的自然过程。③知识流动是一个知识重组合、再生产的过程，能够促进知识创新局面的出现。④仅仅靠知识的自发流动难以满足知识主体发展的需要，知识流动的实现需要一定的条件和要素及外部环境的配合。

知识溢出、知识扩散、知识转移属于知识流动的三种方式，其中知识溢出是被动的知识流动，知识扩散是主动的知识流动，知识转移是知识流动的高级形式，知识共享是知识流动的最终目的。本节结合知识流动的地理特性着重阐述知识溢出和知识转移这两种知识流动的形式。

（一）知识溢出

在知识经济时代，知识溢出（knowledge spillovers）已经成为地理学研究的主题。新经济增长理论认为知识溢出是现代经济增长的重要动力。在新经济地理学研究中，学者从地区层面出发，提出知识溢出是特定区域内知识的外部性，通过区域内各主体间正式或非正式的联系，促进知识和信息的流动，创造更多的创新机会。大多数学者从知识外部性来解释知识溢出效应，认为知识溢出效应源于知识的外部性特征。外部性使得知识资产在使用或消费上具有公共资产或公共物品的部分属性。私人资产或私人物品在消费或使用上具有竞争性和排斥性，而知识资产的外部性决定了它只具有部分的竞争性和排斥性。

侯汉平和王烷尘（2001）从 R&D 知识外部性的角度来解释知识溢出——一个厂商使用了 R&D 知识，并不能阻碍其他厂商也使用这一知识。一旦 R&D 知识被发现，它会立即扩散并引起经济社会、技术和生产力的进步，但拥有 R&D 知识的厂商并没有从中获取全部收益，这种经济的外部性表现称之为“知识溢出效应”。王立平和孙韩（2007）把知识溢出概括为以下四层含义：①知识溢出对被接受者生产创新活动的成本和收益没有直接联系，是未计入活动主体之内的外部影响；②知识溢出从形式上可分为水平式知识溢出和垂直式知识溢出，从类型上可分为传播过程的知识溢出和使用过程的知识溢出，溢出效应存在积极溢出和消极溢出之分；③知识溢出既是区域性的，也是世界性的，隐性知识的溢出以邻近区域为主，显性知识的溢出不受地理范围的限制；④知识溢出一般是自然的、无意识的和非自愿的，在知识的生产与使用过程中，绝对的溢出（百分之百的）和绝对的产权保护（没有溢出）两种理想情况是不存在的。

同时，知识溢出又可分为纯知识溢出和准知识溢出两种。纯知识溢出是指接受者和提供者通过非市场方式，不以互惠为目的，自发地进行交流，这种交流是被动的、无意识的；准知识溢出是指接受者和提供者有意的以互惠为目的进行知识交流。

知识溢出的过程是不同主体之间通过直接或间接方式进行互动、交流，并在此过程中发生的无意识、非正式的传播过程，这一过程既可以在较近的空间范围内，也可以在比较大的空间范围内（赵勇和白永秀，2009）。根据主体之间互动、交流形式的不同，知识可以通过不同途径和方式在个人和区域之间的互动过程中发生溢出，知识溢出的发生机制至少可以分为以下四类。

（1）基于知识人才流动的发生机制。知识尤其是隐性知识可以通过人才流动传播和扩散。知识人才在不同空间范围的流动并与周围群体发生互动和交流，一方面促进了新知识的创造，另一方面加快了知识在不同群体之间的传播（Almeida and Kogut，1999）。特别是在产业活动空间集中的区域或人口密度多样化的城市中，知识人才在不同企业和区域的流动以及与不同群体的互动交流，促进了知识在不同群体和区域之间的传播扩散，进而促进了技术进步。此外，知识通过人才的流动是基于社会关系网络（Agrawal，2006）。

（2）基于研发合作的发生机制。创新主体之间的合作关系可能是知识溢出的重要渠道，也是创新的重要途径（王缉慈，1999）。产学研合作能够促进知识溢出。通过产学研合作网络，使得知识溢出能够在更大范围内发挥作用（Ponds et al.，2010）。大学研发机构和企业研发部门被内生增长理论看作是知识创造和溢出的重要源泉。产学研之间的交流和研发合作为知识溢出创造了可能，特别是那些建立稳定合作关系的产学研创新网络，公司技术人员、大学研究人员以及企业家通过非正式交流或各种正式的学术研讨会交换异质性知识，实现技术知识的溢出或扩散。

（3）基于企业家创业的知识溢出机制。位于同一区域的企业家能够获得更好地面对面交流的机会，促进隐性知识的传播。通过企业家发生的知识溢出与新企业的建立和成长有关。Zucker 等（1998）对新生物科技企业与明星科学家区位分布关系的研究证明，大学内的明星科学家能够在新创企业运用他们的知识，在新创企业中存在明星科学家的知识溢出效应。知识存量产生了知识溢出，企业家创业活动在知识溢出过程中发挥了重要的作用。

（4）基于贸易投资的知识溢出机制。知识和技术可以体现在商品上，随着商品贸易的传播，商品和服务进口较多的国家可以从知识溢出中获得较多的收益（Coe and Helpman，1995）。贸易是技术知识溢出的重要渠道，落后区域通过模仿嵌入了先进技术的贸易商品中的技术知识，掌握应用这些创新知识进行模仿创新，提高自身的技术水平和竞争力。此外，跨区域投资，特别是跨国公司外商直接投资（FDI）同样是知识溢出的重要渠道。FDI 可以产生知识溢出，并且外部和本地集群之间的相互学习可以产生知识的创新（Bathelt and Li，2014）。公司也可以通过参加商品博览会（trade fairs）获得产品的信息和技术（Maskell，2014）。

早期对空间知识溢出发生机制的研究大多是用地理邻近性来解释。由于知识的生产具有明显的空间外部性，许多研究转向空间来研究知识的外部性，在城市和区域空间范围内探究知识溢出的发生。Sjoholm（1999）指出地理上的邻近关系在一定程度上决定了知识溢出的程度，因为面对面的交流加快了隐性知识的传递，而对于距离较远的合作伙伴来说知识溢出的可能性变小。Caniels 和 Verspagen（2001）使用中心地理理论分析知识溢出，认为空间距离和知识缺口是影响知识溢出的基本因素。Howells（2002）认为地理区位在一定条件下能解释知识溢出的发生机制，隐性知识和编码知识两种知识的传播都受到了本地的限制。但地理邻近性并不能作为知识溢出发生的决定性因素，近年来关于包含知识邻近、组织邻近、社会邻近和制度邻近等在内的多维临近性研究日益加深。随着计算机网络技术的发展，地理距离的影响在逐渐减弱，它对于知识传递的影响更主要是体现在对隐性知识的影响。赵建吉和曾刚（2010）以台湾 IC 创新网络为例，从技术社区的视角出发，研究发现留美的台湾技术人员所形成的技术社区加强了美国硅谷与台湾新竹两个地区的知识交流和互动合作。李丹丹等（2013）利用社会网络分析法从区域层面、国家层面和国际层面研究地理距离对知识溢出的影响。研究表明地理距离在区域层面的影响最为显著，既遵循了等级扩散的规律，也体现了距离衰减的特点；在国家层面，地理距离的影响逐步减弱，社会距离和组织距离的影响加强；国际层面的知识溢出具有明显的路径依赖性，主要受到社会距离和组织距离的影响。

许多区域经济学家和经济地理学家尝试用研发交流、双边贸易、资本货物收购或外商直接投资等手段来验证知识溢出和知识流动。由于隐性知识在这些活动中起到重要的作用，这些方法来衡量知识流动是不完善的（Paci and Usai，2009）。知识溢出测度成为知识溢出的研究热点。Koo（2005）将现有对溢出的测度方法归纳为四类，分别是文献追踪法、生产函数法、成本函数法和技术流量法，目前比较流行的有文献跟踪法和生产函数法。文献追踪法是一种直接的测量方法，主要原理是利用专利数据或专利引用数据来追踪编码“知识”，这种方法受早期研究的关注。当专利 B 引用专利 A 时，我们认为专利 A 的知识通过引用的形式转移到专利 B 上，即专利 A 发生了知识溢出。对在知识流动、知识溢出（Jaffe et al.，1993；Sonn and Sonnstorper，2008）、地理邻近和认知邻近方面（Fischer and Varga，2003）感兴趣的研究者来说，专利数据已经成为研究的主体。例如，Jaffe 等（1993）利用专利引用的方法发现本地知识溢出现象的存在，同样 Almedia 和 Kogut（1997）也使用此方法发现美国半导体产业明显的本地化效应。专利数据的流行与其可用性和提供的信息有关，但是专利并不代表所有知识生产。知识生产函数是用于描述新知识产出和投入要素之间关系的数学表达式，是一种间接的测量方法。生产函数方法既能体现出知识溢出的空间特征，又能通过使用研发投入等变量来近似表示知识投入及产出，在研究中得到了广泛的应用。基于生产函数的知识溢出测度方法通常用研发、专利数量、创新产出等替代变量来间接表示知识溢出，而这些变量通常又基于企业、城市或区域距离临近或技术距离等变量。Griliches（1979）最早使用生产函数方法讨论了密集型产业产出的测算以及 R&D 资本存量的定义和测算等问题，通过企业和产业之间的技术距离的概念来度量研发溢出效应，并对研发溢出效应模型进行了讨论。之后，Jaffe（1989）在 Griliches 的基础上引入了溢出的空间效应，改进了生产函数，并利用该模型研究了区域层面的 R&D 溢出，强调了产业、高校的地理空间以及技术相似的重要性。Anselin 等（1997；2000）运用空间计量经济模型对贾菲（Jaffe）的模型进行了改进，并估计了州和大城市的知识生产函数。

（二）知识转移

知识转移是主动的知识流动。该过程更强调知识流动的结果，知识的转移多强调技术的转移。企业的技术通常包含隐性知识，即“know-how”，这种技术的转移伴随而来的往往是知识的转移。Teece（1977）早在 1977 年就提出了知识转移的思想，他认为企业通过技术的国际转移能积累大量有价值的知识，并促进技术扩散，缩小地区之间的技术差距。Kogut 和 Zander（1992）认为企业转移知识的能力是企业存在的重要方面。知识转移的目的是吸收新知识和有效利用新知识，从而使组织获得竞争优势。企业有效地进行知识转移，对企业提高竞争优势至关重要。

Davenport 和 Prusark（1998）认为，知识转移是把知识从知识源转移到组织其他人或部门的过程。知识转移多强调技术的转移，在转移的过程中没有确定的方向，存在一对一或一对多的转移形式。同时知识转移是一种有意识的、主动的知识流动和吸收过程，是知识流动的高级形式。该过程更强调知识流动的结果，只有知识接受者真正掌握了知识，才能算一个转移过程的完成（华连连和张悟移，2010）。这个过程可以使知识得到吸收、发展、创新。Argote 和 Ingram（2000）强调知识转移是组织通过不同渠道转移知识，实现组织知识共享，从而有效利用现有知识的过程。马庆国等（2006）注重知识转移的过程，将知识转移定义为从知识发送方传递到知识接收方的过程，知识接收方通过知识传输途径，从知识发送方接受知识，通过学习将其转化为自身的知识并指导行为。

Maskell 和 Malmberg（1999a）认为当代社会显性知识的获取愈来愈容易，一个公司在竞争中制胜的最重要的因素是它创造、获得以及掌握的隐性知识的能力。在相互交流过程中隐性知识对知识的学习与传播效应具有关键作用。知识存在于特定的区域中，其原因是区域中的高技术员工的诀窍是隐性的，创新最重要的是这些知识得以扩散（Rogers，1983；Winter and Teece，1987）。而且决定创新在公司间传播速度的不是知识被编撰的程度，而是个人所拥有的隐性的知识（Kogut and Zander，1992；Zander and Kogut，1995）。为了促进隐性知识转移，人类和组织之间密切的面对面交流是有必要的，地理邻近性可以促进这种交流，进而提高创新绩效（Gertler，2003；Antonelli，2000）。“学习区域”理论认为隐性知识不容易“传播”，是因为传递最好是面对面的交流，且双方共享一些基本的共性：相同的语言、共同的交流“代码”、共享的文化和规范以及建立在成功合作与信息互动的过往基础上的个体知识。Spencer（2015）研究城市形态与知识密集产业之间的关系，指出“创意”产业倾向集中在临近高密度的市中心，这为个人和公司之间的社会互动提供了最大的机会，因此城市形态影响企业的学习过程。知识的生产主要通过使用者-生产者的互动机制（Lundvall，1988）。知识不是从科技生产者到技术使用者的单向传播。相反，使用者向生产者提供隐性知识，是后者能设计创新的方法解决前者在实践中遇到的问题；同时，通过向使用者提供创新科技，生产者也同样与客户共享其拥有的隐性知识（Gertler，2003）。

其次，知识的转移不仅受到地理的塑造和限制，制度、组织在知识的转移过程中也起到了重要的作用。组织接近或关系接近在支撑隐性知识的生产、辨识、占有、分享方面的重要性甚至超过地理邻近的重要性（Amin and Cohendet，2000）。公司内的共同学习和学习环境有助于工人之间共享惯例形成，这反过来又会促进知识共享和组织“记忆”的形成（Ackerman and Halverson，2000）。共享惯例和工作模式、社会化过程有利于重要学习环境和普通工人间知识环境的形成。一些研究者强调“实践共同体”在驱动企业知识处理过程中的核心作用，共同体的成员组织起来解决实际问题，促进着隐性知识的生产与分享，从而实现知识的创新。他们认为组织或关系接近以及职业共性比地理邻近更有助于隐性知识的创造、鉴定、占有和流动（Amin and Cohendet，1999；2000）。在区域发展和经济绩效中，制度在知识的转移中起到特别的作用（Morgan，1997；Cooke and Morgan，1998）。制度的重要性表现在塑造共享正式和非正式知识的本地环境，并在创新过程中利用知识提供基础设施方面。

Howells 还重点关注知识的消费。涉及市场的直接或间接的知识可以通过出版物或许可证协议，研究协议或合同研发，直接招聘关键科学家、设计师、工程师来获得。然而，大量的知识需求是在非市场范围的，是通过非市场机制交换。例如，谈判交换和非正式技术交易（Hippel，1987；Knoedler，1993），或通过合资公司操作的互惠的知识共享。最重要的是没有明确的市场机制来促进隐性知识的直接转移。

马庆国等（2006）从知识转移的过程模型出发，分析企业内个人知识转移，将知识转移的影响因素划分为五类：①所转移知识的性质。显性知识通过利用信息技术的可以非常有效地提高其转移的效率，而隐性知识更多的只能通过个人之间面对面的沟通交流来实现。②知识发送方的表达能力。知识发送方是否愿意与他人共享知识、在多大程度上愿意与他人共享和对知识共享的投入，这三种因素直接决定了知识转移的效果。③知识接收方的学习能力。从知识源获取知识的愿望和学习能力是影响知识转移效果的重要因素。Nonaka 等（2000）提出了知识转移的 SECI 模型，即知识的社会化、外部化、整合化和内部化。外部知识的接收，只有通过学习与自身原有的知识相结合，并进一步内化才能真正成为自己的知识。④知识发送方与知识接收方的知识相似性。每个人的社会文化背景和个体学习、吸收知识的能力不同，对新知识的接受和理解能力不同。对于知识转移来说，拥有相似知识结构、文化背景使知识转移更容易发生。⑤知识转移的媒介。知识转移发生最原始、最直接、最有效的方式是面对面的沟通交流。文字、声音、图像等都可以传递知识的内容，并且随着信息技术的发展，知识转移会更加高效。唐炎华和石金涛（2007）在对我国企业知识型员工的知识转移实证研究中指出了企业知识型员工知识转移的动机，即兴趣动机、成就动机、利益动机和组织情感动机，其中组织情感、个人成就和兴趣动机三者对员工的知识转移起着决定性作用。

张莉等（2005）从组织的角度探讨知识转移的影响因素，认为知识转移是知识管理的一部分，对实现组织中知识的共享、应用和创新起到重要作用。①组织关系的性质。受同一上级组织领导或处于同一知识链或网络中的关系可以使知识转移容易发生。这种关系中的组织可以有更多的机会进行交流、共享信息和进行相互学习。地理位置上相近也容易进行知识转移。②组织的性质。一个具有比较大的规模并且在某一领域取得成功的组织更易被其他组织模仿。知识接受组织的吸收、运用能力也会影响知识转移的程度。知识接受组织的转移动机越强、吸收能力越高，知识转移就越容易发生。另外，不同的组织受到社会文化背景的影响而表现出组织差异。③转移的知识的性质。显性知识比隐性知识更容易被转移，而且隐性知识可以被修改为显性知识。④转移过程的性质。知识转移发生的时机也会影响知识转移的程度。由于基于不同的知识库，那些融入设备、设计图和技术中的知识一般在组织运转的初始阶段进行转移，而那些知识载体是软件形式的知识则可以持续获得。知识转移渠道的选择也会影响不同种类知识和知识数量的转移。例如，知识发送组织的持续生产可以使隐性知识较易被转移，技术人员的移动对隐性知识和显性知识的转移都有利。个人会面和组织会议比信件、文件和出版物可转移更多的知识。肖小勇和文亚青（2005）把组织间知识转移的影响因素概括为知识源组织特性、知识接受组织特性、被转移知识特性、转移背景特性等层面因素。其中，组织间知识转移的背景主要包括组织之间的文化距离、组织距离、合作关系等方面的因素。

第三节 本地-全球知识流动的关系及区域发展

一、本地知识流

知识生产的路径依赖和地方依赖的特性会导致一些领域的科学活动在城市和地方集中，伴随而来的是知识在地方集中（Heimeriksy and Boschma，2013）。早期的知识溢出研究的焦点一直是编码知识之间的联系。Jaffe（1993）调查本地的专利引文（包括企业和大学专利引文）时指出本地知识溢出（Local Knowledge Spillovers，LKS）现象是存在的。很多实证研究表明知识流动在地理上表现为本地化（Jaffe et al.，1993；Jaffe and Trajtenberg，1999）。由于知识流动在增长理论中的重要作用，对知识流动的研究是很有必要的。另外，区际劳动力流动也是导致知识本地化的原因（Almeida and Kogut，1999）。发明者从一个地方转移到另一个地方，知识流就会通过这个发明者流入其先前的位置。这是通过这些移动的劳动力之间存在的社会关系形成的。这是由于这些发生移动的发明者之间基于社会关系经常进行有目的的投资，并且当这些发明者移动到不同的地方时，关系依然存在。空间邻近会进一步建立这些关系，并且当移动者到达不同的地方时，这些社会联系依然存在（Agrawal et al.，2006）。

经济学家把知识溢出定义为积极的技术外部性，即行为者 A 未能获得其创新活动的经济效益，行为者 B 可以直接利用新知识而不给行为者 A 以报酬。这样的知识溢出效应是没有目的、完全自发生成的（Griliches，1979），并且阻止别人从这些知识中获得好处是困难的（有时是不可能的）（Arrow，1962）。另外也有一些创新管理领域的学者认为知识溢出也可能是通过有意的行为产生，这类溢出被称为自愿信息溢出（Harhoff et al.，2003）。Kesidou 等认为本地知识溢出可以进一步细分为纯知识溢出和准知识溢出。在纯知识溢出中，我们都自发地、无目的地自由透露知识而不要求互惠，并且来自非正式和直接（即外部市场）交流。在准知识溢出中，我们所有知识溢出分享都建立在（预期的）互惠的基础上。例如，公司和他们的供应商和客户之间的合作（Kesidou et al.，2009）。

本地知识溢出是创新活动必不可少的一部分（Griliches，1979；Jaffe et al.，1993；Audretsch and Feldman，1996；2004；Audretsch，1998；Baptista and Swann，1998；Verspagen and Schoenmakers，2004）。本地知识溢出指出知识流动在进行非正式的自由交换。知识溢出最容易发生在空间上互相接近的经济主体之间。公司倾向于集群是为了获得集群中的知识，当公司之间彼此靠近时，知识溢出更容易。知识溢出包含大量面对面的隐性知识的溢出。公司的同位能促进个人联系的发展。这些紧密的交流能够产生知识的溢出（Saxenian，1994）。研究创新和增长的关注点在本地公司间国际联系的构建（Evenson and Westphal，1995；Enos，2001）。

企业所处地理的邻近性能提高企业间思想的交流能力以及对重要知识的认知能力，故本地化交流能使创新活动的不确定性得到降低（Feldman and Florida，1994）。紧密的地理优势有利于隐性知识在本地的转移。本地知识流动的好处包括：①降低沟通成本；②更高的见面机会的可能性；③更高的社会关系的可能性。换句话说，处于同一地方（co-located）的个体比不在同一个地方的个体会面、交流的成本更低。与此同时，处于同一地方的个体在有用的知识交流可能发生的时候，更可能经历偶然的见面交流。最后，处于同一地方的个体更有可能发展社会关系，这可能成为知识流动的渠道。但是，有研究表明知识流动会随着地理距离的增加而减少，并在连续的区域内知识流动更强（Fischer and Varga，2003；Bottazzi and Peri，2003；Paci and Usai，2009），同时这种减少的趋势也受到区域的限制（吴玉鸣，2007）。

许多人都认为“距离已死亡”。现代信息和通信技术减少了地理隔离和经济交流的障碍。然而，高技术行业具有地理集聚的趋势，邻近性产生的知识流动对研发的发展是至关重要的。空间邻近和社会关系对本地知识溢出的研究都很重要（Agrawal et al.，2006）。

二、本地和全球知识流的关系

知识流动的本地化特征受地理距离的影响，成为知识流动空间特征的一个重要方面，这使得知识流动更倾向于在区域内部发生。位于集群区域内的公司和人员通过面对面的接触进行有意或无意的知识、信息的交流。我们把这种交流称为本地互动。这种本地的交流是自发形成的，位于同一区域的交流促进了本地的制度和习俗的统一。王缉慈（1999）把这种地方的行为主体之间长期正式或非正式的交流上形成的稳定的系统称为创新环境（创新网络），它的形成对区域经济和社会持续而稳定的发展有着重要的作用。在这种创新环境下不仅仅传播知识和创新，而且使知识和技术“弥漫”在区域中。另外，区域之间的知识流动在区域增长方面也起到了重要的作用。集群企业能够从知识流动和创新中获益。位于集群的企业需要获得外部的、非本地知识以保持其竞争力（Maskell，2014）。区域和全球网络的出现弱化了地理因素对知识流动效率的影响，本地化特质随着时间推移逐渐弱化。而且知识流动存在着随距离而减少的趋势（杨玲，2011；Paci and Usai，2009）。全球化已呈现新的特征，即创新和知识越来越重要，并且创新和知识的生产与扩散越来越全球化。全球创新知识主要集中在少数具有创新活力的产业集群，且这些产业集群相互联系，构成了全球创新网络。知识和技术同样可以通过社会网络流动。在网络上的知识流动往往更有效率。这种网络被称之为“管道”，即知识流动在本地和全球的远距离的交流中所使用的渠道。管道系统和本地互动是相辅相成的。越多的集群公司通过管道联系，本地集群能获得的知识和技术信息就越多，本地行为者就可以从中获利（Owen-Smith and Powell，2002；Bathelt et al.，2004）。

图 4-2 所示为一个相互关联的行为者和公司组成的集群。区域中行为者和公司通过相互交流和沟通联系在一起，促进了共同价值观、态度和解决方案、典型实践社区的形成。这就使得知识可以在相同背景下的本地集群公司中流动。在这里集群绝不受分散区域范围的限制，因此知识可以在分散的区域内传播，但是知识流动在连续区域内倾向更强（Paci and Usai，2009）。区域外的行为者和公司通过和区域内行为者的持续互动，共享其价值观、规范和制度安排。这样，本地集群和外部交流就产生了。本地集群和外部交流是通过全球管道产生的。集群内的公司都可以通过管道从外部集群中现有的知识关系中获利。例如，集群中一个公司通过管道系统获得信息，这个信息会通过本地互动分散到集群中的其他公司。因此，集群和远距离知识交流的管道越发达，本地集群中所有公司通过这个管道获得的益处更多，本地互动的质量也越高。

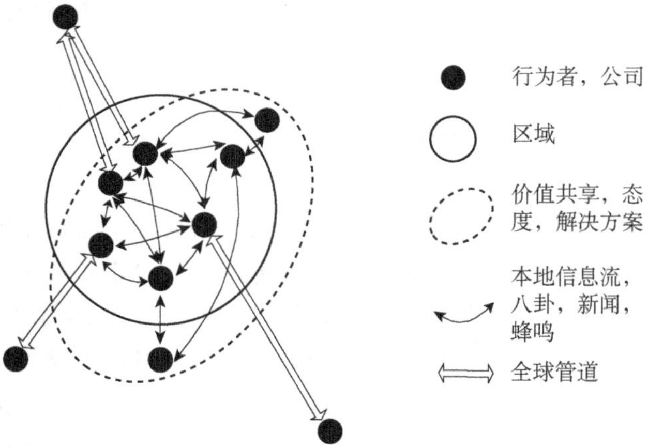

图 4-2　全球管道与本地互动相互作用模式图

资料来源：Bathelt 等（2004）

基于外商直接投资理论，外国公司在本地集群中设立分公司后，全球技术知识和管理知识能够通过外国公司的活动更容易传播到本地中。同时，跨国公司也能够吸收和输出本地知识，因为他们可以把本地生产的知识编码后向其他地区和国家传播（Maskell and Malmberg，1999a）。外商直接投资的分支机构和本地集群之间的相互学习可以产生知识的创新。公司通过和集群内其他公司和组织共存获得竞争优势。这些公司和组织之间有相关经济活动。不同集群的外商直接投资联系提供了解释特定区位产生全球知识扩散和全球知识地方化学习过程的重要机制。这是因为外商直接投资联系既可以利用集群内的空间邻近优势，也可以利用远距离公司网络的组织邻近优势。在集群背景下，与其他集群结点的外商直接投资联系会发展成为传播编码知识和隐性知识持久的全球通道，补充了短暂的地方合作机构中商业会议和贸易博览会的缺陷（Bathelt and Li，2014）。另外，Bathelt 和 Li 从全球集群网络的视角理解金融危机后全球和地方的经济。在全球知识经济背景下，来自创新集群的跨国投资为获取本地知识，趋于寻求相同集群环境区位，这使得在外商直接投资的情况下知识从本地流向全球。

对发展中国家来说，单纯依靠外来资本会导致国民经济发展的基础不牢固，无法实现真正的经济发展。实现区域创新的良好发展，不仅需要外来力量的投入，还需要本地良好的创新环境（创新网络）。在全球化的趋势下，集群企业可以通过全球管道系统从区域外获取物质和信息，进而通过本地互动的网络转变为区域共享的资源，在促进自身能力提高的同时使网络中其他主体受益。同时，知识、技术、社会关系等的本地化也有利于本地环境的形成（王缉慈，1999）。

三、知识流动与区域发展

随着知识经济时代的来临和经济全球化进程的不断加深，区域发展的资源、动力、方式、政策等方面发生了一系列变化，区域创新成为解释区域发展的重要理论。而“网络”作为区域发展的载体被用来理解创新的发生过程，区域创新网络研究将成为一种新兴的分析区域创新与发展的理论架构。在区域创新网络中，创新的实现离不开知识流动的过程。

区域创新网络是指地方行为主体（企业、大学、研究机构、地方政府等组织及其个人）之间在长期正式或非正式的合作与交流关系的基础上所形成的相对稳定的系统。苗长虹等（2011）在国家创新体系的基础上，结合区域发展与创新的实践，认为区域创新网络由以下五部分组成：①创新的主体，主要包括企业、客户、大学、科研机构、地方政府和创新服务机构（如中介组织等）；②创新的资源，主要包括人才、智力、知识、专利、信息和资金等；③创新的基础设施，主要包括技术标准、数据库、信息网络、各种科研机构设施、图书馆等；④创新环境，主要包括法律法规、管理体制、财政与金融服务、政府政策、区域历史传统和社会文化等因素；⑤创新的内容，主要包括技术创新、组织创新、制度创新和管理创新等方面。其中，知识流动和地方产业集群促进区域创新主体之间的相互学习，进而实现创新。地方产业集群提供了知识流动的环境，是创新最具活力的区域，但知识流动并不局限于这个区域。

知识流动是实现创新最重要、最基本的形式之一，创新是知识流动的结果，知识流动是区域创新主体内部以及创新主体之间交互学习的过程（顾新，2001）。知识流动的实质是促进创新要素的有效组合。在这个过程中，只有能够提供实现创新所需的新生产要素，并对生产要素重新组合的实现做出贡献的组织或机构，才能参与知识流动。郑展和韩伯棠（2009）认为区域创新网络中的知识流动不仅包括创新主体间的知识交流，还包括主体自身知识创造、知识吸收能力和知识扩散能力。并且他们认为，创新网络中知识总量越丰富、知识能力越强，其创新性和竞争性越强。创新网络能够确保知识的流动，处于网络中心位置的组织能够带动网络价值发生，能够成功的激励知识流动。

区域创新网络中，知识流动的主要形式包括：①企业间的技术合作及其相互之间的正式、非正式联系。区域创新系统中企业是创新的主体，企业之间的联系是最重要的知识流动。企业间的合作可共享技术资源，提高企业的创新绩效，获得协同效应。企业间的非正式联系，包括用户和生产者之间的联系以及竞争者作为创新源泉和动力的作用，是知识和技术诀窍转移的非常重要的渠道，有助于系统创新能力的提高，但往往难以测度。②客户、大学、科研机构、创新服务机构、政府与企业的合作。客户、科研院所和大学作为企业创新的主要知识来源，是技术供给方，双方直接通过中介组织进行联合研究、技术转让、共享专利、合作出版以及其他正式、非正式联系（苗长虹等，2011）。③知识和技术扩散。面向企业的知识和技术扩散是区域创新系统中传统的知识流动类型，它通过模仿、改进和创新，能够促进新技术、新思想在区域创新体系中的快速传播。企业的创新绩效越来越依赖于消化和吸收外来的创新与产品。由于创新在空间上的不均衡性，知识的技术扩散不仅受到创新中心动态创新能力的影响，也受扩散地创新接受条件和扩散模式的影响。④人才流动。人才是隐含知识的载体，人才的流动以及由此导致的隐含知识的流动是区域创新系统的主要流动形式。人与人之间正式或非正式联系是企业内部和企业与大学或科研院所之间知识转移的重要渠道。人才流动所带来的知识的转移更多的是创新的一般方法和解决问题能力的转移，同时带来企业吸收能力的提高。劳动力不仅局限于区域中的企业、大学、研究机构以及其他组织之间的流动，而且更能够通过高级人才的流动实现知识从一个区域到另一个区域的转移。伴随着人才流动的知识在区域间的循环作用，不仅提升了区域间产业的创新优势，还有助于区域经济增长和区域发展（南旭光，2009）。⑤区际和国际知识流动。区域创新体系是开放的系统，它只有与其他区域进行不断的知识流动，才能实现知识的不断创新。经济的全球化和企业活动的国际化，导致知识流动的日益国际化。与多种形式国际知识流动有关的区域创新系统开始形成，知识的流动形式有：以资本品和中产品的形式从国外获取技术；购买外国专利和许可证；不同国家企业间的技术合作；技术服务贸易（技术咨询）；国外直接投资和国际合著论文等。

马旭军（2007）将知识流动对区域创新系统的促进作用概括为以下三点：知识流动促进区域创新系统中的资源有效配置和高效率使用，从而使区域内的经济发展质量水平不断提高；知识流动使区域内创新活力增强，从而可以实现区域创新的增长；知识流动通过技术扩散促进产业发展，最终使区域内的科技实力和经济实力不断增强。

很多研究证实现实中的社会网络、科技网络等复杂网络具有小世界的特性，可以借鉴小世界网络理论中的网络性质研究创新网络中的知识流动的特性（Watts and Strogatz，1998；Newman，2001；汪涛等，2011）。小世界网络中的“结点”是企业、科研院所、高等院校等机构，“连接”是各个结点之间的互动交流。用小世界网络的平均路径来描述网络的整体特征；集聚系数用来描述网络局部特征，衡量网络中是否有相对稳定的子系统存在，即表示近邻结点联系紧密程度。表示网络的集聚程度。这样，就可以用网络平均距离和网络聚集系数来表示创新网络的结构特征（冯峰和王亮，2008）。

第四节　本 章 小 结

知识经济时代，知识、学习和创新在区域发展中起到了越来越重要的作用，知识生产和分布的不均衡性，引发了经济地理学对知识空间分布特征、地理环境对知识生产的影响、知识创新的过程与模式、知识流动的机制与空间尺度等系列问题的探索。

相对于显性知识，隐性知识更倾向于通过非正式的学习行为和过程获取，表现出明显的空间性。但显性知识和隐性知识不是割裂的，显性知识需要通过隐性知识解释和表达，所以以编码化知识形式出现的科技产出，如科学论文和专利等，区域差异性并未随着交通和通信条件的改善而显著缩小。为实现知识共享，必然在知识主体间产生知识流动。知识流动是一个知识重组合、再生产的过程，能够促进知识创新局面的出现，包含知识溢出、知识扩散和知识转移等形式。尽管地理位置的重要性随着知识类型和知识产生、转移的环境而变化，从宏观尺度看，地理距离、地理邻近性等始终对知识生产和流动产生重要影响。在微观尺度上看，本地的知识基础、学习能力、创新氛围、文化和制度环境等在知识流动中作用更为突出。

知识溢出是自然的、无意识的知识流动，其发生机制通过人才流动、研发合作、企业家创业、贸易投资等解释，在具体研究中可以用研发交流、双边贸易、资本收购、外商直接投资、文献跟踪法和知识生产函数法等手段来验证知识溢出和知识流动。知识转移是一种有意识的、主动的知识流动和吸收过程。涉及市场的直接或间接的知识转移可以通过出版物或许可证协议、研究协议或合同研发，直接招聘关键科学家、设计师、工程师来获得。通过非市场机制完成的知识转移，如谈判交换、非正式技术交易、合资公司的互惠知识共享等，其过程不仅受到地理的塑造和限制，组织接近或关系接近在支撑隐性知识的生产、辨识、占有、分享方面的重要性甚至超过地理邻近的重要性。

一方面，知识生产的路径依赖和地方依赖的特性导致一些领域的科学活动在城市和地方集中，伴随而来的是知识在地方集中，知识主体在区域内通过面对面的接触进行有意或无意的知识、信息的交流，形成了本地知识流。另一方面，区域和全球网络的出现弱化了地理因素对知识流动效率的影响，本地化特质随着时间推移逐渐弱化。在全球化的背景下，区域知识主体可以通过全球管道系统从区域外获取知识和信息，进而通过本地互动的网络转变为区域共享的知识和信息，在促进自身知识能力提高的同时使本地互动网络中其他主体受益，进而提高区域创新能力。

参考文献

冯峰，王亮. 2008. 产学研合作创新网络培育机制分析——基于小世界网络模型. 中国软科学，(11)：82-86，95.

顾新，李久平，王维成. 2006. 知识流动、知识链与知识链管理. 软科学，20（2）：10-12，16.

顾新. 2001. 区域创新系统的运行. 中国软科学，(11)：105-108.

何传启，张凤. 2001. 知识创新：竞争新焦点. 北京：经济管理出版社.

侯汉平，王浣尘. 2001. R&D 知识溢出效应模型分析. 系统工程理论与实践，9：29-32.

胡彩梅. 2013. 知识溢出影响区域知识创新的机理及测度研究. 吉林大学博士学位论文.

华连连，张悟移. 2010. 知识流动及相关概念辨析. 情报杂志，29（10)：112-117.

李丹丹，汪涛，周辉. 2013. 基于不同时空尺度的知识溢出网络结构特征研究. 地理科学，33（10)：1180-1187.

李兆友，宋保林. 2010. 论技术知识的生成与转化及其过程本质——基于技术创新史的视角. 自然辩证法研究，(9)：24-28.

马庆国，徐青，廖振鹏，等. 2006. 知识转移的影响因素分析. 北京理工大学学报（社会科学版)，01：40-43.

马旭军. 2007. 区域创新系统中知识流动的重要性分析. 经济问题，(5)：19-20.

苗长虹，魏也华，吕拉昌. 2011. 新经济地理学. 北京：科学出版社.

苗长虹，魏也华. 2007. 技术学习与创新：经济地理学的视角. 人文地理，(5)：1-9.

南旭光. 2009. 人才流动、知识溢出和区域发展：一个动态知识连接模型. 科技与经济，22（3)：24-27.

唐炎华，石金涛. 2007. 我国企业知识型员工知识转移的影响因素实证研究. 管理工程学报，(2)：34-41.

汪涛，Hennemann S，Liefner I，et al. 2011. 知识网络空间结构演化及对 NIS 建设的启示——以我国生物技术知识为例. 地理研究，30（10)：1861-1872.

王缉慈. 1999. 知识创新和区域创新环境. 经济地理，(1)：11-15.

王缉慈. 2002. 创新及其相关概念的跟踪观察. 中国软科学，(12)：30-34.

王立平，孙韩. 2007. 知识外部性与知识溢出. 科学经济社会，25（1)：37-40.

魏旭，张艳. 2006. 知识分工、社会资本与集群式创新网络的演化. 当代经济研究，134（10)：24-27.

吴玉鸣. 2007. 中国区域研发、知识溢出与创新的空间计量经济研究. 北京：人民出版社.

肖小勇，文亚青. 2005. 组织间知识转移的主要影响因素. 情报理论与实践，28（4)：355-358.

杨玲. 2011. 基于知识流动的创新活动空间分布演化机理研究. 大连理工大学博士学位论文.

张凤，何传启. 2002. 创新的内涵、外延和经济学意义. 世界科技研究与发展，24（3）：55-62.

张凤，何传启. 2005. 知识创新的原理和路径. 中国科学院院刊，20（5）：389-394.

张莉，齐中英，田也壮. 2005. 知识转移的影响因素及转移过程研究. 情报科学，23（11）：1606-1609.

赵建吉，曾刚. 2010. 技术社区视角下新竹 IC 产业的发展及对张江的启示. 经济地理，30（3）：438-442.

赵勇，白永秀. 2009. 知识溢出：一个文献综述. 经济研究，（1）：144-156.

郑展，韩伯棠. 2009. 基于知识流动的区域创新网络研究评述. 科技惯例研究，（6）：176-178.

Ackerman M S，Hadverson C A. 2000. Re-examining organizational memory. Communications of the Acm，43（1）：58-64.

Agrawal A，Cockburn I M，McHale J. 2006. Gone but not forgotten：Knowledge flows，labor mobility，and enduring social relationships. Journal of Economic Geography，6（5）：571-591.

Alic J A. 1993. Technical knowledge and technology diffusion：New issues for US Government policy. Technology Analysis and Strategic Management，5（4）：369-383.

Allen T. 1977. Managing the flow of technology. Research Management，20（6）：41.

Almeida P，Kogut B. 1997. The exploration of technological diversity and geographic localization in innovation: Start-up firms in the semiconductor industry. Small Business Economics,9(1): 21-31.

Almeida P，Kogut B. 1999. Localization of knowledge and the mobility of engineers in regional networks. General Information，45（7）：905-917.

Amidon D M. 1997. Innovation Strategy for the Knowledge Economy：The Ken Awakening. Burlington：Elsevier.

Amin A，Cohendet P. 1999. Learning and adaptation in decentralised business networks. Environment & Planning D Abstract，17（1）：87-104.

Amin A，Cohendet P. 2000. Organisational learning and governance through embedded practices. Journal of Management & Governance，4（1-2）：93-116.

Anselin L，Varga A，Acs Z J. 2000. Geographic and sectoral characteristics of academic knowledge externalities. Papers in Regional science，79（4）：435-443.

Anselin L，Varga A，Acs Z. 1997. Local geographic spillovers between university research and high technology innovations. Journal of urban economics，42（3）：422-448.

Antonelli C.2000. Collective knowledge communication and innovation: The evidence of technological districts. Regional studies，34（6）：535-547.

Argote L，Ingram P. 2000. Knowledge transfer：A basis for competitive advantage in firms. Organizational Behavior & Human Decision Processes，82（1）：150-169.

Arrow K J. 1962. The economic implications of learning by doing. Social Science Electronic Publishing，29（80）：155-173.

Audretsch D B，Feldman M P. 1996. Innovative clusters and the industry life cycle. Review of Industrial Organization，11（2）：253-273.

Audretsch D B，Feldman M P. 2004. Knowledge spillovers and the geography of innovation. Handbook of Regional & Urban Economics，4（4）：2713-2739.

Audretsch D B. 1998. Agglomeration and the location of innovative activity. Oxford Review of Economic Policy，14（2）：18-29.

Baptista R，Swann P. 1998. Do firms in clusters innovate more? Research Policy，27（5）：525-540.

Bathelt H，Li P F. 2014. Global cluster networks——Foreign direct investment flows from Canada to China. Journal of Economic Geography，14（1）：45-71.

Bathelt H，Malmberg A，Maskell P. 2004. Clusters and knowledge：Local buzz，global pipelines and the process of knowledge creation. Progress in Human Geography，28（1）：31-56.

Boisot M H. 1995. Is your firm a creative destroyer? Competitive learning and knowledge flows in the technological strategies of firms. Research Policy，24（4）：489-506.

Bottazzi L, Peri G. 2003. Innovation and spillovers in regions: Evidence from European patent data. European Economic Review,47(4): 687-710.

Bresnahan T，Gambardella A，Saxenian A. 2001. "Old Economy" inputs for "New Economy" outcomes：Cluster formation in the New Silicon Valleys. Industrial & Corporate Change，10（18）：835-860.

Brooks H. 1994. The relationship between science and technology. Research Policy，23（5）：477-486.

Brown J S，Duguid P. 2000. Organizational learning and communities-of-practice：Toward a unified view of working，learning，and innovation. Organization Science，（2）：99-121.

Caniels M C J，Verspagen B. 2001. Barriers to knowledge spillovers，and regional convergence in an evolutionary model. Journal of Evolutionary Economics，11（3）：307-329.

Clark G，Tracey P. 2004. Global Competitiveness and Innovation：An Agent-centred Perspective. New York：Palgrave Macmillan.

Coe D T，Helpman E. 1995. International R&D spillovers. European Economic Review，39（5）：859-887.

Cooke P, Morgan. K.1998.The Associational Economy: Firms, Regions and Innovation.Oxford：Blackwell.

Cowan R，David P A，Foray D. 1999. The explicit economics of knowledge codification and tacitness. Access & Download Statistics，9：195-237.

Enos J L. 2001. Transfer of Technology. The Economics of Technology Transfer（Cheltenham：Edward Elgar）. London：Edward Elgar Publishing Ltd.

Evenson R E，Westphal L E. 1995. Chapter 37 technological change and technology strategy. Handbook of Development Economics，3：2209-2299.

Feldman M P，Florida R. 1994. The geographic sources of innovation：Technological infrastructure and product innovation in the United States. Annals of the Association of American Geographers，84（2）：210-229.

Fischer M M，Varga A. 2003. Spatial knowledge spillovers and university research：evidence from Austria. The Annals of Regional Science，37（2）：303-322.

Fuchs M. 2001.Von der "lernenden Region" zur "lernenden Organisation": Regionalentwicklung im globalen Kontext. INEF Report, (52):1-33.

Gertler M S. 2003. Tacit knowledge and the economic geography of context，or the undefinable tacitness of being（there）. Journal of Economic Geography，3（1）：75-99.

Griliches Z. 1979. Issues in assessing the contribution of research and development to productivity growth. Bell Journal of Economics，10（1）：92-116.

Hai Z. 2002. A Knowledge flow model for Peer-to-Peer team knowledge sharing and management. Expert Systems with Applications，23（2）：23-30.

Harhoff D，Henkel J，Hippel E V. 2003. Profiting from voluntary information spillovers：How users benefit by freely revealing their innovations. Research Policy，32（10）：1753-1769.

Harrison B. 1992. Industrial districts：Old wine in New Bottles？Regional Studies，26（5）：469-483.

Heimeriksy G，Boschma R. 2013. The path-and place-dependent nature of scientific knowledge production in biotech 1986–2008. Journal of Economic Geography，14（2）：339-364.

Hicks D. 1995. Published papers，tacit competencies and corporate management of the public/private character of knowledge. General Information，4（2）：401-424.

Hippel E V. 1987. Cooperation between rivals：Informal know-how trading. Studies in Industrial Organization，16：291-302.

Howells J R L. 2002. Tacit knowledge，innovation and economic geography. Urban Studies，39（5-6）：5-6.

Jaffe A B, Trajtenberg M. 1999. International knowledge flows: Evidence from patent citations. Economics of Innovation and New Technology，8(1–2)：105-136.

Jaffe A B，Trajtenberg M，Henderson R. 1993. Geographic localization of knowledge spillovers as evidenced by patent citations. Quarterly Journal of Economics，108（3）：577-598.

Jaffe A B. 1989. Real effects of academic research. The American Economic Review，79（5）：957-970.

Jensen M B，Johnson B，Lorenz E，et al. 2007. Forms of knowledge and modes of innovation. General Information，36（5）：680-693.

Johnson B，Lorenz E，Lundvall B A. 2002. Why all this fuss about codified and tacit knowledge？Access & Download Statistics，11（2）：245-262.

Kesidou E，Caniels M，Romijn H. 2009. Local knowledge spillovers and development：An exploration of the software cluster in Uruguay. Industry & Innovation，16（2）：247-272.

Knoedler J T. 1993. Market structure，industrial research，and consumers of innovation：Forging backward linkages to research in the Turn-of-the-Century U.S. Steel Industry. Business History Review，67（1）：98-139.

Kogut B，Zander U. 1992. Knowledge of the firm，combinative capabilities，and the replication of technology. Organization Science，3（3）：383-397.

Koo J. 2005. Technology spillovers，agglomeration，and regional economic development. Journal of Planning Literature，20（2）：99-115.

LaveJ. 1998. Cognition in Practice：Mind，Mathematics and Culture in Everyday Life. Cambridge：Cambridge University Press.

Lawson C, Lorenz E. 1999. Collective learning, tacit knowledge and regional innovative capacity. Regional studies, 33（4）:305-317.

Lorenz E，Michie J，Wilkinson F. 2004. HRM complementarities and innovative performance in French and British industry. Research on Technological Innovation Management & Policy，8（4）：181-210.

Lundvall B A，Johnson B. 1994. The learning economy. General Information，1（2）：23-42.

Lundvall B A，Nielsen P. 1999. Competition and transformation in the learning economy-illustrated by the Danish case. Revue DéconomieIndustrielle，88（1）：67-89.

Lundvall B A. 1992. National Systems of Innovation：Toward a Theory of Innovation and Interactive Learning. London: Anthem Press.

Lundvall B-Å. 1988. Innovation as an interactive process// Dosi G，Freeman C，Nelson R，et al. Technical Change and Economic Theory. Ifias Research Series，（6）：349-369.

Maskell P，Eskelinen H，Hannibalsson I，et al. 1997. Competitiveness，localised learning and regional development：Specialisation and prosperity in small open economies. Environment and Planning C-Government and Policy，16（4）：503-503.

Maskell P，Malmberg A. 1999a. Localised learning and industrial competitiveness. Cambridge Journal of Economics，（2）：167-185.

Maskell P，Malmberg A. 1999b. The competitiveness of firms and regions. European Urban & Regional Studies，（1）：9-25.

Maskell P. 2014. Accessing remote knowledge-The roles of trade fairs，pipelines，crowdsourcing and listening posts. Journal of Economic Geography，14（5）：883-902.

Michie J，Sheehan M. 1999. HRM Practices，R&D expenditure and innovative Investment：Evidence from the UK's 1990 workplace industrial relations survey（WIRS）. Industrial & Corporate Change，8（2）：211-234.

Morgan K. 1997. The learning region：Institutions，innovation and regional renewal. General Information，31（5）：491-503.

Murdoch J. 1995. Actor-networks and the evolution of economic forms：Combining description and explanation in theories of regulation，flexible specialization，and networks. Environment & Planning A，27（5）：731-757.

Nelson R R，Winter S. 1985. An evolutionary theory of economic change. The Economic Journal，93：317.

Nelson R R. 2004. The market economy，and the scientific commons. Lem Papers，33（3）：455-471.

Newman M E J. 2001. The structure of scientific collaboration networks. Proceedings of the National Academy of Sciences，98（2）：404-409.

Nonaka I，Takeuchi H. 1995. The Knowledge-Creating Company：How Japanese Companies Create the Dynamics of Innovation. New York：Oxford University Press.

Nonaka I，Toyama R，Konno N. 2000. SECI，ba and leadership：A unified model of dynamic knowledge creation. Long Range Planning，33（99）：5-34.

Nooteboom B. 2001. Learning and innovation in organizations and economies. Learning & Innovation in Organizations & Economies，14：177-205.

OECD. 1997. 以知识为基础的经济.杨宏进，等译. 北京：机械工业出版社.

Paci R，Usai S. 2009. Knowledge flows across European regions. Annals of Regional Science，43（3）：669-690.

Pavitt K. 1999. Division of labour in the innovating firm. Contingency, Complexity and the Theory of the Firm. Essays in Honour of Brian J.Loasby, 2: 138-155.

Polanyi M. 1958. Personal Knowledge：Towards a Post-Critical Philosophy. London：Routledge & Kegan.

Polanyi M. 1966. The logic of tacit inference. Philosophy，41（155）：1-18.

Ponds R，Van Oort F，Frenken K. 2010. Innovation，spillovers and university-industry collaboration：An extended knowledge production function approach. Journal of Economic Geography，10（2）：231-255.

Rogers E M.1983. Diffusion of innovations. New York: Free Press of Glencoe.

Rothwell R. 1977. The Characteristics of Successful Innovators and Technically Progressive Firms. R & D Management，7（3）：191-206.

Saxenian A. 1994. Regional advantage：Culture and competition in Silicon Valley and Route 128. Social Science Electronic Publishing，（4）：100-101.

Scott A J. 2001. Regions and the world economy：The coming shape of global production，competition，and political order. Economic Geography，77（3）：312-313.

Simon H A. 1985. What we know about the creative process. Frontiers in Creative & Innovative Management，38（4）：521-546.

Simon H A. 1991. Bounded Rationality and Organizational Learning. Organization Science，2：125-134.

Sjoholm F. 1999. Productivity growth in indonesia：the role of regional characteristics and direct foreign investment. Economic Development and Cultural Change，47（3）：559-584.

Smith A. 1937. An inquiry into the nature and causes of the wealth of nations. University of Chicago Press Economics Books，35（5468）：7-8.

Smith A.1776. An Inquiry into the Nature and Causes of the Wealth of Nations.London:Strahan and Cadell.

Smith O，Powell J. 2002. Knowledge networks in the Boston biotechnology community. Article presented at the Conference on Science as an Institution and the Institutions of Science'in Siena.

Sonn J W, Storper M. 2008. The increasing importance of geographical proximity in knowledge production: An analysis of US patent citations, 1975–1997. Environment and Planning A,40(5):1020-1039.

Spencer G M. 2015. Knowledge neighbourhoods：Urban form and evolutionary economic geography. Regional Studies，49：883-898.

Storper M，Venables A J. 2004. Buzz：Face-to-face contact and the urban economy. Journal of economic geography，4（4）：351-370.

Teece D J. 1977. Technology transfer by corporation multinational：The resource cost of transferring technological know-how. Economic Journal，87（346）：242-261.

Verspagen B，Schoenmakers W. 2004. The spatial dimension of patenting by multinational firms in Europe. Journal of Economic Geography，4（1）：23-42.

Watts D J，Strogatz S H. 1998. Collective dynamics of "small-world" networks. Nature，393（6684）：440-442.

Wenger E. 1999. Communities of Practice：Learning，Meaning，and Identity. Cambridge：Cambridge University Press.

Winter S G, Teece D. 1987. The competitive challenge: Strategies for industrial innovation and renewal//Knowledge and Competence as Strategic Assets. M A: Ballinger Cambridge：159-183.

Zander U, Kogut B. 1995. Knowledge and the speed of the transfer and imitation of organizational capabilities: An empirical test. Organization science,6(1): 76-92.

Zanfei A. 2000. Transnational Firms and the changing organisation of innovative activities. Cambridge Journal of Economics，24（5）：515-542.

Ziman J M. 1979. Reliable Knowledge. Cambridge：Cambridge University Press.

Zucker L G，Darby M R，Brewer M B. 1998. Intellectual human capital and the birth of U S biotechnology enterprises. Social Science Electronic Publishing，88（1）：290-306.

第五章

技术与创新的空间扩散

技术一直以来见证着社会的进步。人类不断追求美好生活的渴望依赖于技术及其对各个领域产生的影响。因为有了技术，我们的世界才得以快速发展。技术创新的步伐和范围已经对人类社会的每一个领域产生了巨大的影响。那么，技术系统的空间过程是怎样的？本章重点探讨技术与创新的空间扩散机制，内容结构如下：第一节将界定技术变革与创新的概念及类型；第二节梳理有关空间扩散的基本理论；第三节探讨创新源的形成区位，以及全球创新区位的空间转移；第四节从不同的空间尺度介绍地理学对技术创新扩散的分析路径；最后是本章的小结。

第一节　技术变革与创新的概念及类型

一、技术及其变革的概念及类型

技术可以定义为在创造产品和提供服务中运用的所有知识、产品、工艺、工具、方式和方法。简而言之，技术就是我们做事的途径，通过它来实现目标。一般认为技术是硬件，如机器、计算机和电动装置之类。但事实上，技术包含的要比机器多得多。除了硬件之外，它还包括软件和人类的技能，以及伴随在技术成就各个层面的诀窍（know-how）（Zeleny，1986）。这里所指的诀窍可能是一种经验的结果、知识的转移，或者实践的移交。人们通过接受正规和非正规的教育或培训，或者是通过与某一领域的专家一起工作来获取技术诀窍。当然，诀窍也可以通过某种特殊的技术转移方式来获取。

技术变革一般被认定为有四种类型：渐进式（incremental）创新、突进式（radical）创新、技术体系变革，以及技术-经济范式更替等。每种类型的特征与影响如表 5-1 所示。

表 5-1　技术变革的四种类型

	渐进式创新	突进式创新	技术体系变革	技术-经济范式更替
发生时间	连续的；随市场条件变化	不连续，不均衡	不均衡	不均衡；扩散需要很长的时间
起源	在生产过程内部，源于“干中学”和“用中学”	研究与开发（R&D）；受商业目的影响	R&D 加上组织创新	R&D 加上组织创新，宏观经济与政治变革
技术变革程度	较小	较大（单部门的）	较大（多部门的）	较大（普遍性的，渗透的）
对经济的影响	很小	较小；在地化的	较大；相关新部门的产生	较大；即熊彼特主义所谓的“创造性破坏”风暴（gales of creative destruction）

续表

	渐进式创新	突进式创新	技术体系变革	技术-经济范式更替
对社会政治的影响	几乎没有	很小	显著	决定性的；新的社会—经济系统
产业实例	全色胶片；彩电；128K RAM	喷气式发动机；电视；集成信息技术	电力工程；电子学	规模生产；大众消费；福利国家

资料来源：根据 Hall 与 Preston（1988）表 2.3 和 Dicken（2003）整理

技术改进的绩效一般遵循 S 形曲线：当技术绩效参数（y 轴）沿时间发展（x 轴）绘图时，会呈现 S 状的图形。如图 5-1 所示，技术进步具有三阶段技术生命周期（Khalil，2000）：①新发明时期，即开始阶段，是一个缓慢增长的阶段，期间通过试验，最初的技术漏洞被系统检验出来；②技术改进时期，即增长阶段，快速和持续的增长；③成熟技术时期，开始于接近技术上限和绩效缓慢下降之时。当更新或更好的技术出现时，原有的技术很容易被替代和抛弃。

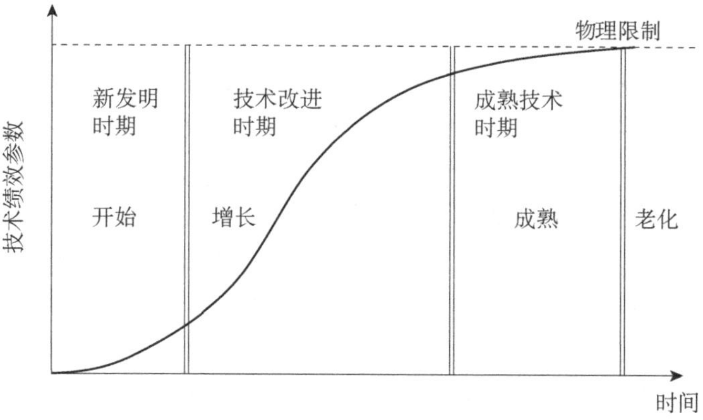

图 5-1　技术进步的 S 形曲线

二、创新的概念及类型

创新主要指基于已有知识和（或）信息，通过本质上不确定的解决问题的过程，创造新的知识。通过突进式的突破或渐进式的改良，创新性知识可能导致新产品的引入或新生产过程的应用（Feldman，1994）。知识由此被看作是一种资产，它可作为投入以创新的形式导致产出。创新通常与商业应用相关，我们把它与发明区别开来：发明指首创性的观念，而创新指发明的商业应用（Feldman，2002）。因此，创新的作用非常重要，先进国家 80%以上的生产率增长来自创新的贡献（Sternberg and Arndt，2001）。

创新是经济增长和经济发展在空间上发生变化的根本。创新是一个动态的过程：它在带来了一系列创造性破坏的同时也改变着产业和地区之间的创新轨迹。

创新是比技术变革要更广泛一些的概念，它包含：超前于实际创新的理念和知识，由经验而衍生出的学习过程，以及知识和互补性资产的合成利用。经济合作与发展组织（OECD，2000）对于创新的定义除了包括常规的，如对产品（商品或者服务）和生产过程进行改良，还包括一系列新的市场手段或者新的组织方式在企业实践、现场组织管理或者外部联系中的施行。

对于创新的分类也有各种方法或视角。其中，根据创新对既定产品模型的影响程度进行分类便是一个具有代表性的概念框架。创新被分成三种类型（Robertson，1967）。第一类是连续创新。对于既定模型的干扰强度最小，它可能会对产品进行一些修改，而不会产生新的产品。例如，含氟牙膏、新型汽车转换模型、薄荷香烟的出现。第二类是动态连续创新。虽然仍然不会改变既定模型，但是它对既定产品的干扰性程度要比连续创新对既定产品的干扰性程度强。这类创新可能会涉及新产品的创意研究和生产过程的改变中。例如，电动牙刷、福特野马汽车、按键式电话的出现。第三类是不连续创新。由于对产品的干扰度最大，通常会产生新产品以及新的行为模式。例如，电视机、计算机的出现。

在过去十几年里，管理学领域有一个非常重要的理论与创新相关，即“破坏性创新”。哈佛商学院教授 Christensen（1997）把创新分为“维持性创新”和“破坏性创新”两种类型。其研究表明，在如今飞速变化的商业世界里，通过破坏性创新创建的新业务成功概率，比通过传统的维持性创新要高十倍以上，所以破坏性创新对于现在商业的发展是非常重要的。跟这个概念相关的还有另外一个主题，即所谓“破坏性技术”，管理学对其并没有一个非常明确的界定。例如，很多人认为互联网技术是一种比较典型的破坏性创新。但实际上在管理学内部也有争论，这种技术能不能算作破坏性创新，也需要分开仔细探讨。例如，互联网技术对传统商业的影响，其中它对原先目录零售商来讲是一种维持性的创新，但是对于百货商店来讲则是破坏性的。移动互联网也是这样，其中一部分可能是维持性的，但是有一部分是破坏性的。

从一个技术生命周期到下一个周期的转变并不是线性的。一个已有技术的生命周期可能依赖于“维持性创新”持续很久，也可能被新兴技术所破坏。维持性创新并不一定是递增的，反而可能是相当激进的。最初的破坏者绩效并不优于已有的技术，但是它可以满足新顾客的新需求，创造新的收益，从而快速提高绩效。从长时段来看，已有技术可能继续保持更好的绩效，破坏者还不能被看作是威胁。因为破坏者有不同的提升轨迹，从而最终超过老的技术，尽管后者仍可能持续较长的时间。图 5-2 显示了周期演化路径显然不是确定的或者是可预见的。由于技术锁定、非官方事实标准和维持性创新等，许多潜在的破坏性技术并不一定能赢取或超过老的技术。原因可能是存在不同类型的破坏性。Bower 和 Christensen（1995）强调破坏性的原因通常是新的商业模式、应用或顾客，而不一定是技术本身。破坏性技术往往来源于外部而不是产业领导者，因此很难预测。但是当一个新的技术生命周期成功起飞后，其后果经常是导致市场领导者的转换和区位的转移。同样，新的技术生命周期可能为已有的或新兴的区域集群提供新的机会。Audretsch 和 Feldman（1996）指出在技术生命周期的初始阶段，创新活动会呈现集群的趋势，而成熟阶段则更加分散。

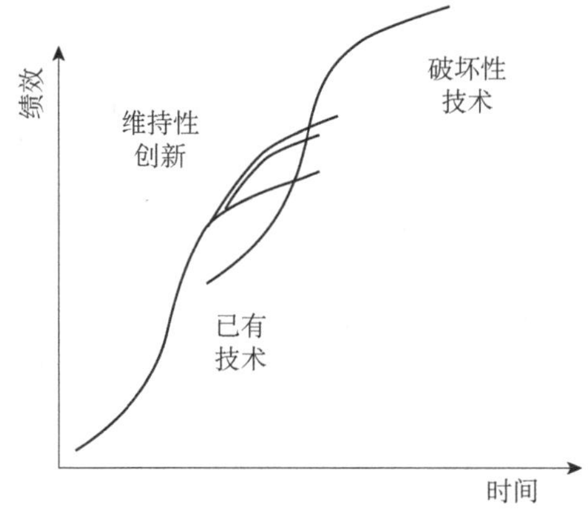

图 5-2　已有技术和破坏性技术的 S 形曲线

资料来源：Dalum 等（2005），图 1

第二节　空间扩散的基本理论

一、扩散研究的主要传统

罗杰斯（2002）曾梳理了十个扩散研究的主要传统（表 5-2）。每一个扩散传统来源于一个学科（如人类学、营销学与管理学、地理学）或者一个分支学科（如早期社会学、农村社会学）。

表 5-2　扩散研究的主要传统比较

研究传统	所研究的典型创新	数据采集和分析方法	主要分析单元	主要成果
人类学	技术思想（钢斧、马、烧开水）	参与性和非参与性观察及案例研究	部落或村庄	创新的结果；创新代理人的相对成功
早期社会学	进行城市管理的政府机构、邮票、业余无线电装置	来源于第二手的资料或统计分析	社区或个人	采用者的 S 形分布；不同类别采用者的特征
农村社会学	有关农业观念（除草剂、杂交种子、化肥）	调查采访及统计分析	农村社区的个体农户	采用者的 S 形分布；不同类别采用者的特征；创新的外观特征与采用速度；创新决策过程中不同阶段的传播渠道；观念引领者的特征

续表

研究传统	所研究的典型创新	数据采集和分析方法	主要分析单元	主要成果
教育学	教育/学习创新（幼儿园、现代数学、程式化指导、集体教育）	邮寄问卷、调查采访及统计分析	学校系统、教师或管理人员	采用者的 S 形分布；不同类别采用者的特征；扩散中观念的引领地位
公共卫生与医疗社会学	医疗与卫生观念（药品、接种疫苗、计划生育、艾滋病的预防）	调查采访及统计分析	个人或组织，如医院和卫生部门	扩散过程中的主导观念；采用者分类特征；创新决策过程中不同阶段的传播渠道
传播学	新闻事件、技术创新	调查采访及统计分析	个人或组织	创新决策过程中不同阶段的传播渠道；采用者及观念领导者的分类特征；扩散关系网
营销与管理学	新产品（某种品牌的咖啡、可触语音电话、服装时尚）	调查采访及统计分析、现场试验	个体消费者	采用者分类特征；扩散中观念的引领地位
地理学	技术创新	第二手的记录及统计分析	个体和组织	扩散中空间距离的作用
普通社会学	各种不同的方法观念	调查采访及统计分析	个体	采用者分类特征；其他结论
普通经济学	技术创新	经济分析	组织和个体	技术创新的经济学

资料来源：根据罗杰斯（2002），表 2-1 修改

在对杂交玉米扩散的研究调查中，Griliches（1957）最早尝试在实证研究中应用扩散模型。随后不少研究从不同的学科视角研究技术和产品的扩散，如地理学（Hägerstrand，1967；Brown，1981）、市场营销和消费者行为（Bass，1969；Mahajan et al.，1990）、经济学（Gurbaxani，1990）和社会学（Rogers，1995）等。Perkins 和 Neumayer（2005）曾总结，地理学家曾处于技术扩散的前沿，但最近更多的计量研究是由经济学、社会学和商业研究学者所完成的。

二、S 形创新采纳曲线及其解释模型

早期的实证研究描述创新扩散是一个缓慢的过程，随时间变化遵循 S 形逻辑斯蒂曲线（logistic curve）（Griliches，1957；Bass，1969）。基本的逻辑斯蒂曲线可以很好地拟合各种扩散的历史数据。已有大量的假设和解释被用于说明扩散曲线的 S 形特征。Mansfield（1961）建议扩散率是一个函数，包含创新的经济优势水平、采纳创新的投资额，以及与创新相关的不确定性等变量。Sharif 和 Kabir（1976）基于创新替代已有产品或服务的事实，采用技术替代的框架来解释创新过程。这一替代过程对扩散率和扩散曲线均有影响。Brown（1981）从供需原理，Sahal（1981）从学习视角也分别解释了扩散格局。

Rogers（1995）则提供了一个基于交流的理论来解释各种现象的扩散。罗杰斯在其《创新的扩散》一书中指出：无论是发达国家还是发展中国家，传播的过

程通常呈现 S 形曲线，即在采用开始时很慢，当其扩大到总人数的一半时速度加快，而当其接近于最大饱和点时又慢下来。罗杰斯关注的是在创新的环境里，不同类型的消费者做出的对于创新采纳的时机选择。图 5-3 将创新采纳者分成了四类，分别是：创新者（early adopters）、早期大多数（early majority）、后期大多数（late majority）和滞后者（laggard）。

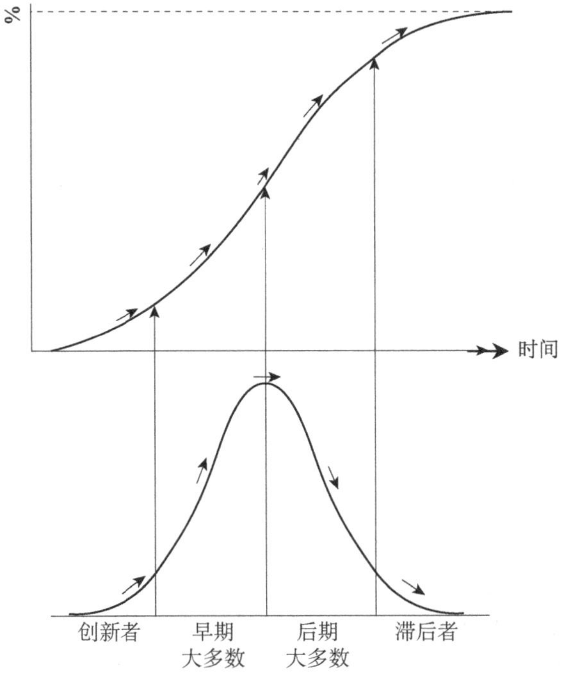

图 5-3 创新采纳者的分布累计

资料来源：Abler 等（1971），图 11-32

与创新采纳者的类型相对应，从扩散时间来看，通常呈现 S 形的曲线，即经过三个阶段：扩散启动阶段，接受者的比率呈平缓上升趋势；经过若干时间后，由于阻碍新事物传播的障碍被减少或消除，接受者比率急速增加；随着饱和的出现再次接受者比率变化又趋向平缓。在技术创新领域，S 形增长模式随处可见（图 5-4）。早期的一些通用技术扩散周期较长，而新近的一些通信技术扩散速度明显加快。

Rigby（2003）指出，基本的逻辑斯蒂曲线存在两个主要缺陷。第一，它假设了一个不变的采用环境，在这种环境下新技术和潜在采用者的特征都不会变化；第二，它侧重扩散过程的需求方，而在很大程度上忽视了技术信息如何扩散。作为对先前批评的反应，发展出了“门槛模型”。在门槛模型中，经济条件随时间的变化使平衡倾向于采用者，即有利于采用者。例如，David（1966）以农场平均规模的扩大和劳动力成本的上升迫切需要机械化，来解释机械收割机的开发及其在美国中西部的广泛采用之间的 20 年时滞。边干边学（可以减少特殊技术的不确定性）、新产业标准的出现和互补性技术网络的不断增长，从门槛观点来理解扩散也至关重要（David，1992；Nelson，1994）。

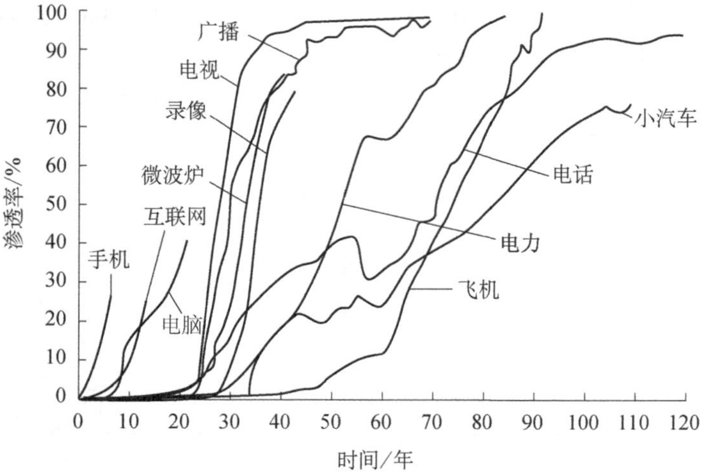

图 5-4　一些重要技术创新的扩散过程

资料来源：Forbes 杂志

不少人尝试扩展和改善基本的逻辑斯蒂曲线的适用性。例如，在估计市场潜力时采用外生创新源而不是假定固定值。最大似然估计和非线性估计程序被用于估计模型参数（Mahajan et al.，1990）。基本的逻辑斯蒂曲线扩展也被尝试解释潜在采纳者的上限数量（Mahajan and Peterson，1985）、市场内部的竞争效应（Gruber and Verboven，2001；Marcu，2004）、供给制约效应（Islam and Fiebig，2001），以及技术的连续代际扩散（Islam and Meade，1997）。这些模型有人借鉴使用，但基本的逻辑斯蒂曲线仍然是应用最广的。

三、空间扩散的一般类型

在经典地理学中，空间扩散一般有三种基本类型（图 5-5）：传染扩散、等级扩散和重新区位扩散（许学强等，1997）。

（1）传染扩散（contagious diffusion）：现象从源生点向外作空间扩散，如果是渐进的、连续的过程，可称之为传染扩散。通常，当新事物刚出现时，只是为一小部分人所了解和掌握。然后，通过人与人的相互接触，新事物逐渐由已知者传播给他们的亲友和邻居等。但由于距离的摩擦阻力效应，事物的扩散随着距离的增大而逐渐削弱。

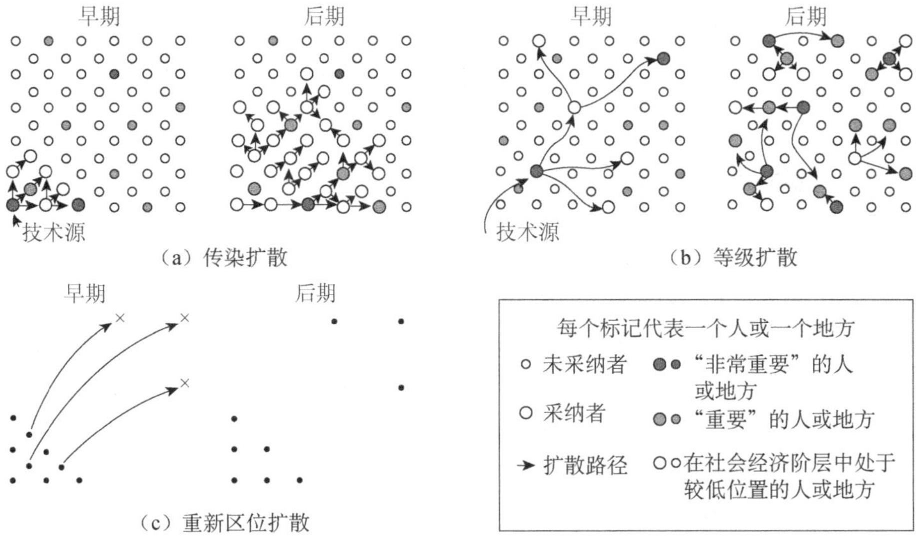

图 5-5 空间扩散的基本类型

资料来源：Jordan-Bychkov 和 Domosh（1999），图 1.10

（2）等级扩散（hierarchical diffusion）：某些新思想、新技术在城市中的传播往往跳越邻近的小城市，在距离较远但属同级规模的城市中首先被接受，然后再向次一级城市扩散。等级扩散的产生，在于某些新事物在最初被接受时具有较高的"门槛"，只能采取逐级向下扩散的过程。

（3）重新区位扩散（relocation diffusion）：前两种扩散方式都会导致更多的接受者，也可合称为扩张型扩散（expansion diffusion）。如果接受者数量没有增加，仅仅发生了原有接受者的空间位移，可称之为重新区位扩散。其典型的实例是移民过程。

根据空间相互作用理论，空间邻近性是影响空间扩散的主要因素之一。除了空间邻近之外，还可以考虑其他几种邻近性（Coe et al.，2007）。例如，制度邻近性，即通过相同的法律和制度框架而产生的邻近；文化邻近性，是由于相同的文化遗产和语言背景而产生的邻近；组织邻近性，在同一企业或组织内受相同的书面规则、准则，以及其他不成文规矩约束而产生的邻近；以及关系邻近性，是由于非正式的个人关系而产生的邻近。在某些情况下，这些形式的邻近性至少与空间邻近一样重要。例如，虽然许多人认为默会知识依赖于空间邻近，但是关系邻近也可以促进默会知识的传播。尽管关系邻近在一定程度上依赖于面对面的交流，但是它也同样可以通过远程通信技术和知识专业人士的流动来实现。在这种情况下，邻近是通过个人关系、电子通信和人员流动来共同实现的。

第三节 创新源的形成区位与空间转移

一、创新源的区位

Hägerstrand（1952；1967）是首位系统分析空间扩散过程的学者。基于技术创新空间扩散的经验观测值，他猜想：新的技术最先在“中心”地区——大城市出现，然后随着城市等级的递减扩散，最终扩散到一些偏远、人烟稀少的“边缘”地区。有两个原因可以解释这种空间扩散模式：一是隐性知识转让是通过面对面交流而实现的；二是一个地区的吸纳能力。

如果一项新技术的采用、实行和利用是需要面对面的传递隐性知识的话，而且如果一个地区的每一个居民都具有相同的与外部知识源进行面对面接触的可能性的话，那么，一个城市拥有足够多的行动者和企业，即意味着这项技术非常有可能首先被该城市的某个人获知。更进一步来讲，如果当地行动者的接触网络与全球“渠道”联系紧密的话，那么，这些大城市（尤其是拥有研究大学、其他公共研究机构、公司总部和跨国公司分支机构的城市）也就越有可能成为新技术的创新源。Fritsch 和 Medrano（2015）在一项关于西德激光技术的研究中发现，激光技术研究首先在大城市中被采用，而且接近于早期激光技术研究中心的地区能更快地进入该研究领域。吸纳能力一词最初用于个体和组织领域，后来也被应用到区域层面：即指一个地区获取新信息和新知识，同化并运用它们的能力。二级采纳者由这些具备吸纳能力的较小城市所组成。由于人口迁移对地理距离的敏感性，加之隐性知识转让对技术扩散的重要程度，决定了接近于早期激光技术研究中心的地区要比那些相距较远的地区能更快地采用该项技术。

1960 年，由希尔多·梅曼（Theodore H. Maiman）领导的研究小组在美国加州的实验室第一次成功地进行了激光效应检测试验。这一技术上的突破迅速在学术界引发了一场热议，各大媒体、报纸杂志、会议纷纷对其进行报道，这个消息很快在全球传播开来。在德国，激光技术首先在西门子公司的慕尼黑实验室实现。那个时期的慕尼黑是德国最大的城市之一，拥有两所综合性大学，以及一些独立于大学之外的公共研究机构和重要的私企研发设施。超过 7000 位工程师和科学家在西门子实验室工作，而该实验室也成为当时西德最大的私营部门研究机构。毋庸置疑的是，慕尼黑在激光技术研究方面拥有高水平的吸纳能力。1960 年 11 月，激光技术首先在慕尼黑实验室实现，这一成功以及对新技术的期待激发了西门子公司扩展其研究领域的进程。在接下来的十年中，西门子公司主宰了德国激光技术研究领域，并涉及各种电子设备、通信技术、电子数据处理技术以及医疗仪器等领域的多样化生产。在相关领域表现活跃对于西门子公司探索新技术的潜在价值具有传导性作用。由于西门子公司具有庞大的规模，它不仅能动员一些资源的合理分配，同时它也可以承担由于早期涉入新技术领域而对盈利的不确定性所引发的高风险。由此可见，规模和吸纳能力对西门子公司首先采纳激光技术具有显著的正面影响。正如谚语所说，机会总是垂青有准备的人。西门子公司成为德国激光技术的创新源，这一成功案例向人们展示了企业规模和多样化经营的重要性。很明显，与小规模的产业集聚区相比，像慕尼黑这样的大城市占据了明显的优势。

事实上，大城市在推动各方面的新技术投资和创新过程中均起着关键的作用。现代化的城市文化、密集的资本、较高的可支配收入以及国际性企业机构的大量集聚都在推动这一进程。再以互联网技术的扩散为例，对各种先进通信技术的需求往往都是由城市市场的增长来推动的。无论从网民规模还是渗透率来看，东部沿海地区都是中国互联网消费的核心地区。根据汪明峰（2005）的计量分析结果，这种空间差异的形成在很大程度上取决于地区的经济基础和技术基础，同时，对外开放度和受教育程度也对其有积极作用。相比较而言，尽管城市化率与互联网渗透率的相关性很强，但它对互联网渗透率的解释作用并没有很明显。事实上，互联网用户的城市集中度远远高于城市人口的集中程度。这种状况在中西部地区更加显著，网民的城市分布极不均衡，往往只集中于省区内的一两个城市之中。

中国互联网络信息中心的首次调查统计报告显示，在 1997 年，中国 44%的网民集中在北京和上海两地。尽管这一比重逐年下降，到 2003 年年底仍然占到 10.4%。这种变化趋势在一定程度上说明了互联网技术在发展中国家首先是被最高等级的城市所采用，然后按城市等级自上而下扩散。表 5-3 进一步比较了全国前 100 位城市所占全国总人口的比重和所占全国网民总数的比重，结果也表明网民的高度集中性。2002 年，占全国人口 3.3%的五个城市占据了全国近 1/4 的网民，占全国人口 5.1%的 5 个城市占据了全国近 1/3 的网民，占全国人口 10.9%的 5 个城市占据了超过全国一半的网民。

表 5-3 按网民规模排序的前 100 位城市占全国网民数量的百分比（2002 年） （单位：%）

城市位序	占全国人口的百分比	占全国网民的百分比
前 5 位	3.3	23.1
前 10 位	5.1	30.3
前 50 位	10.9	51.4
前 100 位	14.0	58.8

资料来源：汪明峰（2005）

不同规模城市之间的互联网渗透率差异情况如表 5-4 所示。渗透率平均值与城市规模呈正比关系，超大城市最高，特大城市次之，大城市明显低于特大城市，中小城市又低于大城市，但中小城市之间的差距很小。用平均数的 t 检验来两两分析不同规模组城市之间的差异状况。一方面，超大城市与特大城市之间的差异不显著，但它与其他规模城市间的差异都非常显著，达到 0.001 水平之上。同时，特大城市与较小规模组城市间的差异也很显著，都在 0.05 水平之上。另一方面，大城市与中小城市之间的差异均不显著，中等城市与小城市之间也没有显著差异。因此，中国城市互联网消费水平的差异主要体现在超大、特大城市（≥100 万）和大中小城市（<100 万）之间。从城市化角度来看，特大规模以上的城市与其他城市和地区之间的差异才是当前中国互联网普及存在空间“数字鸿沟”的主要方面。

表 5-4　不同规模城市的互联网平均渗透率　（单位：%）

人口规模	城市样本数	最小值	最大值	平均值	标准差
超大城市（≥200 万）	23	2.79	35.65	17.41	10.80
特大城市（≥100 万）	32	2.38	48.95	13.90	11.38
大城市（≥50 万）	69	0.09	37.16	9.56	7.10
中等城市（≥20 万）	111	0.88	30.20	8.76	6.10
小城市（<20 万）	38	0.22	32.18	8.68	7.77

资料来源：汪明峰（2005）

二、长波技术论与创新中心的空间转移

（一）技术创新与长波理论

技术变革被认为是自工业革命以来发生的四次长波周期中的关键创新。长波理论是苏联经济学家康德拉季耶夫（Nokolai Kondratiff）在 20 世纪 20 年代中期发表的经典论文中明确指出的。随后，Schumpeter（1939；1942）详细应用长波理论时，把技术变革认定为资本主义经济长期波动的主要起因。他认为，长达半世纪左右的长波周期，是由那些影响深远、实现时间长的创新活动所引起的。确切地说，这种创新活动是指以产业革命为代表的技术创新活动，每一个长周期都包括一次产业革命及其消化吸收过程。熊彼特用技术创新解释长波起因，对长波理论的发展产生了深远的影响，也确立了它在经济周期理论中的重要地位。

Duijn（1983）提出了以创新寿命周期为基础的长波理论。他认为任何一次基础技术创新都要经历四个阶段：介绍、扩散、成熟和衰落，而且创新产品的性质不同，寿命周期各阶段的长度亦不同。一般大的基础技术创新的介绍阶段约为 20 年，扩散阶段要达到 20 多年，如果对衰落阶段忽略不计，寿命周期约为半个世纪或稍长。因此，半世纪一循环的长波周期是由创新寿命周期所决定的。每个长波周期拥有不同的标志性技术创新，并推动新的主导产业崛起。我们目前正在经历以信息技术创新和信息产业为主导的第五轮经济长波。

综观世界经济增长重心转移的全过程，可以发现新增长重心的形成，主要是在长周期中，重心的极化效应与外围的扩散效应相互转换所造成的，新的重心就

在接受原有重心向外扩散最多的地区崛起（蔡来兴，1995）。考察世界经济长波周期波动和经济增长重心转移的实际过程，可以看到长波下降期会导致增长重心的地理转移。由于工业革命起源于英国，第一个长波周期中，英国率先形成经济增长重心，而其他国家（如法国和比利时）要到 18 世纪初以后才先后开始工业革命，因而未出现重心的转移。在第二次长波的上升期，英国仍是世界经济的增长重心，并于 18 世纪 70 年代达到它的发展顶峰。从 1873～1874 年的大萧条起，英国经济开始走下坡路，而此时德国和美国因经济正处于起飞阶段，受长波下降的影响较小，经济增长速度远高于英国，世界经济增长重心就向德国和美国转移。在第三次长波周期中，由于德国在其发动的两次世界大战中战败而削弱了实力，而同时美国以更快的速度崛起，所以增长重心在德国停留的时间很短，美国则成为新的增长重心。在第四个长波中的美国仍为世界经济重心，但随着日本经济的崛起，增长重心发生转移，特别是 20 世纪 70 年代石油危机以后亚太地区经济的蓬勃发展，推动了世界经济增长重心向亚太地区转移。同时，在长波周期中的每个主导的国家经济体中，也呈现出微观的地理特征："处于新兴产业前沿的地理轨迹转换于区域之间和城市之间"（Hall and Preston，1988），对不同区域产生不同的影响效应，持续造就区域不平衡发展的历史进程（Marshall，1987）。

（二）长波周期与全球创新中心转移

新的信息技术诞生于 19 世纪，以两项前后相距近 40 年的电子通信技术发明为标志：电报（1837 年）和电话（1876 年）。其中，电话虽然出现在第二次长波时期，但其随后的开发和影响成为第三次长波中经济发展的主要来源，而且间接地影响了第四次长波。在第二次长波的开端，即 19 世纪 30 年代中期，发明和创新活动主要发生在英国和美国，德国位列第三。而到了它的尾端，在 19 世纪 70 年代中期，新的信息技术发明和创新都被牢固地掌握在美国人手中。当时，技术创新能力已经在英国消退；而到了 1875～1895 年的新电气时期，德国和美国并驾齐驱。

在第二次和第三次长波中，创新产生于大都市区（Hall and Preston，1988）。首先来自柏林，从 1880～1914 年它是世界高技术产业中心，其当时的地位就相当于现在美国麻省的 128 公路和加州的硅谷。波士顿-纽约轴线在 1870 年后成为柏林在世界电气技术舞台上的主要竞争对手。伦敦在那时是柏林的影子，当然它仍是支配英国国内电气技术产业的大都市区。在国际舞台，或者说是在国家舞台上，第四次长波中新的信息技术生产发生了明显的地理转移（Hall and Preston，1988）。在国际层面表现的是欧洲地位的相对下降，美国的持续统治，日本的挑战，以及几个新兴工业化国家的兴起。而在国家内部，普遍的趋势是从老的大都市区向新兴创新中心转移：柏林、伦敦和纽约作为信息技术创新中心的功能逐渐衰落，而德国南部、伦敦以外的英格兰东南部，以及美国的硅谷地区已经浮现出来。

Hall 和 Preston（1988）对创新地理的分析表明："创新一旦落地生根，它就像一株有回复能力的植物，可以在本地移植，但很难被摧毁。”事实上，第四次长波中几个超大都市区的境况一部分是由于存在分散的普遍趋势，但是另外每个城市也有各自的特点（Hall and Preston，1988）。柏林可能是最特别的案例，这个曾经最大的电气都市区是由于战败和破坏的打击而衰落。伦敦作为电气技术创新中心地位的下降，一部分原因是由于英国竞争力的逐步衰退，另一部分则是因为20 世纪 50～60 年代政府鼓励企业外迁的政策。伦敦周边的乡村地区接受了伦敦的创新传统，成为新的信息技术增长中心。纽约的地位丧失则是由于大波士顿地区和硅谷的新兴电子综合体的快速崛起。硅谷是真正创造新的创新传统的案例，但它也是发迹于主要的大都市地区，并得益于那里的两所重要大学。大波士顿可能是这些案例中最经典的一个。它是美国最老的重要城市，也是最早建立高等教育的地方。其保持了 350 多年的教育和科研传统，同时也一直是新技术创新活动的中心。大波士顿的案例表明老的产业区也可以保持创新性，但是必须依赖于维持合适的创新氛围，而这要求在基础研究与商业开拓之间做到巧妙的平衡。如此，硅谷创造了这种氛围和这种平衡，而大波士顿则在维持和进一步开发它（Hall and Preston，1988）。

第四节　地理学对技术创新扩散的分析路径

一、全球层面的技术创新扩散

技术扩散是一个长期的、持续的过程，期间企业采纳和应用新技术的比重不断增长（Rogers，1995；Stoneman，2002）。对于企业接受创新的时间存在差异，理论模型的解释并不一致。传染模型强调信息的作用（Griliches，1957）。某一个企业较早接受创新是因为它比其他企业更早接触或学习新技术。经济学模型主要强调企业异质性（Ireland and Stoneman，1986）。企业采纳技术的时间差异性由于企业各自的组织和环境变量不同从而影响到采纳技术的经济收益（Blackman，1999）。相关的因子包括企业资本存量的年份、人力资本水平，以及地方可用信用的成本。企业被期望在其对手之前应用新技术以获取更高的净收益。

上述两种理论模型均认为，新技术首先会被发达国家所采用。发展水平是解释技术创新扩散的最主要因素（UNCTAD，1999）。与创新者或早期采纳者的地理邻近性有助于发达国家更早掌握新技术。相比较于发展中国家，发达国家往往拥有熟练劳动力、高资本劳动比和低利率等条件，意味着它们在应用更先进的、促进生产率的技术上更有利可图。此外，由于存在完善成熟的金融环境，发达经济体的企业更有能力承受新技术应用可能带来的损失（Lall，1992；Rogers，

1995；Bell and Pavitt，1997；Todaro，2000）。

手机是 20 世纪最被广泛采用的创新。Comer 和 Wikle（2008）研究了手机在爆炸性增长的十年期间的全球扩散。他们评估了竞争、地点及全球和区域财富差异对手机普及率的影响。人均国民生产总值解释了全球超过 75%及亚洲将近 90%的手机普及率差异（图 5-6）。此外，文化差异对技术的采纳和使用也存在影响。电话政策依然存在明显的竞争类型和地区性差异。任何国家和地区都存在独特的条件影响人们采纳和使用新技术。其中，日本是一个有趣的案例。尽管日本是最早开发手机网络的国家之一，但由于缺乏竞争最初增长缓慢。用户不得不从手机垄断商日本电话电报公司（nippon telegraph and telephone，NTT）租赁手机。1989 年时的手机普及率仅为 1%。到 1994 年，NTT 的垄断地位被打破，出现两家新的手机供应商和 NTT 的衍生企业多科莫公司（Do Communications Over Mobile Network，DoCoMo）。1995 年的手机普及率上升到 9%。DoCoMo 在 1999 年引入 i 模式，可以通过数字手机接入互联网传输文本、音乐和视频。随后，日本的手机普及率稳定地攀升到 2005 年的 75%。

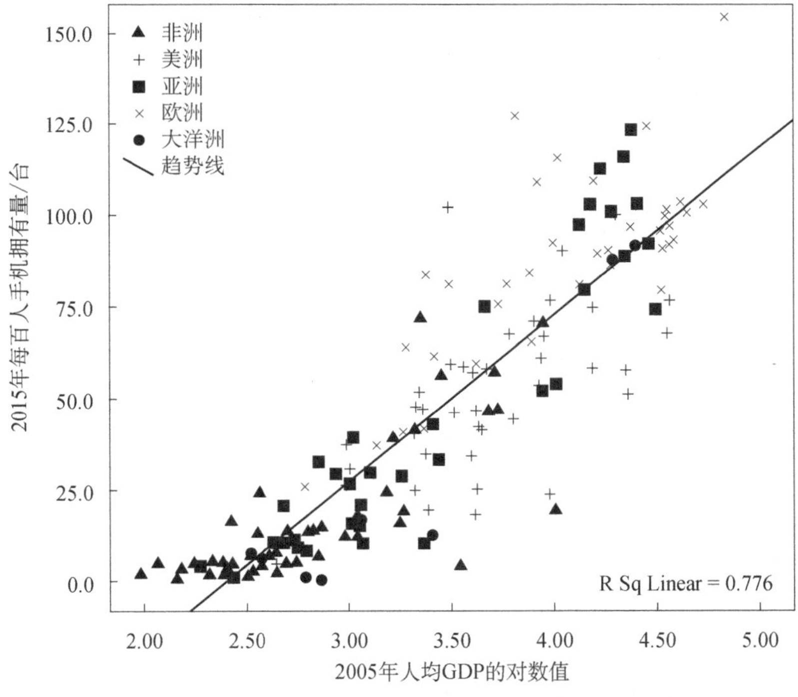

图 5-6　2005 年世界各国和地区的人均 GDP 与手机普及率的散点图

资料来源：Comer 与 Wikle（2008），图 3

尽管发达经济体能够首先采用新技术，但是处于后发工业化进程中的发展中国家可以更快地扩散新技术。这一观点主要基于两方面的假设。一方面，后发国家可以利用先发国家的技术优势（Gerschenkron，1962）。它们可以通过 FDI 和技术购买的途径直接获取，或者借助知识溢出间接获得（Bell and Pavitt，1997；Hayter and Edgington，2004）。后者的实例包括通过逆向工程仿制和企业之间人员流动造成的技术诀窍转移（Saxenian，1996；Dicken，2003）。无论通过何种途径，发展中国家经常能够以很低的研发成本获取发达经济体创新出来的现代技术，从而实现技术开发过程的跨越式进步（Teece，2000）。发展中国家在按照由本国的技术水平和工资水平所决定的比较优势发展时，只要发展中国家可以通过从发达国家引进技术并获得比发达国家更快的技术变迁速度，那么发展中国家不但不会陷入永远生产低技术产品的陷阱，反而使得发展中国家有着比发达国家更快的经济增长速度，并最终实现发展中经济向发达经济的收敛（林毅夫和张鹏飞，2005）。战后亚洲的日本、韩国及中国台湾地区的快速增长，很大程度上归功于对工业化经济体开发出来的技术进行成功的引进、模仿和复制（Lim，1999）。

另一方面，后发工业化国家可以比早期工业化国家更快地扩散新技术到整个经济结构。这种后发优势有两个来源：一个与资本存量水平有关。由于沉没成本不可回收及资本支出较低，发达经济体的企业往往持续使用已有的、相对低效的技术，而不是投资于新的、更高效的厂房和设备（Metcalfe，1997）。而发展中国家的情况可能正好相反。另一个后发优势来源于学习型投资和伴随时间净收益递增。后来者被认为能够利用新技术累积学习的优势，导致更快的技术扩散率（Grübler，1997；Rassekh，1998；Dekimpe et al.，2000a）。

通过经济全球化加新技术的扩散有两个渠道。一是国际贸易，允许进口现代技术。伴随着母国市场需求的日益饱和与知识产权立法的不断加强，发达国家的企业愿意将技术卖给发展中国家。更普遍的是，贸易伙伴之间的正式和非正式交流促进了新技术的跨国交流和学习，这些机制加速了技术创新的地理扩散，尤其是那些对贸易更开放的国家（Coe et al.，1997；Globerman et al.，2000）。二是跨国公司，它们创造、控制和制造了绝大部分的世界先进技术（Globerman et al.，2000）。因此，跨国公司以 FDI 的方式进行投资，在新技术的国际扩散过程中起着领导的作用（UNCTAD，1999；Dicken，2003）。与直接投资不同，跨国公司通过影响东道国的国内企业间接地加速新技术的扩散。一方面，通过提供更便宜、更高质量的产品，跨国公司能促使国内企业应用更先进的生产技术。另一方面，存在技术溢出。通过示范效应、员工流动和供应链联系，跨国公司促使有关新技术的信息、诀窍和技能的传播（Globerman et al.，2000；Campos and Kinoshita，2002；Potter et al.，2002；Ivarsson and Alvstam，2004）。此外，还有一种扩散渠道也被经常单独提及，即技术许可（licensing）。这种技术转让更加直接，企业或公共研究机构同意海外企业获得专利许可用于升级生产（延伸出来还包括版权和品牌）。最终，实现比较完整的知识转移。一般国际许可主要集中在三个行业：化工医药、电子和电气设备。上述这些渠道表明，鼓励经济全球化是促进知识和技术国际扩散的基本途径（Glachant et al.，2013）。

为了应对日益激烈的全球竞争要求，20 世纪后期的国际经济活动组织结构发生了显著的转变。全球生产网络（global production networks，GPN）已经增长扩展成为全球营运的主要组织创新（Ernst and Kim，2002；Henderson et al.，2002）。它包含了各种“企业内与企业间的交易和合作形式”，共同连接旗舰（flagship）公司自己的子公司、分公司和合资公司，以及它的转包商、供应商和战略联盟伙伴（Ernst and Kim，2002）。这些生产网络的主要目的是为旗舰公司提供快捷和低成本的渠道，以获得与其核心能力互补的知识、资源和能力。全球生产网络也充当知识扩散的载体角色，为北美、西欧和日本产业腹地之外的低成本区位的地方能力构建提供了新的机会。为了获得质量稳定的零部件供应，旗舰企业必须向网络中的结点（所属企业与供应商）转移技术和管理知识以提升它们的经营技能。如果网络中的供应商能够成功地学习和提高经营技能，旗舰公司就可能进一步向其转移更复杂、更核心的技术。例如，在电子产业中，产品的生命周期已缩短为六个月甚至更短的时间，新产品投放市场后海外的生产必须分享技术设计信息和成果，才能适应技术不断进步的要求。同时，对市场的快速反应也要求全球生产网络中各结点的工程师经常与旗舰公司进行设计讨论（包括在线和面对面）。当然，知识转移还不是知识有效扩散的充分条件。只有当转移的知识被内部化和转化成地方供应商的能力之时，知识的扩散才得以完成。

除了上述提及的发展水平、后发优势，以及贸易和投资的开放度之外，还有三个决定因素被经常提及（Perkins and Neumayer，2005）。一是国家的地理区位。许多实证研究都表明地理邻近性对扩散的重要性，它有助于信息交流，促进跨国技术学习和模仿（Soete，1985；Ganesh et al.，1997）。二是教育水平。接受过更好教育的工人更有可能认识和掌握新技术（Caselli and Coleman，2001；Kiiski and Pohjola，2002）。三是社会制度的异质性。新技术在更混杂的人口中扩散较慢（Takada and Jain，1991；Dekimpe et al.，1998）。

二、国家或区域内部的技术创新扩散

不少应用于西方国家的实证研究证明了空间距离与技术扩散程度呈负相关关系（Jonathan and Kortum，1999；Keller，2002）。在中国，周密（2010）发现空间距离对区际技术扩散起着基础性的作用，并且技术性因素与空间距离在一定条件下呈现替代关系。舒元和才国伟（2007）运用非线性广义最小二乘法，探讨了省际技术进步的空间扩散问题，结果证实中国存在着从北京、上海和广东向其他省区的技术扩散，而且这种扩散依赖于空间距离。同时，技术扩散地区的人力资本投资、产业结构调整和专业化不仅能够带动自身的技术进步，而且能够促进其他省区的技术进步。

不论是在地理领域还是在其他领域，关于空间邻近性的讨论都一度在知识扩散中扮演着重要的角色（Hägerstrand，1953；Brown，1981；Griliches，1957）。由 Jaffe（1993），Maurseth 和 Verspagen（2002），以及 Sonn 和 Storper（2008）等学者采用的地方性知识流动的实证案例进一步证实了这个观点。与此同时，随着对于不同形式的邻近性和关联性的认知的增强（Nooteboom，2000；Boschma，2005；Boschma and Frenken，2010），也引发了对于空间距离在控制知识创新和知识流动的作用方面的质疑，而关注点越来越集中在知识采纳和利用过程中，社会邻近性和认知邻近性所起到的作用（Huber，2012）。

社会邻近性所指的是在个体参与者之间，人际关系的强化（Boschma，2005）。尽管这些人际关系都是倾向于围绕着在相同的工作环境中，产业组织或者相关机构中的重复交流所产生的信任承担这一概念，这些人际关系却有很多种表现形式。Autant-Bernard 等（2007）也指出，社会邻近性通常可以通过工作上的合作、工作例会和商品交易会等会议形式在超出地方范围的参与者之间发展起来。一旦以信任为基础的社会关系处于适当的位置，参与者极有可能加入到相互交流的学习过程及知识分享过程中，这些过程是由对待沟通合理性而不是纯粹以市场为驱动考量的开放态度所引导的（Lundvall，1992）。社会邻近性是很容易通过参与者的短距离社会联系链而建立起来。通过个体之间的正式合作。例如，共同发明或者在同一个企业任职，都会强化这种联系链的发展，进而也会促进社会邻近性的发展（Breschi and Lissoni，2009）。认知邻近性则关注于不同的参与者，或者在集聚的产业和区域中，共享相同知识结构的程度如何。高度的认知邻近性可以促进相关的知识框架、知识技能、知识路线、知识创新机构和共向知识的发展，这将增强对知识的吸纳能力（Cohen and Levinthal，1990；Nooteboom，2000）。同时，高度的认知邻近性还可以强化合作与知识共享的水平。

当然，影响技术扩散的不仅仅是距离，技术势能和扩散通道也受到国内外学者的普遍关注。技术势能表现为特定地域技术水平的高低，是影响技术扩散的决定性因子之一。由于技术势能在地理空间上分布不均匀，引起技术扩散在空间上的不连续性。适当的技术势差是顺利实现技术扩散的必要条件，只有引入“合适技术”才能实现技术的最终扩散，并且技术扩散的速度与技术势差是成正比的。由于技术在空间扩散过程中也会受到各种自然与社会因素的影响，从而表现出不同的技术扩散空间路径。许多学者从不同角度阐述了技术扩散通道的内涵，并指出技术扩散通道具有非均质性和动态性等特点，并一致认为畅通的技术扩散通道有利于技术扩散，反之则阻碍技术扩散（林兰，2010）。

在相对微观的地域扩散层面，区域可以看作是战略公司伙伴关系的空间表征。Feldman 等（2015）用更加稳健的地理模型来检测空间邻近性促进隐性知识流动的两种方式：一是通过面对面的接触而直接促进（Malmberg and Maskell，2002；Asheim and Gertler，2005）；二是通过在经济参与者集聚地之间强化其他形式的邻近性而间接促进隐性知识流动（Gertler，2003）。Feldman 等（2015）追溯了 rDNA 技术在美国的空间扩散过程。图 5-7 以 rDNA 技术专利的年度数值和专利申请人所在的大都市区数量为指标，分析了 rDNA 技术随着时间推移被采纳增长的过程。可以看出，rDNA 技术专利数量在 20 世纪 80 年代后期和 20 世纪 90 年代早期急剧增加，这一现象遵循了经典的 S 形扩散曲线的规律。rDNA 专利数量在 20 世纪 90 年代后期，尽管也出现一些明显的起伏，但基本上还是在每年约 800 项这一水平线上持平。随后，rDNA 专利数量持续下降，至 2005 年降到了每年 300 项左右。

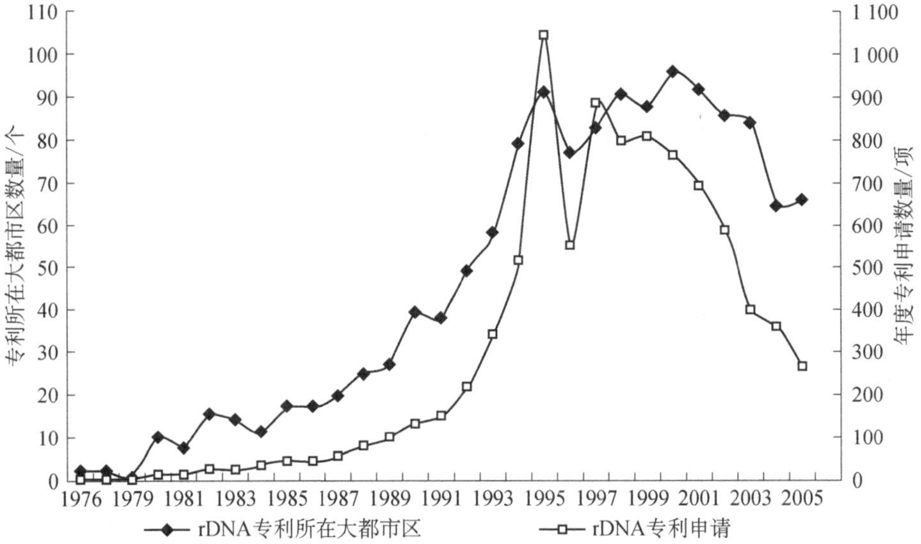

图 5-7 年度 rDNA 专利申请数量及其申请人所在大都市区的数量

资料来源：Feldman 等（2015），图 1

Feldman 等（2015）的研究主要关注了技术扩散的空间机制，尤其是地理邻近性、社会邻近性和认知邻近性的作用。他们试图解释不同形式邻近性的相对重要性，并指出知识传递和新技术投入应用的机制。其研究结果表明，在 rDNA 技术的扩散中，社会联系起到了最为重要的作用。以 rDNA 专利的共同发明人网络为衡量标准的社会邻近性，在该技术的传播中起到了显著的积极作用。与专利相关的发明人将这一全新的知识集信息传递给与他们同处一个城市或者在全国各地的共同合作者。这一结论表明，共同发明的关系为 rDNA 技术的扩散提供了一项机制：个体参与者通过与其他人合作发明工作而学习到这项新的技术，然后在其今后的工作中采纳这项新技术。然而，对于这项全新技术的采纳也并不是自发性的，而是依赖于认知邻近性，城市中相关知识的技术储备，以及这些技术储备相对于 rDNA 知识库的邻近性。rDNA 技术的专业化特征在一定程度上限制了早期这些技术在少部分大都市区的传播，而这一传播依赖于生物技术活动的高度密集性。在 rDNA 技术的空间传播过程中，认知邻近性也是各个城市通过城市网络吸纳 rDNA 技术的重要维度。

三、地方层面的技术创新扩散

在微观层面，研究者更多关注个人的决策过程。在地理学中，最重要的微观尺度的分析源于哈格斯特朗的早期成果（Hägerstrand，1965）。他运用蒙特卡罗方法，假定距离创新较近的人更有可能采纳创新。地方层面的创新扩散关注知识的空间溢出过程，其中非正式交流起到关键性的作用，它既是创新扩散的主要渠道，又是创新的主要源泉（王缉慈等，2001）。

在经济地理学研究中，越来越多的学者将知识分成外显（explicit）知识或编码（codified）知识和内隐（implicit）知识或默会（tacit）知识。编码知识是可以用符号（文字、数字、绘画等）记录、表述和传输的知识，而默会知识是不显露的、难于用语言符号表述的知识，它是不脱离认知主体的（刘植惠，2000；Roberts，2000）。默会知识的获得主要靠“实践”，师傅带徒弟就是学习默会知识的典型事例。一般说来，技巧、诀窍、个人经验、技能，是不能通过正式交流与传播渠道转移的，必须由“亲身体验”或“身教”来扩散（刘植惠，2000）。这种分类法有其历史根源。早在 20 世纪 50 年代后期，英国哲学家迈克尔·波兰尼就开始对于人们在认知中未曾表达出来的默会知识给予极大的关注。他认为默会知识比外显知识更基本（Polanyi，1958）。事实上，这两种形式的知识通常是共存的，并相互补充。编码知识可以转化成信息，便于浏览，因此更容易借助信息技术传播，而默会知识更多的需要人直接的转移。随着信息技术的突飞猛进，默会知识的重要性是否会低于编码知识，这是可以争论的。但是可以肯定“默会知识仍然是所有知识活动的先决条件”（Howells，2000）。

在企业创新行为中，默会知识的互文性与集体性显得尤为重要，且具有明显的地理意义。它被许多研究者用来解释全球化背景中的一些产业在某些专门区域的持续集中过程。事实上，编码知识的许多形式具有遍在性，这正好使得默会知识对于企业竞争力日益重要。正如 Maskell 和 Malmberg（1999）所指出的，“目前朝向全球经济发展的一个逻辑性的有趣结果是，对于维持或加强企业的竞争地位来说，编码（可贸易的）知识越容易获取，则默会知识变得越关键，尽管这一点常常被人忽视”。每个区域都拥有包含在它产业、人们和经济中的默会知识，但这些知识可能对其他地方的价值很小，或者很难组织起来进行商业开发（Zook，2004）。因此，区域能够产生有价值的默会知识，也可以成功地利用这些知识来获取全球化经济中的重要竞争优势。

但也有学者指出，知识在企业之间的扩散效率，相较于知识本身的类型（隐性知识或显性知识）来说，可能更依赖于这一知识是否与企业知识结构相融合。从某种程度上说，由知识结构相似性形成的集群认知社区决定了其内部知识扩散的效率。Zhang 等（2011）对大唐袜业集群内部企业之间的知识扩散进行案例研究，其结果表明一个认知社区的阻挡效应和过滤效应对于集群内部的知识扩散影响显著。

根据 Zhang 等（2011）的调查，大唐袜业集群的所有企业都选择几乎同样的技术，并且达到相似的技术水平，甚至在技术知识结构层面也都保持着高度的一致性。事实上，这些企业处于同一个技术认知社区中。在集群内部、企业之间频繁地就技术事务进行交流，这一现象与 Marshall（1920）提出的"技术氛围"很相似。图 5-8（a）表明，由于这些企业具有相似的技术知识结构，所以本地化的技术知识得以高效率的并以相当快的速度进行扩散。但值得注意的是，技术知识扩散并不是这些企业的自发性行为。事实上，这些企业采取多种策略以保护各自的知识机密。只是由于这些企业具有相似的技术知识结构，使得知识溢出不可避免地自发产生了。Zhang 等（2011）的调查进一步显示，集群中的小型生产厂家和大型企业的频繁交流仅仅局限于技术知识层面，而在商业知识方面如国际贸易和品牌管理等领域则很少发生。即使存在着地理和关系邻近性，并且企业之间也存在着长期合作关系，但学习对于小型厂家来说仍然很难。这是因为就商业知识这一领域来说，它们和大型企业并未处在同一认知社区内。正如图 5-8（b）所示，大唐袜业集群的企业获取商业知识的最主要途径是通过自学。

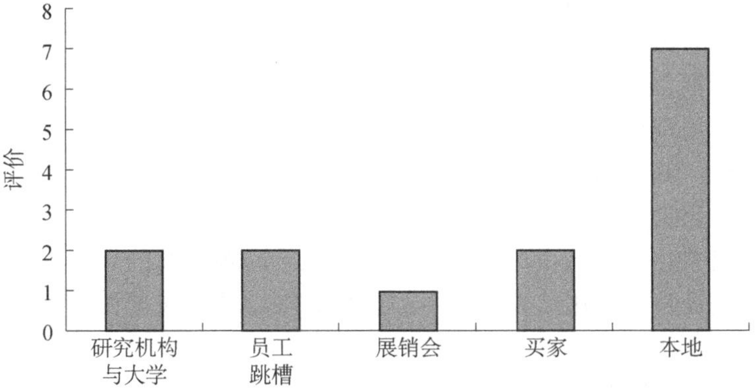

（a）技术知识来源

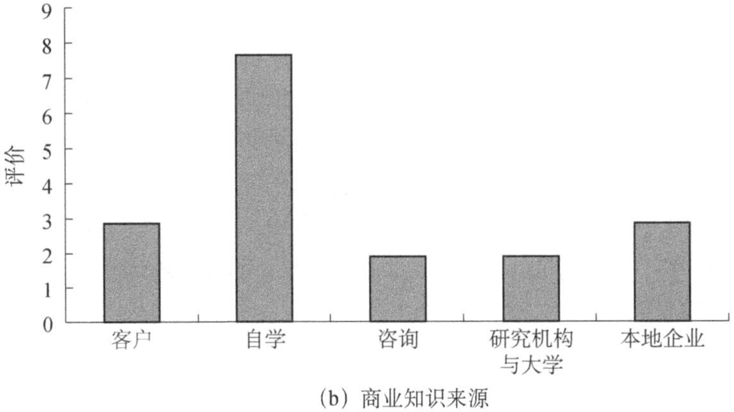

（b）商业知识来源

图 5-8　获取技术和商业知识的主要途径

资料来源：Zhang 等（2011），图 4 和图 5

如此可见，大唐袜业集群的企业之间技术知识扩散表现为同质性；而商业知识扩散表现为异质性。Zhang 等（2011）认为：一方面，技术知识的扩散受控于认知社区的过滤效应，也即技术学习主要集中在大唐袜业集群内部；另一方面，认知社区的阻挡效应在商业知识扩散层面表现得较为明显，也即处于不同商业模式社区内的企业具有显著的学习效率差异。可见，在产业集群内部，除了知识类型之外，企业的知识结构对知识扩散具有显著的影响。

第五节 本 章 小 结

作为 20 世纪人文地理学研究中两项最重要的贡献之一，空间扩散研究源于 20 世纪中叶，已拥有丰富的研究成果。近些年，伴随新兴技术的层出不穷，有关技术和创新的空间扩散研究又受到更多学者的关注。早期的实证研究描述创新扩散是一个缓慢的过程，随时间变化遵循 S 形逻辑斯蒂曲线。不少人尝试扩展和改善基本的逻辑斯蒂曲线的适用性，但基本的逻辑斯蒂曲线仍然是应用最广的。根据空间相互作用理论，空间邻近性是影响技术和创新扩散的主要因素之一。除了空间邻近之外，其他邻近性的重要性也被越来越多的考虑，如制度邻近性、文化邻近性、组织邻近性，以及关系邻近性等。在创新扩散研究中，创新源的形成和发展机制备受关注。大城市作为创新中心，在推动各方面的新技术投资和创新过程中均起着关键性的作用。以创新寿命周期为基础的长波理论，可以较好地解释长时间段中，全球创新中心的区位转移过程。

学者在研究不同空间尺度上的技术和创新扩散现象，往往采用不同的路径方法。在国际层面上，国家或地区之间的技术扩散主要取决于发展水平、后发优势，以及贸易和投资的开放度，此外，地理区位、教育水平和社会制度的异质性这三个因素也被经常提及。在国家内部和区域层面上，一些学者探讨邻近性的作用。随着对于不同形式邻近性和关联性的认知增强，空间距离在控制知识创新和技术流动的作用收到质疑。较新的关注点越来越集中于社会邻近性和认知邻近性在技术采纳和利用过程中所起到的作用。地方层面的创新扩散较多关注知识的空间溢出过程，其中非正式交流起到关键性的作用。但也有学者指出，知识在企业之间的扩散效率，相较于知识本身的类型来说，可能更依赖于这一知识与企业知识结构的契合程度。

参考文献

埃弗雷特·M. 罗杰斯. 2002. 创新的扩散. 辛欣，等译. 北京：中央编译出版社.

蔡来兴. 1995. 国际经济中心城市的崛起. 上海：人民出版社.

林兰．2010．技术扩散理论的研究与进展．经济地理，30（8）：1233-1239.

林毅夫，张鹏飞．2005．后发优势、技术引进和落后国家的经济增长．经济学（季刊），5（1）：53-74.

刘植惠．2000．知识经济中知识的界定和分类及其对情报科学的影响．情报学报，19（2）：104-109.

舒元，才国伟．2007．我国省际技术进步及其空间扩散分析．经济研究，（6）：106-118.

汪明峰．2005．互联网使用与中国城市化——“数字鸿沟”的空间层面．社会学研究，（6）：112-136.

王缉慈等．2001．创新的空间——企业集群与区域发展．北京：北京大学出版社.

许学强，周一星，宁越敏．1997．城市地理学．北京：高等教育出版社.

Abler R，Adams J S，Gould P．1971．Spatial Organization: The Geographer’s View of the World．Englewood Cliffs N J：Prentice-Hall.

Asheim B，Gertler M S．2005．The geography of innovation: Regional innovation systems//Fagerberg J，Mowery D，Nelson R．The Oxford Handbook of Innovation．Oxford U K：Oxford University Press：291-317.

Audretsch D B，Feldman M P．1996．Innovative clusters and the industry life-cycle．Review of Industrial Organisation，11（2）：253-273.

Autant-Bernard C，Mairesse J，Massard N．2007．Spatial knowledge diffusion through collaborative networks. Papers in Regional Science，86（3）：341-350.

Bass F．1969．A new product growth model for consumer durables．Management Science，15（5）：215-227.

Boschma R A，Frenken K．2010．The spatial evolution of innovation networks：A proximity perspective//Boschma R A，Martin R．The Handbook of Evolutionary Economic Geography．Cheltenham U K：Edward Elgar：120-135.

Boschma R A．2005．Proximity and innovation：A critical assessment．Regional Studies，39（1）：61-74.

Bower J L，Christensen C M．1995．Disruptive technologies：Catching the wave．Harvard Business Review，73（1）：43-53.

Breschi S，Lission F．2009．Mobility of skilled workers and co-invention networks：An anatomy of localized knowledge flows．Journal of Economic Geography，9（4）：439-468.

Brown L A．1981．Innovation Diffusion．London U K：Methuen.

Caselli F，Coleman W J．2001．Cross-country technology diffusion：The case of computers．American Economic Review，91（2）：328-335.

Christensen C M．1997．The Innovator's Dilemma：When New Technologies Cause Great Firms to Fail．Boston M A：Harvard Business School Press.

Coe D T，Helpman E，Hoffmaister A W．1997．North-south R&D spillovers．The Economic Journal，107：134-149.

Comer J C，Wikle T A．2008．Worldwide diffusion of the cellular telephone，1995-2005．The Professional Geographer，60（2）：252-269.

Dalum B，Pedersen C，Villumsen G．2005．Technological life-cycles: Lessons from a cluster facing disruption．European Urban and Regional Studies，12（3）：229-246.

Dekimpe M G，Parker P M，Sarvary M．1998．Staged estimation of international diffusion models：An application to global cellular telephone adoption．Technological Forecasting and Social Change，57（1）：105-132.

Dekimpe M G，Parker P M，Sarvary M．2000．Global diffusion of technological innovations：A coupled-hazard approach. Journal of Marketing Research，37（1）：47-59.

Dicken P. 2003. Global Shift：Reshaping the Global Economic Map in the 21st Century （4th edition）. London U K：Sage.

Ernst D，Kim L. 2002. Global production networks，knowledge diffusion，and local capability formation. Research Policy，31（8 / 9）：1417-1429.

Feldman M P，Kogler D F，Rigby D L. 2015. rKnowledge：The spatial diffusion and adoption of rDNA methods. Regional Studies，45（5）：798-817.

Feldman M P. 1994. The Geography of Innovation. Boston M A：Kluwer Academic Publishers.

Feldman M P. 2002. The Internet revolution and the geography of innovation. International Social Science Journal，54：47-56.

Fritsch M，Medrano L F. 2015. New technology in the region-agglomeration and absorptive capacity effects on laser technology research in West Germany，1960-2005. Economics of Innovation and New Technology，24（1）：65-94.

Gertler M S. 2003. Tacit knowledge and the economic geography of context，or the undefinable tacitness of being（there）. Journal of Economic Geography，3（1）：75-99.

Globerman S，Kokko A，Sjöholm F. 2000. International technology diffusion：Evidence from Swedish patent data. Kyklos，53（1）：17-38.

Griliches Z. 1957. Hybrid corn：An exploration in the economics of technological change. Econometrica，25（4）：501-522.

Gruber H，Verboven F. 2001. The diffusion of mobile telecommunications services in the European Union. European Economic Review，25（3）：577-588.

Gurbaxani V. 1990. Diffusion in computing networks：The case of bitnet. Communications of ACM，33（12）：65-75.

Hägerstrand T. 1952. The propagation of innovation waves. Lund studies in geography：Series B，Human geography，4：3-19.

Hägerstrand T. 1953. Innovation Diffusion as a Spatial Process. Lund：University of Lund.

Hägerstrand T. 1965. A Monte Carlo approach to diffusion. European Journal of Sociology，6（1）：43-67.

Hägerstrand T. 1967. Innovation Diffusion as a Spatial Process. Chicago：University of Chicago Press.

Hall P，Preston P. 1988. The Carrier Wave：New Information Technology and the Geography of Innovation，1846-2003. London U K：Unwin Hyman.

Hayter R，Edgington D W. 2004. Flying geese in Asia：The impacts of Japanese MNCs as a source of industrial learning. Tijdschrift voor Economische en Sociale Geografie，95（1）：3-26.

Henderson J，Dicken P，Hess M，et al. 2002. Global production networks and the analysis of economic development. Review of International Political Economy，9（3）：436-464.

Howells J. 2000. Knowledge，innovation and location//Bryson J R，Daniels P W，Henry N，et al. Knowledge，Space，Economy.London U K：Routledge：50-62.

Huber F. 2012. On the role and interrelationship of spatial，social and cognitive proximity：Personal knowledge relationships of R&D workers in the Cambridge information technology cluster. Regional Studies，46（9）：1169-1182.

Ireland N，Stoneman P. 1986. Technological diffusion，expectations and welfare. Oxford Economic Papers，38（2）：283-304.

Islam T，Fiebig D G. 2001. Modeling the development of supply-restricted telecommunications markets. Journal of Forecasting，20（4）：249-264.

Islam T，Meade N. 1997. The diffusion of successive generations of a technology：A more general model. Technological Forecasting and Social Change，56（1）：49-60.

Ivarsson I，Alvstam C G. 2004. International technology transfer to local suppliers by Volvo trucks in India. Tijdschrift voor Economische en Sociale Geografie，95（1）：27-43.

Jaffe A，Trajtenberg M，Henderson R. 1993. Geographic localization of knowledge spillovers as evidenced by patent citations. Quarterly Journal of Economics，108（3）：577-598.

Jonathan E，Kortum S. 1999. International patenting and technology diffusion：Theory and measurement. International Economic Review，40（3）：537-570.

Jordan-Bychkov T G，Domosh M. 1999. The Human Mosaic：A Thematic Introduction to Cultural Geography（8th edition）. New York N Y：Addison Wesley Longman.

Keller W. 2002. Geographic localization of international technology diffusion. American Economic Review，92（1）：120-142.

Khalil T M. 2000. Management of Technology：The Key to Competitiveness and Wealth Creation. New York N Y：McGraw-Hill.

Kiiski S，Pohjola M. 2002. Cross-country diffusion of the Internet. Information Economics and Policy，14（2）：297-310.

Lim Y. 1999. Technology and Productivity：The Korean Way of Learning and Catching-Up. Cambridge M A：The MIT Press.

Lundvall B A. 1992. National Systems of Innovation：Towards a Theory of Innovation and Interactive Learning. London U K：Pinter.

Mahajan V，Muller E，Bass F M. 1990. New product diffusion models in marketing：A review and directions for research. Journal of Marketing，54（1）：1-26.

Mahajan V，Peterson R A. 1985. Models for Innovation Diffusion. Beverly Hills C A：Sage.

Malmberg A，Maskell P. 2002. The elusive concept of localization economies：Towards a knowledge-based theory of spatial clustering. Environment and Planning A，34（3）：429-449.

Marshall A. 1920. Principles of Economics (8th edition). London U K：Macmillan.

Marshall M. 1987. Long Waves of Regional Development. London U K：Macmillan.

Maskell P，Malmberg A. 1999. Localised learning and industrial competitiveness. Cambridge Journal of Economics，23（2）：167-185.

Metcalfe J S. 1997. On diffusion and the process of technological change// Antonelli G，De Liso N. Economics of Structural and Technological Change. London U K：Routledge：123-144.

Nooteboom B. 2000. Learning and Innovation in Organizations and Economies. Oxford U K：Oxford University Press.

OECD. 2000. Science, Technology and Industry Outlook 2000. Paris：OECD.

Perkins R，Neumayer E. 2005. International technological diffusion，latecomer advantage and economic globalization：A multi-technology analysis. Annals of the Association of American Geographers，95（4）：789-808.

Polanyi M. 1958. Personal Knowledge：Towards a Post-Critical philosophy. Chicago I L：University of Chicago Press.

Potter J，Moore B，Spires R. 2002. The wider effects of inward foreign direct investment in manufacturing on UK industry. Journal of Economic Geography，2（3）：279-310.

Roberts J. 2000. From know-how to show-how? Questioning the role of information and communication technologies in knowledge transfer. Technology Analysis and Strategic Management，12（4）：429-443.

Robertson T S. 1967. The process of innovation and the diffusion of innovation. Journal of Marketing，30（1）：14-19.

Rogers E M. 1995. Diffusion of Innovations（4th edition）. New York N Y：Free Press.

Sahal D. 1981. Patterns of Technological Innovation. Reading M A：Addison-Wesley.

Saxenian A. 1996. Regional Advantage：Culture and Competition in Silicon Valley and Route 128. Cambridge M A：Harvard University Press.

Schumpeter J A. 1939. Business Cycles：A Theoretical，Historical and Statistical Analysis of the Capitalist process. New York N Y：McGraw-Hill.

Schumpeter J A. 1942. Capitalism，Socialism and Democracy. New York N Y：Harper.

Sharif M N，Kabir C. 1976. A generalized model for forecasting technological substitution. Technological Forecasting and Social Change，8（4）：353-364.

Soete L. 1985. International diffusion of technology，industrial development and technological leapfrogging. World Development，13（3）：409-422.

Sonn J W，Storper M. 2008. The increasing importance of geographical proximity in knowledge production:：An analysis of US patent citations，1975—1997. Environment and Planning A，40（5）：1020-1039.

Sternberg R，Arndt O. 2001. The firm or the region：What determines the innovation of European firms? Economic Geography，77（4）：364-382.

Teece D J. 2000. Firm capabilities and economic development: Implications for the newly industrializing economies// Kim L, Nelson R R. Technology，Learning and Innovation：Experiences of Newly Industrializing Economies. Cambridge U K：Cambridge University Press：105-28.

UNCTAD. 1999. World Investment Report 1999：Foreign Direct Investment and the Challenge of Development. Geneva，Switzerland：United Nations.

Van Duijn J J. 1983. The Long Wave in Economic Life. London U K：George Allen and Unwin.

Zeleny M. 1986. High technology management. Human Systems Management，6（2）：109-120.

Zhang G，Xu Q，Liu X. 2011. Knowledge diffusion within the Datang sock-manufacturing cluster in China. Regional Studies，45（7）：977-996.

Zook M A. 2004. The knowledge brokers：Venture capitalists，tacit knowledge and regional development. International Journal of Urban and Regional Research，28（3）：621-641.

第六章

制度与创新系统

第一节 制度在创新系统中的作用

一、制度的定义与相关地理学概念

经济学说史上长期存在着制度分析的传统。在研究人们的行为和经济增长问题上，新古典经济学把制度视为假定前提，对制度本身的产生、演变及其对经济活动的影响缺乏足够的关注。制度经济学派就是在反对新古典经济学家对制度变量忽视的基础上发展起来的。他们将制度内生化，研究制度变量的经济影响，包括制度本身的产生、演变及其与经济增长、收入分配、经济主体行为等的关系。制度经济学派认为，个人首先是一个“社会人”和“组织人”，而不是“经济人”。人作为一种社会存在，除了追求物质经济利益外，还追求安全、自尊、情感、社会地位等社会性的需要。因此，人所做出的选择，还建立在个人的社会经验、不断的学习过程以及构成其日常生活组成部分的人与人之间相互作用的基础之上。可以说，人的行为由其生活在其中的社会文化环境所决定。从这一观点出发，应从每个人的现实生活的社会文化环境，从制度结构和组织模式方面，从文化和社会规范等方面去研究人的经济行为。

早期制度经济学家凡勃伦（Veblen）最早定义制度。他认为，制度是个人或社会对某些关系或某些作用的一般思想习惯，从心理学方面来看，可以概括为一种流行的精神态度或一种流行的生活理论（凡勃伦，1964）。早期制度经济学的另外一位代表人物康芒斯（Commons）认为：“我们可以把制度解释为集体行为控制个体行为。集体行为的种类和范围很广，从无组织的习俗到许多有组织的所谓‘运行中的机构’。例如，家庭、公司、控股公司、同业协会、工会、联邦储备银行以及国家”（Commons，1931）。在康芒斯看来，制度无非就是集体行动控制个人行动的一系列行为准则或规则。尽管康芒斯对制度的定义中，将组织及组织的规章等同于制度，但后人大多认可康芒斯对于制度的定义。尼尔（Neale）认为制度是一种可观察且可遵守的人类事物的安排，并同时指出制度同时具有时空特殊性的特征（Neale，1987）。这一定义其实赋予了制度一种地理内涵。舒尔茨也阐述了自己对制度的理解，他将制度定义为行为规则，这些规则涉及社会、政治及经济行为（Schultz，1968）。显然，舒尔茨与康芒斯的制度定义在本质上是一致的。新制度经济学家诺斯（North）认为制度是社会的游戏规则，它是为人们的相互关系而人为设定的一些制约（North，1990）。综上所述，在新旧制度经济学家看来，制度皆指约束和规范个人行为的各种规则和约束，这个定义已被学术界所广泛接受。

新制度经济学家诺斯把制度分为正式制度和非正式制度（North，1990），其中正式制度是指人们有意识创造出来并通过国家等组织正式确立下来的成文规则，包括宪法、成文法、正式合约等，他们以某种明确的形式确定下来，并由行为人所在的组织进行监督和用强制力来保证实施，共同构成人们行为的激励和约束。非正式制度则是指人们在长期的社会交往中逐步形成、并得到社会认可的一系列约束性规则，具有持久的生命力，并构成世代相传的文化的一部分，包括价值信念、伦理道德、文化传统、风俗习惯、意识形态等。

正式制度具有强制性、间断性特点，它的变迁可以在“一夜之间”完成。正式制度通过法律条文加以固定，从而节约因变异和错误带来的失衡成本。另外，正式制度用文字清晰表述人们习惯化的行为准则，也有助于给出具体环境下的行动指南（Aoki，2001）。另一方面，非正式制度是相对于正式制度而言的，是指人们在长期的社会实践中逐步形成、并得到社会认可的一系列约束个人行为的规则体系，具有持久的生命力，并构成世代相传的文化的一部分，包括了价值信念、伦理道德、文化传统、风俗习惯、意识形态等（North，1990）。非正式制度具有自发性、非强制性、广泛性和持续性的特点，其变迁是缓慢渐进的，具有顽固性的特点。另外，非正式制度得到了区域民众发自内心的认同，并通过认同感在很大程度上决定了人们的行为方向。长期以来，民众自觉地利用非正式制度来约束自己的行为，因此，非正式制度最具有群众基础，最不易在短期内被颠覆和更替。在实践中，由非正式制度产生的“潜规则”往往能产生巨大的影响力，它主要是从人们的精神层面上起作用，精神世界会影响到我们的思想、进而影响我们的行为。因此，非正式制度所具有的传统延续性和移植性低的特点，使得正式制度在实施过程中有时会出现失效的状况，这点已经被新制度经济学者得以证实。在生活中，正式制度只占整个社会约束的一小部分，人们生活的大部分空间还是由非正式制度来约束的。特别是我国是一个传统伦理社会，缺乏契约传统，因此，伦理文化因素在社会生活中起着十分重要的作用，渗透在社会生活的方方面面，因此用非正式制度可以解释我国社会经济中的许多现象。

从 20 世纪 90 年代开始，经济地理出现制度转向（institutional turn），强调从制度与机构关系来看待空间和地方，强调制度的空间性和经济空间的制度化过程，重视地方发展所依赖的“制度厚度”（institutional thickness），以及制度与地方之间的相互依赖性。制度被认为是行业和地方特有的约定俗成的具有关联的交易框架。在不同的社会经济领域，包括买卖关系、信息知识和技能传播关系、企业内部管理关系、要素-市场关系及国家-经济关系等领域，制度可起到固化行为模式的作用。地方或者网络特有的制度化实践使得生产、交易和学习具有可预测性，从而提高了生产率和竞争力，但同时也减少了实践空间传播的可能性。Amin 和 Thrift（1995）从四个关键组成要素对制度厚度下定义：①突出的制度组织存在，包括企业、地方当局、商业协会等，以及金融制度、发展机构、工会、研究与创新中心、自愿团体；②在各种制度组织间产生高度的相互作用，促进相互合作、交流及反射网络（reflexive networking）的形成，在地区制度安排方面，产生显著的同构；③制度厚度取决于主体结构，通过联合建造和集体存在，将部门主义和制度之间的冲突降到最低；④上述三方面而导致区域内的集体动员，使各部分围绕特定的议程、项目或区域的社会经济发展的共同目标，达成共识。这些因素的结合就反映了地区的制度厚度的程度与性质。

按最有利的结合方式，制度厚度的这四个决定因素会产生六种结果：①制度持久性，即地区制度再生产；②共同具有知识的档案（包括正式的或意会知识）；③制度柔性，即区域制度具有学习和变化的能力；④创新能力，即企业和区域都具备的内部能力；⑤信任与互惠作为一种行为规范；⑥广泛拥有的共同项目，并能以有效的方式进行区域动员。“制度厚度”的概念，通过以制度能力的状况定义区域，提供了支持地方作为主体的思想的框架。这主要是通过建立信用关系，促进产业地区根植性和创业环境，通过制度化过程，形成一套共同认可的行为、支撑和操作规范，使每个个体在区域决策和行动中如鱼得水（吕拉昌和魏也华，2005）。

从以上对国内外研究的分析，本书将制度定义为个人或组织在社会经济活动中能或者不能做的，必须这样或必须不这样做的，可以做或不可以做的事，这些行为准则通过正式的法规条例和非正式的文化习俗使其实现，从而形成对经济选择和行为的共同认知和预期，以维持经济和社会系统的相对稳定性。

二、制度与区域创新系统的发展

（一）制度对创新活动的作用

由于创新的不确定性，个人的创新决策和行为受到制度的影响。创新过程中的交易成本主要来自于不完全信息、不明晰产权及市场门槛，而这些问题的产生都与制度的不足有关。因此，创新的发展受到所处国家和区域特定的发展历史、文化传统及其所形成的制度因素的影响，一些区域因为建立的区域创新系统与原来制度、结构和历史相匹配而产生协同效应，从而取得了创新的成功。本质原因是制度决定了交易成本，对于经济发展模式和绩效有至关重要的影响。不同的制度文化背景决定了产业发展的不同制度安排，而制度安排上的差异进而导致地方和区域产业发展绩效不同。Kratke（1999）指出，一个“地区的发展不仅由其自然资源决定，还由其‘制度资源’决定……制度资源可以理解为经济体中流行的传统和行为准则，它们嵌入于当地社会结构中，表现出显著的区域差异”。

按照诺斯（North，1992）的定义，制度是社会的游戏规则，是人们制定的规范和相互交往的准则。制度是一种行为规范，决定了人们的行为权利和行为空间，从而决定了行为的选择，而不同的行为选择决定了不同的资源配置效率。制度的根本作用在于通过激励与约束个人与组织行为，防止个人与组织在选择行为中的损人利己的倾向，从而形成一定的社会秩序。制度在社会经济活动中的功能主要表现在以下三个方面：①为人们提供竞争与合作的“框架”，充当“资本”“人力资本”等物质生产要素结合的黏结剂和各种类型经济“管理”组织的依托；②为经济当事人提供“技术进步”与创新的特定激励和约束，使之通过权利的配置来实现资源的配置，并以此分配收益；③有助于形成稳定的经济预期和行为方式，减少不确定因素，节约各种经济运行的成本（Coase，1992）。这些功能的发挥，能通过降低交易成本，带来“制度收益”。特别是在全球分工日益精细化的现代社会，有效率的制度，能够促使产权的个人收益接近社会收益，从而激励经济主体积极从事赢利活动，实现资源的最优配置，并降低生产过程中的交易成本。

创新活动相对与其他的经济活动，具有不确定性高和系统性强的特点。良好的制度环境有利于减少寻租激励，将企业家能力引导到生产性活动，即熊彼特式创新活动上。除了提供创新激励，创新水平还取决于创新空间的大小，即一个社会或其中的行动主体创新可行性建构的范围。创新空间是一个社会知识存量和制度结构的函数，其中制度结构的作用主要是通过外部产权规则和契约安排，对不被允许的行为进行界定，从而使得行动者可以在一定程度上自由组建各种形态的组织并由此捕捉盈利的机会。由于创新活动的不确定性，必须在一定程度上允许失败，因此要通过制度的激励和约束，引导行动者走出失败，不断趋近成功。另一方面，创新具有系统性的特点，依赖于组织市场（organized market），需要通过制度安排为创新过程提供整合机制，使得价值链上的组织和个人形成职能匹配和互补，并强化交流学习过程，使创新主体迅速获取通用知识和地方性知识，提高创新的效率，并迅速形成创新的规模效益。总的来说，制度安排可提供技术创新激励和技术创新空间，并能为创新活动提供保险、约束机制和整合机制。

（二）制度在区域创新系统中的内涵和分类

创新环境是为创新提供规则和机会的体制和结构因素，在奥尔堡学派的国家创新系统研究中，制度主要暗指在宏观层面的国家政策与法规、公司治理体制、培训和教育系统。然而，制度分析方法是极具地理传统的，对制度和交易复杂性的重视肯定了关注地方特性的地理传统和对时空多样性的预期，而不是新古典经济学家所预测的趋同发展。因此，创新的支撑制度具有空间异质性。

在区域层面，创新环境是发展高技术产业所必需的社会文化环境，是地方行为主体之间在长期的正式或非正式的合作和交流的基础上形成的相对稳定的系统（王缉慈，2001）。区域层面的对创新的支撑促进因素如专业化集群、制度厚度、社会网络和文化认同日益成为系统创新的研究焦点（Amin，1999；Porter，

2000)。从广义上讲，区域创新系统主要包括：进行创新产品生产和供应的生产企业，进行创新人才培养的教育机构，进行创新知识与技术生产的大学和研发机构，对创新活动提供金融、政策法规支持与约束的政府机构，以及融资、培训、技术转移等创新服务机构（Wiig，1995；Tödtling and Kaufmann，2002）。区域创新系统概念的前提就是创新作为一个过程依赖于企业内外不同的要素，一般来说，企业、制度、知识、基础设施和创新政策是构成区域创新系统的主要因素（Doloreux，2002）。由此可见，从制度的角度对区域创新系统进行分析，可将其看作系统创新的执行方和互动方的组织机构，如企业、大学、科研机构、技术转移机构等，以及作为游戏规则以支撑和促进互信和互惠的规章制度和社会文化氛围。这种观点在经济地理制度转向的思潮下具有一个深刻的内涵，即是通过组织支持结构的融合，以及镶入社会资本，动员柔性制度战略，使地区相关主体成为影响经济进化过程和路径的重要因素。

为了支持区域内企业及机构之间的学习和创新协同体，制度和管治应能够提高信息的可得性、确保商业信誉、组织协同行动并创造良好的学习氛围。Cooke（2004）界定了三种对区域创新系统起主要作用的制度形式：融资、学习和生产性文化。为了支持区域创新系统的发展，需要支持学习的良好基础设施和激励，合作的生产性文化，以及支持企业创新、企业之间交流合作，获得风险资本的相关融资。在发展中国家快速工业化的背景下，符文颖等（2013）进一步具体界定了区域创新系统与简单的区域生产系统相比，其特定的管治内容主要包括三个方面：①组织技术转移和启动科技项目的制度能力；②提高创新能力并扩展互动学习范围的支持设施；③降低创新不确定性并调动创新相关资源的融资和预算能力。区域创新系统的管治内容并不是自然产生的，不同的管治模式及其内生的路径依赖效应会影响到制度能力、支持设施和融资预算能力的水平，从而影响区域产业和创新系统的发展路径。从制度角度对区域创新系统分类有利于把握地方创新机制的动态性。Cooke（2004）从“管治模式”和“商业创新”两个维度对区域创新系统进行划分：基于管治模式，可将区域创新系统分为地方基层政府制度供给为主的自下而上型，以上层政府及机构主导为主的自上而下型，以及各层政府和经济主体共同管治的网络型三种类型；基于商业创新，可分为本地化经济、全球外向型经济以及本地全球交互型经济三类。

如果从制度厚度（包括正式制度和非正式制度的密度和根植性）的概念来理解区域创新系统，则需要把握好制度的“厚”与“薄”与区域发展的关系（吕拉昌和魏也华，2005），可概括为三种观点：①一种关系可称为“厚而有效”（thick and work），制度厚度促进区域发展，如伦敦城及德国的巴登州；②另一种关系可称为“厚而无效”（thick and does not work），如英格兰东北部、瑞士的休罗（Jura）和苏格兰，提供了重组的制度过程；③还有一种关系是“薄而有效”和“薄而无效”，如英格兰南部的运动车谷（motorsport valley），是一个缺乏制度厚度下经济成功的例证，包括我国改革开放后中央对地方政府的放权，都是“薄”制度化的过程。Raco（1998）也指出，朝建立制度厚度和共同目标的方向发展，可能会排斥某些内部主体以及外部投资，可能对经济发展有害。制度厚度仅是一种促进区域发展的形式，区域发展不仅包含制度厚度，更重要的是如何提供精确的制度性质。可见，制度厚、薄与经济发展并无直接的对应关系，往往会在不同区域层次形成不同的制度发展态势，如何实现制度转型，寻求中央与地方的平衡才是探讨制度与区域发展的核心问题，因此制度厚度必须放在一个多维地理空间尺度的动态框架下，才具有指导区域发展态势的意义。

（三）正式制度和非正式制度在区域创新系统中的作用

在区域创新系统的发展过程中，正式制度能为创新活动提供优越的创新环境。在正式制度中，知识产权制度对创新起到至关重要的作用。产权是制度体系中最基本、最重要的制度。有效率的产权应该是被清楚界定的，最重要的标准是排他性，根据排他性的程度将私有产权与公有产权区分开来。私有产权是市场经济的基础，它不但能将外部效益更好地内部化，还能节约交易成本，最终给产权拥有者带来安全感和高效率使用稀缺资源的激励（柯武刚和史漫飞，2000）。而当产权的个人收益远远低于全社会收益时，个人乃至社会的创新和发展动力则会受到伤害（North，1992）。产权确定了与此相对应的人与人之间使用稀缺资源的相互关系，从而决定了行为规范（Pejovich，1990）。虽然我国已建立了知识产权法律制度，但由于存在执法不严和激励不足的问题，使得知识产权制度难以发挥保护和激励作用，导致了知识产权制度形同虚设、有令不行、有禁不止的现象。长期以来，我国市场上存在大量的盗版侵权、山寨造假现象，这些严重侵害了技术创新主体的合法权益。企业花大价钱搞研发，辛辛苦苦开发出来的产品或技术，由于知识产权法律制度的实施和监管力度较弱，很快就被别人窃取利用，这大大挫伤了他们进行技术创新的积极性。相反，成熟市场经济国家有着完善的知识产权法律保护制度，因此企业能在知识产权管理体制下的良好的市场竞争环境中实现技术创新与成果转化。

正式制度的建立更多的是在国家或全球层面，进而影响到区域创新主体行为，而非正式制度则是构成区域尺度创新环境的重要因素。在新经济地理学的思潮下，非正式制度的重要性越来越凸显，并以“社会嵌入性”（social embeddedness）和“文化临近性”（cultural proximity）等新概念予以重新阐释和理解。在区域创新系统中，相近的语言和对共同价值理念的认可被认为是加强创新主体间信任和促进信息交流学习的重要因素（Maskell and Malmberg，1999）。如果说合同制度是界定企业合作中权利与义务的正式制度保障，那么基于社会网络的联系则是加强企业合作交流的非正式制度安排。企业作为创新的细胞，单一的企业因为拥有的资源是有限的，所以无法满足创新的要求，这就要求企业要注重社会网络的扩张。企业社会网络是指某企业与其他企业或组织通过建立长期联系，共享机会、市场、资源、技术，甚至共同承担成本的共同体。在企业的社会网络中，信任是维系关系网络的基础。相互信任既是网络成员间互惠互利的前提，更是网络健康成长必不可少的行为路径和治理机制（高静美和郭劲光，2004）。信任有利于企业把握创新的方向、有利于缄默性知识在企业间的扩散和交流、有利于降低创新的成本，从而增加企业创新成功的可能（夏若江，2005）。Boschma（2005）将社会临近定义为基于友情、亲情或经历经验的以信任和托付为特征的社会关系，社会临近虽然不等同于地理临近，但地理临近可以在很大程度上促进社会临近的产生。因此存在于特定区域的、以地理邻近主要维系的社会网络联系是企业创新的关键因素，通过区域社会网络，企业与其供应商、客户、研究机构等之间实现密切互动，有利于企业间共享技术资源，节约企业间的交易费用，可以分担技术和市场不确定性带来的风险，增加企业创新成功的可能性。在我国制度转型的发展背景下，正式制度的建立还不完善，因此非正式制度，特别是基于人情关系的社会网络是企业学习缄默知识并进行组合渐进创新的重要途径（Fu et al.，2013），而缄默知识的传播和社会网络的建立都具有极强的空间局限性，因此也决定了区域层面的创新系统建设是当前促进我国企业创新的主要方式。

从区域经济增长的角度看，要加快产业更新和新产业发展，必须营造一种有利于创业的文化氛围。文化氛围是非正式制度的重要方面。不同于社会网络需要企业的主动构建，区域文化是外在于企业的一种无形氛围。良好的创新文化氛围能满足知识创业者深层次的需要，更有利于科技型企业的发展。例如美国硅谷，它之所以成为创业者的摇篮和全世界的科技产业的先锋，就在于硅谷的文化精神：允许失败的创新，崇尚竞争，平等开放，鼓励创新的变化。在竞争中，硅谷内不同企业的科技人员进行着各种非正式的交流与合作，硅谷不仅欢迎成功，而且也接受失败，给失败以宽容，所以创新才会不断涌现，新的企业才会不断产生，正是因为硅谷有着良好的创新文化氛围，才会对创业者和企业有着强大的引力。试想在一个固守封建传统，不求进步，不愿冒险，只图规避风险安稳生活的地区，人们怎么可能会有动力想去创新呢？在这种环境下即使有人敢于冒险创新，也会被社会舆论所抹杀。这种保守的行为特征与思维模式，恰恰与创新相抵触，在很大程度上限制着发展的速度和成效。相反，生活在一个思想开放、对外交流密切、不断学习、积极进取、崇尚竞争、鼓励创新的地区，人们思想受到这种文化氛围的影响，则会不断进取、永不止步，产生一批思想活跃、敢于尝试的企业家。因此，企业家群体和新一代企业的不断出现，以及新产品的不断开发都需要一定的文化环境，宽松的文化环境能让企业在良性竞争的同时，建立互补型的合作关系，创新主体相互依存，提高信任，由此提高互动学习和协同创新的效率，促进区域内创新活动的发生和创新绩效提高，推动区域创新系统的发展。

三、制度与区域创新政策

当从制度角度分析区域创新系统时，就必须要讨论政策和制度之间的关系。Hollingsworth（2000）将政策定义为社会制度构成的产出之一，因此本身也是制度结构的一部分，并且是开放和可变的。不同的区域创新政策确实也是从制度的视角来讨论的，但这并不意味着政策就是制度。制度促成或限制个人和组织行为。只有当政策对行为模式产生影响时，他们才得以成为制度，或者说被制度化。

对区域创新政策和制度的区别界定不仅具有理论意义，也具有实践价值。区域创新政策在知识经济的背景下成为获得竞争力的重要途径。然而，如果这些政策行动没有达到既定的目标，创新政策就只是一纸空文。如果政策只是说说（宣传）和挂挂（网站），那么它就是死的政策。只有在实践中被付之行动，创新政策才会获得真正的影响创新活动的意义。也就是说，政策只有应用于其目标人群才能获得意义，才能够被制度化。除非区域内的企业和其他主体了解现有的政策项目，参与到政策行动中，并真正开始协作和知识交流，否则区域创新政策就仅仅是失败的尝试而已。

另外，区域创新政策的有效性也存在一定争议。Dalum 等（2010）认为市场机制是最有效的创新发现过程，政策制定者对此没有任何推动作用。由于有限理性，对未来的预期是不可掌握的，基于转型和创新的长期政策有效性也由此受到质疑。然而，不均衡的区域发展，产研合作的行动指南，以及社会凝聚力受到知识储量增长的威胁等现象，都表明存在市场失灵和制度干预的必要性。

有趣的是，现代关于创新的理论进展都受到政策文件的影响。公共部门（政府）的角色也更多地被界定为基础研究和教育的投入者。这种观点长期影响创新政策的发展，重点关注研发投入和技术发展，也即创新的供应部分。然而，这种政策方式忽略了吸收能力和学习的重要性，特别是在落后地区不能产生预期效果（Oughton et al.，2002）。区域创新系统提供了另一种政策干预的思路。英国卡迪夫大学的库克教授在 1992 年提出的区域创新系统概念，成为欧盟区域发展和空间政策的重要指导思想。由此，区域创新系统的概念自产生以来，就主要用于指导制定有效的区域创新政策，并根据系统原则评价政策效果。区域创新系统的基本思想为区域优势是应该能通过政策干预被积极构建的。公共部门，包括大学和研究机构，也应该更积极地参与私人部门的合作。这种观点无疑指向区域创新政策的重要作用，表现在降低区域主体之间的互动障碍和提高吸收能力，基本思想就是通过促进知识交流和扩散来增强创新能力。

许多区域发展的实证分析都是基于三个区域（holy trinity）的成功故事，即硅谷、第三意大利和德国巴符州，由此也导致了通用型的区域政策，以及忽略地方初始条件的“复制硅谷”的失败尝试。Tödtling 和 Trippl（2005）认为创新障碍取决于区域类型：边缘区域、老工业区域和都市区域。因此，区域创新政策必须考虑到地方的多样性。其中一个考虑区域多样性的视角是基于地方的知识基础。知识创造和创新过程与产业的知识基础息息相关，Asheim 和 Coenen（2005）将知识基础分为：分析知识（analytical knowledge）、合成知识（synthetic knowledge）和符号知识（symbolic knowledge）。这三种知识类型是根据其与大学的关系、可编码的程度及主体之间的协作特征决定的。区域的知识基础决定了区域创新活动的系统化程度和相应机构的发展。由此，政策制定者的挑战在于界定区域主要的产业类型，并基于其协作和知识组织特征量身定制创新政策。一般来说，以“合成知识”为基础的产业，如机械、造船等，系统创新主要依赖于上下游企业之间的互动学习，相应的区域知识设施主要以问题解决和服务为主，而以“分析知识”为基础的产业，如电子信息和生物医药，则更多依赖于企业和大学与研究机构之间的互动学习，同时更多依赖于政府的财政投入和政策倾斜。“符号知识”则更多依靠创意和点子，与艺术、广告、设计等产业或部门类型相关，需要更多的是人才之间流动和文化节事带来的创意灵感激发。与此同时，基于知识基础的区域创新政策也要结合考虑区域的产业结构特点。例如，资源和机构有限的边缘区域应该主要针对一种知识基础类型制定政策，陷入锁定的老工业区则需要促进知识基础的多样化发展，而分散型的都市区域的区域政策则应该需要加强分析、合成和符号知识活动之间的连接性。值得注意的是，基于知识基础的区域创新政策可能会导致其成为产业政策的一种，而不是更多的连接不同的区域创新主体。Asheim 等（2011）提出平台政策的概念以解决这一问题。平台政策（platform policies）主要基于区域资源和需求将不同但相关的活动集合在一起。这可以通过为相关的部门代表之间拓展网络提供场所，支持人才流动并鼓励其他地方相关人才的流入。

总的来说，在高效区域创新系统中，政府不仅要直接资助公益性或基础性较强的研究项目，还要发挥在区域内的制度创新和政策安排方面的相应功能，从而为区域创新系统内各行为主体充分高效的互动提供良好的制度和政策环境。政府在区域创新网络中提供外控变量，是区域主体之间创新网络的组织、建设和维护者。由于中国企业创新的外部环境不理想，因此政府机构在区域创新系统的运作中占据着企业、大学、研发机构及服务机构都无法替代的主导地位。政府机构的主要职能在于创建良好的区域创新环境，活化资源和信息，增加灵活性，减少不确定性，从而增强企业的技术创新能力（陈月梅，2003）。制度具有与技术和市场共同演化的特征，新产业的增长主要通过其所形成的制度框架和行业规范进一步得到强化和发展。从这个意义上来讲，技术创新不仅仅是企业主体的组织行为，而是以区域政府制度创新为主导，改善企业技术创新的宏观制度环境，通过使正式制度的作用得到充分发挥，从而对企业的技术创新行为起到激励和引导作用。

第二节 制度演化与创新系统发展

一、制度的演化特点

制度可以说是人类追求一定社会秩序的结果，人们力图通过这些制度为自己的生活构建一个稳定的空间。要完整地理解制度，就必须理解制度演化。有些经济学家（Hodgson，1999）甚至主张，制度经济学就是演化的经济学。那么制度如何演化呢？凡勃伦（1964）主张用进化论观点，认为制度演化是一种“累积因果”的过程，并面临很多不确定性。Bowles（2004）则认为制度是在协调行为冲突过程中产生和演化的。

制度如何演化？主流经济学一直缺乏相关的理论，更多地使用“制度变迁”的概念。主流的制度变迁理论认为，当生产技术、资源的相对价格、外生交易费用、制度选择集等因素一旦发生变化，人们就会产生对新制度的需求，原有的制度均衡被打破，出现制度失衡，那么新制度安排的获利机会就会出现，如果制度变迁的交易费用不至于过高，那么制度变迁甚至整个经济结构的变迁都可能发生。我们在这里是假定了制度供给者的存在。制度的供给者可以是经济行为主体本身，他们可通过集体选择来确立一项新的制度，但是由于信息成本和交易费用过高，支持新制度通常会付出代价，因此集体选择的制度变革有时会遭遇集体不行动问题，而克服这一问题的手段就是意识形态，或者通过政府间接集体行动。制度的供给者也可以是政府，因为政府具有强制的执行能力，如果一个政府能做到反映选民的意愿，那么这个政府就是作为选民借以间接集体行动的工具，但是如果一个政府不仅独立于选民意愿而且还具有强大实施能力，那么它也可能会强行实施某些违背民意的制度。很多制度变革的失败，有的就是完全来自统治者的权力，当然也有可能源于意识形态僵化、官僚问题、利益集团冲突及社会科学知识的局限（North，1990；林毅夫，2000）。

新制度经济学家诺斯认为，一项制度安排之所以被创新，主要是因为一方面有许多外在变化促成了潜在利润或外部利润的形成，另一方面由于存在对规模经济的要求和将外部性内在化的困难，以及厌恶风险、市场失败、政治压力等原因，这些潜在的外部利润不能在规定的现有制度安排结构内实现，因而在现有制度安排下的某些人为了获取潜在利润，就会率先克服这些制度障碍，由此促进制度安排的创新，进而形成制度变迁（North，1990）。

制度是人们的一种设计，其作用是构造政治的、经济的和社会的相互关系。

它包括非正式的约束。例如，习惯的认可、禁忌、风俗、传统和行为规范，以及正式的准则（如宪法、法律和产权）。纵观历史，人们创立制度的目的在于创造秩序和在交流中减少不确定性，为经济活动提供激励结构，从而使制度与其他的经济约束一起决定选择的趋向、生产和交易的成本、经济活动的赢利性及经济的兴衰。为什么要用制度来约束人们的相互作用关系呢？这可用博弈理论来解释。当博弈重复进行，参加博弈的人熟知他人过去的经历，以及参加博弈的人数量较少时，博弈者就会发现与其他人的合作是有利可图的。但现实的经济生活与上述的限定条件恰恰相反，这种情况表明社会必然要把更多的资源用于界定和实施交换协定方面，以便解决复杂博弈中的协作问题。一系列交换制度就是在这种需求下产生并演化的（董志强，2008）。

可见，制度的主要目标是通过规则性和秩序性增大信息量，降低信息成本和交易成本，以便更有效率地利用各种资源，随着这些要素条件的变化，为了获取更大的收益，制度也会在集体行动引导下不断演化。

二、路径依赖与区域创新系统发展

在区域创新系统中，制度及其相应的机构组织是支撑经济上层建筑竞争力和创新的下层建筑（Cooke，2004）。区域创新系统是开放动态的系统，其中的表现为支持创新的制度和组织机构随着市场需求改变和产业重组而不断演化，并且其演化具有累积因果加强式的路径依赖效应（Rafiqui，2009）。路径依赖（path dependence）最早是由美国经济史学家大卫（David）提出的，是指经济、社会或技术等系统一旦进入某个路径，就会在惯性的作用下不断自我强化，并且锁定在这一特定路径上（David，1985）。“路径依赖”概念向人们传递了这样一种思想：即组织和制度的结构都是在对过去事件的适应下产生的，过去的事情使得未来的事件沿着某一特定的路径发展。Bathelt 和 Glückler（2003）的关系经济地理学理论也将路径依赖作为和情景性（contextuality）及权变性（contingency）并列的重要概念之一，从动态的视角阐述区域发展，认为由于过去的经济决策、行动和相互作用赋予并约束了今天的行动情景，因此发展变化必然是路径依赖的。因此，路径依赖的概念对区域研究的重要含义在于重现了地理的情境性和地方性。

新古典经济学认为，经济人会选择最优策略。这种假定运用到制度领域中，就是最优的、有效率的制度才会被选择。然而，在现实中无效的制度是经常存在的。为什么无效的制度会存在并持续下去呢？是什么妨碍了更有效的制度选择呢？在寻找这些问题答案的过程中，诺斯把路径依赖概念引入到制度变迁分析中，并创立了制度变迁的路径依赖理论。路径依赖是理解长期经济变迁的关键，制度变迁和技术变迁一样，存在着自增强或正反馈机制，这种机制使制度变迁一旦走上某条路径，它的既定方向就会在以后的发展中得到自我强化，从而形成对制度变迁轨迹的依赖（North，1990）。诺斯等通过比较研究英国在北美殖民与西班牙在南美殖民过程中不同制度变迁路径依赖的过程，得出是偶然因素、制度收益递增和网络外部性等自我强化机制决定了制度选择和路径变迁的多样性，同时也导致制度变迁陷入闭锁状态，使大量无效制度长期存在（North et al.，2000）。诺斯的制度变迁路径依赖理论为我们理解区域经济增长或停滞的原因提供了一个有用的分析视角。

区域发展的路径依赖主要源于学习效应和网络外部性的自增强效应。学习效应一般是不可逆的，原因在于人们不大可能忘记他们所学到的有关现有的制度，大部分人办事时都会遵循现有的制度，他们学会在给定的制度下更快地工作，这就是“干中学”带来的自增强效应。网络外部性在理论上是可逆的，但是由于网络成员往往不愿意逆转这种对他们有利的正网络外部性，所以他们会竭力地维护现有的网络，从而导致网络外部性产生的自增强效应也很难逆转。

根据依赖强度，可将路径依赖分为一级路径依赖、二级路径依赖和三级路径依赖（Liebowitz and Margolis，1999）。一级路径依赖是指路径依赖由决策的持久性导致，与效率无关，人们必须花费成本才能离开最初选择的路径，这种路径不一定是唯一最优的，但却是最有效的；二级路径依赖是指在没有掌握准确信息的情况下做出决策，所选路径存在缺陷，但要改变它，需要付出巨大的代价；三级路径依赖的依赖程度最强，是指尽管掌握了关于无效选择的准确信息，但由于无法集体协调选择更有效率的制度，结果仍采用效率低下的技术或制度。类似地，Roe（1996）区分了三种不同的路径依赖：一是低度路径依赖，指一个社会在两种制度之间做出选择，就效率来说，被选中的制度和被舍弃的制度相差无几；二是中度路径依赖，指随着环境的变化，更有效率的新制度已经出现，但由于旧制度实施已久，重建新制度不经济；三是高度路径依赖，改变现在的路径将获得更高效率，但是由于公共选择失败或信息传递机制存在缺陷，这种改变却没有发生。

在前路径形成阶段，并不是盲目的随机选择路径，路径是在特定的背景和历史作用下的选择结果。当进行如 R&D 等活动选择时，出于规避风险的考虑，组织往往不会将所有的资源都置于唯一一种活动上。经过时间的检验，最终形成一种能够给组织带来报酬递增的路径。在这个阶段，路径依赖带来的是区域发展的正向锁定。但是任何一种路径依赖最终都会反过来成为限制组织进一步发展的羁绊。无论是一个区域的经济发展，还是企业的成长与壮大，本质上都是一个技术演变和制度变迁的过程，而技术演变和制度变迁具有路径依赖的特性，初始的技术和制度选择具有极强的重要性，它们会使技术演变和制度变迁进入某一特定的路径中去，而且不管该路径的绩效如何，都会对该路径形成依赖。因此在技术和制度变迁中能否获取竞争优势就表现出一种不确定性，这种不确定性便是现实情况中地区经济发展水平差异的反映。如果某一区域选择了优良的初始技术或制度，由于路径依赖的作用，该地区将步入良性循环，比较优势增强。然而，外部条件的改变会弱化原有比较优势，最终路径依赖也可能会成为经济发展的桎梏（宋德勇和刘曙光，2006）。

三、路径锁定与区域创新系统发展

由于路径依赖的存在，一个地区经济发展一旦被锁定在某一特定产业结构和制度环境下，这个地区将会逐渐缺乏创新能力，无效率的制度会增加企业的交易成本，并且扰乱了市场竞争秩序，致使出现不公平竞争、社会资源浪费、效率低下等问题，最终阻碍高效区域创新系统的形成与发展。演化观点认为由于路径依赖的持续，已经建立的空间类型很大程度上是不可逆转的。即使某个区域之前具有较大的产业优势和创新能力，但当其拥有特定资源、能力和制度结构的专业化产业区不能与变化的市场需求相匹配时，就会出现路径锁定（lock-in）状态。路径锁定常被用于解释空间系统的衰退和扩散。产业的学习与创新能力受到限制，先前的组织路径不能再适应新的状态，固化路径在解决新的问题时会趋向失败，进而导致了产业的衰退或扩散，先前的路径依赖就会转化为区域发展的负向锁定（马海涛，2012）。Martin 和 Sunley（2006）指出，在区域路径依赖式的发展过程中，区域正向锁定到负向锁定的转折点是外来冲击（exogenous shock），具体过程如图 6-1 所示。

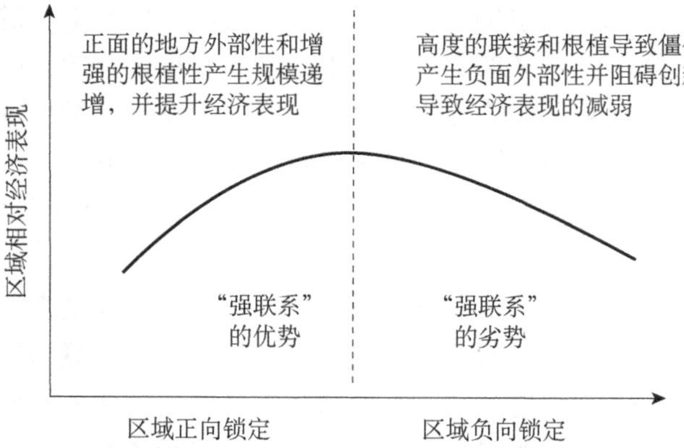

图 6-1 区域经济发展中的正向锁定和负向锁定

资料来源：Martin 和 Sunley（2006）

诺斯指出，初始阶段形成的制度可能会在现有制度下创造出一些组织和强有力的利益集团，它们以自己的利益来影响政治实体，从而导致制度的无效率，并在经济中演化出一些加强现有激励与组织的政策，使无效制度持续下去，直到进入“锁定”状态。制度变迁过程中的路径依赖是由收益递增和交易费用决定，收益递增和交易费用使得行为主体的认知模式和行为受到信息反馈和特定路径发展的意识形态的塑造，它们很难通过行为修正来摆脱低效制度变迁的路径。诺斯的制度变迁理论解释了大量无效率制度长期存在的历史现象。在区域发展案例中，老工业区的路径锁定是普遍现象。德国波恩大学经济地理系教授 Grabher（1993）对鲁尔工业区的研究中指出鲁尔工业区的衰退就是因为存在着严重的制度锁定效应。Tödtling（2004）在对奥地利老工业基地斯太尔地区冶金工业集群的研究中得出，老工业基地路径依赖的形成很大程度上是受“制度硬化”影响，老工业基地逐渐成为过去成功的牺牲品。

区域的负向锁定是高度地方化的多尺度过程。Grabher（1993）区分了区域锁定的三种类型：功能锁定、认知锁定和政治锁定。首先，功能锁定是指紧密的企业垂直等级关系，特别是在大企业和中小型供应商之间，可能会使得集群内供应商发展研发和营销等功能的需求减少。而这些功能的缺失会阻碍这些供应商企业在结构危机时的市场转型。其次，认知锁定是在专业集群企业所形成的在技术和市场认知方面的临近性，并倾向于将外部发展趋势看作为周期性的下调。例如，韩国庆南造船产业集群对中国竞争优势的忽视，都会导致企业家的保守行为，阻碍集群的升级转型。最后，政治锁定泛指所有维持现有传统产业集群优势的制度机理，包括组织网络如政府机构、工会、大企业和商业支持机构等，以及各种成文规定和不成文的行动准则，这些现有的制度都将会不可避免地减缓产业转型的进程，并间接地危害本地潜力和创意的发展。在这种情况下，大企业不希望关闭本地生产，因为他们担心高素质的员工会流失到竞争企业。本地的政府也觉得没有促进产业转型的必要性，因为传统产业是地方的纳税大户。在某些区域生产集群中，由于生产的集中和大企业的主导地位，熊彼特的“破坏性创造”和企业家精神面临衰落。除此之外，传统产业集群还会寻求国家或者超国家层面干预行业的政策支持，进而保护大型企业并抑制竞争。

犹他大学的魏也华教授则在中国温州发展模式的基础上，划分了三种区域锁定类型：代际锁定、关系锁定和结构锁定（Wei et al.，2007）。代际锁定的现象在家庭作坊和家族企业盛行的温州，表现在父辈和子辈经营在本地知识和商业背景、交易模式、市场网络的相似性，以及在劳动密集型部门的长久锁定。关系锁定在温州的表现则为基于亲缘和地缘的温州人商业关系网络具有较大的封闭性，从而导致外来人才和企业难以融入，与研发活动以及外商投资的缺失一起成为区域负向锁定的主要来源。结构锁定则是在以上两个锁定的基础上，本地较厚的制度总体上缺乏适应性，外来资本和人才较难找到根植到本地制度的途径，使得温州对外商投资和人才的吸引力下降，加上在国家区域发展中的边缘地位，不能获得较好的教育和研发资源，陷入了结构性的区域锁定路径。

四、路径创造与区域创新系统发展

在区域研究中，如何打破“锁定”状态，如何使人的主观能动性得到充分发挥，如何有效避免陷入恶性路径依赖，成为路径依赖理论研究的重点。在对由于路径依赖造成技术创新锁定事实的研究下，一些学者通过考察技术锁定发生的环境创造出了路径创造（path creation）这一概念。他们并没有把技术锁定过程看作是被动的历史因素，而是强调创新主体的作用、创新形成的过程以及它们相互作用的环境。路径依赖和路径创造的区别在于：路径依赖是历史因素产生出的在特定结果发展上的锁定，而路径创造是经济主体把历史作为初始要素考虑到一个复杂的过程中，在这一过程中进行有意识的行动并遵守制度程序和社会认知办事，其中历史有一定的影响力，但不是决定性的（Garud and Karnoe，2001）。根据路径创造理论，对于形成的路径锁定，组织可以通过有意识的行动，以偏离现有的路径，进行解锁（lock-out），从而创造出新的路径。要摆脱路径依赖困境，就必须突破地区依赖的组织路径，从路径依赖走向路径创造，从根本上扭转长期依赖的路径“锁定”。

区域经济在“路径依赖”下陷入“锁定”困境进行解围，需要对现有的路径进行突破和不断创造新的路径。路径创造的过程也是一个组织不断突破现有组织边界及制度、技术等约束的过程。从区域发展上来说，它需要在正确的时间、以正确的方式、做正确的事。过分路径依赖不利于技术跨越的实现，而在没有路径依赖的基础上过分强调路径创造，则又可能陷入“竞争力陷阱”。Martin 和 Sunley（2006）指出了五种区域新路径的来源：①本地创造，即原本在本地没有基础的新技术和产业的出现；②异质性和多样性，即本地产业、技术和组织的多样化，以促进持续的创新和经济重构；③异地移植，即从其他地方引进新产业或技术；④在（技术）相关行业的多样化，即原有产业衰退，但其核心技术重组或扩展后为相关新产业在区域的发展提供基础；⑤现有产业升级，即通过注入新科技或者引进新产品或服务，以更新和提升区域产业基础。

路径创造在很大程度上取决于有主观能动性的主体（strategic agency）对现有路径有意识的偏离，因此可以从制度变迁的理论视角进行分析。制度变迁从方式上看，可分为诱致性制度变迁和强制性制度变迁。诱致性制度变迁指的是现行制度安排的变更或替代，或者是新制度安排的创造，它由个人或一群人，在制度不均衡状态下，响应获利机会时自发倡导、组织和实行的对现行制度的变更、替代或创新，它取决于制度变迁主体的预期收益和费用，是一个自下而上的过程。诱致性制度变迁的特点可以概括为赢利性、自发性和渐进性。强制性制度变迁的主体是政府，是一个自上而下的过程，因此政府发挥了决定性的作用：①凭借自己垄断的强制力，以最短的时间和最快的速度推进制度变迁，从这点上来看，强制性制度变迁的效率很高；②政府可以通过制定强制性规则、意识形态控制、税收等手段减少或抑制“搭便车”现象，从而降低制度变迁的成本，加速制度变迁的进程；③凭借国家机器的武装机构和规模经济优势，政府可以在强制性制度变迁中降低组织成本和实施成本。

制度创新的主体主要有企业和政府，其中政府处于核心地位，它是制度的最大供给者，政府制度创新也是交易成本最低的创新形式。然而，政府部门在制定新制度的过程中，存在信息不对称的问题，特别是对于层级较高的中央政府和部门来说，由于无法掌握足够信息，不宜作为区域制度创新的主体，而应该将更多制度创新的功能下放到地方政府。1978 年以来，伴随着市场机制逐步确立，我国中央政府下放了更多、更大的权力给地方政府，使其逐渐转变为提出和采用主动的风险策略。这一过程被称为“分权”，而中央和地方政府的权力关系则是通过财政分成制度来调节的。改革开放以前，中国奉行计划经济体制，财政的控制权高度集中在中央政府。为了鼓励地方经济发展的积极性，在 20 世纪 80 年代初，财政体制逐渐转变为“财政包干”制度。各级政府收入明显增加，于是各级政府积极开展城镇建设和发展。然而当时每年的财政分权方案总是经过中央与地方长时间谈判才能达成妥协，根据中央的“决定”和“通知”来传达和执行。现行的分税制是在 1994 年的第四次财政制度改革由《国务院关于实行分税制财政管理体制的决定》确立下来的，其核心内容是将工商税作为主要的税收来源，并将中央和地方政府税收来源划分开，同时建立中央对地方的税收返还和转移支付制定。新分税制为中央与地方分配财政收入提供了一个法律框架，中央控制了大部分的税收，但地方政府依然拥有绝大部分经济管理的自主权。由于城市的税收涉及绝大部分企业的生产经营及其利润，这使得地方政府充分利用发展的自主权，采用包括改善基础设施建设、吸引投资的地方税收减免或其他优惠政策、地方保护主义等增加收入的策略。可见，分权主要通过各级政府向下一级政府的层层“放权”，使地方政府有更多的自主权，让地方政府有充分的积极性打破条条和框框进行创新。通过“放权”，地方政府迅速崛起，成为地区经济发展的主体。地方政府是城市宏观经济计划的制订者和区域经济发展战略的决定者，是重大活动的主要参与者、组织者和决策者，又是城市基础设施建设的重要保证，还是风险投资的主体（李斑和李郇，2011）。因此，在财政分权的发展背景下，地方政府相对于中央政府，是更主要的区域制度创新主体。此外，路径创造不仅需要良好的外部环境和恰当的时机，同时也需要企业家集体创造性地整合各种资源和进行集体学习，以实现发展思路的多样化。政府和企业作为制度创新的主体，其方式和效果有所不同。政府主要是强制性制度变迁，它的优点是便于降低交易成本、强制性、规范性和制度化水平高；企业主要是自发性制度变迁，它的特点是机动灵活、便于企业向着适应市场需要的方向发展。根据管治模式的差异，Cooke（2004）将区域创新系统分为地方基层政府制度供给为主的自下而上型，以上层政府及机构主导为主的自上而下型，以及各层政府和经济主体共同管治的网络型三种类型。其中，网络型管治模式，即政府和企业共同治理的区域创新系统，被认为具有较强的发展活力。

政府作为市场的组织者和监管者，其任务就是制定各种“游戏规则”（制度），促进交易成本的降低，使本来由于交易成本过高而不能成交的交易得以成交。实际的交易成本大小决定于产权制度的界定程度、政府与市场的边界及政府的效率。企业如果没有政府的制度支持和协调行动，要夺取竞争的胜利将是困难的，所以必须加快政府制度创新，创造全新的、适应全球化形势的管理体制和制度，建立政府与企业新的协调配合关系，避免政府角色的越位、缺位与错位。经济合作和发展组织认为，区域创新系统具有提升区域竞争力和推动生产力的重要作用，并提出了区域创新系统面临的主要挑战是各个层级的政府如何变革创新，从而支撑区域创新（OECD，2009）。由此可见政府在消除制度锁定、进行制度创新上的重要性。总的来说，作为制度创新主体的集群企业和地方政府，应在自发性制度创新和强制性制度创新相结合的基础上，企业克服存在于企业内部的制度缺陷、及时地进行组织创新与制度建设，以增强企业自身竞争力，地方政府应不断调整自己的政策和策略，通过提供有效的外部制度，建立起能有效降低交易成本、激励企业创新的制度安排，支撑区域创新，从而推动经济的发展。

制度变迁同时是一个社会互动的过程，需要不同的企业、机构和政府组织的协作才能进行。这是由于新制度的建立需要也必须寻求社会合理化。制度是约束集体思维和社会行动的规则，新制度的出现需要形成对应的支持群体，这些制度创业家群体挑战现有制度规范，并通过合作网络的方式，共同强化新的发展路径下新制度的社会合理性。所谓的社会合理性，即是指行为在社会所构建的规范和价值系统下被视为合乎需要和合乎情理（Suchman，1995）。关系网络的内在张力是区域和集群转型的内生动力，这种张力可以来自于竞争淘汰、集聚经济（不经济）、集群内技术同质性降低或者社会网络的锁定。与内在张力相对应，区域外界环境，如市场和技术环境的改变，将促使行动者实践其在关系网络中的相对权力，并在制度框架的调节下形成最终的空间经济结果。Sotarauta 和 Musitikkamaki（2015）等对区域创新系统中制度创业家的理论框架里进一步指出，网络权力（network power）可在新制度建立过程中建立共识和协同行动。具有网络权力的行动者拥有召集其他行动者的资源和能力，并消除各个行动者之间的沟通障碍，与之共同制订计划，解决纠纷，促进信息流动，建立信任，从而最终称贤使能。同样，在 Yeung（2005）所构建的关系几何分析框架中，权力（power）作为集群演化最关键的解释变量，表现为行动者在现有制度约束下影响结构变革的资源和能力，以及这些资源和能力经过社会集体实践后共同产生的效果。因此，权力关系也是分析区域发展的路径创造过程中主体能动性作用的重要维度。

第三节 转型国家的制度特点与创新系统

一、转型国家的制度特点及其对创新的影响

（一）转型国家的制度特点

研究转型国家的制度，一般从法律制度、政府政策（包括财政干预与金融创新）和自由市场制度（国内外市场自由度）这三方面考虑。转型国家的制度结构相对欠缺和易变，普遍存在法律不健全、政府干预较多、货币稳定性较差、市场自由度低等缺陷，具体表现在以下几方面。

（1）法律制度。因为法律制度与合约和产权的确定及执行密切相关，法律架构稳定、产权界定清晰、执行力强，能保护创新租金免于被任意征用，节约与创新相关的交易费用并减少风险（Rosenberg，1992）。

转型国家的法律制度普遍存在缺陷，表现为：①法律基础架构不完善，法律体系建设滞后，法律条例大量缺失，缺乏对私人产权的有效法律保护；②法律实施效力低下，导致违约成本较低，创新活动风险大（Kshetri，2009）。这些迫使创新者转而争取政治和行政保护，或其他非正式社会网络的支持，进而滋生寻租、腐败等非法行为。随着转型的深入，如果转型国家的法律制度不断完备，将会逐渐降低创新成本和风险，促进创新系统的发展。

（2）政府政策。政府干预的目的是为了克服市场失灵，弥补市场机制的缺陷或不足。然而大量研究显示，政府干预过多不利于创新系统的发展（Bjgrnskov and Foss，2008）。

转型国家的政府处于强势地位，对经济干预较多，容易引发寻租等非法活动。主要体现在：政府采取公共投资、税收、转移支付等财政工具可能会挤出私人投资，增加寻租可能性，高税率则抑制创新型创业的热情；国有融资体制及低效的银行体系、融资政策和信用政策等对中小企业不利，中小企业不得不诉诸非正式的融资渠道或者向金融系统的官员行贿来保障资金来源，使得监管部门和金融机构利用资金配置权向创业者寻租成为必然（Guseva，2007；张军和詹宇波，2006）；

市场准入政策方面，政府大多垄断关键资源和行业、设置行业进入壁垒、制订复杂的官僚程序等，增加了创业的不确定性、运营成本和交易成本，相应引发了寻租和腐败行为，不利于创新系统的发展（Estrin et al.，2006）。随着转型的深入，日益完善的制度能够约束政府转移财富的能力，降低企业与政府的强关系收益，有利于推动创新系统的发展。

（3）自由市场制度。是指以市场机制作为配置社会资源基本手段的一种经济体制，最基本的特征是经济资源商品化、经济关系货币化、市场价格自由化和经济系统开放化。已有研究显示对市场的制度约束，如市场进入壁垒、进出口壁垒、市场竞争规制、贸易和投资政策等都与腐败正相关（Tonoyan et al.，2010）。

（二）转型国家制度对创新的影响

转型国家从计划经济向市场经济转型，以弱的市场结构、产权的有限法律保护、高度制度不确定性为特征（Ovin，2001），这必然会影响到创新系统的形成与发展。转型国家处于市场机制的建设中，经济自由度并不高，在一定程度上抑制着创新系统的发展。表现为：转型之初以价格为基础的市场机制尚未形成，两种体制交替之际，在价格、利率、汇率等方面的价差巨大，给掌握低价物资的权力部门及人员提供了寻租及黑市交易的机会；转型中政府仍掌控关键资源和领域，并按照政治需要而非经济考量来分配资源，迫使企业加强与政府的联系，以获得创新过程中所需的资源；同时，由于市场竞争不完全，国内及国外市场的管制较多、开放度不够，国企在许多方面仍享受国家的垄断特权或优惠政策。研究证实一国资源配置机制越扭曲，腐败和寻租的机会就越多，也越容易（Taslim，1994）。随着转型的深入，市场价格、供求和竞争机制将会日趋完善，实现公平竞争和优胜劣汰，必然促进创新系统的发展。

转型国家社会经济、政治环境的剧变及计划经济的历史遗留同时显著影响其创新和创业的发展轨迹。一方面转型释放出大量创业机会，并基于各国不同的转型模式形成各异的创业类型（Kshetri，2009）；另一方面转型中的制度漏洞以及政府在市场中的强势地位使得创业绩效在很大程度上取决于能否与政府建立强关系（Yang，2004；Tonoyan et al.，2010）。由于转型国家经济环境的剧变和制度的不完善，一些创业者会在现行制度边界之外寻找经济机会，如东欧国家前社会主义政治精英利用政治力量、资金和社会网络进行资本积累和创业，也即政治性创业或红帽子创业（Stark，1996）。

基于上述可知，转型国家还存在法律制度较不健全、财政干预较多、金融创新不足、自由市场化程度较低等制度缺陷，导致对自主创新的激励不足，创新合作缺乏基本的法律框架保护，创新型创业不足等问题，从而阻碍创新系统的发展。

二、我国在转型期间的创新系统发展及特点

中国从 1949 年新中国成立后学习苏联模式开始实行计划体制，这个时期创新系统有三个主要特点：第一，主要活动分布在成千上万的功能专业组织，这些组织边界被各种类型的活动所定义，即计划经济下的“条块部门经济”。例如，

研发是由基础研究和应用研究机构负责、由工厂（主要是国营企业）制造，产品分配销售由经销商完成，而这些需要由工业管理机构来联系。第二，决策是多角度的。Lieberthal（1995）将其称为“支离破碎的命令主义”（fragmented authoritarianism）。权力垂直和水平分布在大量政府下属机构部门，由这些部门负责与它定义相同类型的行业，如教育、行业（如医药、机械、和电子）和制度（如价格）等。表面上，国家计划委员会掌握着协调经济活动的最高权力，包括那些有关的开发、技术创新的扩散和利用，实际上很多权利控制在下属部门中。第三，衡量的主要性能指标是输出规模、而对效率和质量没有任何明确的关注。这些特点将企业置于行政部门附属物的地位，企业既不能自主经营，又不能自负盈亏。企业的生产数量、种类、价格以及企业的生产要素供给与生产成果的销售都由政府计划部门和有关行政主管机构来控制，企业和个人缺乏竞争，缺乏创新动力，经济没有活力，被严厉地束缚于计划体制之下，不利于推动技术的进步和革新。同时，强调数量忽视质量，也不利于创新效率的提升。高度集权计划体制控制下，国家机构庞大，它们彼此紧密地结合在一起，这个次一级的体制依存于另一个次一级的体制，而另一个次一级的体制又依存于第三个次一级的体制，导致关系复杂，效率低下，对市场和技术变化的反应速度也相应下降。

直到 1978 年实行改革开放，计划经济向市场经济的转型以一种渐进改革的方式，逐渐释放原有缺乏激励机制的旧体制所束缚的增长潜力。在 30 多年的转型进程中，中国不仅实现了经济的持续发展，而且发生了深刻的制度变革，其中主要包括经济领域上从传统计划经济向现代市场经济转变，社会领域上从传统农业社会和结构单一的“总体性社会”向工业社会、城市社会、多元开放社会转型，政治领域上从中央集权的政治体制向社会主义民主法治体制转变。在转型期间，原有的条块分割所造成的创新元素和主体要素分离的情况，随着市场制度的改革不断被打破。图 6-2 把创新功能分解为教育、研发、应用、最终使用和连接五大功能，从图中可见在转型期间，各创新主体承担不同功能的组织边界随着制度改革发生变化，由此发展成为具有交互和协同功能的创新系统，相对于在计划时期创新主体的孤立和分离，转型期间的变化大大提高了我国创新系统的知识集成和技术传播功能（Liu and White，2001）。

在我国经济转型期间，创新系统的变化主要体现在四个方面（Liu and White，2001）。第一，创新系统绩效的评价标准发生了根本性的转变，原有的以产量和政治准确性为评价方式的体系逐渐失去主导地位，取而代之的是以市场效率指标，如销量、合同金额和技术许可证费等。第二，我国政府通过分权制的改革给予创新主体更多的决策权和经营权，并引入更多的市场主体，如私营企业、乡镇集体企业和跨国企业，以促进创新主体之间的竞争和合作。第三，创新主体的功能和活动趋向于多样化（图 6-2）。一方面，政府通过减少对应用研究机构（中科院院所、产业研究机构等）直接的财政支出，鼓励应用研究机构寻找外部

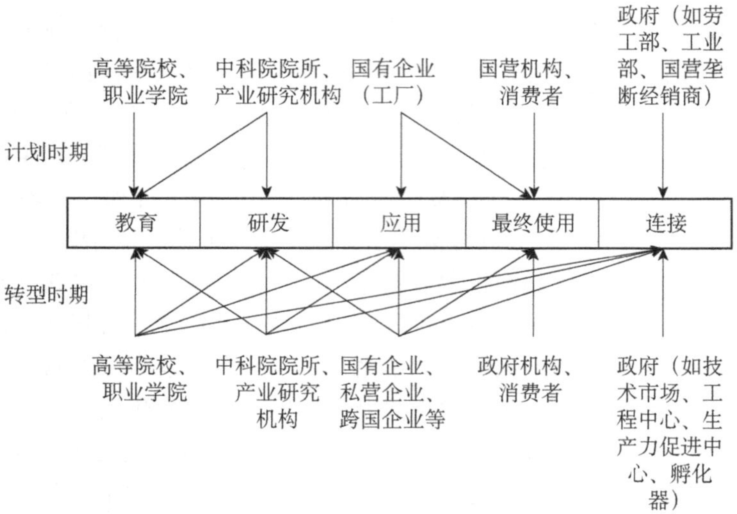

图 6-2 计划时期和转型时期的创新主体和创新功能分布

资料来源：Liu 和 White（2001）

经费支持，包括销售技术专利或许可，进行企业技术咨询服务，甚至成立发展技术衍生企业，从而使得科研机构更加关注下游产商和最终使用者的问题和需求。另一方面，企业从原来单纯的创新技术应用和使用主体，转变成为具有多元化功能的主体，在创新系统中承担更积极的作用。特别是在研发功能方面，1987 年，我国企业内部研发部门仅有 7000 个，到 1998 年就增加到了 24 000 个，而在 20 世纪 90 年代初，企业就已经超过政府，成为我国研发经费的主要来源。第四，政府积极创立各种公共机构，以促进技术开发方和技术使用方的交流和对接，包括在研发机构内设立工程中心，帮助企业应用机构开发的技术；新成立的生产力促进中心主要推广应用先进适用的共性技术；我国地方政府成立了超过 28 000 家技术市场以监管和规范技术交易行为；在我国许多高新技术产业园区，孵化中心也相继成立，积极连接研发和应用，培育新企业和产业发展。

改革开放以来，为了促进区域发展，中央政府要么通过设立经济开发特区对经济发展进行直接干预，要么通过下放财权和事权鼓励自下而上的发展。因此，在考察中国区域创新系统发展时，必须考虑到中国转型背景的特殊性。在各个区域不同的促进工业化进程的管治模式下，区域创新系统的发展具有特定的内生发展路径。符文颖等（2013）通过比较改革开放初期广东省深圳市自上而下的管治模式和东莞市自下而上的管治模式，表明在两个沿海城市各自向网络化管治模式演化的过程中，由于先发制度优势，深圳在初始自上而下的制度供给和管治更能顺利的推动工业基础薄弱地区向区域创新系统。图 6-3 提供了在中国转型的背景下，理解具有不同初始管治模式的区域（自上而下 VS 自下而上）从区域生产系统向区域创新系统演变逻辑的分析框架。在工业基础较为薄弱的初始工业化时

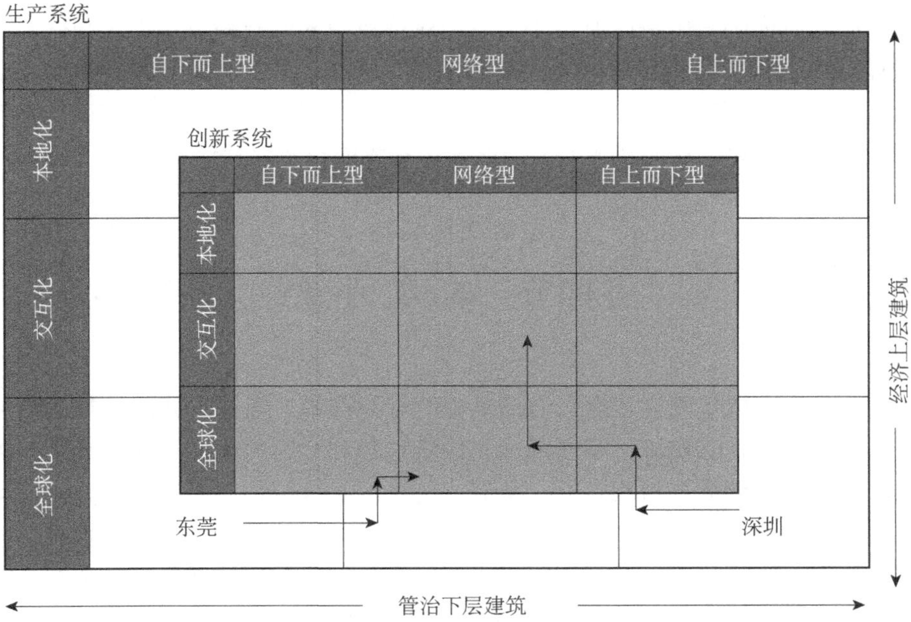

图 6-3 转型背景下区域生产系统到区域创新系统的演化：以深圳和东莞为例
资料来源：符文颖等（2013）
箭头表示区域系统人 1978~2009 年的转变方向

期，组织的资源禀赋是其创新能力演化锁定的重要方面。地方初始的经济活动主体决定了其加工、吸收和改造技术的能力，并由此产生因果循环式的区域发展过程。在东莞自下而上的生产系统中，生产资本和诀窍都高度依赖于跨国企业，但由于原有生产系统有限的技能基础，国外先进的技术不能得到及时的消化。另一方面，在深圳自上而下的生产系统中，大型国有企业和国有研究机构的地区分部在政策引导力量下大量集聚，由此获得国家知识系统中的人力资源和技术资源。此外，自上而下生产系统投资环境的相对稳定，使其吸引到规模和技术力量较大的外资企业，进一步促进了在外资技术溢出基础上学习和企业能力的提高。自上而下的管治体制在变革能力上还体现高水平的政策协调能力，其可在较少时间内形成区域发展的共识。协调政策行动包括制定战略型产业，建立产学研合作关系，以及为特定方向的合作提供制度激励。相反，自下而上的模式在现有体制的约束范畴下演化，面临一定的负向锁定效应（Easterly，2008）。首先，由于较为有限的产业发展基础，基层政府组织缺乏一定的调动创新相关资源的能力，不能有效地吸收外来知识并在外资基础上发展出新的产业组织门类。其次，既得利益所造成的路径锁定也是自下而上管治模式的主要问题，来自基层组织的各种利益团体在发展过程中形成稳定的利益格局，任何不利于现有利益格局的变革将受到各个利益团体的一致反对。因此，能力困境和既得利益锁定对促进创新的网络管治格局形成系统性的市场和政策阻力（Könnölä et al.，2006）。然而，自上而下的管治体制同时面临着中央政府由于信息不对称所带来的战略失误以及国有部门的软预算约束及权力滥用风险（刘小玄，2003）。因此，自上而下的管治模式必须在转型过程中逐渐向包含市场竞争机制的网络管治模式转变，并通过市场参与更多的鼓励创业行为，从而释放原先国家知识系统的技术能力储备。

第四节 本章小结

制度是个人或组织在社会经济活动中的行为准则，通过正式的法规条例和非正式的文化习俗使其实现，从而形成对经济选择和行为的共同认知和预期，以维持经济和社会系统的相对稳定性。从制度的角度对区域创新系统进行分析，可将其看为系统创新的执行方和互动方的组织机构，如企业、大学、科研机构、技术转移机构等，以及作为游戏规则以支撑和促进互信和互惠的规章制度和社会文化氛围。在区域创新系统的发展过程中，正式制度能为创新活动提供优越的创新环境，其建立更多的是在国家或全球层面，进而影响到区域创新主体行为。同时，非正式制度则是构成区域尺度创新环境的重要因素，其主要通过基于信任的地方社会网络和促进创新发展的文化氛围发挥作用。

然而，制度并不是僵化静止的，而会随着外部环境和内部结构的转变不断调整和演化。制度的主要目标是通过规则性和秩序性，增大信息量，降低信息成本和交易成本，以便更有效率的利用各种资源，随着这些要素条件的变化，为了获取更大的收益，制度也会在集体行动引导下不断演化。

本章主要分析了演化经济地理中路径依赖、路径锁定和路径创造三个核心概念与区域创新系统发展的关系。如果某一区域选择了优良的初始技术或制度，由于路径依赖的作用，该地区将步入良性循环，比较优势增强。即使某个区域之前具有较大的产业优势和创新能力，但当拥有特定资源、能力和制度结构的专业化产业区不能与变化的市场需求相匹配时，就会出现路径锁定状态。对于形成的路径锁定，组织或个人可以通过有意识的行动，偏离现有的路径，进行解锁，从而创造出新的区域发展路径。

最后本章还总结了转型国家的制度特点及其对创新的影响，指出转型国家还存在法律制度较不健全、财政干预较多、金融创新不足、自由市场化程度较低等制度缺陷，导致对自主创新的激励不足，以及创新合作缺乏基本的法律框架保护等问题，从而阻碍创新系统的发展。接着重点讨论了我国在转型期间的创新系统发展及特点，分析我国在计划经济和市场经济转型期间的创新系统特点，并指出在考察中国区域创新系统发展时，必须考虑到中国转型背景下的时空特异性和动态性。在财政分权的背景下，由于我国各个区域具有不同的促进工业化进程的管治模式，区域创新系统的发展具有特定的内生发展路径。

参考文献

陈月梅. 2003. 论地方政府在问建区域创新系统中的作用. 现代管理科学，2：87-88.

董志强. 2008. 制度及其演化的一般理论. 管理世界，5：151-165.

凡勃伦. 1964. 有闲阶级论. 蔡受百译. 北京：商务印书馆.

符文颖，Diez J R，Schiller D. 2013. 区域创新系统的管治框架演化——来自深圳和东莞的对比实证. 人文地理，4：83-88.

高静美，郭劲光. 2004. 企业网络中的信任机制及信任差异性分析. 南开管理评论，3：63-68.

柯武刚，史漫飞. 2000. 制度经济学：社会秩序与公共政策. 北京：商务印书馆.

李珽，李郇. 2011. 政府行为视角下的珠江三角洲核心区空间形态演化分析. 现代城市研究，3：55-61.

林毅夫. 2000. 再论制度、技术与中国农业发展. 北京：北京大学出版社.

刘小玄. 2003. 中国转轨经济中的产权结构和市场结构：产业绩效水平的决定因素. 经济研究，1：21-29.

吕拉昌，魏也华. 2005. 新经济地理学中的制度转向与区域发展. 经济地理，25（4）：437-441.

马海涛. 2012. 西方经济地理学关系范式与演化范式比较研究. 地理科学进展，31（4）：412-418.

宋德勇，刘曙光. 2006. 我国制造业路径依赖与产业升级对策. 生产力研究，6：182-183.

王缉慈. 2001. 创新的空间——企业集群与区域发展. 北京：北京大学出版社.

夏若江. 2005. 基于信任的企业学习和创新能力分析. 科技管理研究，12：118-122.

张军，詹宇波. “腐败”与中国私人企业的增长：基于转轨的理论分析和经验观察. 世界经济文汇，2006，4：30-44.

Amin A，Thrift N. 1995. Globalization，institutional thickness and the local economy// Healey P，Cameron S，Dowaudi S，et al. Managing Cities：The New Urban Context. Chichester：John Wiley：91-108.

Amin A. 1999. An institutionalist perspective on regional economic development. International journal of urban and regional research，23（2）：365-378.

Aoki M. 2001. Towards a Comparative Institutional Analysis. Cambridge：MIT Press.

Asheim B T，Boschma R，Cooke P. 2011. Constructing regional advantage：Platform policies based on related variety and differentiated knowledge bases. Regional Studies，45：893-904.

Asheim B T，Coenen L. 2005. Knowledge bases and regional innovation systems：Comparing Nordic clusters. Research policy，34（8）：1173-1190.

Bathelt H. 2003. Toward a relational economic geography. Journal of Economic Geography，3（3）：117-144.

Bjgrnskov C，Foss N. 2008. Economic freedom and entrepreneurial activity：Some cross-country evidence. Public Choice，134（3）：307-328.

Boschma R. 2005. Proximity and innovation：A critical assessment. Regional Studies，39：61-74.

Bowles S. 2004. Microeconomics：Behavior，Institutions，and Evolution. Princeton：Princeton University Press.

Coase R H. The institutional structure of production. American Economic Review，1992，82（4）：713-719.

Commons J R. 1931. Institutional economics. The American Economic Review，21（4）：648-657.

Cooke P. 2004. Regional innovation systems：An evolutionary approach//Cooke P，Heidenreich M，Braczyk H J.

Regional Innovation Systems：The Role of Governance in a Globalized World. London：Routledge：1-18.

Dalum B，Johnson B，Lundvall B A. 2010. Public policy in the learning society//Lundvall B A. National Systems of Innovation：Towards a Theory of Innovation and Interactive Learning. London：Anthem Press.

David P A. 1985. Clio and the economics of QWERTY. American Economic Review，75：332-337.

Doloreux D. 2002. What should know about regional systems of innovation? Technology in Society，24：243-263.

Easterly W. 2008. Institutions：Top down or bottom up? American Economic Review，98（2）：95-99.

Estrin S，Meyer K，Bytchkova M. 2006. Entrepreneurship in transition economies//Casson M，Yeung B，Basu A，et al. The Oxford Handbook of Entrepreneurship. New York：University Press：693-725.

Fu W，Revilla Diez J，Schiller D. 2013. Interactive learning，informal networks and innovation：Evidence from electronics firm survey in the Pearl River Delta，China. Research Policy，42：635-646.

Garud R，Karnoe P. 2001. Path creation as a process of mindful deviation//Garud R，Karnoe P. Path Dependency and Creation. London：Lawrence Erlbaum：1-40.

Grabher G. 1993. The weakness of strong ties. The lock-in of regional development in the Ruhr area//Grabher G. The Embedded Firm：On the Socioeconomics of Industrial Networks. London：Routledge：255-277.

Guseva A. 2007. Friends and foes：Informal networks in the Soviet Union. East European Quarterly，41（3）：2-9.

Hodgson G M. 1999. Evolution and Institutions：On Evolutionary Economics and the Evolution of Economics. Cheltenham：Elsevier Elgar Publishing.

Hollingsworth J R. 2000. Doing institutional analysis：Implications for the study of innovations. Review of International Political Economy，7：595-644.

Könnölä T，Unruh G C，Carrillo-Hermosilla J. 2006. Prospective voluntary agreements for escaping techno-institutional lock-in. Ecological Economics，57（2）：239-252.

Kratke S. 1999. A regulationist approach to regional studies. Environment and Planning A，31（4）：683-704.

Kshetri N. 2009. Entrepreneurship in post-socialist economies：A typology and institutional contexts for market entrepreneurship. Journal of International Entrepreneurship，7（3）：236-259.

Lieberthal K. 1995. Governing China：From Revolution through Reform. New York：Norton.

Liebowitz S J，Margolis S E. 1999. Winners，losers and Microsoft：Competition and Antitrust in High Technology. Oakland：Independent Institute.

Liu X，White S. 2001. Comparing innovation systems：A framework and application to China's transitional context. Research Policy，30：1091-1114.

Martin R，Sunley P. 2006. Path dependence and regional economic evolution. Journal of Economic Geography，6（4）：395-437.

Maskell P，Malmberg A. 1999. The competitiveness of firms and regions. "Ubiquitification" and the importance of localized learning. European Urban and Regional Studies，6：9-25.

Neale W C. 1987. Institutions. Journal of Economic Issues，21（3）：1177-1206.

North D C，Summerhill W，Weingast B R. 2000. Order，disorder，and economic change：Latin America vs. North America//De Mesquita B B，Root H. Governing for Prosperity. New Haven：Yale University Press.

North D C. 1990. Institutions，Institutional Change and Economic Performance. Cambridge：Cambridge University Press.

North D C. 1992. Institutions and economic theory. The American Economist，36（1）：3-6.

OECD. 2009. Regions Matter：Economic Recovery，Innovation and Sustainable Growth. Paris：OECD Publication.

Oughton C，Landabaso M，Morgan K. 2002. The regional innovation paradox：Innovation policy and industrial policy. The Journal of Technology Transfer，27：97-110.

Ovin R. 2001. The nature of institutional change in transition. Post-communist Economies，13（2）：133-146.

Pejovich S. 1990. The Economics of Property Rights：Towards a Theory of Comparative Systems. Dordrecht：Kluwer Academic Publishers.

Porter M E. 2000. Location，Clusters，and Company Strategy. Oxford：Oxford University Press.

Raco M. 1998. Assessing institutional thickness in the local context：studies of Cardiff and Sheffield. Environment and Planning A，30：975-996.

Rafiqui P S. 2009. Evolving economic landscapes：Why new institutional economics matters for economic geography. Journal of Economic Geography，9：329-353.

Roe M J. 1996. Chaos and evolution in law and economics. Harvard Law Review，109（3）：641-668.

Rosenberg N. 1992. Economic experiments. Industrial and Corporate Change，1（1）：181-203.

Schultz T W. 1968. Institutions and the rising economic value of man. American Journal of Agricultural Economics，50（5）：1113-1122.

Sotarauta M，Musitikkamaki N. 2015. Institutional entrepreneurship，power，and knowledge in innovation systems：institutionalization of regenerative medicine in Tampere，Finland. Environment and Planning C：Government and Policy，33（2）：342-357.

Stark D. 1996. Recombinant in East European capitalism. American Journal of Sociology，101（4）：993-1027.

Suchman M C. 1995. Managing legitimacy strategic and institutional approaches. Academy of Management Review，20：571-610.

Taslim M A. 1994. Corruption and entrepreneurship. Bangladesh Development Studies，22（1）：117-132.

Todtling F，Kaufman A. 2002. SMEs in regional innovation systems and the role of innovation support：The case of Upper Austria. Journal of Technology Transfer，27（1）：15-26.

Tödtling F，Trippl M. 2005. One size fits all? Towards a differentiated regional innovation policy approach. Research Policy，34：1203-1219.

Tödtling F. 2004. Like phoenix from the ashes? The renewal of clusters in old industrial areas. Urban Studies，41（5-6）：1175-1195.

Tonoyan V，Strohmeyer R，Habib M，et al. 2010. Corruption and entrepreneurship：How formal and informal institutions shape small firm behavior in transition and mature market economies. Entrepreneurship，Theory & Practice，34（5）：803-831.

Wei Y D，Li W，Wang C. 2007. Restructuring industrial districts，scaling up regional development：A study of the Wenzhou model，China. Economic Geography，83（4）：421-444.

Wiig K M. 1995. Knowledge Management Methods：Practical Approaches to Managing Knowledge. Arlington：Schema Press.

Yang K. 2004. Institutional holes and entrepreneurship in China. Sociological Review，52（3）：371-389.

Yeung H W. 2005. Rethinking relational economic geography. Transactions of the Institute of British Geographers，30（1）：37-51.

第七章

研发全球化：跨国公司的创新活动

第一节 研发全球化的背景与由来

研发全球化是继经济全球化之后，在世界版图上出现的一种新景象。目前，跨国公司研发全球化犹如一股势不可挡的潮流，开始席卷世界的各个角落，并给世界的科技进步和经济发展打上了深深的烙印。研发全球化自诞生之日起，就引起了各国政府、企业和学术界的广泛关注。随着研发全球化的快速发展，国际创新资源的流动规模和速度较之前均发生重大变化，全球的创新景观正在被重新塑造。当然，研发全球化的发展并非一蹴而就，它有着深刻的国际政治和社会经济背景。

一、经济全球化迅猛发展

经济全球化主要是指世界各国经济高度开放并与国际市场联为一体，具体包括全球范围内的资金流动、人才流动和技术转移（高德步，2011）。经济全球化作为一个概念，在 20 世纪 80 年代被提出后，立刻引起世界范围的关注。就经济全球化的内容来看，主要包括生产一体化、贸易自由化和金融国际化三个方面（张幼文，1999）。如果分析经济全球化产生的动力和原因，可从两个方面着手：一方面，经济全球化是各国经济政策和体制变革的产物，经济全球化受世界各国经济对外开放和经济体制市场化的影响（李安方，2004）；另一方面，经济全球化也是国际贸易和国际劳动分工的必然结果。同时，经济全球化也受到国际贸易超前发展和国际劳动分工深化的推动。特别是近年来，随着国际劳动分工由早期的产业分工深入到产品分工、再到产品内部分工，目前全球生产网络正在形成，经济全球化的趋势更加明显。在经济全球化过程中，跨国公司的作用功不可没。跨国公司作为国际投资以及产业和技术转移的重要载体，已成为世界经济发展的直接推动力。为适应国际经济形势，跨国公司早期是在母国建立生产基地，通过贸易的方式将产品销售到世界各地，后来又通过对外直接投资，在海外投资办厂和设立子公司，利用东道国的区位优势、资源禀赋和市场潜力，建立全球销售和生产网络。随着经济全球化的进一步纵深发展，跨国公司一改将研发机构保留在母国的传统做法，开始在东道国设立研发机构，开展研发活动，而且投资的规模和数量不断增加，甚至将区域性研发中心和全球性研发中心搬到东道国，推动着跨国公司研发日益朝全球化的方向发展。

二、科技全球化蓬勃兴起

为了顺应全球化潮流，日本通产省于 1990 年提出一系列国际合作项目，提倡政府开放研发项目，鼓励外国公司参与，由此产生了“科技全球化”的概念。科技全球化是指科技活动的主题、领域和目的在全球范围内得到认同，科技要素在全球范围内自由流动与合理配置，科技成果实现全球共享，以及科技活动规则与制度环境在全球范围内逐渐一致的发展过程［中国科技发展研究报告（2000）课题组，2000］。经济合作与发展组织曾把科技全球化的发展历程划分三个阶段：第一个阶段主要涉及技术产品或服务的贸易，可称为国际化阶段；第二个阶段主要表现为跨国公司对外直接研发投资的快速增加，可叫做跨国化阶段；第三个阶段是真正科技全球化的阶段，主要特征是跨国公司研发机构的全球布局（Hamdani，2003）。如今，科技全球化已成为不可逆转的趋势，促使世界各国政府和企业界重新调整自身的发展战略。科技全球化的主要内容表现在科技问题的全球化、跨国公司研发全球化、科技资源的全球性流动、战略性技术联盟迅速形成、国际科技合作不断深化以及科技评估体系的趋同化等方面。从科技全球化的参与主体来考察，主要分为三个层面：①国家层面。国家层面上主要是指各国政府的双边和多边科技合作逐步增强。②个人层面。个人层面上主要是指不同国家的科学家、工程师以及研究人员在专利申请、论文撰写和课题攻关等领域的合作日益密切；③企业层面。企业层面上主要是指跨国公司在全球的研发投资和创新资源的利用。在经济全球化的背景下，跨国公司为了充分地利用技术优势和资本优势，纷纷在海外设立研发机构，推动科技全球化的纵深发展。由此可见，科技全球化是研发全球化的背景和前提，而研发全球化是科技全球化的重要内容和推动力量。

三、信息与通信技术日新月异

信息与通信技术（information and communication technology，ICT）是信息技术与通信技术相融合而产生的概念和技术领域。如果说经济全球化和科技全球化催生了跨国公司研发全球化战略，那么信息与通信技术的飞速发展则为跨国公司研发全球化进程提供了沟通平台和技术支撑。随着计算机和信息网络技术的发展，特别是大数据、云计算以及智慧城市的最新发展，促使全球的联系日益紧密和频繁，空间在虚拟化的过程中被压缩，“地球村”正在形成和演变。信息与通信技术的直接推动，既为跨国公司克服空间障碍提供了可能和便利，同时又为跨国公司运营和管理降低了成本。具体而言，主要表现在以下几方面：①信息与通信技术的发展，使远距离的实时通信和交流成为现实，跨国公司之间的合作和交流已经突破时空限制，可以更多地降低跨国公司总部与子公司之间的交易成本，跨国公司开始在海外设立研发机构和从事研发活动的动力和愿望更强，由此促进了跨国公司的全球研发网络的形成。②信息与通信技术的发展，使跨国公司更加便捷地利用全球的人才、资金和技术等创新资源，伴随着经济全球化的快速发展再叠加上信息与通信技术的推动，人才、资金和技术等创新要素的跨国流动比以往任何时候都更加频繁，这直接为跨国公司研发全球化的发展提供了重要保障。③信息与通信技术的发展，可使跨国公司更好地了解东道国的市场潜力和科技实力，并调整企业的研发战略，不断增强企业的核心竞争力，确保跨国公司在激烈的竞争中立于不败之地。

四、国家科技创新能力受到空前重视

当今时代，国家间的竞争，关键是科技的竞争。科学技术成为第一生产力，科技发展水平在一定程度上决定了各国在国际舞台上的地位，科技创新能力日益成为国家竞争力的核心。鉴于此，各个国家非常重视科技经费的投入以及科技人才的培养和引进，同时也十分重视专利、技术市场成交额和科技论文等创新成果的产出。在全球化浪潮的推动下，一个国家或地区的核心竞争力提升不仅要依赖于本土的创新主体，更离不开别国或地区的创新资源支持，这可从政府、企业和人才三个创新推动者和主体上阐释：①在政府层面，政府必须清醒认识科技创新在国家发展中的重要性，增加科技创新的人力和财力投入，并出台相关的政策措施来激励创新主体开展研发活动。②在企业层面，国家科技创新能力的提升最终要靠本土企业创新能力增强来实现和完成。因此，要鼓励企业加大研发投入力度，及时“走出去”跟踪海外先进科学技术，提高企业的科技创新能力。③在人才层面，科技创新最终要靠创新型人才来推动。国家必须要下大气力来培养具有创新精神和创新能力的科技人才队伍，同时积极引进海外高科技人才，夯实我国科技创新能力的支撑基础。总之，科技创新能力是一个国家综合实力的重要表现形式，直接决定了一个国家在全球科技和经济竞争中的地位和影响力。目前，全球性的金融危机使得世界经济格局和国际经济秩序重新调整和变化。提高科技创新能力、建设创新型国家已经得到世界各国政府的空前重视。

第二节　研发全球化的发展历程及主要特征

一、研发全球化的发展历程

研发全球化，又称为 R&D 全球化，是指研发主体跨国界地开展研发活动，并在全球范围内配置研发资源、构建全球研发网络、共享全球研发创新成果的过

程。研发全球化可从学术和产业两个层面上考察，从学术层面上看，主要是以学术研究为主的国际科技合作，具体包括政府主导的科技合作以及研究机构和个人之间自发形成的研发合作活动；从产业层面上说，主要是以产业技术研发为主的研发活动，即跨国公司将研发活动扩散到公司母国以外的其他国家或地区，利用当地的科技资源，跨国界地开展研发活动（UN，2005）。随着研发活动向高级化方向演进，跨国公司研发全球化趋势明显增强。如果追溯跨国公司研发全球化的发展历程，大致可分为四个阶段（表 7-1）：第一阶段是跨国公司研发国际化的初级阶段，也是跨国公司研发全球化的萌芽时期（20 世纪 60 年代以前）；第二阶段是海外研发集中在“美欧日”大三角区域的跨国公司研发国际化向全球化过渡阶段（20 世纪 60～80 年代）；第三阶段是真正意义上的跨国公司研发全球化发展阶段（20 世纪 90 年代以后）；第四阶段是跨国公司研发全球化的加速阶段（21 世纪以后）。

表 7-1 跨国公司研发全球化的发展阶段

阶段	时间	特征
萌芽时期	20 世纪 60 年代以前	研发机构基本上属于生产和销售支撑型，企业研发活动的国际化程度还相当有限
过渡阶段	20 世纪 60~80 年代	欧美跨国公司之间相互的研发投资国际化开始增强，“美欧日”国际研发投资的大三角的格局形成
发展阶段	20 世纪 90 年代以后	跨国公司海外研发活动主要集中在美国、日本、德国和英国等国家，与此同时，发达国家的跨国公司也开始在一些新兴经济体和发展中国家进行研发投资
加速阶段	21 世纪以后	中国和印度等发展中国家的跨国公司也逐渐迈出国门到海外设立研发机构，从事研发活动

从历史发展的过程来考察，研发全球化并非一个新生事物。事实上，早在 19 世纪 80 年代，瑞典企业家阿尔弗雷德·诺贝尔（Alfred Nobel）以 Nobel Dynamite 信托基金的名义在欧洲建立了世界上第一个真正意义的跨国研发组织。第二次世界大战前，像飞利浦这样的跨国公司已经开始在海外设立研发机构，以支持其在海外的生产与销售。当然，在这一时期内跨国公司主要关注的是其在海外的生产和销售，研发机构基本上属于生产和销售支撑型，企业研发活动的国际化程度还相当有限。

第二次世界大战后，跨国公司更是热衷于在公司母国以外的区域设立研发机构，使得企业的研发活动开始逐渐走向国际化。在这一时期，随着“马歇尔计划”的实施，美国的跨国公司在欧洲各国的研发活动有所增强；为了与美国企业展开竞争，欧洲的企业纷纷开始加大在美国的研发投资。因此，这一时期的国际研发投资格局基本上呈现出美国和欧洲之间的双向关系，且投资规模比较有限。

20 世纪 60～80 年代以来，跨国公司进入了全球扩张的早期阶段，这一阶段主要是欧美跨国公司之间相互的研发投资国际化开始增强。20 世纪 60 年代，企业利用已有技术优势，在海外设立研发机构，对产品进行调整，有利于促进当地市场销售，主要涉及研发国际化的行业有机械、电子、工程和汽车等领域；20 世纪 70 年代，跨国公司增强在海外的研发活动，主要目的是攫取海外的巨大市场份额，跨国公司不仅在其母国以外的国家设立新的研发机构，而且通过兼并国外企业及其研发机构，达到适应当地市场需求、对产品进行改造、实施本土化战略的目的。从地域范畴来看，在 20 世纪 60～70 年代，日本作为全球的一个经济和科技强国开始崛起，日本企业开始在海外寻求研发投资，美国和欧洲的企业也随后在日本进行研发投资。因此，这一时期基本呈现出“美欧日”大三角格局，跨国公司研发国际化开始进入了一个新的发展阶段。

20 世纪 90 年代以来，随着经济全球化的发展，科技全球化进入了加速发展阶段。由于技术变革不断加快，跨国公司根据东道国人才、技术、科技基础设施和投资环境等条件，在不同区域建立了不同类型和等级的研发机构，构建企业的全球研发网络，以此增强企业的研发实力。这一时期跨国公司的海外研发投资大幅度增加，据 Kummerle（1999）的一项调查显示，全球 32 家电子和医药行业的著名跨国公司在 1995 年的海外研发比例高达 25.8%，是 1965 年的 4 倍。同样，以美国企业的海外研发投资为例，1997 年美国企业海外研发投资增加到 147 亿美元（占当年美国全部工业研发经费的 11%），而 1986 年美国企业的海外研发投资才仅仅是 46 亿美元（占当年美国全部工业研发经费的 5%）（Dalton，1999）（图 7-1）。该阶段跨国公司海外研发活动主要集中在美国、日本、德国和英国等国家，与此同时，发达国家的跨国公司也开始在一些新兴经济体和发展中国家展开研发投资，研发全球化阶段才真正形成，并取得了快速发展。

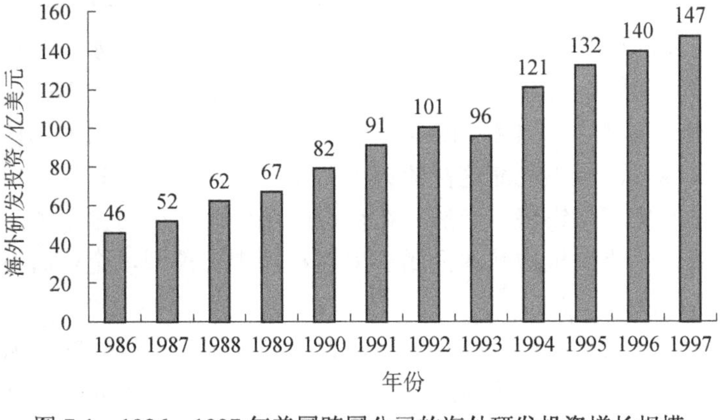

图 7-1　1986～1997 年美国跨国公司的海外研发投资增长规模

资料来源：美国商务部（1999）

进入 21 世纪以来，全球的研发投资格局发生了新的变化。首先，跨国公司为了挖掘海外市场潜力和充分利用海外的廉价劳动力资源，开始大举投资中国、印度等发展中国家，跨国公司不仅在新兴经济体中设立研发机构，部分公司还把地区的研发总部搬到了中国、印度和新加坡等新兴经济体，亚洲一时间成为跨国公司研发投资角逐的热土，全球研发投资由以前的“大三角”格局向“多极化”格局演变。其次，随着经济全球化的进一步发展，来自发展中国家的跨国公司也逐渐迈出国门到海外设立研发机构，从事研发活动。特别是在美债危机和欧债危机的国际大背景下，美国和欧洲经济开始衰退，导致世界经济笼罩在全球经济危机的阴霾下，而此时中国和印度的企业却表现出不俗的业绩，很多中国和印度的企业趁机在欧美国家掀起并购热潮，将部分大企业的研发机构收入囊中，极大地提升了发展中国家的企业创新能力和综合竞争力。

二、研发全球化的主要特征

（一）跨国公司研发投入占全球总投资的比重持续上升

跨国公司是研发全球化过程中的重要推动力量，跨国公司全球研发投资的迅猛增长是研发全球化的重要特征。自从第二次世界大战以来，跨国公司的研发投资比重不断上升，截至目前，跨国公司研发投资约占到全球研发投资的半数以上。根据2011年欧盟工业研发投资记分牌报告，2010年1400强企业研发投入为4560亿欧元，占全球产业研发总投入的比重约为51.8%，比2009年增长4%，企业平均研发强度达到3.3%（JRC，2011）。同时，跨国公司的产业研发主要集中在世界500强企业中。2010年，全球前500名企业研发投入占全球1400强企业研发投入的86.98%，前200强企业研发投入占71.58%，前50强企业研发投入占42.47%，前20强企业研发投入占23.47%。其中，罗氏公司以71.81亿欧元的研发投入拔得头筹，而辉瑞公司则以70.16亿欧元的研发投入稳居第二，微软公司以67.40亿欧元的研发投入名列第三，丰田、默克、大众、三星等跨国企业紧随其后（表7-2）。由此可见，跨国公司全球研发投资是研发全球化发展的重要扮演者和推动者。

表7-2　2010年世界研发投入前20强企业　（研发投入：亿欧元）

排名	企业名称	领域	国家	研发投入	增长率/%
1	罗氏	医药	瑞士	71.81	-4.5
2	辉瑞	医药	美国	70.16	21.4
3	微软	软件	美国	67.40	3.8
4	丰田	汽车	日本	66.67	-19.8
5	默克	医药	美国	64.03	47
6	大众	汽车	德国	62.58	8.1
7	三星	电子设备	韩国	61.81	24.9
8	诺华公司	医药	瑞士	60.22	10.9

续表

排名	企业名称	领域	国家	研发投入	增长率/%
9	通用汽车	汽车	美国	51.89	14.7
10	强生	医药	美国	51.01	-2
11	诺基亚	通信设备	芬兰	49.38	-1.2
12	英特尔	半导体	美国	49.01	16.3
13	戴姆勒	汽车	德国	48.52	16.5
14	赛诺菲-安万特	医药	法国	43.90	-3.9
15	松下	电子设备	日本	43.83	-7.9
16	葛兰素史克	医药	英国	43.78	3.4
17	本田	汽车	日本	42.58	-17.7
18	西门子	电子设备	德国	42.41	-1
19	索尼	电子设备	日本	39.70	-13.1
20	思科	通信设备	美国	39.30	1.2

资料来源：引自 The 2011 EU Industrial Research and Development Investment Scoreboard，Luxembourg：Publications Office of the European Union

（二）跨国公司的专利产出占全球创新主导地位

分析研发全球化不仅要看研发投入的规模和比重，而且还要考察研发产出的数量和质量。尽管专利在测算研发产出成果的过程中存在一定缺陷，但是现有的专利水平（包括专利申请和专利授权）在很大程度上揭示了一个国家或地区的创新能力，专利依然是衡量创新活动的可靠指标（Acs et al.，2002）。跨国公司研发全球化的一个重要特征就是国际科技活动规则与制度的日益趋同，知识产权的保护受到普遍重视，这一点明显可以从国际专利申请得到反映。跨国公司是国际专利申请的重要主体，跨国公司既增加在母国的专利申请量，又同时增加在海外的专利申请量。跨国公司仍然是全球技术创新的开拓者和领跑者，也是世界技术转移和扩散的重要媒介，并不断塑造着全球的创新景观（张永凯，2012）。国际专利 PCT①的申请能集中体现跨国公司的国际化水平。2010 年，在世界 15 个高收入国家（包括瑞典、芬兰、荷兰、日本、瑞士、德国、法国、美国、英国、加拿大、意大利、韩国、澳大利亚、以色列、西班牙）的企业、个人和大学的 PCT 专利申请数量中，企业的申请数量的比重超过 60%，其中，瑞典的企业申请数量最高，超过 90%。同时，在世界 15 个中等收入国家（包括中国、印度、泰国、土耳其、马来西亚、保加利亚、巴西、哥伦比亚、南非、智利、墨西哥、俄罗斯、摩洛哥、乌克兰、埃及）的企业、个人和大学的 PCT 专利申请数量中，中国、印度、泰国、土耳其、保加利亚五国的企业的申请数量均超过 50%。另外，根据 2011 年《世界知识产权

① PCT 为 Patent Cooperation Treaty 的英文缩写，是有关专利的国际条约。根据 PCT 的规定，专利申请人可以通过 PCT 途径递交国际专利申请，向多个国家申请专利。

组织报告》的统计数据，PCT 国际专利申请量排名前十位的国家分别是美国、日本、德国、中国、韩国、法国、英国、瑞士、荷兰、瑞典。其中，美国以 48 596 件 PCT 专利申请数量位居榜首，日本以 38 888 件 PCT 专利申请数量名列第二，德国以 18 568 件 PCT 专利申请数量摘得第三，中国以 16 406 件 PCT 专利申请数量排名第四（图 7-2）。从图 7-2 中可以看出，虽然美国、日本和欧洲依然是国际专利的重要来源地，但是中国作为后起之秀，在国际专利申请的舞台上开始发力，影响力不断增强。同时，2011 年全球 PCT 国际专利申请量排名前十位的企业分别是中兴通讯股份有限公司、松下电器产业株式会社、华为技术有限公司、夏普股份有限公司、罗伯特博世有限公司、高通公司、丰田汽车有限公司、乐金电子、皇家飞利浦电子股份有限公司、爱立信公司。其中，中国企业中兴通讯股份有限公司凭借 2826 件 PCT 国际专利一举超越日本松下（2463 件），跃居全球企业国际专利申请量第一位；松下电器产业株式会社以 2463 件 PCT 国际专利退居第二，中国企业华为技术有限公司也以 1831 件 PCT 国际专利名列第三（图 7-3）。世界知识产权组织（WIPO）总干事 Gurry 表示：“尽管普遍的不确定性影响全球经济，但全球企业的发明创新活动并未中断。2011 年的专利申请数字显示，全球创新活动正从北美和欧洲向亚洲转移，来自亚洲的专利申请占全球专利申请总量的 39%。”

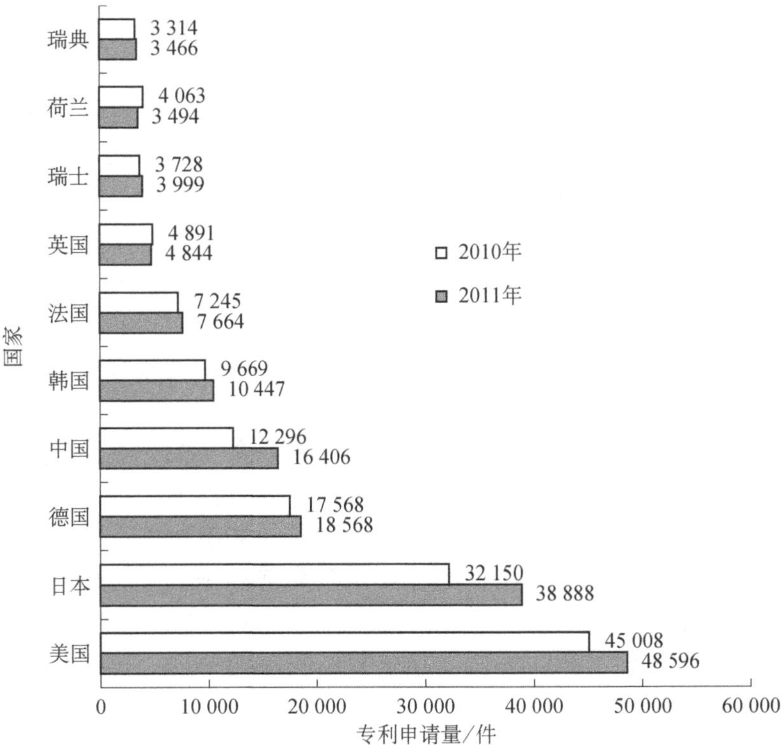

图 7-2 2010～2011 年排名前十位国家的 PCT 国际专利申请量

资料来源：2011 年世界知识产权组织（WIPO）报告

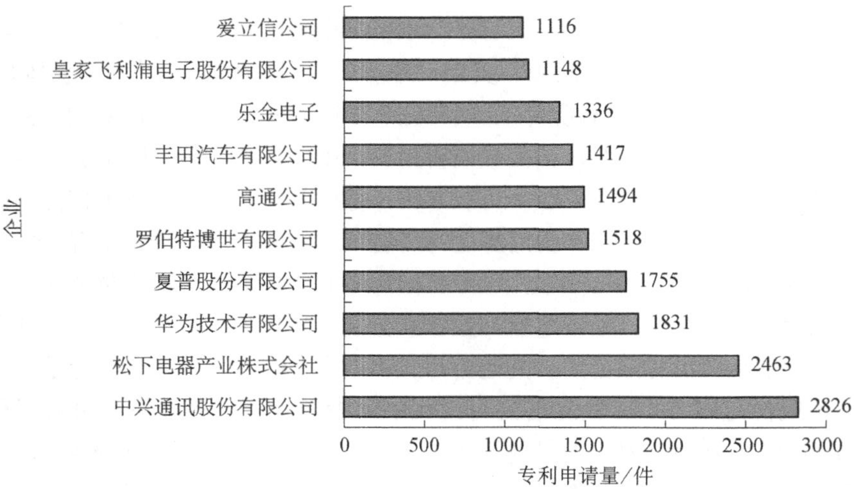

图 7-3 2011 年 PCT 企业国际专利申请量

资料来源：2011 年世界知识产权组织（WIPO）报告

（三）研发全球化活动的产业集中度显著

在跨国公司研发全球化过程中，并不是所有产业的研发全球化程度都相同。研究表明，跨国公司研发全球化主要集中在一些重要产业（黄兆银，2006）。根据近些年来跨国公司全球研发投资的现状，主要集中在计算机、医药、电器、化工和汽车等高新技术领域和关键产业。特别是自金融危机以来，企业研发活动越来越多地向少数行业集聚，并已经成为当今世界研发活动的一个鲜明特征。根据欧盟 2011 年全球产业研发投资记分牌显示，在 37 个行业部门中，生物制药、技术硬件与设备、汽车与配件三个产业占全球 1400 强企业研发投资的 50.8%（其中生物制药占 19.1%，技术硬件与设备占 16.8%，汽车与配件占 15.0%），前六个行业占产业研发总投入的 70%，前 15 个行业占产业研发总投入的 91.8%。虽然全球研发活动集聚在某些关键行业中，但在不同国家或地区表现出的特征不尽相同。以欧盟、美国和日本为例，欧盟跨国公司研发投资的重点行业主要为汽车与配件、生物制药、技术硬件与设备、空间与国防和化学等五大部门；美国的跨国公司研发投资的重点领域为生物制药、技术硬件与设备、软件与计算机服务、汽车与配件等四大部门；日本跨国公司研发投资的行业排名靠前的是汽车与配件、技术硬件与设备、生物制药、电子与电气设备及休闲用品等（图 7-4）。通过对比发现，汽车与配件是日本和欧洲研发投资首选发展的产业，但美国研发投资首选领域则为生物制药。

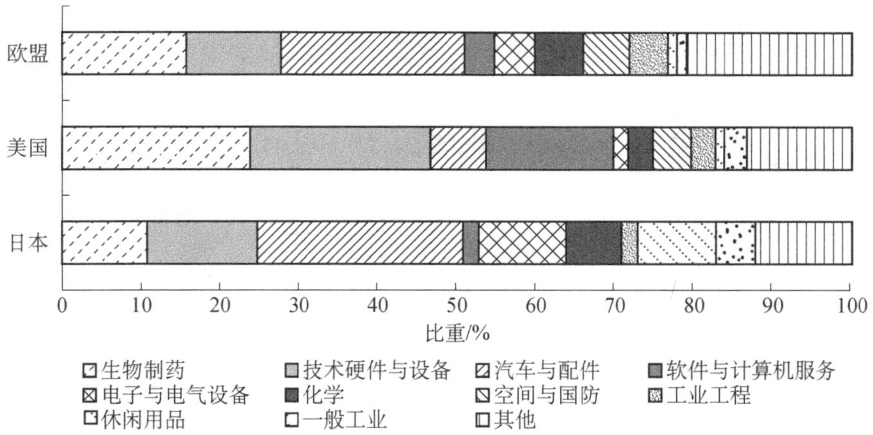

图 7-4　2010 年欧盟、美国和日本的研发行业比重

资料来源：引自 The 2011 EU Industrial Research and Development Investment Scoreboard，Luxembourg：Publications Office of the European Union

（四）跨国公司“R”趋于集中，“D”相对分散

通常情况下，研究和开发是作为一个整体加以考察的，但事实上，研究与开发业务特性可以划分为基础研究（R）和应用开发（D）两种类型。在研发全球化的初始阶段中，跨国公司倾向于将基础研究（R）保留在公司母国，而把应用开发（D）搬迁至东道国。总体而言，跨国公司海外研发机构一般以“D”为主要功能，而将“R”放在国内（杜德斌，2001）。然而，随着研发全球化浪潮的推进，跨国公司不仅在海外增加“D”机构，同时也在海外设立“R”机构。但从目前跨国公司“R”机构和“D”机构的空间格局来看，呈现出“R”趋于集中和“D”相对分散的格局。根据 Zedtwitz 和 Gassmann（2002）通过对 81 家技术密集型跨国公司 1021 个研发机构区位的调查（图 7-5），发现跨国公司的“R”机构比“D”机构更加集中，“R”机构主要集中在美国、欧洲、日本、韩国、新加坡以及其他亚太地区的新兴经济体，73.2%的“R”机构位于美国东北部和加利福尼亚州、英国、西欧以及远东的日本和韩国。而跨国公司“D”机构在空间上与“R”机构基本保持一致的前提下，相对均匀分布在欧洲和北美，并进一步向东南亚、澳大利亚、非洲和南美国家扩散，仅有 53.4%的“D”机构位于 8 个主要技术开发密集型国家，来自 19 个国家“D”机构占“D”样本总数的 74.2%，而来自 8 个国家的“R”机构占“R”样本总数的 73.2%。

（五）研发外包发展开始加速

随着国际经济的纵深发展，劳动分工已经深入到产品的内部，价值链的增值环节变得多元化，结构也日趋复杂。一个产品的研发和设计很难由一家公司或者在一个国家或地区内单独完成，需要进行研发外包（R&D outsourcing）。跨国公

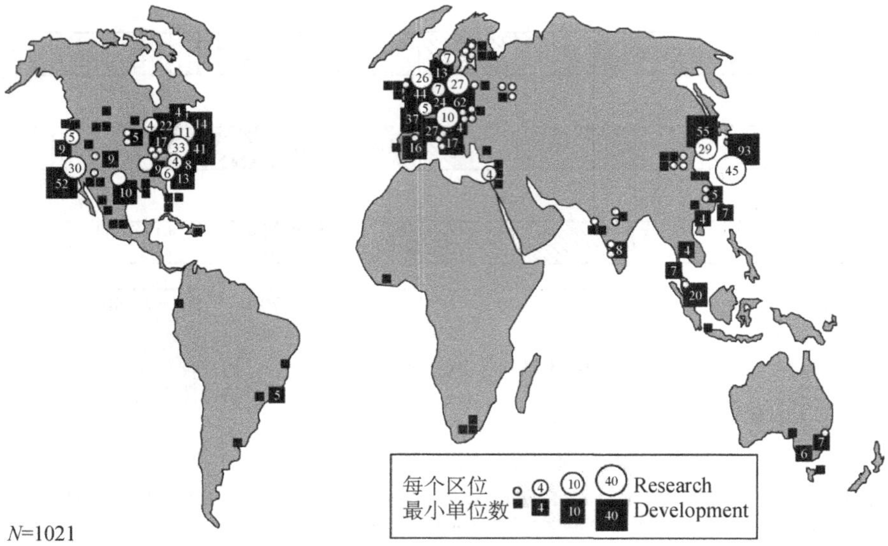

图 7-5 81 家技术密集型跨国公司 1021 个 R&D 机构的全球地理分布
资料来源：Zedtwitz 和 Gassmann（2002）

司的研发外包环节往往处于研发价值链中低端，通常是一些非核心或辅助性设备的研发，而核心技术研发和专利仍牢牢控制在自己手中（图 7-6）。因此，研发外包也正如生产外包一样，外包出去的一般都是处于价值链的低端部分或者是不擅长的技术环节，其目的是为了尽量降低研发的成本和风险，整合全球创新资源。在研发全球化过程中，为降低研发成本和风险，缩短研发周期，从而获得竞争优势，国际研发外包活动也开始浮现，而且发展规模在不断扩大，发展速度明显加大，已经成为研发全球化发展的重要趋势和潮流。在国际研发外包中，中国、印度等国家凭借廉价的高素质劳动力和良好的科技基础设施，成为全球研发外包的重要目的地。当前全球研发外包规模不断扩大，增长速度明显加快，但主要集中在 IT 行业和生物制药行业。IDC 市场分析显示，2006 年全球软件外包市场规模达 500 亿美元，增长 20%，到 2009 年达到 800 亿美元，年复合增长率为 19.75%。其中，印度软件研发外包市场的规模从 2003 年的 13 亿美元，增加到 2010 年的 80 亿美元；据统计 2005 年全球制药行业研发活动中的外包比例为 24.7%，约 1/4 的研发工作选择了外包途径，预计到 2010 年外包研发支出占研发总费用的比重将提高到 40%（任志武等，2008）。在研发外包中，尤以合同研发外包（CRO）影响最大。目前，世界制药业研发外包比例、外包营业额、外包增长率都在逐年呈现不同程度的上升趋势。2002 年全球有制药 CRO 企业 1000 余家，其中大约有 600 家公司在美国。CRO 承担了将近 1/3 的新药开发的组织工作，在所有的Ⅱ期和Ⅲ期临床试验中，有 CRO 参与的占 2/3。制药 CRO 服务的全球市场以每年 20%～25%的速度增加，2005 年 CRO 营业额达到 163 亿美元以上（表 7-3）（王静波，2005）。

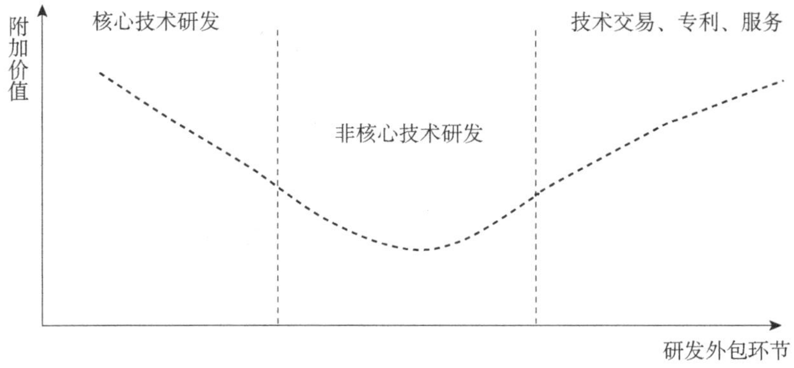

图 7-6 研发外包价值链

表 7-3 全球制药业 CRO 的市场增长

年份	研发费用/亿美元	增长/%	外包比例/%	CRO 营业额/亿美元	增长/%
2000	385.8	11.7	22.0	85	11.9
2001	429.7	11.4	22.8	98	15.0
2002	479.9	11.7	22.9	110	12.3
2003	534.5	11.4	23.4	125	13.9
2004	595.2	11.4	24.0	143	14.1
2005	660.7	11.0	24.7	163	14.4

资料来源：根据 PHRMA、Frost 和 Sullivan、上海科技情报研究所数据整理

第三节 跨国公司研发全球化的地理格局

一、全球研发活动的空间分异现象明显

全球研发活动存在着明显的空间差异现象。这种不均衡集中表现在向美国、日本和欧盟国家高度集聚，形成了研发活动的“大三角”空间格局。从图 7-7 中可明显看出，美国依然是世界研发领域的引领者，日本和欧盟国家也表现出强劲的发展势头，这些国家和地区不仅是跨国公司研发投资的重要来源地，同时也是国际研发投资的重要吸纳地。从 2010 年和 2011 年全球研发投资的规模看，美国、欧洲和亚洲依然是全球研发投入强劲的地区。尽管美国依然是全球研发投入的主要推动者，但是美国研发投入占全球研发投入比重已经下降到 32%（表 7-4）。然而，与之形成鲜明对照的是，亚洲地区成为全球研发投资的热点区域，特别中国和印度的研发投资迅速上升，并升级为跨国公司在全球研发投资角逐的主战场。以 2011 年为例，当年亚洲的研发投资占全球研发投资的比重已经达到 35.5%，其

中，中国的研发投资比重已经超过日本的 11.4%，高达 13.1%。根据《2012 年全球研发投资预测》(2012 Global R&D Funding Forecast)，2011 年欧盟、美国和亚洲依然是全球研发投资的强劲地区，三个地区几乎占到全球研发总投入的 92%。尽管新兴经济体的研发投资增加导致美国的研发投入在全球的比重有所下降（2011 年为 31%），但是美国在全球研发中占据绝对优势。除此之外，东亚地区的研发创新也表现不俗，从研发资金投入和人力投入强度来考察，日本和韩国均呈现出比较强劲的发展势头，这与其经济、科技实力相匹配。同时，从研发资金和人力资本投入的绝对数量看，中国和印度也是世界研发活动的后起之秀，这与其经济规模、科技实力以及人力资源密切相关。

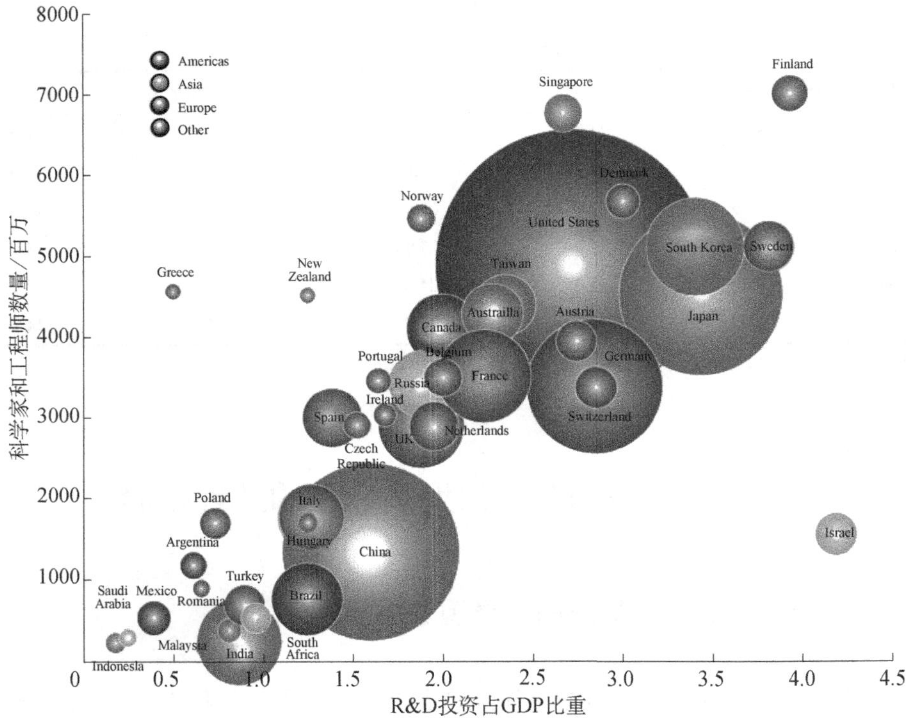

图 7-7　全球研发活动的强度和人力投入的空间分异

资料来源：引自 2012 Global R&D Funding Forecast

表 7-4　各国和各地区占全球研发投资的比重　　（单位：%）

年份 国家或地区	2010	2011	2012
美洲	37.8	36.9	36.0
美国	32.8	32.0	31.1
亚洲	34.3	35.5	36.7
日本	11.8	11.4	11.2

续表

地区 \ 年份	2010	2011	2012
中国	12.0	13.1	14.2
印度	2.6	2.8	2.9
欧洲	24.8	24.5	24.1
其他地区	3.0	3.1	3.2

资料来源：引自 2012 Global R&D Funding Forecast

另外，从研发创新的产出来看，全球研发活动的空间分异现象更加明显。托马斯·弗里德曼（Thomas Friedman）在《世界是平的》（The World Is Flat）一书中强调，全球化是资本、技术和信息超越国界的结合，这种结合创造了一个单一的全球市场，在某种程度上也可以说是一个全球村，在一定程度上强调了世界资本、技术、知识和人才的流动比以往任何时候都频繁，对全球科技和经济产生了重要影响。实际上，世界并不是平的，世界是钉子状（或者称为楔形）的。世界的人口分布不均衡，全球的经济活动和科技资源分布也不平衡，世界的专利更是如此（虽然专利不完全代表创新，但它是考察创新的一个重要指标），它集中在非常少的几个地方，最高的一个地方是日本的东京，其次是硅谷，西欧和北欧的科技强国也有不俗表现（图 7-8）。

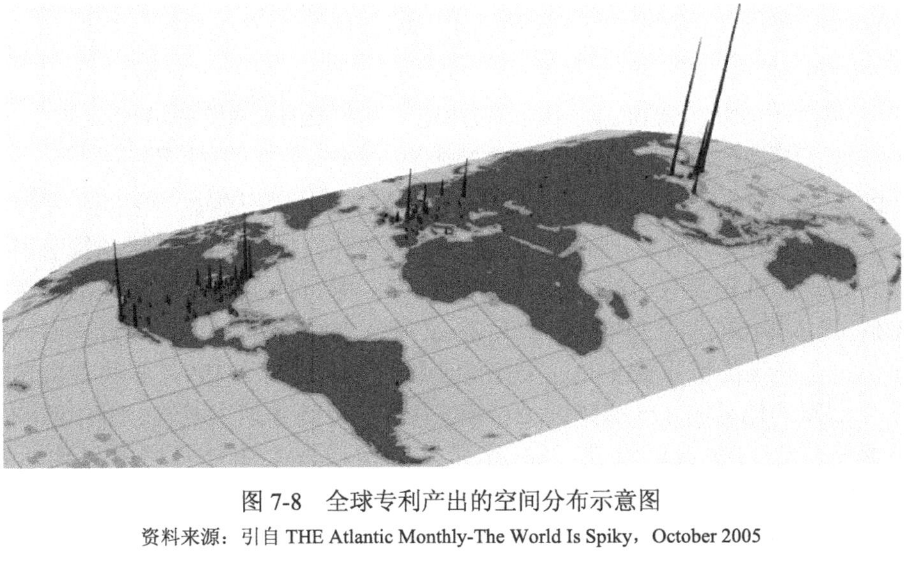

图 7-8　全球专利产出的空间分布示意图

资料来源：引自 THE Atlantic Monthly-The World Is Spiky，October 2005

二、西方发达国家的跨国公司是研发全球化的重要推动者

早期的跨国公司主要来自西方发达国家，美国、欧洲和日本构成了跨国公司母国的主体，由于这些国家是世界上科技最为发达的国家，可以为跨国公司的研

发活动提供强大的技术支撑。通常认为，研发是跨国公司最不容易被分解的功能，但是在销售全球化、生产全球化的推动下，西方发达国家的跨国公司研发活动也从企业母国中逐步分离出来，开始走向海外并呈现蓬勃发展的态势。从地理格局来看，当前跨国公司全球研发投资依然集中在美国、欧洲和日本等西方发达国家，并形成了跨国公司海外研发投资的“大三角”布局形态。以研发资金流量为例，2005 年，美国跨国公司在欧盟和日本的研发投资分别为 170 亿美元和 17 亿美元，欧盟的跨国公司分别向美国和日本的研发投资为 191 亿美元和 39 亿美元，而日本跨国公司在美国和欧盟的研发投资分别为 11 亿美元和 7 亿美元（图 7-9）。美国和欧盟之间的跨国研发投资数额巨大，而且在日本的海外研发投资规模也较大，但相比之下，日本对美国和欧盟的研发投资规模偏小。由此可见，“大三角”格局之间的跨国公司研发投资以欧美之间的相互投资占据主导地位，这对研发全球化的发展起到了巨大的推动作用。

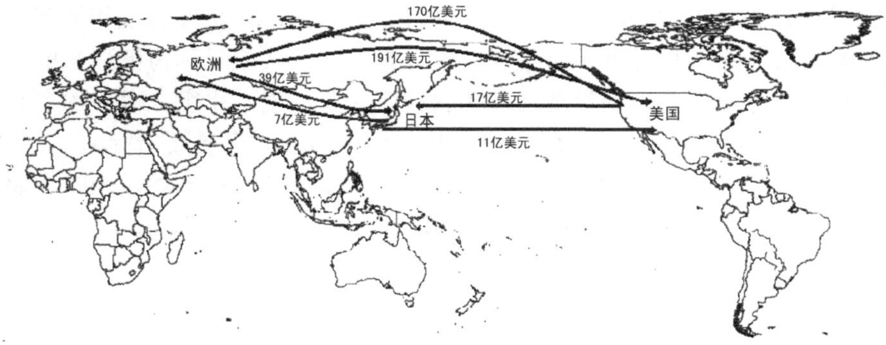

图 7-9 2005 年美国、欧洲和日本跨国公司海外 R&D 双向投资的资金流量

资料来源：根据 OECD. 2008. Research and Development：Going Globally 数据绘制

以美国为例，美国跨国公司海外研发投资以及外国企业在美国的研发投资都主要集中在西方发达国家。根据美国商务部的统计，1997 年，美国跨国公司在海外设立的研发机构共有 186 家，其中欧洲 88 家，占美国海外研发机构总数的 47.3%；日本 34 家，占 22%；加拿大 23 家，占 14%（图 7-10）；与此同时，外国跨国公司在美国的研发投资也主要来源于西方发达国家。1999 年共有来自世界 20 多个国家和地区的 375 家跨国公司在美国设立 715 家研发机构，其中欧洲共有 194 家跨国公司在美国设立 383 家研发机构，占美国外资研发机构总数的 53.6%；日本有 128 家跨国公司在美国设立了 251 家研发机构，占美国外资研发机构总数的 36%（图 7-11）。

三、跨国公司的研发投资向发展中国家转移

随着经济和科技全球化浪潮的推进，跨国公司不仅重视在发达国家的研发投资，而且也开始关注在发展中国家的研发投资，并将发展中国家和新兴经济体纳

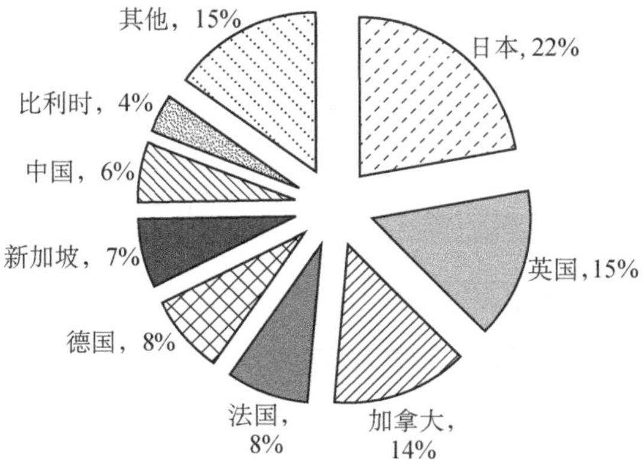

图 7-10 1997 年美国跨国公司海外研发机构分布

资料来源：根据美国商务部 1999 年统计资料整理

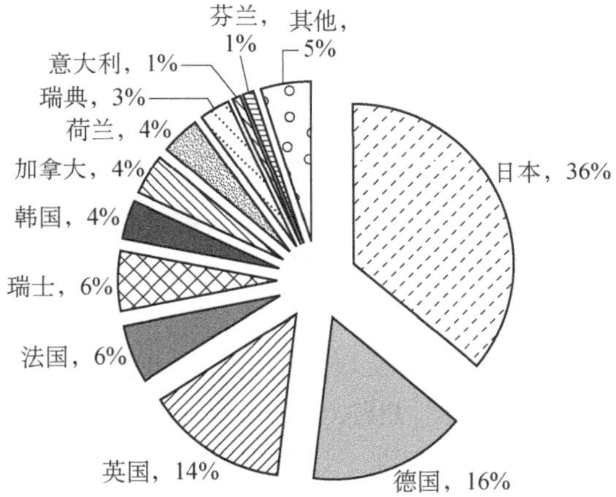

图 7-11 1999 年美国外资研发机构的来源机构

资料来源：根据美国商务部 1999 年统计资料整理

入到跨国公司的全球研发网络中。长期以来，跨国公司一般将研发高端环节保留在其母国或者是其他发达国家，而把研发低端环节转移到发展中国家。但是，随着一些新兴经济体的崛起，凭借强大的市场潜力和高质量的廉价劳动力资源，跨国公司为了降低研发成本，纷纷将其研发机构搬到发展中国家和新兴经济体，其中不乏先导性研发中心和面向全球市场的研发机构。2007 年，中国是全球最大的研发投资净流入国，流入研发资金约 247 亿美元，而当年印度的研发资金流入量为 129 亿美元，位居世界第二。跨国公司特别关注中国、印度和巴西的市场潜力和人才资源，纷纷前来设立研发机构，中国、印度和巴西迅速成为跨国公司全球研发投资争夺的“主战场”。根据 R&D Magazine 对美国企业的最新调查显示，目前有 30%的企业希望到中国设立研发机构，开展研发活动；有24%的企业愿意到印度进行研发投资；有11%的公司愿意到亚洲其他地区设立研发机构，开展研发活动（图7-12）。统计结果表明，美国公司竟然有 60%～70%的比例愿意来亚洲进行研发投资。由此可见，发展中国家和新兴经济体已成为跨国公司海外研发投资的热土，并蕴藏着巨大潜力。

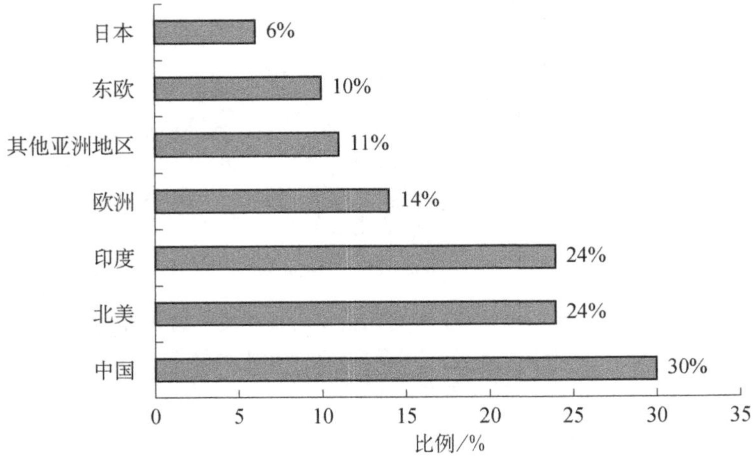

图 7-12 美国企业在海外研发投资意向的调查结果

资料来源：引自 2012 Global R&D Funding Forecast

跨国公司在看好中国研发投资的同时，也不断加大在印度设立研发机构，开展研发活动。特别是到 21 世纪以来，开始在印度设立研发机构的跨国公司越来越多，平均每年新设的研发机构在 35～40 个，到 2005 年已经有 145 个外资研发机构，到 2006～2007 年，印度外资研发机构已达 200 家左右。与此同时，研发投资的经费也在不断增长，根据 TIFAC①对印度 145 家研发机构（包括中小企业的研发机构）的调查数据显示，1998～2003 年，外资在印度的研发投资大概达到 13.5 亿美元。根据 2006 年 5 月印度通信与信息技术产业部的统计数据，印度最大的研发投资者来自美国，而且研发投资主要集中在 ICT 产业。例如，微软、英特尔、IBM、思科、惠普、摩托罗拉、太阳系统公司、甲骨文等美国跨国公司都在印度设立研发中心，并高度集聚于班加罗尔，部分跨国公司甚至在印度设立的研发机构不止一个，许多研发机构不仅是区域研发中心，而且也是跨国公司的全球研发中心，服务于跨国公司全球研发布局战略（表 7-5）。

表 7-5 部分美国公司在印度设立的研发机构

公司名称	研发机构	设立地点	涉及行业或研发方向	定位
英特尔	英特尔印度设计中心	班加罗尔	软件开发	全球研发中心
德州仪器	德州仪器印度研发中心	班加罗尔	软件开发	区域研发中心
甲骨文	甲骨文印度研发中心	班加罗尔、海德拉巴	数据库产品和应用型产品的工具开发	美国本土以外的最大研发中心

① 印度科学技术部 TIFAC（Technology，Information，Forecasting and Assessment Council）机构受政府资助，在 2004 年对印度 1998～2004 年的 145 家跨国公司的研发机构进行调查，并出版了 2006TIFAC 调查报告。

续表

公司名称	研发机构	设立地点	涉及行业或研发方向	定位
太阳系统公司	印度工程中心	班加罗尔	软件开发	区域研发中心
IBM	IBM 软件实验室	新德里、班加罗尔、浦那	软件开发	全球研发中心
微软	微软印度开发中心	海德拉巴	软件开发	全球研发中心
惠普	惠普印度实验室	班加罗尔	新兴市场的未来技术研究	区域研发中心
思科	思科印度研发中心	班加罗尔、海德拉巴	软件开发	全球研发中心
摩托罗拉	摩托罗拉印度研发中心	班加罗尔、海德拉巴	通信技术和软件设计	全球第二大研发中心
Google	Google 印度研发中心	班加罗尔	数据挖掘与搜索	美国本土以外的第一个研发中心
Adobe	Adobe 印度研发中心	班加罗尔、诺伊达（Noida）	软件开发	区域研发中心
通用汽车	印度科学实验室	班加罗尔	汽车	全球研发中心
戴姆克莱斯勒	克莱斯勒研发中心	班加罗尔	汽车（电子设备、仿真和软件开发）	区域研发中心
通用电气	韦尔奇技术中心	班加罗尔	软件开发、飞机发动机及涡轮部件开发、医疗器械	美国本土以外的最大研发中心

四、发展中国家和新兴经济体的企业寻求海外研发投资

长期以来，跨国研发投资一直被发达国家所主导，发展中国家的企业海外研发投资仅仅是近年来的新生事物，也就是说，在全球研发投资活动中，发达国家的跨国公司一直唱“主角”，而发展中国家的企业往往则扮演“配角”。然而，最近几年，这种传统角色出现了重大转换。跨国公司海外研发投资不再是由发达国家单向流动到发展中国家，发展中国家的企业也开始寻求到发达国家和其他发展中国家设立研发机构。在科技全球化浪潮的推动下，不少发展中国家的大企业也纷纷跨出国门，到海外寻求研发投资。

目前，印度等国大型企业也开始在欧美等国设立研发机构。印度的兰伯西制药公司（Ranbaxy）、塔塔汽车公司（Tata Motor）、信息技术有限公司（Infosys）、维普罗（Wipro）等声名鹊起的本土企业也纷纷在境外设立研发机构。其中，塔塔汽车公司先后在韩国、西班牙和英国设立研发中心，与本土共计六个研发中心、1400 多个工程师和科学专家，车辆出口至欧洲、非洲、中东、东南亚、南亚及南美地区。正如塔塔汽车公司常务董事拉维·坎特（Ravi Kant）所说：“我们的想法完全改变了，我们不仅准备应对国内竞争，还将走出国门，迎

接来自其他国家的挑战。”另外，印度的萨蒂亚公司将全球销售网络拓展到 45 个国家，并在美国、英国、新加坡、中国、日本和澳大利亚等国设立研发中心，服务范围涉及自动化、银行金融服务、保险与保健服务和制造业等领域（文富德，2009）。

在新的历史条件下，特别是在当今美国经济危机、欧债危机以及日本经济衰退的国际大背景下，以中国和印度为代表的发展中国家和新兴经济体的企业充分抓住国际金融危机带来的机遇，开始在发达国家掀起了新一轮海外并购的热潮。在海外并购过程中，许多发展中国家的企业同时也并购了海外企业的研发机构，这也是近年来海外研发投资的一种新常态。以印度企业为例，近年来不少印度企业明显加快了海外并购的步伐和速度，印度汽车零件业、制药业、软件业的一批大型私营企业纷纷将目光瞄准海外市场，掀起了一股在印度商业发展史上前所未有的海外收购热潮。据印度工商联合会统计，过去 8 年间印度公司共收购了 300 多家海外企业，总价值高达数百亿美元。印度企业通过海外并购，整合全球资源，完善产业链条，不断提高企业的研发实力和水平。例如，印度一些钢铁和汽车行业中的核心企业（如 Mittal Steel、Tata Steel、Bharat Forge、Tata Motors 等公司）通过海外并购的方式嵌入全球生产网络（global production network，GPN），并在技术创新方面得到经济回报。2000～2007 年，印度企业在海外收购的规模空前，涉及的行业多样，收购的企业国别来源也较广（表 7-6）。

表 7-6　2000～2007 年印度企业的主要海外收购案例

印度企业	被收购企业	国家	收购年份	交易价格（百万美元）	所属行业
ONGC Videsh Ltd	Petrobras	巴西	2006	1 400	石油
	Greater Plutonic Project	安哥拉	2004	600	石油
	Greater Nile Oil Project	苏丹	2002	760	石油
	Sakhalin-I PSA Project	俄罗斯	2000	323	石油
雷迪博士实验室公司	Betapharm Arzneinmittel	德国	2006	572	制药
Suzlon Energy Ltd	HTI	比利时	2006	565	能源
兰伯西实验室公司	Therapia S. A.	罗马尼亚	2006	324	制药
Opto Circuits India	Eurocor GmbH	德国	2005	600	医疗设备
塔塔茶叶	Tetley	英国	2005	407	食品饮料
塔塔汽车	Daewoo Commercial	韩国	2004	465	汽车
VSNL	Teleglobe	加拿大	2005	239	电信
塔塔化学	Brunner Mod	英国	2005	798	化学
塔塔钢铁	Corus Steel	英国	2007	12 100	钢铁
	PT Bumi Resources Tbk	印尼	2007	1 100	电力
	Millenium Steel	泰国	2006	404	钢铁
	Natsteel	新加坡	2005	285	钢铁

续表

印度企业	被收购企业	国家	收购年份	交易价格（百万美元）	所属行业
塔塔咖啡	Eight O'Clock	美国	2006	220	食品饮料
Hindalco	Novelis	加拿大	2007	5 892	铝业
Videocon	Daewoo Electronics	韩国	2005	729	电子
Ispat Industries	Finmetal Holdings	保加利亚	2005	300	钢铁
Reliance Ind.	Flag Telecom	百慕大	2003	212	电信
Matrix Laboratories	Docpharma NV	比利时	2005	235	制药
Ballarpur Industries	Sabah Forest Industries	马来西亚	2006	209	造纸
SC	Bornia Hightec	芬兰	2006	210	信息技术
Essar Steel	Algoma	加拿大	2007	1 600	钢铁

资料来源：高德步和王钰（2011）
注：SC 为 Sasken Communications 公司的缩写；HTI 为 Hansen Transmissions International 公司的缩写

与印度本土企业相比，中国本土企业的海外并购起步相对较晚。但是近年以来中国一些大型企业不断寻求海外并购，在跨国并购的国际舞台上开始崭露头角。2004 年年末，中国联想公司以 12.5 亿美元的价格（并承担 5 亿美元的债务）并购美国国际商业机器公司（IBM）的个人计算机分部，震惊了国内外经济界，使中国企业的跨国并购活动立刻成为国内外经济界关注的焦点。美国著名的财经杂志《商业周刊》就撰文认为，未来十年中国企业将进行大规模的跨国并购，从而将深刻改变世界企业竞争的整体格局。尤其是全球金融危机发生以来，发达国家和发展中国家的经济均受到了重创，在全球经济的不景气中，中国经济一枝独秀，这给中国企业实施海外并购提供了难得的历史机遇，中国企业跨国并购更是风生水起。从表 7-7 中可以看出，近几年中国企业海外并购主要集中在能源和机械制造等行业，且多数并购发生在 2008 年的金融危机之后，并购的成本相对较低。当然，在看到中国海外并购的成功案例的同时，也要看到中国在海外并购中遇到的许多失败和教训，跨国并购蕴藏着巨大的风险和危机，如果在并购过程中处理不好这些问题，那将会带来严重后果。

表 7-7　2006 年以来中国企业的主要海外收购案例

中国企业	被收购企业	国家	收购年份	交易价格/亿元	所属行业
中国化工集团公司	安迪苏集团	法国	2006	31.8	能源
中海油	Oil&Gas Assets 公司	尼日利亚	2006	168.7	能源
工商银行	南非标准银行	南非	2007	341.1	银行
中国平安	富通	比利时	2008	170.9	金融
中海油	Awulco Offshore ASA	挪威	2008	156.2	能源
华菱集团	FMG 公司	澳大利亚	2009	78.0	钢铁

续表

中国企业	被收购企业	国家	收购年份	交易价格/亿元	所属行业
中石化	Addax 公司	瑞士	2009	452.4	石油
中国海南航空集团	allco 金融集团飞机租赁业务	澳大利亚	2010	9.4	航空
五矿集团	OZMinerals 公司	澳大利亚	2010	43.7	能源
苏宁	LAOX 公司	日本	2010	0.573	家电
中海油	马拉松安哥拉 32 区块公司	安哥拉	2010	81.2	能源
吉利	沃尔沃公司	瑞典	2010	112.5	汽车
联想集团	NEC 公司	日本	2011	10.9	电子
海尔集团	三洋电机株式会社	日本	2011	8.3	家电
中海油	OPTI 公司	加拿大	2011	131.2	能源
中海油	Nexen 公司	加拿大	2012	943.4	能源
兖州煤业	Felix 公司	澳大利亚	2012	216.8	煤矿
三一重工	普茨迈斯特公司	德国	2012	26.5	机械制造
吉恩镍业	GBK 公司	加拿大	2012	6.3	能源
国家电网	葡萄牙国家能源网	葡萄牙	2012	32	能源
恒立数控	SumiKura 株式会社	日本	2012	0.1587	机械制造
大连万达	AMC 影院公司	美国	2012	200	娱乐

五、案例分析：IBM 的研发全球化之路

IBM 作为世界信息技术领域中的跨国巨头，其研发全球化发展道路具有一定的典型性和代表性，对于我们认识跨国公司研发全球化活动具有重要启示和借鉴意义。

（一）IBM 简介

IBM，即国际商业机器公司，1911 年创立于美国，是全球性的信息技术和业务解决方案公司，其业务遍及世界 170 多个国家和地区。2014 年全球营业收入达 928 亿美元，在美国注册了 7534 项专利。IBM 拥有全球规模最大的信息技术研究网络，在通信芯片设计、软件、生物信息、存储设备、微电子产品、业务解决方案等领域处于领先水平，IBM 通过为全球范围内的顾客提供专业化的解决方案与服务体系。在中国，IBM 公司提供领先的云计算、大数据和分析、企业移动应用、社交商务、信息安全等解决方案。

（二）IBM 本土研发活动

注重研究与开发是 IBM 取得商业成功的重要秘籍。IBM 自创立以来，非常

重视企业研发创新，通过设立研发机构，增大研发投入，成为信息与通信技术领域的重要领跑者。IBM 早期的研发活动主要是在美国本土进行的，其本土研发中心主要有纽约的沃森研究中心（Thomas Watson Research Center）、加利福尼亚州的阿曼登研究中心（Almaden Research Center）、得克萨斯州的奥斯汀研发中心（Austin Research Center）等。

1．沃森研究中心

沃森研究中心位于美国纽约，该研究中心成立于 1961 年，曾有超过 1750 名研究人员，是 IBM 的全球研发总部，负责 IBM 的全球研发业务和管理事项。沃森研究中心在半导体电子穿隧效应、扫描隧道显微镜、超高温半导体等方面有着卓越的创新表现，并针对计算机科技、半导体、数学、物理、信息技术以及相关的应用科技等领域展开持续深入的研究。

2．阿曼登研究中心

阿曼登研究中心位于美国的高科技创新中心——硅谷，该研究中心为 IBM 全球第二大研究中心，也是 1956 年世界上第一个磁盘存储器诞生地。阿曼登研究中心在磁性数据存储、数据库和网络技术、纳米技术、量子信息、材料科学、化学和用户界面的研究方面多有建树。此外，该研究中心在 20 世纪 80 年代研发出关系数据库概念，在计算机、物理材料应用科学领域有不俗的表现，灵活强大的关系型数据库给当时整个世界造成了不小的轰动。

3．奥斯汀研发中心

奥斯汀研发中心成立于 1995 年，位于美国得克萨斯州，是 IBM 全球九大实验室之一，也是第一个为发展微处理器及相关研究而设立的研发中心，该实验室主要侧重高速微处理器的研究、高速电路系列和电脑辅助工具设计以支持高性能和复杂微体系架构。目前，奥斯汀研发中心主要集中在高性能低功耗超大规模集成电路（VLSI）设计、系统功耗分析、开发新系统架构等领域。

（三）IBM 的海外研发活动

随着 IBM 研发投入的不断加大以及拓展海外市场的需要，其研发活动也逐步从本土化迈向全球化。IBM 海外研发活动重点集中在瑞士、以色列、日本、印度、巴西、中国等国家和地区。

1．瑞士苏黎世研发中心

IBM 苏黎世研发中心（Zurich Research Laboratory）早在 1956 年就设立了，也是 IBM 在美国本土以外设立的首个实验室，作为 IBM 在欧洲新设立的研究实验室，其最大亮点就是拥有多元化和跨学科的研究团体，其中包括 330 名致力于长期研究的工作者，以及来自世界各地 30 个国家的博士后和研究生。另外，该研发中心还是行业解决方案实验室，是 IBM 整合多项领先技术和方案原型的试验场地。更为重要的是，IBM 苏黎世研发中心不仅致力于基础研究，而且探索和建立创新产业，以及以客户为导向的关键领域解决方案。这其中比较突出的领域是激光科学与技术，特别是半导体激光器、光学储存、光电材料、分子束外延等。

2．以色列海法研发中心

IBM 海法研发中心（Haifa Research Laboratory）于 1962 年在以色列成立，该研发中心主要致力于应用数学、系统科技、辨识系统、储存系统、软件程序语言以及多媒体等领域技术的应用和开发，有超过 500 名的科学家和工程师，该研发中心在 IBM 的全球研发网络中也占据重要地位。

3．日本东京研发中心

IBM 东京研发中心（Tokyo Research Laboratory）成立于 1993 年，是 IBM 在亚洲地区设立的第一个海外研发中心，该研发中心内分计算机科学研究所、新技术研究所和东京科学中心，主要是结合计算机的生产和革新进行研究，在系统硬设备、软件研究、网络技术等领域都有突出的表现，其重点研究成果有 LINUX 手表型计算机、信息家电、人工智能。

4．印度新德里研发中心

IBM 新德里研发中心（New Deli Research Laboratory）成立于 1998 年，主要涉足于语音技术、普适计算、电子政务、信息管理、天气预测技术、电子商务、生命科学、分布式计算、软件工程、解决方案等领域的研究。该中心旨在通过研发成果转化和学术交流合作，为 IBM 企业发展战略以及印度经济增长和科技进步提供参考。

5．巴西研发中心

IBM 巴西研发中心（Brazil Research Laboratory）建立于 2010 年 6 月，是 IBM 第九大全球研发中心，也是 IBM 在南美组建的首个研发中心、十二年来首个新设立的研发中心。该研发中心专注于以下领域：①自然资源的智能勘探、挖掘和物流运输技术，起初将在石油和天然气等领域展开研发，致力于解决可持续发展和资源产业的安全问题；②研发使用更先进半导体的智能设备，为智慧地球提供所需要的解决方案；③研发服务系统及其相关科学、技术、管理和创新，旨在为政府、银行、零售和运输等服务行业提供支持。另外，由于巴西举办 2016

年的夏季奥运会，故而大型展会仪式的管理技术和“人类系统”也是该研发中心的主要研究项目之一。

6．中国研发中心

在 IBM 研发活动全球化过程中，中国是其海外研发布局的重要战略区域。IBM 也设立了中国研发中心（China Research Laboratory）并先后在北京、上海、西安、宁波、无锡和成都设立研发中心，开展研发活动，其在华研发投资也经历了一个由少到多、从沿海到内陆的过程，这在一定程度上折射出其全球化发展路径。

（1）北京研发中心。1995 年，IBM 在北京设立了中国研究中心，主要致力于中文语音技术、电子商业、计算机普及运算技术等（祝影，2005）。1999 年，IBM 中国开发中心（IBM China Development Labs，CDL）成立，目前 CDL 已经成为 IBM 全球规模最大的软件开发中心之一，更是 IBM 众多软件开发中心中唯一同时进行 IBM 所有核心品牌软件（WebSphere，Information Management，Tivoli，Rational）以及行业产品与解决方案（Lotus，Business Analytics，Industry Solutions，etc. ）的开发中心。当前，CDL 已经成为跨国公司在中国最大的软件开发中心。

（2）上海研发中心。另外，IBM 也在中国上海设立了系统与科技研发中心，该研发中心主要是针对系统固件开发以及软件性能工具研制，同时主要进行微码开发。

（3）西安研发中心。2010 年 3 月 23 日，IBM 在陕西省西安市召开 IBM 软件集团 2010 策略新闻发布会，宣布设立 IBM 大中华区软件集团华西区，并在西安建立 IBM 中国开发中心（中国西部）、IBM 全球分析软件实验室和 IBM 区域软件成长中心以配合中国政府“西部大开发”战略第二个十年的发展，同时辐射和支持中国和全球企业对于商业智能与业务分析能力迅速增长的需求。

（4）宁波研发中心。2011 年 5 月，IBM 中国开发中心物流行业解决方案中心正式落户宁波，该中心是 IBM 在中国设立的第四个研发基地。作为“宁波国际智慧物流软件与信息服务外包产业园”项目运营的核心基地，IBM 宁波研发中心着力于通过引入 IBM“物流云”等基于全球顶级的云计算、物联网技术，全面推动宁波现代物流业的发展，打造全球领先的“智慧物流”产业。

（5）无锡研发中心。2011 年 8 月，IBM 在无锡设立的研发中心，名称为 IBM 中国系统与科技（无锡）开发中心，也是 IBM 在全球建立的最大研发中心，该研发中心主攻网络、存储和系统软件等领域，将使 IBM 在中国市场的科技研发、解决方案提供、本地支持与服务能力得到进一步完善与提升，进一步推动无锡市“智慧城市”建设。

（6）成都研发中心。2014 年 7 月，与四川华讯中星科技有限公司签署战略合作协议，在成都成立全球智慧城市联合研发中心，该研发中心将面向全国乃至全球，提供智慧城市建设最先进的解决方案和核心技术。配合全球智慧城市联合研发中心的建立，双方打造集科研、孵化、总部经济、人才公寓、生活配套等智能化应用系统、绿色节能管理和多功能产业服务平台为一体的智慧园区。

第四节　跨国公司在华研发创新活动

在研发全球化浪潮的推动下，中国凭借优惠的投资政策、巨大的市场潜力、廉价的高素质劳动力等优势，不断吸引跨国公司投资，目前中国已经成为跨国公司海外研发投资的热土和重点区域，并跻身于全球创新网络的关键结点和枢纽。跨国公司在华研发创新活动特征主要表现在以下几个方面。

一、研发机构数量不断增加

跨国公司来华设立研发机构始于 20 世纪 90 年代初。从 1994 年加拿大北方电讯公司与北京邮电大学合作成立了跨国公司在华的第一个研发中心[①]（北方电信研究开发中心）以来，跨国公司在华设立研发机构的势头日益迅猛，呈逐年增长趋势。根据商务部外资司的不完全统计，1996 年，跨国公司在华设立研发中心的数量是 34 家。到 2000 年，研发中心的数量激增到 100 家。此后，研发中心数量持续增加，到 2006 年 8 月底，跨国公司在华设立研发中心数量达到了 750 多家。据不完全统计，截至 2007 年年底，跨国公司在华共设立研发机构 1160 家（图 7-13）。近年来，大型跨国公司在华设立研发机构的速度尤为迅猛。至 2007 年上半年，世界 500 强跨国公司在华设立的研发机构已达 340 多家（杜德斌，2009）。据统计，2012 年以来，虽然全球海外投资同比有所减少，但是在研发全球化的推动下，精明的跨国资本依然看好中国，逆势增资，加紧在华设立研发中心、地区总部等高端项目，我国利用外资的结构也进一步优化，布局更加合理，凸显出我国投资环境和发展前景对全球资金、技术和人才具有强大的吸引力。根据商务部的最新统计资料，截止到目前，在华的外资研发中心数量已经超过 1800 家，其中一半左右从事先导技术开发，六成以上面对全球市场。在加快研发速度的同时，百事、联合利华、惠普、西门子等跨国公司更加大了对我国中西部地区的投资力度。联合利华的全球首席执行官保罗·波尔曼（Paul Polman）表示："我们非常看好中国未来的发展前景，所以我们在西部投资建设生产基地。"西门

① 也有另一种说法，认为 1993 年摩托罗拉公司在中国建立的研发实验室是我国第一个外资研发中心。

子东北区首席执行官程美玮（中国华裔）也表示："从节能减排、环境保护到新材料、新能源汽车等这些都是我们有竞争优势的领域。"同时，奔驰、宝马、大众和博世等公司在加大投资的同时，不断在华推出最新产品，空中客车、欧洲直升机等公司也签订协议，继续增资添金，强大的中国制造牵引来更多的中国研发。北京新世纪跨国公司研究所所长王志乐认为："中国在全球布局中是一个重要结点，所以很多跨国公司把全价值链的主要环节都往中国转移，包括上游的研发设计、中间的制造组装和下游的营销服务。"随着业务板块的不断扩大，把经营重心转移到中国也成为调整的必然。拜耳集团最近也把聚碳酸酯全球业务总部从德国勒沃库森转移到中国上海。拜耳集团大中华区总裁兼拜耳材料科技中国区总裁迈克尔·柯尼希（Michael Koenig）认为："这个举措对于我们业务的发展而言，是一个重要的里程碑。因为这证明了我们完全可以在中国在上海去运营和领导一个全球业务。"来自中国美国商会、中国欧洲商会的调查，大多数企业认为，中国的战略地位变得更加重要。中国美国商会主席犹安华（Ted Dean）表示："其实主要是基于对未来中国的一个发展情况的预期，中国是世界第二大经济体，并且将持续发展，将继续成为吸引外资的一个最主要的对象。"①

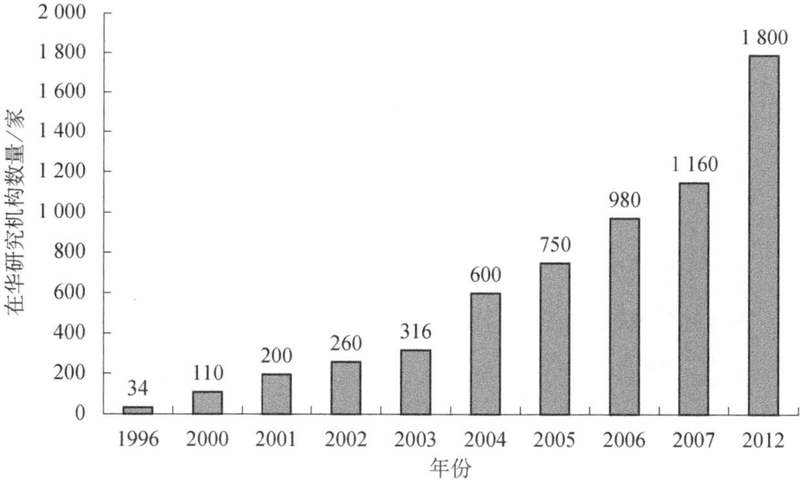

图 7-13　1996～2012 年跨国公司在华研发机构数量

资料来源：根据商务部网站（http：//www.mofcom.gov.cn/）统计数据和相关新闻报道整理

自国际金融危机爆发以来，虽然跨国公司在总体上都受到不同程度的影响，多数跨国公司开始削减海外研发投资，但跨国公司在中国的研发投资似乎未受到影响，中国依然是跨国公司研发投资的热土，新一轮研发"中国潮"正在到来。自 2008 年以来，许多跨国公司依然抢滩登陆中国，全球研发中心正在"移师"中国，上海、北京、苏州、成都和西安等城市是外商研发投资的首选桥头堡。通

① 根据 2012 年 10 月 29 日中央电视台"新闻联播"的报道整理。

过网络搜索和对媒体报道的整理发现，2008～2011 年在华新增的外资研发机构中，以美国公司居多，且多以选择上海为在华研发投资目的地（表 7-8）。

表 7-8　2008～2011 年部分世界 500 强企业在华的新增研发机构

年月	公司名称	来源母国	研发领域	机构定位	所在城市
2008 年 2 月	AMD 成都研发中心	美国	ICT	亚洲第二大研发中心	成都
2008 年 3 月	赛门铁克中国研发中心	美国	ICT	在中国的第二个研发中心	成都
2008 年 9 月	亨斯迈亚太技术中心	美国	化学品	亚太研发中心	上海
2008 年 9 月	博世（Bosch）上海研发总部	德国	机械设备	研发总部	上海
2008 年 10 月	IBM 上海研发实验室	美国	ICT	在华第二个研发中心	上海
2008 年 10 月	礼来（Eli Lily）中国研发总部	美国	医药	研发总部	上海
2008 年 11 月	Nestle 雀巢北京研发中心	美国	食品	在华第二个研发中心	北京
2008 年 10 月	伊顿电气全球研发中心	美国	电气设备	全球三大研发中心之一	苏州
2008 年 12 月	DSM 广东研发中心	荷兰	化学品	欧美以外最大研发中心	广州
2009 年 1 月	陶氏（Dow）化学上海研发中心	美国	化学品	全球研发中心	上海
2009 年 1 月	卡特彼勒（Cat）江苏研发中心	美国	机械与矿山设备	在华第三个研发中心	无锡
2009 年 2 月	拜耳（Bayer）北京研发中心	德国	医药保健产品	全球研发中心	北京
2009 年 2 月	英特尔（Intel）上海研发中心	美国	芯片	亚太研发中心	上海
2009 年 3 月	可口可乐上海研发中心	美国	饮料食品	亚洲最大的创新与技术中心	上海
2009 年 9 月	联合利华上海研发中心	英国	分子结构、原材料	全球第六大研发中心	上海
2009 年 7 月	卡夫（Kraft）中国研发中心	美国	食品	亚太规模最大的研发中心	苏州
2009 年 6 月	雅虎全球研发中心	美国	ICT	全球三大研发中心之一	北京
2009 年 11 月	应用材料公司西安全球太阳能研发中心	美国	太阳能	全球最大太阳能研发中心	西安
2009 年 11 月	丰益全球研发中心	新加坡	粮油技术与产品研发	全球研发中心	上海
2009 年 11 月	诺华上海研发中心	瑞士	医药	全球三大研发中心之一	上海
2009 年 11 月	辉瑞武汉研发中心	美国	医药	在华第二个研发中心	武汉
2009 年 11 月	艺康上海研发中心	美国	公共健康	全球研发中心	上海
2010 年 12 月	巴斯夫上海研发中心	德国	解决方案	亚太研发中心	上海
2011 年 5 月	拜耳 PC 研发中心	德国	化学品	全球研发中心	上海

二、研发投资规模持续增长

跨国公司在中国不断设立研发机构以及从事研发活动的同时，其在华研发投资的规模和力度也在持续增强。根据商务部的调查，截至 2006 年年底，跨国公司在华研发机构累计投资达到 190.80 亿美元，每家机构的平均投资规模达到 1709.50 万美元（杜德斌，2009）。在国际金融危机期间，虽然跨国公司在全球的投资总体上受到不同程度的影响，多数跨国公司开始削减海外研发投资，但跨国公司在中国的研发投资非但没有减少，反而逆势增资，新一轮研发“中国潮”正在到来（张永凯，2012）。在这其中，一些跨国巨头在华研发投资的势头更为迅猛。以诺华公司为例，诺华一直非常重视在中国的研发活动，诺华制药相关人士 2010 年 11 月 1 日在接受《第一财经日报》采访时表示，未来诺华制药将从北京挪至上海。诺华 2006 年曾经在华投入 1 亿美元修建研发中心，时隔三年，在 2009 年年末公司宣布了 10 亿美元的投资计划，这将创下跨国公司在华研发的最大投资。作为国内至今为止最大的单个研发中心，诺华 10 亿美元的投资计划，将使得研发中心的规模达到千人以上，与美国、欧洲研发中心形成均势，形成全球研发的第三极。另据统计，2012 年以来，虽然全球海外投资同比有所减少，但是在研发全球化的推动下，精明的跨国资本依然看好中国，逆势增资，加紧在华设立研发中心、地区总部等高端项目，我国利用外资的结构也进一步优化，布局更加合理，凸显出我国投资环境和发展前景对全球资金、技术和人才具有强大的吸引力。上海闵行漕河泾技术开发区正在建立的百事全球研发中心，它的投资超过 2.5 亿元人民币，建筑面积 1.6 万米 ^{2} 以上，这也是百事除美国以外在全球最大的研发中心①。未来，跨国公司对在华研发投资依然充满信心，据联合国贸易和发展会议（United Nations Conference on Trade and Development，UNCTAD）调查，中国仍是全球跨国公司海外研发活动的首选地，其中有 62%的跨国公司计划将中国作为其设立海外研发机构的重点区域。

三、研发活动相对集中于个别产业

从全球范围来看，跨国公司海外研发投资主要集中在计算机、软件、通信、化工、汽车和医药等高科技领域，尤其以信息行业最为集中（李安方，2004）。跨国公司在华研发活动也显露出这一特征，主要集中于电子、信息、软件、化工、电气、生物制药和汽车等领域。根据长城企业战略研究所 2002 年的一份研究报告统计，在 40 家较大规模的跨国公司在华研发机构中，信息产业（计算机、软件、通信）就有 20 多家，比例超过 50%（长城企业战略研究所，2002）。

① 根据 2012 年 10 月 29 日中央电视台“新闻联播”的报道整理。

杜德斌（2009）通过调研发现，世界500强在华设立的342家研发机构中，从事电子及通信设备制造行业研发的有185家，占总数的54.1%；其次是交通运输设备制造业39家（11.4%）、化学化工31家（9.1%）、软件服务业22家（6.4%）、半导体17家（5.0%）、机械制造13家（3.8%）、生物制药14家（4.1%）、食品饮料8家（2.3%），其他行业13家（3.8%）（杜德斌，2009）。可见，跨国公司在华研发投资主要涉及的是制造业，但从最近几年的发展趋势来看，跨国公司在华研发投资不断向服务业渗透和扩展，这一比例在逐渐上升。

四、外资在华研发独资化倾向明显

外资在华研发机构从控股方式上可以分为外商独资研发机构、中外合资研发机构和中外合作研发机构三种类型。从数量上来看，外商独资研发机构占绝大多数，中外合资研发机构相对较少。跨国公司在华投资的实践表明：愈是高新技术产业，外资愈是倾向于对企业控股；愈是技术先进的企业，跨国公司愈是倾向于采取独资方式。跨国公司在华投资的独资企业所采用的技术要优于合资企业，合资企业中跨国公司控股的企业所使用的技术要优于其不控股的合资企业与合作企业（樊增强，2007）。根据商务部的一项调查研究成果表明，在跨国公司研发投资中，有46%的企业倾向于建立独立的研发中心，有33%的企业倾向于将更先进的技术引进中国进行研发，同时，有计划地扩大在华研发人员的数量，有24%的企业选择合作研发（周立群和祝茂，2004）。杜德斌（2009）对全国1048家外资研发机构的统计分析发现，有774家为外资独资机构，占71.0%；262家为中外合资机构，占25.0%；42家为中外合作机构，占3.8%。其中，上海、广东和大连的独资研发机构比重高达80%以上。从最近几年的发展趋势，跨国公司在华研发投资独资化的趋势更加明显，这也同时对我国区域创新发展战略提出严峻挑战。

五、外资在华研发投资在地理空间上高度集聚

由华东师范大学杜德斌教授领衔的科技部重大软科学调研课题“跨国公司在华研发活动对国家创新体系的影响及对策研究”结果，从外资在华研发活动的地理空间上看，跨国公司在华研发投资主要集中在东部沿海地区，特别是高度集聚在以北京为中心的环渤海地区、以上海为中心的长三角地区、以深圳为中心的珠三角地区（图7-14）。北京、上海和深圳三个城市凭借特殊的地理位置、良好的基础设施和优质的科技人才资源成为外资在华研发投资的热点城市（杜德斌等，2010）。

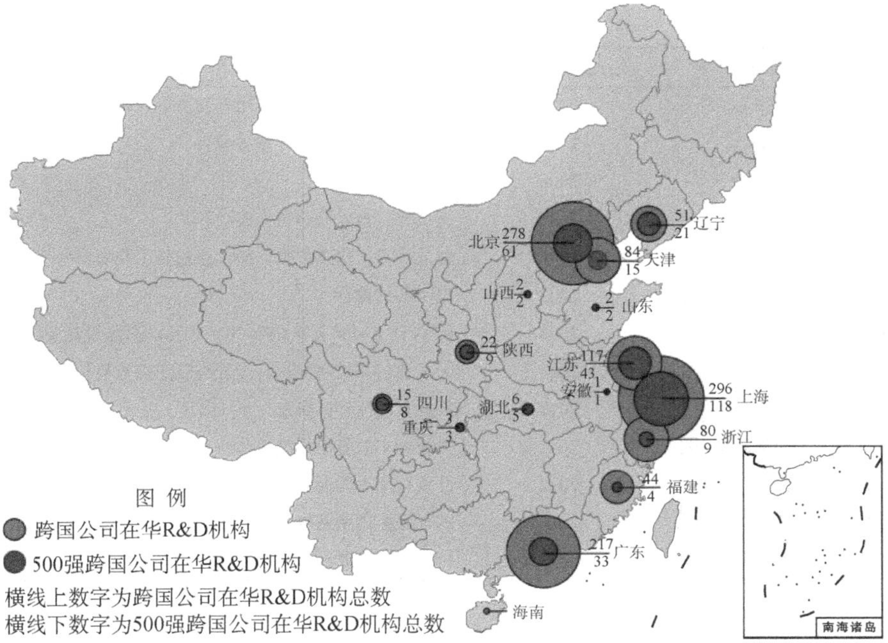

图 7-14　跨国公司在华研发机构的空间分布图

资料来源：杜德斌（2009）

然而近年来，受西部大开发政策和东部沿海地区研发成本上升因素的推动，跨国公司在华研发活动“西扩”态势明显，西安、成都、重庆等西部地区的内陆中心城市依托丰富的创新资源和低成本优势，成为跨国公司在华研发活动深入推进的重要落脚点和桥头堡。许多跨国公司已将研发机构搬至西安（如富士通、IBM、西门子、飞利浦、英特尔、GE、三星等 30 多家）、成都（如微软、惠普、西门子、甲骨文、SAP、赛门铁克、AMD、博世等 40 家左右）和重庆（如福特、惠普、霍尼韦尔、思科等 10 家左右），部分研发机构升级为全球研发中心，跨国公司开始着手将全球研发网络的触角延伸到我国西部内陆中心城市（张永凯，2014a）。以成都为例，自从 2001 年摩托罗拉在成都设立研发机构以来，大批 IT 和软件行业的跨国巨头紧随其后也在成都设立研发机构（表 7-9）。由此可见，跨国公司在中国的研发投资主要布局在沿海发达地区以及中西部经济发达、科技力量雄厚以及自然环境相对优越的区域，在很大程度上影响了我国区域创新空间布局的平衡性。

表 7-9　2001 年以来部分跨国公司在成都设立的研发机构

跨国公司研发机构名称	成立年份	涉足行业
摩托罗拉成都研发中心	2001	软件开发流程与质量管理
爱立信成都研发中心	2004	GSM、CDMA 及 WCDMA 等移动标准的无线基站产品
诺基亚成都研发中心	2005	3G 研发

续表

跨国公司研发机构名称	成立年份	涉足行业
甲骨文成都研发中心	2005	数据收集与分析、新应用开发、远程教育、学术和技术
SAP 成都研发中心	2006	软件解决方案和软件服务业务
微软成都研发中心	2006	视频游戏研发
阿尔卡特成都研发中心	2006	无线通信技术和解决方案
赛门铁克成都研发中心	2006	防反病毒、信息数据保护、存储技术及安全等产品研发
富士通成都威斯达研发中心	2007	电子芯片设计
AMD 成都研发中心	2008	IC 设计 AMD 全球 CPU 平台和移动产品设计及研发
安捷伦科技公司	2009	无线通信与数字测试、国防与航空航天科技产品研发
西门子成都研发中心	2012	工业自动化产品研发
哈曼（中国）西部研发中心	2012	先进的车载音响系统整体解决方案
GE 中国创新中心（成都）	2012	开发医疗、能源等行业业务解决方案
博世成都研发中心	2012	汽车底盘控制系统
瑞华药业成都研发中心	2013	抗癌新药研制（ADI-PEG20）

第五节　中国跨国公司的海外研发创新活动

一、总体概况

与西方发达国家相比较，中国跨国公司在海外的研发创新活动起步较晚。但随着研发全球化的快速发展，许多中国跨国公司纷纷跨出国门到海外设立研发机构，开展研发活动。华为、海尔、联想、TCL 等企业就是较早在境外设立研发机构的开拓者。中国企业实施“走出去”战略到海外设立研发机构，跟踪前沿技术，拓展国际市场。正如海尔 CEO 张瑞敏所说：“许多跨国公司将在中国设立研发机构，中国的利润空间已经很低了，如果不走出去，我们将无法生存。”据 Maximilian（2005）对中国企业研发国际化的研究，到 2006 年中国企业在海外设立的研发机构就达 37 个，有 26 个研发机构位于发达国家，在地域空间上主要分布于欧美国家，其中 11 个在美国，11 个在欧洲（图 7-15）。

此外，根据对科技部、国资委和全国总工会认定的 550 家创新型（试点）企业的统计数据，2010 年我国共有 68 家企业设立了 106 家海外研发机构。从区域布局看，多数海外研发机构设在美国、欧洲、日本等发达国家或地区；从投资方式上看，主要通过独资建设、合作共建、并购等方式；从设立时间看，绝大多数是 2000 年以后建立的，其中约 1/3 的海外研发机构是 2008 年以后设立的，近年

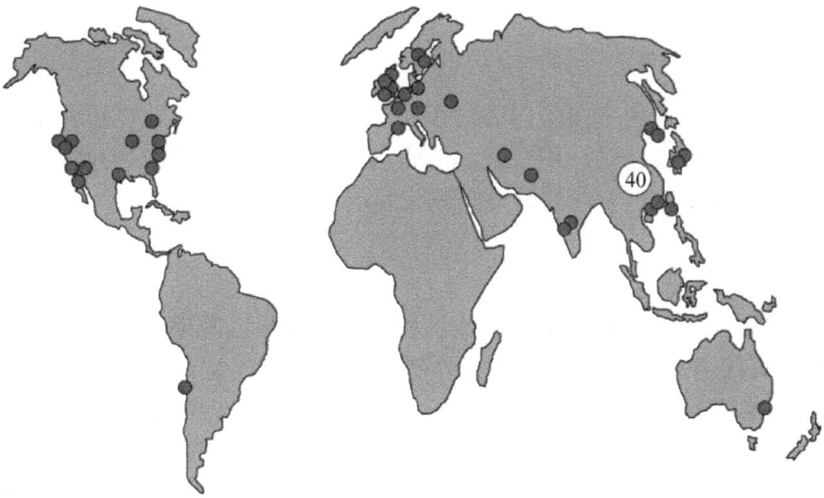

图 7-15 中国本土企业的研发国际扩张（N=77）

资料来源：Maximilian Von Zedtwitz（2005）
数字表示研究样本在中国的 40 个研发机构

来呈现逐步加快的趋势。总体上看，除了华为、海尔等少数企业已经开始考虑全球研发布局外，多数企业仍处在探索或起步阶段。我国本土企业在海外实施研发投资的战略定位上存在一定差别，从表 7-10 发现，华为的海外研发机构的功能定位以服务于多国/全球市场为主要目标；海尔以新产品的开发为主，主要服务于东道国和母国市场，近几年的基础研发才开始瞄准全球市场；长安汽车则是以服务于母国市场为主（张永凯，2014b）。

表 7-10 华为、海尔、长安汽车海外研发机构的功能定位矩阵

<table>
<tr><th>定位
功能</th><th>东道国市场</th><th>母国市场</th><th>多国/全球市场</th></tr>
<tr><td>技术转移</td><td>—</td><td>—</td><td>2001 年，美国达拉斯（华为）
2001 年，美国硅谷（华为）</td></tr>
<tr><td rowspan="3">技术开发</td><td>1999 年，印度班加罗尔（华为）</td><td>1999 年，印度班加罗尔（华为）</td><td rowspan="3">1999 年，印度班加罗尔（华为）
2000 年，瑞典斯德哥尔摩（华为）</td></tr>
<tr><td rowspan="2">1999 年，美国洛杉矶（海尔）
2001 年，意大利（海尔）
2001 年，荷兰（海尔）
2001 年，丹麦（海尔）</td><td>2001 年，意大利（海尔）
2001 年，荷兰（海尔）
2001 年，丹麦（海尔）</td></tr>
<tr><td>2003 年，意大利都灵（长安）
2008 年，日本横滨（长安）
2010 年，英国诺丁汉（长安）
2011 年，美国底特律（长安）</td></tr>
<tr><td rowspan="2">基础研究</td><td rowspan="2">—</td><td rowspan="2">—</td><td>2000 年，俄罗斯莫斯科（华为）
2009 年，瑞典哥德堡（华为）
2010 年，加拿大渥太华（华为）</td></tr>
<tr><td>2007 年，日本东京（海尔）
2007 年，韩国首尔（海尔）</td></tr>
</table>

资料来源：根据《中国创新型企业发展报告》（2012）整理

二、企业案例

为了更具体地说明中国跨国公司在海外的研发创新活动，以下分别选取海尔集团、华为技术有限公司、中兴通讯股份有限公司、隆力奇生物科技股份有限公司为例，阐释我国本土企业的研发全球化发展道路。

（一）海尔集团

海尔集团在中国企业走出去发展过程中起步较早，发挥了很好的带头作用。1999 年在美国洛杉矶设立的首个海外研发中心最为典型，主要负责深入美国市场，及时、有效地收集美国各细分市场的需求，设计、开发更符合客户需求的创新产品；2001 年，海尔集团在欧洲的意大利、荷兰和丹麦都建立了设计研发中心，兼顾服务欧洲和母国市场；2007 年年底海尔在韩国首尔和日本东京分别设立了面向全球市场的基础性研发机构，主要承担物联网时代 U-home 数字家庭系统的研发工作，以此推动企业的产品升级。

（二）华为技术有限公司

华为技术有限公司（简称华为）长期坚持研发投入不少于销售收入的 10%，并坚持将研发投入的10%用于预研，对新技术、新领域进行持续不断的研究和跟踪，目前华为已在瑞典斯德哥尔摩、美国达拉斯及硅谷、印度班加罗尔、俄罗斯莫斯科等地设立海外研发机构，并开展相关研发业务（表7-11）。根据世界知识产权组织最新公布的数字显示，2008年华为以1737件专利申请首次荣登全球企业专利申请的榜首，同时也结束了飞利浦连续十年的霸主地位，华为是发展中国家企业中杀出的一匹“黑马”，一时间让全球刮目相看，许多跨国公司纷纷将其视为潜在的竞争对手。

表 7-11 华为在海外的研发机构分布及关键研发业务

机构地点	开展的关键研发业务
瑞典斯德哥尔摩	基站结构和系统设计、模拟/混合信号设计（射频电路）、运算法则
俄罗斯莫斯科	运算法则、设计
印度班加罗尔	嵌入式软件与平台的开发
美国达拉斯	CDMA 整体解决方案、3G 通用无线通信系统、CDMA 移动智能网络、移动数据服务、VOIP 网络电话
英国伊普斯维奇	光通信技术研发（收购英国集成光电器件公司/CIP 光子研发中心）
法国伊西市	移动宽带研发
法国塞尔日	无线技术的基础性研发
法国拉尼翁	固定宽带研发
意大利米兰	微波技术研发（全球性研发中心）

资料来源：根据华为技术有限公司网站和相关网络资料查询

（三）中兴通讯股份有限公司

中兴通讯股份有限公司（简称中兴通讯）是全球领先的综合性通信制造业上市公司和全球通信解决方案提供商之一。中兴通讯的产品涵盖核心网、无线产品、承载、业务产品、终端产品等五大领域。中兴通讯一直以来非常重视企业的研发创新，同样坚持每年将超过营业收入的 10%投入研发。近年来，中兴通讯也开始实施研发布局向全球化扩展。目前，中兴通讯在美国有 5 个研发中心，在德国也有 3 个研发中心，在韩国建立了 2 个研发中心，同时在法国、瑞典、印度、巴基斯坦等都设有研发中心。并和全球多家一流客户、产业链伙伴建立联合实验室，实施协同创新。2011 年，中兴通讯凭借 2826 件 PCT 国际专利跃居全球企业国际专利申请量第一位，也同时打破了由华为 2008 年创造的世界纪录，中兴通讯再度成为全球企业界关注的焦点。

（四）隆力奇生物科技股份有限公司

隆力奇生物科技股份有限公司（简称隆力奇）是目前国内规模最大、技术力量最先进的日化产品、养生保健品的研究、开发和产销基地，隆力奇自成立以来就非常重视产品的技术研发和创新，在国内先后与清华大学等单位合作成立研究机构，开展研发活动。随着企业的不断发展壮大，隆力奇的国际化战略进程也开始加快，隆力奇的产品已远销全球 52 个国家和地区，先后在马来西亚、韩国、新加坡、泰国、印尼、菲律宾、俄罗斯、乌克兰、喀麦隆、尼日利亚、南非、迪拜，以及中国香港和中国台湾等国家和地区成立了销售分公司。随着销售和生产的全球化，客观上激发了隆力奇的研发全球化需求，早在 2006 年、2009 年和 2012 年就分别在美国、日本和法国等地投资建设了研发中心。2006 年 10 月，美国教育部正式批准隆力奇在美国纽约成立“隆力奇（美国）保健化妆品研究院”。研究院是隆力奇成立的中国率先全面研究亚洲人皮肤的生物与生理性能，并采用世界上先进的科学技术及配方研制适合亚洲人使用的高级化妆品研究院。2009 年 4 月，隆力奇在海外又投资成立了隆力奇（日本）美健创新中心。该研发中心的使命是用优质服务和最佳性价比，提高中国消费者的生活水平，打造世界一流品牌，利用世界最新科技致力于美发护发类的产品研究，开发适合中国人使用的产品。2012 年 11 月，隆力奇又与法国丽娜集团联合成立隆力奇·丽娜有机产品（法国）研发中心，该机构主要从事针对中国市场有机的、天然的化妆品、保健品、食品等开发和研制（韩言名，2014）。

第六节　本章小结

本章主要以跨国公司为主线，分析研发全球化的发展历程、基本特征和地理格局。首先，从经济全球化、科技全球化、信息与通信技术、国家创新能力等视角阐述研发全球化的背景与由来。其次，梳理了研发全球化的发展历程，将其划分为萌芽时期、过渡时期、发展时期、加速时期四个阶段，并总结了研发全球化的主要特征。再次，指出全球研发活动存在着明显的空间差异现象，这种不均衡集中表现在向美国、日本和欧盟国家高度集聚，形成了研发活动的"大三角"世界空间格局；然而，随着经济和科技全球化浪潮的推进，跨国公司不仅重视在发达国家的研发投资，而且也开始关注在发展中国家的研发投资。同时，来自发展中国家的跨国公司也开始在国际研发投资舞台上崭露头角，许多发展中国家（尤其是中国和印度）的跨国公司开始在海外设立研发机构，开展创新活动，由此推动着全球研发活动由"大三角"格局向"多元化"格局转变。最后，将研究视角聚焦中国，一方面分析跨国公司在华研发创新活动的数量、规模、产业集中和空间集聚等特征，另一方面总结中国跨国公司的海外研发创新活动的基本概括，并以海尔集团、华为技术有限公司、中兴通讯股份有限公司、隆力奇生物科技股份有限公司为例，阐释中国本土企业的研发全球化发展道路。

| 参考文献 |

长城企业战略研究所. 2002. R&D 拥抱中国——跨国公司在华 R&D 的研究. 广西人民出版社.

杜德斌，孙一飞，盛垒. 2010. 跨国公司在华 R&D 机构的空间集聚研究. 世界地理研究，(3)：1-13.

杜德斌. 2001. 跨国公司 R&D 全球化的区位模式研究. 上海：复旦大学出版社.

杜德斌. 2009. 跨国公司在华研发活动：发展、影响及对策研究. 北京：科学出版社.

樊增强. 2007. 跨国公司研发国际化的"挤出效应"及我国的战略选择. 经济纵横，(5)：38-40.

高德步，王钰. 2011. 世界经济史. 北京：中国人民大学出版社.

韩言名. 2014. 隆力奇全球化战略的研发之道. 中国经营报，C14 版.

黄兆银. 2006. R&D 全球化研究. 武汉：武汉大学出版社.

李安方. 2004. 跨国公司 R&D 全球化：理论、效应与中国的对策研究. 北京：人民出版社.

任志武，王昌林，白京羽. 2008. 生物医药研发外包服务发展趋势及对我国的影响. 中国经贸导刊，(3)：32-33.

王静波. 2005. 全球合同研发外包（CRO）服务业发展动态与趋势. http：//www.chinamtcm.com/html/26425.htm/［2005-11-16］.

文富德. 2009. 印度企业加速"走出去"的主要原因与主要措施. 南亚研究季刊，(2)：37-44.

中国科技发展研究报告（2000）课题组. 2000. 科技全球化及中国的机遇、挑战与对策. 科学与科学技术管理，21（9）：4-8.

张永凯. 2012. 全球研发活动的空间分异与新兴研发经济体的崛起. 上海：华东师范大学出版社.

张永凯. 2014a. 跨国公司在华研发投资对我国区域创新体系的影响机制分析. 兰州商学院学报，（4）：63-71.

张永凯. 2014b. 我国本土企业嵌入全球研发网络的路径选择. 甘肃社会科学，（3）：158-161.

张幼文. 1999. 世界经济学. 上海：立信会计出版社.

周立群，祝茂. 2004. 跨国公司研发中心向中国转移的特点及其影响. 学术探索，（4）：71-74.

祝影. 2005. 全球研发网络：跨国研发全球化的空间结构研究. 华东师范大学博士学位论文.

Acs Z J，Anselin L，Varga A. 2002. Patents and innovation counts as measures of regional production of new knowledge. Research Policy，（31）：1069-1085.

Dalton D H，Serapio M G. 1999. Globalizing industrial research and development，US Department of Commerce. Technology Administration Office of Technology Policy：254-306.

Hamdani D. 2003. Global or multinational：It matters for innovation，innovation analysis bulletin. Statistics Canada，88-00（3）：3-4.

Joint Research Center/DG RTD. 2011. Monitoring Industrial Research：The 2011 EU Industrial Research and Development Investment Scoreboard. Luxembourg：Publications Office of the European Union.

Krushna V V. 2009. Internationalization of R&D and Global Nature of Innovation：Emerging Trends in India. Asia Research Institute Working Paper Series No. 123：7-30.

Kummerle W. 1999. Foreign direct investment in industrial research in the pharmaceutical and electronics Industries：Results from a survey of multinational firms. Research policy，（28）：179-193.

Maximilian V Z. 2005. International R&D strategies in companies from developing countries-the case of China. UNCTAD.

UN. 2005. Globalization of R&D and Developing Countries. New York and Geneva：Unite Nations Conferences of Trade and Development..

Zedtwitz M，Gassman. 2002. Market versus technology drive in R&D internationalization：Four different patterns of managing research and development. Research Policy，（31）：569-588.

第八章

创新集群与创新网络

第一节　创新集群——产业集群的升级

21 世纪是技术和知识经济时代，也是创新的世纪。美国硅谷、中国台湾新竹科技园、印度班加罗尔工业区等高新技术产业集群的实证表明，创新的集群是富有活力的，而集群的创新是不断量化最终导致质化的过程。创新集群是一种有效的经济组织形式，是培养国家竞争力的重要工具。随着国家经济发展战略规划的调整以及区域间分工协作专业化程度的加深，创新集群已经成为创新研究和集群研究都极为关注的热点。

一、创新集群思想的萌芽与演变

（一）创新集群思想的萌芽与发展

熊彼特的“创新”思想、马歇尔和韦伯的“集群”思想是创新集群思想产生的渊源。1912 年，熊彼特在出版的《经济发展理论》一书中提出了“创新理论”。熊彼特强调“创新”是一个新的生产函数，即把一种从来没有过的关于生产要素和生产条件的“新组合”引入生产体系。这种“新组合”包括引进新产品，引用新技术，开辟新市场，控制原材料的新供应来源，实现企业的新组织。熊彼特认为，创新不是孤立事件，不是在时间上均匀分布的，而是趋于结成集群，鱼贯而出；创新不是随意地均匀分布于整个经济系统中，而是趋于在某些部门及其周围环境中聚集。熊彼特之后的学者继承了熊彼特的创新思想，但对于创新在时间、空间和行业出现的集群现象的研究仅停留在对创新活动的时间分布和空间分布层面。Rosenberg 和 Frischtak（1984）是第一个明确“创新集群”含义的学者，指出其产生的根源在于创新扩散过程中的“二次创新”（李北伟，2013）。

1990 年美国迈克・波特（Michael E. Porter）在《国家竞争优势》一书中提出产业集群（industrial cluster）概念，他认为产业集群是国家竞争优势的主要来源，国与国在经济上的竞争主要表现在产业集群的竞争，产业集群至少应包括如下几个因素：①与某一产业领域相关；②产业集群内的企业及其他机构之间具有密切联系；③产业集群是一个复杂的有机整体。产业集群内部不仅包括企业，而且还包括相关的商会、协会、银行、中介机构等。形成产业集群的区域往往从三个方面影响竞争：①提高该区域企业的生产率；②指明创新方向和提高创新速率，增加创新能力；③促进新企业的建立，从而扩大和加强集群本身的创新和竞争力。波特的“集群”概念含有“创新的积累与集中”，又含有“产业集聚”，明确创新方式由分散的企业独立行为向集聚创新转变，进而实现集群创新优势，突破了传统的集群概念（张敏，2009）。

经济学家在研究宏观经济波动，尤其是经济长波研究时开始涉及创新集群问题，提出了一些理论。以克瑞斯·德布瑞森（Chris Debresson）、蒙新春（Hsien Chun Meny）及 OECD 为代表。Debresson（1989）提出创新集群的发展源于范式的不连续性、技术的复杂性、学习过程的积累性及范围经济等；蒙新春则基于动态性、国际化、科学与技术的紧密联系、网络化、集群成员创新的紧密联系等方面来界定创新集群。

2001 年 OECD 出版了研究报告《创新集群：国家创新体系的推动力》。OECD 吸收了波特的思想，正式提出了创新集群的概念。它认为创新集群是具有创新特性的集群，强调应从产业集群理论中培育创新理念，创新直接地来源于科研商业、教育和公共管理机构不断的相互作用，创新集群可被视为一种简化的国家创新体系，其最关键和最实用的系统要素有助于促进一个国民经济各领域的创新。OECD 对“创新集群”的理解，已经超越传统关于“创新成群出现”或“创新集中分布”的理解。在 OECD 的带动下，“创新集群”研究日益受到国际学术界的关注。以 OECD 为代表的当代创新集群理论，相比以熊彼特和波特为代表的传统创新集群理论对创新产业集群内涵的界定有了突破，当代创新集群理论既探讨了创新集群的形成动力，又分析了创新集群的特征及运行机制。

（二）创新集群和产业集群的异同

创新集群与传统产业集群既有共性也有差异。创新集群与产业集群之间除了具有共同的集群特征（地理临近性、网络性、根植性、开放性）外，两者在外部环境、构成关系、运行机制、创新主体等方面均存在不同。通过分析产业集群和创新集群的关系，可以进一步阐释创新集群的内涵。

苑全驰（2006）指出，创新集群是区别于低成本或低端的产业集群而言的，有潜力的创新集群不仅是高技术集群，还包括“创新性的低技术集群”。创新集群是一个表现为“质”的点概念，创新集群形成的过程是集群创新的过程。有些学者则认为，创新集群和产业集群之间是交互关系，产业集群是创新集群的先决条件，创新集群又可以形成集群创新，二者交互作用的规律是创新集群生成的基本理论。一些学者从演化阶段上界定了两者的本质区别，即创新集群是产业集群发展的更高阶段，产业集群是诱发创新集群的内在依据，大部分产业集群通过萌芽期和发展期的发展与完善都有可能发展成为创新集群（解学梅和曾赛星，2009）。创新集群与一般产业集群的比较如表 8-1 所示。

表 8-1 创新集群与一般产业集群的比较

类型	非正式集群	有组织的产业集群	创新集群
关键参与者参与度	低	低到高	高
信任	几乎没有	高	高
技能	低	中	高
技术	低	中	中
关联	有些	有些	广泛
合作	几乎没有	有些，不持续	高
竞争	高	高	中到高
知识流动	低	中	高
产品创新	几乎没有	有些	持续

资料来源：李北伟. 2013. 创新集群研究进展与未来展望. 技术经济与管理研究，（7）：36-41

二、创新集群的含义与类型

（一）创新集群的含义

创新集群的概念最初是从产业集群概念中演化而来，自波特提出产业集群概念以来，其内涵一直都在不断变化和发展中。

国外学者最先关注创新集群相关研究，Rosenberg 和 Frischtak（1984）是最先提出创新集群概念的学者，他们从创新的形成过程角度，阐述了创新集群形成的根源。OECD（2001）认为创新集群是由企业、研究机构、大学、风险投资机构、中介服务组织等构成，通过产业链、价值链和知识链形成战略联盟或各种合作，具有竞争优势的集聚经济和大量知识溢出特征的技术—经济网络，并强调与普通产业集群不同，创新集群是一种“以创新为目标”的集群。典型的创新集群如美国硅谷、芬兰的 ICT 产业集群和意大利的时装产业集群等。

国内学者自 20 世纪 90 年代开始对创新集群进行研究。起初关注的是技术创新呈现出的集群效应，即研究的对象是创新，集群是创新的补语。自 2000 年以来涌现出一系列创新集群相关成果，对“创新集群”的内涵理解发生了一定的变化，研究核心是“集群”，创新是集群的定语。这一时期的成果同时存在集群创新和创新集群两个研究方向的成果（李北伟，2013）。

目前国内对于创新集群的研究仍处于“初级阶段”，研究框架体系还未建立。学者们从经济学、管理学、创新学、地理学、社会关系学等角度对创新集群的内涵进行了界定。宋姣英（2006）认为区域创新集群是指在某一特定区域互相联系、在地理位置上相对集中，具有共同利益的多元参与主体，以创新为导向形成的横向联系的开发系统。整个区域创新集群由创新机构、创新基础设施、创新资源、创新环境四个相互联络、相互作用的要素围绕某一个或一组核心有机组合而成。王缉慈（2006）则将创新集群看作是一种环境网络，认为创新集群是有利于企业自主创新的理想的地方环境，体现了自主创新相关的各行为主体的互动合作关系；她将创新集群和高新区进行了区分，指出创新集群是针对某种产业及其相关产业而言的，是一种新的区域治理模式。宋琦等（2010）认为创新集群是产业集群发展到一定阶段形成的，知识要素聚集、具有较强创造力和创新驱动的知识经济网络系统。解学梅和曾赛星（2009）认为创新集群是具有聚集优势和大量知识溢出、技术转移和学习特征的开放的区域创新网络，在创新集群中，产业链、价值链和知识链是创新集群构建协同合作关系的三大核心纽带。

关于创新集群的定义，由于专业背景及视角不同，各自论述也不尽相同，但其基本内涵具有一定的共性：第一，集群内行为主体多元化，由企业、研究机构、大学、风险投资机构、中介服务组织等构成；第二，具有长期稳定的创新协作关系，并以价值链、产业链和知识链相衔接；创新集群中企业之间具有较高的信任程度、具有广泛的生产关联度；第三，以创新活动为中心，行为主体间有较强的学习能力和创新能力，强调集群内知识的流动和创新主体间的相互作用与学习。

综述所述，大多数学者认为创新集群与集群创新含义接近，将创新集群看作培育创新的发展平台，一种网络组织形式，是时间和空间上成群出现的现象，同时也是国家创新系统的具体化。还有学者将创新集群认定为创新性的产业集群或者基于创新的产业集群。王缉慈（2006）认为创新集群是区别于低成本产业集群或低端产业集群而言的，是产业集群的升级或高端化。OECD（2001）的研究则暗指创新集群是高技术产业集群，在《创新集群——国家创新体系的推动力》一书中所列出的先进创新集群案例主要是指芬兰、丹麦、西班牙的信息与通信技术集群、荷兰的多媒体集群等，而把农业集群、建筑业集群等归入成熟集群。

（二）创新集群的类型

不同类型的创新集群内部结构存在差异，它们并不是以相同的方式从事创新活动的。

1984 年美国经济学家罗森博格（Ro Senberg）等按照时空维度，将创新集群分为时间意义上的创新集群和空间意义上的创新集群两大类。时间意义上的创新集群，主要表现为由于需求旺盛或其他有利条件的共向刺激，使得创新成果在同一时期集中成群出现。例如，在 21 世纪初，通信 3G 技术的出现、生物医药领域转基因新药的研制、家电领域液晶平板显示技术的生产等，都与经济发展推动、人民需求拉动密不可分。这种不同技术领域的创新在同一时期成群出现的现象称为“M 型创新集群”；空间意义上的创新集群则主要表现为当出现一项或少数可为大量的改进型创新提供基础的重要创新产生，向关联技术领域渗透、扩散所引发的成串创新技术鱼贯而出的现象，称为“T 型创新集群”。Windows 1. 0 操作系统开发出来后，以此为基础开发出了各系列操作系统如 Windows XP、Windows Vista，并引发了许多不同用途软件的产生与创新，这些创新构成了与操作系统技术相关联的 T 型创新集群（陈海华和陈松，2008）。

同时也有一些学者从其他视角提出了不同的分类方法。例如，骆静和涅鸣（2003）从内外部联系的角度，将创新集群分成内聚性集群、新工业区、创新环境集群、邻近集群四种不同的类型；田桂玲（2007）从创新集群内部创新产生条件的角度，将创新集群分为产业创新集群、区域创新集群、网络创新集群等。但从整体看来，目前对创新集群的分类研究大体上仍是围绕创新集群的时间、空间分类来进行。从理论上揭示时间和空间角度下的技术创新相互关系、平衡状态特征及变动趋势方面的研究，现阶段仍具有一定的局限性（宋琦等，2010）。

根据创新的范围，创新集群可分为“企业内创新集群”和“企业间创新集群”两类。前者是企业内基于技术关联关系形成的创新集群，属于微观层次上的创新集群，主要表现为企业基于某一项（类）创新技术而持续进行一系列相关创新所形成的集群；后者是不同企业间基于技术关联关系形成的创新集群，属于宏观或中观（即产业）层次上的创新集群，主要表现为某项（类）创新技术而引发或促成的多个企业同时或相继进行相关创新而形成的创新集群（陈海华和陈松，2008）。

从创新集群最初形成机制看，可以分为自组织形成方式和他组织形成方式两大类。在市场机制充分发挥作用，创新活动活跃的领域或者区域，市场力量驱动下自发形成的创新集群，属于自组织形式。在创新集群形成过程中，需要政府、社会机构等外部力量介入、营造适宜创新的氛围和外部环境，给予创新活动参与者适当政策和扶持、调动创新主体积极性，推动创新集群的形成，属于他组织形式。

结合我国的情境，从创新集群初创过程中起支配作用的主体的差异，可将创新集群划分为龙头企业推进型、产业推进型、政府推进型、科研机构（大学）推进型、金融机构推进型和市场自发形成型等六种主要类型。其中前五种是按照驱动创新集群发展演化的决定性外力不同而区分，分别是由跨国公司和大型企业集团带动、以产业集群基础注重创新网络和创新平台建设而形成、政府战略引导和政策带动形成、以科研机构（大学）为核心培育科技园区、大学创业园而形成、金融机构通过资本运作扶持创新集群形成。市场自发形成型属于自组织形式的创新集群，是在市场力量的驱动下，创新资源自发集聚，创新活动参与者之间自组织联系，形成的创新集群（李北伟，2013）。

不同类型的创新集群在形成过程中起作用的主体不同，其形成与发展过程中起支配作用的机理不同，也导致创新集群的演化过程出现差异。

三、创新集群的结构与特征

（一）创新集群的结构

结合已有研究成果，多数学者将创新集群定义为是由企业、研究机构、大学、政府、中介服务组织等构成，通过产业链、价值链和知识链形成长期稳定的创新协作关系，具有聚集优势和大量知识溢出、技术转移和学习特征的开放的区域创新网络。在创新集群中，产业链、价值链和知识链是创新集群构建协同合作关系的三大核心纽带。

集群产业链是创新集群内各个产业部门之间基于一定的技术经济关联，并依据特定的供需关系和区域特性，通过集群区域的专业化分工和上下游产业转移所形成的关联形态。其中，企业是创新集群内产业链的微观构成单位；集群产业链中存在着众多的上下游企业间的协作关系和价值互换。

集群价值链是指集群内成员通过信息、知识、物质、资金等方面的价值链接，构建网络协同结构的一种价值链环，是集群产业链的价值递增过程。集群价值链在集群企业的纵向协作和横向合作中发挥着极为重要的作用；它不仅能够推动企业集聚向上延伸到原材料和配套服务的供应商，向下延伸到产品的营销网络和客户，横向扩张到具有互补关系的生产商和相关企业，还能将政府、高校及研究机构等融入到价值链的增值环节中。

集群知识链是指创新集群内各个成员（企业、大学、研究机构等）基于知识要素流动所产生的知识衍射，是各个成员围绕知识的识别、获取、转化、传递和共享的协同循环所形成的无形的知识链环。这种知识链环存在于集群内各个成员中以及参与成员之间。知识链的有效传递在促进知识持续性累积的同时，能够促进知识型人才在创新集群内的流动，强化集群成员间的信任关系，促进创新集群网络的协同互动（解雪梅和曾赛星，2009）。

另外，也有一种观点认为：在创新集群中，创新网络结点之间的链条主要可分为“生产链”“创新链”“资金链”和“信息链”。生产链主要是上下游企业之间的来往关系，主要表现为供应、生产、销售等业务往来；创新链主要是企业与企业之间开展技术创新合作（或竞争）、企业与高校、科研机构开展产学研合作等关系，该链条表现为知识创造、成果转化、产品中试、生产销售的关系链条（此处用传统的线性链只是为了表述方便，创新链关系远比此要复杂）；资金链主要是企业与金融机构之间、企业与企业之间、企业与政府之间的资金来往关系。例如，金融机构为企业提供信贷、风投、担保等资金支持，企业与企业之间资金拆借、信贷担保关系，政府为企业提供财政资金项目支持等；信息链则是指各创新网络结点之间的信息交流、信息沟通和信息扩散关系。例如，竞争企业之间的情报刺探、合作企业之间的信息共享、政府中介机构与企业之间的信息交流沟通，等等。这四种链条关系几乎涵盖了创新集群网络结点之间的所有关系，也能很好地展示网络中各种资源的流动情况。

（二）创新集群的特征

与传统产业集群不同，创新集群是集群创新集聚从量变发展到质变的全新阶段。学者们从不同侧面对创新集群的特征进行描述，比较有代表性的是学习视角、复杂系统视角、知识视角和网络视角，重视学习能力的学者认为强调学习能力和高度互动是创新集群的本质特征，创新集群的参与主体通过不断学习、加强彼此联系与互动，形成紧密协同合作关系，有利于创新突破的产生；从复杂系统角度对创新集群展开研究的学者认为，创新集群具有自组织性、非线性、动态性和网络化的特征（Meng，2003）。从知识视角出发的学者认为，创新集群最重要的特征是能够促使不同功能企业之间通过分享知识而实现新产品的增值（Lee，2006），强调集群内部的知识流动是推动集群发展的关键。网络视角下的创新集群是以创新网络为载体，构建创新活动参与者之间的联系和互动，提供集群内的参与主体之间的关联度和信任程度，有利于创新集群创新能力的长期维持（李北伟，2013）。

通过对文献的梳理和相关研究成果的总结，本书认为创新集群具有如下主要特征：

第一，多元参与的创新网络。创新集群是一个由企业、研究机构、大学、政府和中介组织等多方参与的创新网络。企业是网络的主体，主导和支配了集群的创新活动，构成了集群的核心部分。研究机构和大学则通过合作形式参与企业的创新活动，为集群提供研发和相关服务。政府在创新集群中起引导、组织和协同作用，但创新集群不同，政府介入程度也有所区别。中介组织在创新集群中作用是整合创新资源，提供创新服务，如技术咨询、商务咨询、广告服务、提供人才信息。创新集群按照不同的创新目标，使得具有共同利益诉求的创新活动参与主体之间形成紧密合作的创新协同网络。各个主体之间建立多样的、动态的联系，形成多层级、复杂的网络结构。

第二，高强度的研发经费投入。创新集群多为高新技术集群，或者是融入创新资源的传统产业集群，其不断从外界摄取各种创新资源，频繁地进行创新，因此，研发经费投入较高。一方面，竞合关系的存在迫使集群内创新主体普遍参与到创新活动中，对创新活动的普遍参与使得创新研发费用投入较高。另一方面，集群内存在的中介服务机构能够为创新活动提供源源不竭的资金、信息、人才等，这为集群创新的高经费投入提供了可能性。创新集群的发展与 R&D 投入增长之间具有正相关关系。随着 R&D 投入的不断增长，集群创新能力得以增强，收益不断增加，集群自身也得以发展。反之，迅速发展的创新集群又能提供更多的 R&D 投入，从而形成良性互动的创新局面。在创新集群中，大型创新企业的

R&D 投入起举足轻重作用。例如，爱立信公司的 R&D 投入占了整个瑞典企业研发投入的 20%；同样，华为 43%的员工从事研发工作，每年坚持不少于销售收入的 10%的研发投入；中兴确定了自己以企业为主体的自主创新体系，每年投入的科研经费占销售收入的 10%左右，并在美国、印度、瑞典及国内设立了 16 个研发中心（仵凤清，2012）。

第三，快速增长的集聚经济和创新产出。大量具有自主知识产权的新技术和新产品在集群创新中不断涌现，虽然这些创新形成成本较低，但是通过集群内良好的商业转化机制，在市场上获取创新带来的高额利润，知识迅速转化为经济利益。大学等知识中心的新知识等可以在合作企业中得到充分利用，加快其向技术、产品的转化；企业的创新成果可以借助战略联盟有效地促销宣传、生产销售，迅速成为实实在在的商业利益。

第四，良好的技术转移、知识溢出和集体学习的氛围。知识转移的概念最早是由美国技术和创新管理学家 Teece（1981）提出，他认为：通过技术的国际转移，能积累起大量的跨国界应用的知识。根据知识转移的路径，创新集群的知识转移可分为外部向内部转移、内部间转移与内部向外部转移。在知识从集群外部向内部转移中，知识主要来源于顾客、招聘的员工、设备供应商、其他供应商、专利提供方、商业伙伴、产业联系、大专院校、地区研究机构、咨询机构、贸易展销会、出版物等。在创新集群内部，可通过区域合作、技术联盟和专业人员流动等方式实现知识转移。

（三）创新集群的发展阶段

目前，国内外关于创新集群发展阶段或者生命周期的研究还较少，且研究范式或研究内容多参照产业集群阶段演化的研究成果，缺乏广泛的共识，对创新集群形成演化的影响因素与形成机理还缺乏深入分析，对创新集群生命周期演化阶段的划分缺乏定量标准。

宋琦等（2010）在创新集群内涵基础上，引入知识溢出熵作为集群生命周期划分标准和分析依据，从内部知识溢出要素有序性视角，梳理了集群各个发展阶段的特点，结合系统动力学原理，给出了各阶段特点和定量跃迁条件与路径，并划分为四个阶段：形成期、成长期、成熟期和衰退期。王晶晶（2007）依据创新集群的特征表现，以及内外部动力的演化，将创新集群的生命周期分为萌芽期、生长期、成熟期和衰退期，并指出创新集群进入衰退期后，集群会有两种不同的结局：一是创新集群内的创新网络趋于瓦解，集群的创新功能丧失，退化成一般的产业集群；二是创新集群的核心企业重新定位和组织，以新的创新项目为核心，重新形成创新网络，形成新的创新集群（表 8-2）。

表 8-2 创新集群发展的不同阶段及其特征

学者	阶段特征			
	形成期	成长期	成熟期	衰退期
宋琦等	相关专利数量比较少，且增长较缓慢，集群演化率 $\omega\in[0,1)$，当熵减幅度低于某一临界值时，创新集群可能夭折，集群系统处于突变“微涨落”状态	创新集群的企业数量明显增多，相应的创新专利数量迅速增加。集群知识溢出熵 S 开始进入明显的熵减机制，集群演化率 $\omega\in[1,\infty)$，集群演化率 ω 处于单增发展阶段，速度不断增大	集群知识溢出创新投入、溢出环境、溢出效果指标达到极大值，集群系统形成了远离平衡态的一种动态稳定。集群知识溢出熵通过前面的熵减机制，维持在一个低熵状态。在成熟期，集群知识溢出效应变化围绕 $\omega=0$ 变动，不再有明显的状态变化	创新专利数量开始减少，技术产出呈现递减趋势。由于熵减机制的结束，集群知识溢出熵开始增加，此时的产业集群演化率 $\omega\in[-\infty,0)$，且速率逐渐增大
王晶晶	内部结构以结构单一，企业之间合作不明显，并出现一个或以上具有明显创新行为的企业为特征；外部功能主要体现在龙头企业的辐射功能促进了相关其他企业集聚式发展、创新活动模仿创新为主、竞争方式由低成本竞争转向创新竞争三个方面	内部结构以集群内企业之间的合作创新行为不断涌现、创新网络雏形产生、以“创新”为主题的集群文化初步形成为特征；外部功能体现在促进当地区域经济的发展、降低企业创新的成本，吸引更多的企业加入、促进知识和技术的转移和扩散三个方面	内部结构以形成了完整的创新网络、集群主体多元化、拥有成熟的集群文化为特征，外部功能主要体现在集群规模不断扩大，产生积聚经济、推进产业结构调整、促进区域创新体系的形成为建设创新型国家打下坚实基础三个方面	内部结构以核心产业的优势地位丧失、创新网络开始逐步走向松散、集群文化根植性过深而限制集群的开放性为特征；外部功能体现在集群的拥挤效应导致集群的竞争力的衰退、集群的衰退引起区域经济的衰退两个方面

资料来源：宋琦，韩伯棠，李燕. 2010. 创新集群理论研究论述. 科技进步与对策，27（18）：157-160；王晶晶. 2007. 创新集群的生命周期研究. 华中科技大学硕士学位论文

四、创新集群的形成与演进机制

（一）创新集群的形成机理

加拿大学者德布瑞森（Debresson，1989）认为，创新集群来源于范式不连续性、技术复杂性、累积性的学习过程以及范围经济性。德布瑞森实际上奠定了创新集群的成因理论研究框架，国外一些学者和机构（如 OECD、Porter 等）均是在其假设下展开进一步具体研究的。波特根据其“钻石模型”，强调了创新在现实经济发展中的关键作用，认为创新能力决定着竞争优势（生产效率）。

不同学者对创新集群内涵的认识存在差异，对产业集群的形成机理也有不同见解，但研究基本是围绕集群的创新能力展开。对于创新集群演化机理，学者们从不同视角、用不同的方法进行阐述。从高新技术产业集群、知识产业集群角度来研究创新集群问题。

帕克（Park，2003）通过对环太平洋地区经济空间变化的动力学机制研究，首次明确强调了知识溢出效应是创新集群形成的重要推动力量。马泽蒂

(Marzetti，2008）则通过对 OECD 15 个成员国进行实证研究后认为，创新集群的形成来源于集群内部技术创新系统的建立。在国内研究方面，宁钟（2003）基于经济地理理论对创新集聚的研究进展，总结出创新集群的三个主要形成动力：聚集经济、知识溢出和技术多样性。李顺才和王苏丹（2008）则特别强调，知识的流动及互动学习机制在创新集群的形成与发展过程中起着决定性作用。刘友金和刘莉君（2008）认为创新集群具有明显的混沌特征，创新集群的形成是自组织行为，因此采用虫口模型来分析和验证创新集群的形成过程。倪外等（2010）以日本创新集群为例，指出领先公司及其技术权利作用、技术扩散、技术转移与技术溢出、社会网络、学习型区域和创新平台是影响集群创新的重要因素，也是创新集群推进动力。仵凤清（2012）基于自组织理论的视角研究创新集群的形成和发展，发现创新集群发展的内部动力包括协同、竞争和共享，外部动力主要指环境的变化及环境与系统相互联系和作用方式的变化。刘毅（2012）从隐性知识溢出的角度探讨创新集群的形成机理，并指出隐性知识分为组织内部的隐性知识溢出、组织间的隐性知识溢出和集群层面的隐性知识溢出。周海涛和林映华（2013）用 BA 模型分析了创新网络的形成和演化过程，指出创新主体间的学习能力和知识储备需求形成的“择优连接”是集群演化的动力。刘云梅（2014）通过对硅谷创新集群生长过程的研究，以逻辑演绎的方式来分析创新集群的演变，并发现协同、学习、选择、扩散、突变、互动等机理在硅谷形成和发展过程中都在发挥作用，硅谷因此形成了“产学研互动机制”“风险投资机制”和“联合企业机制”。

从以上国内外研究来看，学者们普遍认为创新集群形成的推动因素为知识溢出、集聚经济、技术扩散、学习机制等，并得到深化和细化研究，推动因素从较为宽泛的机制因素拓展到更为具体和多样的机理联系。

（二）创新集群的演进机理

目前国内关于创新集群演化机理的研究多数是在形成机制的研究基础上，对集群发展模式和演进路径、升级过程的探讨，在方法选择上，除了基于不同的理论基础选用定性分析外，更多的是选择定性和定量相结合的方式，利用拓扑网络、生物群落、混沌理论、计算机仿真等科学方法对创新网络的形成演化进行实证和模拟。

仵凤清（2012）从创新集群内外部动力分析了硅谷高新技术产业集群形成机制后，基于自组织理论探讨了创新集群组织生态演化的过程，即“创新组织—创新种群—创新群落—创新生态系统（创新网络）”的发展过程，并指出创新集群演进过程中，经过成熟期后，其演化路径会出现三种类型：“正向更替，优化升级”“反向更替”和“集群转移”，最后从集群自组织行为特性为切入点，按照自生长程度、自适应程度、开放性、产业的涨落、企业间的竞争与协调程度为标准，将集群升级过程划分为四个发展阶段。董微微（2013）运用复杂网络理论剖析创新集群的本质问题和内在规律性后，选取中关村创新集群作为案例研究，探讨中关村创新集群的复杂网络结构特征、复杂网络性和中心网络功能后，提出了演化过程的四个阶段：“萌芽阶段-创新主体和创新资源出现”“萌芽阶段-创新主体之间逐渐结网”“形成阶段-创新网络形成但结构比较松散”“发展阶段-网络规模与结构动态变化”。周海涛和林映华（2013）通过 BA 模型探讨了创新集群网络寻找形成机制后，模拟了创新网络自组织网络演化过程，指出基核（群内龙头企业）的丰富连接是 BA 网络中的集聚点，并对核外同行企业或者相关企业的地理空间连接产生吸引力，企业优先向已经拥有较多连接资源的基核靠近，形成新的连接关系。在成长性和择优连接机制的作用下，基核逐渐扩张成为大量连接资源的、高密度集群系统及创新集群。邓洪娟（2014）在历史演化的视角下定性地分析了浙江东阳磁性材料产业集群的演进历程后，从专利角度基于 Logistic 生长曲线计算东阳磁性材料技术生命周期，结合市场集中度方法，判断东阳磁性材料产业集群目前处于成熟期，亟待创新升级，并在分析该集群升级的创新基础后提出产业集群升级路径。刘馨然（2013）基于创新集群理论和政府行为理论，以东北（开放开发先导区）为例，探讨了政府组织介入下创新集群创新过程并划分了发展阶段：“组织引导下的创新集群初创阶段”“组织扶持下的创新集群成长阶段”“组织调控下的创新集群成熟阶段”。

从以上国内外研究来看，学者们对于演化机制的研究主要着眼于创新驱动机制、创新轨道的跃迁条件，实证研究路径基本为“形成机制-发展模式-演化机制-升级路径”，区别在于用不同方法、基于不同理论视角实证研究不同的案例区，探讨各具特色的演化模式。然而，它们多限于对各种影响因素的综合效应的宏观描述，缺少对各个影响因素进行系统研究；在构建演化模型时常常忽略政府的介入作用，将创新集群作为自组织群落进行演化研究。事实上纵观国内的现实情况，大多数创新集群的形成和演化过程中，政府的介入和扶持作用比较明显。

（三）创新集群的协同创新机制

随着知识、信息、技术时代的来临，以及集群经济发展模式的新转变，培育和发展创新集群的理念得到了广泛认同。创新集群的核心功能是创新，创新集群的创新活动可以分为独立创新和协同创新两种方式。

对于创新集群的协同创新机制主要从中观层面研究，即研究创新集群内多主体协同创新机制，以及创新集群对外部经济的影响。陈劲和阳银娟（2012）认为协同创新是指以知识增值为核心，以企业、高校科研院所、政府、教育部门为创新主体的价值创造过程。何郁冰（2012）针对“战略-知识-组织”三重互动的产学研协同创新模式，探索构建初步的产学研协同创新的理论框架。吴绍波等（2013；2014）聚焦战略性新兴产业产业链和知识创新链层面的合作伙伴的协同创新治理分析。李煜华（2013）运用演化博弈理论，构建了集群内企业和科研院所创新博弈的复制者动态模型，分析战略性新兴产业集群在创新过程中的动态演化，从而得出协同创新预期收益、协同创新风险和协同创新知识位势是影响战略性新兴产业集群协同创新的重要因素，并据此提出了相应的协同创新策略。汪秀婷等（2012）基于系统视角分析了战略性新兴产业协同创新的内涵，在战略协同、组织协同、资源协同和制度协同四大基本构面上构建战略性新兴产业的协同创新网络模型。解学梅（2010）构建创新集群跨区域协同创新网络结构特征、影响因素、协同模式与创新绩效的互动关系模型，并运用长三角电子信息产业集群制造业企业的实证调研数据，探究创新集群跨区域协同创新网络的影响机制。陈芳（2015）基于协同学理论，构建协同创新分析框架，发现影响新兴产业协同创新的影响因素有：创新主体的主观意愿、创新主体的客观能力、技术推动、市场需求、创新活动的外部环境。李宇（2015）通过对比中美创新集群发现，“斯坦福+硅谷”模式依然是最成功的创新集群形式，无论是英国剑桥科学园、印度班加罗尔还是国内的各种“谷”都无法取代。原因至少来自两方面：一是斯坦福为硅谷提供了一个无可复制的知识生态；二是硅谷产业链上下游和跨产业的企业之间，以及企业同科研院所、中介机构及政府之间形成了一种能够相互促进创业创新的协同机制。

从文献来看，协同创新研究是近几年才兴起并受到关注，其理论研究比较缺乏，还没有形成统一的概念。然而在经济全球化背景下，创新越来越具开放性，需要创新主体之间的协同，实际应用中也需要理论研究指导，因此创新集群协同创新的机制研究将是未来创新集群研究的重点。

第二节 创新网络——集群创新的新模式

随着知识、技术的规模性增长和流动以及经济全球化、信息全球化的到来，产业集群内、企业间的创新活动已经不再是简单的线性单向模式，而是呈现有多方参与者和合作者的多向网络模式。因此，随着创新活动的行为主体在技术、资源、人才等方面的交流越来越多，创新网络逐渐成为创新活动的重要形式，成为集群创新的新模式。由于创新网络的构建对于产业集群中产业升级和产品升级有着重要的现实意义，近年来国内外对于创新网络的研究日益增加，论文数量快速增长，成为经济地理学者关注的热点。

一、创新网络的内涵与特征

（一）创新网络的内涵

1. 网络的定义

网络的概念起源于 20 世纪六七十年代。最初网络被描述为一种纤维线、金属线或其他类似物连接成“网”的结构（Harland，1995）。20 世纪 50 年代起，网络概念开始流行，被应用于地理学、社会学、经济学和管理学等各类学科中。Willialnson（1985）从新制度经济学的角度认为网络是介于市场交易与层级组织之间的一种组织形式，是企业与市场相互作用与相互替代而形成的企业契约关系或制度安排，并将网络分为三个基本组成要素：行为主体、活动的发生和资源。盖文启（2002）将网络概括为各种行为主体之间在交换信息、资源，传递资源活动中所建立的关系总和。孟韬（2009）将网络组织的研究分为社会网络分析和经济网络分析两大部分。随着社会经济的发展，创新活动已经不能用传统的线性模式描述技术创新的过程，包含多个行为主体的网络化创新过程成为发展新模式。

2. 创新网络的定义

“创新网络”一词最先由弗里曼使用。弗里曼认为创新网络是一种对系统性创新的基本制度安排，具有非正式及隐含特征的关系，网络架构的主要连接机制是企业间的创新合作关系。在此基础上，他把“创新中的网络类型”分为：合资企业和研究公司、合作 R&D 协议、技术交流协议、技术推动的直接投资、许可证协议、分包、生产分工和供应商网络、研究协会、政府资助的联合研究项目等（Freeman，1991）。由欧洲创新环境研究小组（European Research Group on Innovative Milieu，GREMI）的学者们在研究欧洲高新技术企业的过程中，先后提出了“创新环境”“创新网络”“集群学习”等概念，较为系统地阐明了高新技术企业集群内创新的条件和机制。它将“创新环境”界定为在有限的区域内，主要行为主体（结点）通过相互之间的协同作用和集体学习过程，而建立的非正式的复杂的社会关系。其实质就是指创新所需要的软环境的核心构成，是一种网络系统，即“创新网络”（王缉慈，2001）。Nonaka 和 Takeuchi（1995）认为，创新网络和存在于企业内部或者企业间的正式与非正式连接，是组织获取规范化知识、正式文献、软件及缄默知识的工具。雷米吉奥（Remigio et al.，1997）认为“创新网络在根植于区域内社会文化背景的过程中，随着网络的创新，将会推动整个高新技术企业集群创新环境的改善”，即集群创新网络与集群创新环境之间的关系是有机的互动的关系。Jones 等（2001）认为创新网络是包含创新行为主体间复杂的交互、交换和联系作用的创新过程。

盖文启和王缉慈（1999）指出区域创新网络是地方行为主体（企业、大学、科研机构、地方政府等及其个人）之间的长期正式或非正式的合作与交流联系所形成的系统；强调集群集聚过程中企业的分工与专业化；强调集群内的企业在专业化分工基础上的协作与结网；更应强调集群内创新网络的根植过程与整体区域系统的创新能力的提高。王大洲（2006）把企业创新网络看作企业创新活动中所有已发生的网络，即在技术创新过程中围绕企业形成的各种正式和非正式的合作关系的总体。吴贵生等（2000）认为创新网络是不同创新参加者（制造业企业、R&D 机构和创新导向服务供应者）的协同群体，共同参与新产品的形成、开发、生产和销售过程，共同参与创新的开发与扩散，通过交互作用建立科学、技术、市场之间的直接和间接、互惠和灵活的关系。魏江（2003）认为：中小企业集群网络由供应商、竞争者、用户和公共部门共同组成，四类集群成员构成了集群内部的子群，并通过价值链连接。

总结相关文献对“创新网络”概念内涵的解释，本书认为创新网络中各行为主体并不是简单的堆积，而是体现如下三个特点：一是包含多个网络主体，一般认为网络构成主体包括存在分工合作的企业、大学、科研院所、政府、中介机构、金融机构等；二是强调主体间的联系，在技术创新过程中，以企业为核心主体进行着各种正式与非正式合作关系的联系，各行为主体在合作中产生各种信息、物质在网络中的流动；三是以创新为目的，增强网络间的关系互动，从而推动产业创新和产品创新，实现经济互惠。

（二）创新网络的分类与特征

1．创新网络的分类

创新网络主要以网络连接的方式、产业类型以及组织结构来分类。

按照网络连接的方式，创新网络可以分为正式和非正式的创新网络。其中，正式创新网络又可以分为产业网络（同一产业链条或相关产业链条中上、下游企业之间在生产经营过程中结成的正式合同关系网络）和非产业网络（区域内的企业与政府、大学研究机构或中介服务组织等区域内行为主体之间的合作和联系）。非正式创新网络主要指靠人际关系联系起来的网络（包括企业家之间的私人网络、政府官员与企业之间的非正式合作和交流等）（王缉慈，2001）。

按照产业类型和组织结构，创新网络又可以分为传统产业创新网络和高技术产业创新网络。如美国的硅谷、中国台湾的新竹等高技术产业区内形成的创新网络，属于高技术产业区创新网络；意大利的艾米利亚-罗马格纳、我国浙江乐清等地在传统产业区内形成的创新网络则属于传统产业区创新网络（王缉慈，2001）。

根据创新网络的出发点和视角，现有学者倾向于将创新网络置于一定的地理空间、产业或产业链环节中进行探究，将创新网络分为企业创新网络、产业创新网络、集群创新网络、区域创新网络、国家创新网络以及全球创新网络等不同类型。

2．创新网络的特征

创新网络的特征总结起来，主要有如下六个方面。

（1）动态性。创新网络作为一种以实现创新为目的的结构安排，由于其所依托的外部技术或市场环境具有不确定性和不可预测性，因此创新网络中的结点之间的联系可能随时发生变动，网络关系路径上流动的知识、信息等生产要素也处在不断更新的状态，因此创新网络是一个动态变化的系统，可以说区域创新网络的培育与形成，本质上是一个发展变化的过程，因而呈现出动态性的特征。

（2）复杂性。创新网络具有结构复杂、关系复杂、行为复杂和所处环境复杂等特征，这主要是由于网络结点的数量繁多，种类规模各异，职能需求也不尽相同，再加上创新行为（如研究投入与产出）的相对风险性与不确定性，创新资源流动的方向的多元化等因素，均提高了整个创新网络的复杂性。

（3）开放性。创新网络是由产业区内各个行为主体相互作用而联系，相互协作而构建。但这种联系不仅仅局限于本地区域内，特别是区内企业不会满足企业内或区域内的网络，而是在区外寻找更多的合作伙伴，不断扩大外部的创新网络（如战略联盟、研发合作、生产许可证或分包等），通过区际劳动力、技术和资金等生产要素的流动和交换，从而获得远距离的知识和互补性的资源，并不断向外部开辟新的市场。所以，区域创新网络在与外部的连接过程中，呈现出开放性的特点。

（4）互惠性。互惠性表现为创新网络的各方期望获得创新收益，这是各方进行各种途径联系的前提与基础。在网络组织中，集聚了大量网络结点，合作与竞争无处不在，因此互惠性作用突出重要。互惠性强调组织间合作、联合及协调，而不是命令、权力与控制。在互惠的基础上，组织间的成员均愿为共同的利益与目标而努力，更能促进合作创新的产生，互惠性是创新网络的重要特征（鲁新，2010）。

（5）非中心化。区域内一个或几个大企业如果通过分包等形式完全控制着其他小企业，会使小企业对其依赖性过强，缺乏自主活力，不利于持续的创新活动。而在区域创新网络存在的产业集聚区内，由于呈现出非中心化特征（分散化特征），区内各行为主体之间无论规模大小、功能强弱，都能够通过网络化的形式，在平等的基础上实现合作或互补性资源的交换或交流，建立起长期稳定的信任关系，并且可以通过网络化协作化解市场竞争与创新失败的风险。

（6）根植性。通过企业在本地的扎根和结盟所形成的地方集聚，可以使企业构筑起交流和合作的系统，从而增强技术创新的能力和竞争力。当技术知识由于相互依赖和密切关联而本地化时，企业一般倾向于滞留在一个限定的区域内，即使是当前区域内的相对价格可能比其他区域要高，但本地化的“学习效应”产生，能够使企业尽快地摆脱效益和利润衰退的阶段，最终本地化的学习和适宜创新的引入能够资本化，从而带来利润的优势（杨寰，2006）。

二、创新网络的构成与结构

（一）创新网络的构成

创新网络是各个结点通过与创新有关的正式或非正式关系连接。结点包括企业、大学或研究机构、政府及公共部门、中介服务机构等。其中企业是最重要的结点，也是参与创新、实现创新增值最为直接的行为主体。这里的企业包括了纵向关系上的原材料生产商或半成品供应商、零配件分包商、成品制造商、产品销售商及顾客，也包括横向关系上的同类竞争企业，设备修理、维护等互补或服务型企业。中介服务机构非常广泛，不仅包括区域内存在的各种行业协会、商会、创业服务中心等组织机构以及律师事务所、会计师事务所等各种形式的中介组织，还包括银行、保险等金融服务部门（曾小永，2011）。而联系包括了结点之间信息、知识、技术等隐性创新资源的传递、转移或共享，也表现为创新产品、人员与资金等显性资源的流动与运转（鲁新，2010）。

集群创新网络实质上是一个有机创新系统。Andersson 和 Karisson（2002）提出了“以集群为中心的区域创新系统模型”，认为区域科技创新的核心由区域集群的企业所组成，并被支撑和互补企业所环绕。我国学者魏江（2004）提出了由核心网络、辅助网络和外围网络构成的集群创新系统模型。多数学者根据研究背景，考虑到地理临近性等影响因素，针对研究区域构建集群创新网络，而企业之间的连接构成了网络结构的主体内容，并作为核心网络系统影响集群的创新，而大学、政府、中介机构与企业的关系是稳定和确定的服务与支持关系，他们构成了集群网络的支持系统，即集群创新网络有核心网络和辅助网络构成，如图 8-1 所示（曾小永，2011）。

（二）创新网络的结构特征

在创新网络中，组织及组织间关系可以用结构化的形式表述，在关系网络中的行动主体被称为结点（图 8-2 中以黑点表示）。结点之间的关系流动方向可能是双向也可能是单向的。在网络中处于相同位置的结点，是网络位置或结构地位等同体，不同的结点是网络中不同的角色，由于网络成员之间的互动，不同结点的位置占据者形成了相对稳定的作用与地位。

结点之间的关系有强弱之分。如果结点之间的关系是非重复性、非固定、非持续性的则是弱关系（图 8-2 中以虚线表示），反之亦然。关系网络的规模有大小之分，在小规模关系网络中，参与成员少，往往是强关系，大规模关系网络中，参与成员多，关系往往是弱关系。关系网络还有疏密之分，如果一个网络中成员之间实际存在联系与最大可能存在联系的比值越大，网络密度就越大，如图 8-2 中的 A，否则密度就越小，如 C。密网是封闭性的可能性较大，几乎网络内的所有成员之间都存在互动关系，与网络外的成员关系很少，这种经济关系网络规模不可能很大。疏网往往是开放性的，如虚拟的散点网络，结点间彼此的关系可能具有偶然性与不稳定性，而且不可能所有成员之间都存在（刘兰剑和司春林，2009）。

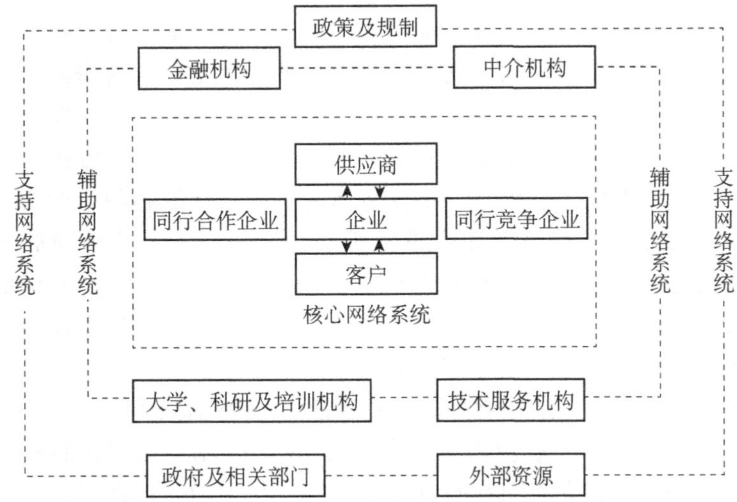

图 8-1 产业集群创新网络的结构

资料来源：曾小永. 2011. 传统产业集群创新网络研究. 广州大学硕士学位论文

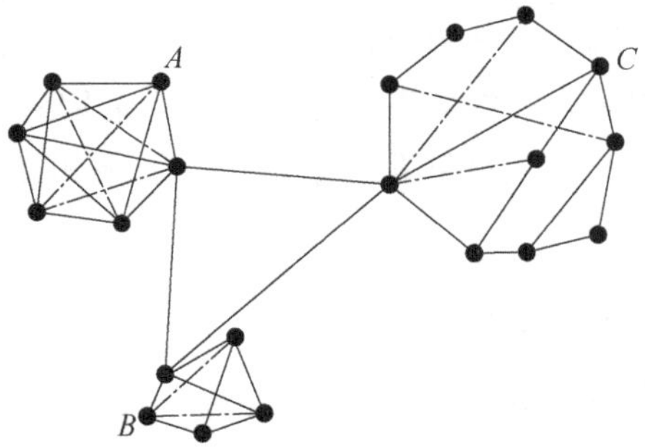

图 8-2 关系结构示意图

资料来源：刘兰剑，司春林. 2009. 创新网络 17 年研究文献述评. 研究与发展管理，21（4）：71

（三）创新网络结构的实证研究

1. 结点层面

随着越来越多的实证研究发现，在创新网络中，存在技术和知识基础上的异质性，存在核心企业和非核心企业之分，它们在集群创新系统中的角色、地位和作用也存在较大差异。从结点层面研究创新网络，特别是作为核心行为主体的企业对于网络整体创新的作用，对于探讨创新网络演化过程有直接作用。

Owen-Smith 和 Powell（2003）研究证实波士顿生物技术创新网络中核心企业可改变整体网络信息流。许强和应翔君（2012）从核心企业的视角出发，对比传统产业集群和高新技术产业集群协同创新网络的异同，发现核心企业在创新成果、创新链、价值链等方面都很大程度地影响着网络内部分工与协作，核心企业在协同发展方面起着重要作用。吴开松等（2007）认为科技中介组织促进高新区技术创新网络中技术的转移与扩散、推进产学研深入发展。Ferrar 和 Granovetter（2009）研究了风险资本对于硅谷创新网络的作用，认为硅谷创新能力是在多异质性主体多元联系以支持高技术企业的创造发展中演化的，风投公司对网络的支撑作用包括：资金支持、伙伴选择、知识集聚、嵌入与信息传播。贾根良和刘辉锋（2003）提出自组织创新网络的概念，认为创新网络是由多个创新主体构成的自组织系统，应该充分发挥政府、大学、企业的网络协作的优势，降低创新的复杂性，构建出灵活的网络。

2．关系层面

网络关系研究路径注重网络结点之间的关系对创新的影响，主要有五种代表性的观点：强调正式关联对创新的重要性、强调非正式关联的重要性、强调融合正式和非正式联盟的平衡的网络结构的重要性、强调研究多方关系的重要性及强调适时升级关系的重要性（詹·法格博格等，2009）。Vinding（2002）调查了548家丹麦制造企业，指出合作对创新影响与伙伴类型和伙伴关系模式相关，并指出区域内部的强关系比区域外部合作关系给创新带来更大收益。相比制造企业正式的合作关系，Li 等（2008）分析了 280 家企业，比较了中国本土企业与外资企业在竞争环境与市场不确定性条件下，经营者个人关系对绩效的影响，证实外资企业在关系利用上处于竞争劣势，经营者关系对企业绩效的作用会随竞争强度增大而减弱，经营者关系伴随结构不确定性的增强给企业绩效产生更好影响。惠青和邹艳（2010）研究了产学研合作企业，对产学研合作创新网络、知识整合和技术创新之间的关系进行了实证分析，得出知识整合在网络结构对技术创新的影响中起着完全的中介作用。卢东芳（2012）通过对创新网络企业间非正式关系的演化进行探索，认为创新网络企业间非正式关系是建立在互惠互利的信任机制下，得出创新网络成员企业间非正式关系演化路径：信任→关系依存→组织承诺。李星（2011）对企业集群创新网络内多行为主体及其链接模式（包含核心网络、支撑网络、外部网络）进行了分析，探讨了核心网络层主体间、核心网络层主体与支撑网络层主体之间，以及核心网络层与外部网络层的互动机制。

3. 网络层面

网络层面的研究是立足于空间视角，从区域整体入手，分析网络内外部的结点的联系与作用机制以及对区域创新的影响。当前学术界大致有三种主流观点：强调地方网络重要、强调外部网络重要、强调创新地理空间的双重分布均重要。汪良宾（2014）从中国 30 个省级区域创新网络为研究对象，从静态和动态两个角度，对区域创新网络的结构特征、效率及协同演化问题进行研究，探究了区域创新网络结构特征与创新绩效之间的关系，并对区域创新效率进行评价。解学梅（2010）针对长三角 16 个市分属三个省市的行政区划割裂，区域创新网络无法协调发展的现象，提出构建长三角地区创新集群跨区域协同网络，形成一种自组织创新机制。范群林等（2014）从企业视角出发，研究企业内外部协同创新网络形成机制，发现当外部协同创新的交易成本有所下降，企业就会开始选择建立更多的外部联系，使其协同创新网络向开放式方向发展。张绪英（2013）结合全球网络、创新系统及开放创新理论，论述了全球创新网络理论的内涵与作用方式，并以张江生物医药产业集群为例，得出跨国医药研发机构担当着“技术守门员”的角色，是张江生物医药产业集群嵌入全球创新网络的“桥梁”。张江生物医药产业集群通过发挥“技术守门员”作用，建设“技术社区”研发联盟，建立全球联系等方式，利用全球创新资源，促进了张江生物医药产业集群的健康发展。

三、创新网络的形成与演化

（一）创新网络的发展阶段

集群创新网络的构建过程可以看成是各行为主体相互结网及其根植的过程：网络的形成过程（第一阶段）；网络的成长与巩固过程（第二阶段）；创新网络的根植过程（第三阶段），创新网络与当地创新的环境互动，共同形成区域创新系统。如图 8-3 所示，产业集聚的阶段与创新网络的形成与发展是相匹配的（杨寰，2006）。

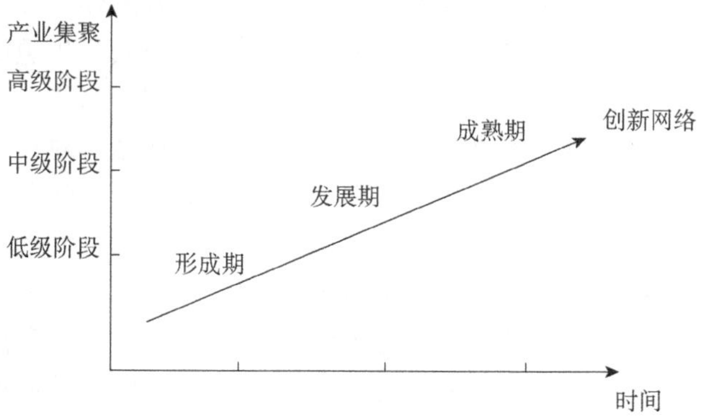

图 8-3 产业集聚与创新网络的互动

资料来源：杨寰. 2006. 高新区产业集聚与创新网络研究. 西安电子科技大学硕士学位论文

创新网络发展到了一定的水平后，中介的作用逐渐替代政府在其中的功能，其作用主要表现在开拓市场、维护集体品牌、制度创新、缓解运输和资金难题；维护会员企业和企业家的合法权益；加强会员之间的沟通，为成员提供市场、技术、资源等信息。随后大学科研及培训机构和企业的联系也不断加强。中介机构为创新行为主体之间进行牵线搭桥；在创新网络的成熟阶段，企业充分利用完善的创新系统，在创新网络中中介机构十分发达，政府的作用逐渐退居次要的位置，而是让市场在其中的位置越来越重要（曾小永，2011）。

（二）创新网络演化的动力机制

网络演化是网络结构的动态体现，集群创新网络是一个动态的开放系统，随着时间的变化不断地从低级向高级演化。与倡导“制度转向”和“关系转向”的学者对创新网络的“静态”研究不同，倡导“演化转向”的学者主张从动态和历史的角度对企业创新网络进行研究。

现有研究主要从理论和实践两个层面展开，从理论层面上看，一是进行创新网络结构的演化分析，二是进行创新网络演化动因的研究。Boschma、Glückler等引进了生态学的“VSR”、“惯例”（routine）、“共同演化”（coevolution）等概念，结合经济地理学的“接近”（proximity）视角对全球化和地方化力量共同作用下的企业创新网络的演化过程和机制进行了探讨。Glückler（2007）认为网络演化受两种机制影响：一是累积机制，即与网络的历史发展有关，受初始环境与随后观察到的事件影响；二是选择机制，即与现有网络结构限制条件下，网络成员为了参与网络获取收益而采取的战略有关。Boschma（2007）进一步基于临近性视角构建了区域创新网络演化分析框架，认为认知临近性、社会临近性、组织临近性、制度临近性及地理临近性是影响创新网络空间演化的重要因素，并从产业生命周期的角度分析了临近性在网络演化不同阶段发挥的作用。

从实践层面上看，易将能等讨论了产业集群创新网络的功能和结构的阶段性、产业集聚的阶段性和边界形成的阶段性，论述了创新网络从低级向高级演化的阶段及其内涵（易将能，2005）；张梅青将集群网络的演进特征归纳为初始期线性主导、发展期平行主导和成熟期网络性主导三个阶段，认为知识溢出、学习机制、企业家精神和网络文化是集群网络结构形成与发展的内部动因，而政府行为与政策和市场需求则是其外部动因（张梅青，2009）。李二玲和李小建以河南省虞城县南庄村钢卷尺产业集群为例，基于企业问卷调查数据，运用社会网络分析法，通过对比企业在初创阶段的衍生网络与现阶段的情感网络、咨询网络和合作网络，探讨了欠发达农区传统制造业集群中网络的形成和演化过程。他们认为相对应发达地区而言，欠发达农区传统制造业集群网络的形成和演化更有内生性和自组织规律（李二玲和李小建，2009）。朱海燕发现知识密集型服务机构的嵌入对产业集群网络结构的影响明显（朱海燕和魏江，2009）。刘炜等基于企业视角，对于全球化下珠三角本土企业创新网络的演变及影响因素进行了实证分析（刘炜等，2010）。韩玉刚等以安徽省宁国市耐磨铸件产业集群为例，分析了中国省际边缘区产业集群的网络特征和形成机理（韩玉刚等，2011）。张永安，付滔对焦点企业核型结构产业集群创新网络的演进模型、问题及其对策进行了实证分析（张永安和付滔，2010）。余雷指出战略性新兴产业集群的网络发展阶段集群形成过程中已经形成了以创新网络为核心，融合经济网络和社会网络的综合网络（余雷，2013）。

第三节 创新集群与创新网络的典型案例

一、美国硅谷的创新集群与创新网络

（一）基本概况

美国硅谷是全球创新能力最强的地区。硅谷地区位于美国加利福尼亚州中部，是从旧金山到圣何塞的一块平坦的谷底。这里曾经是众多制造技术的研发中心，如精密仪表、军事设备及电子系统、计算机、半导体集成电路等。也是很多高新技术和产品的诞生地，如家用计算机、无线电话、袖珍计算机、微处理器、生物医学等。目前，世界上的诺贝尔奖获得者有近 1/4 在这里工作，该地区有 6000 多名博士。区内有著名的斯坦福大学、加州大学伯克利分校等世界一流大学，众多的智力人才在此集中。经过多年的发展，硅谷建立了一流的智力支撑体系、创业投资体系和中介服务体系，同时建立了良好的创新环境氛围。2012 年专科以上人才占比达 70%，同比增加 2 个百分点，其中硕博士以上占比由 18%增加至 30%；2011 年专利申请数约为 13 520 个，较 2010 年增加近 200 个，其专利数占全美国比重达到 12.5%；2011 年，硅谷创业投资额为 76 亿美元，增长 17%，已恢复到 2004 年的水平，占美国的 27%，占加州的 52%；2012 年投资金额更出现高达 90%的成长，达到 3400 万美元的规模。此外，硅谷创新集群内部建立了非常完善的创新中介服务体系，包括猎头公司、律师事务所、会计师事务所、技术转移机构等，这些中介机构的高效运转为硅谷地区的知识流动和知识成果产业化增添了活力。正是完整的创新体系建设推动了硅谷的飞速发展，硅谷的成功成为全球高新技术产业的典范，很多国家和地区模仿硅谷的环境创建了高新技术产业园，如以色列特拉维夫，芬兰赫尔辛基，印度班加罗尔，日本筑波城，中国台湾新竹科技园，以及我国的北京中关村、武汉光谷等。

（二）硅谷模式——企业地缘集聚形成的创新网络

回顾硅谷的发展历程，可知 20 世纪 50 年代之前，硅谷还是一个以军工需求为主的电子产业群。1951 年，斯坦福大学创建了斯坦福大学工业园，还组建了多个校企合作来促进斯坦福大学科研成果转化和促进学生创业的项目。在这段时间不断有新的高新技术企业、金融机构等进驻硅谷并取得了一定的成果。在这样的势头下，硅谷的创新集群初具规模（刘云梅，2014）。

1．产学研合作互动模式

在发展过程中，硅谷依托了世界一流的富有创新创业精神的大学——斯坦福大学，创立了产学研合作互动的模式。大学与企业密切合作：大学不仅为小企业提供重要的技术成果、高科技人才，而且帮助其培养和培训人才，以应付快速变化的技术环境。更重要的是，大学、科研人员、风险投资家直接投资办企业。据统计，硅谷目前一半的销售收入来自斯坦福大学的附属公司。斯坦福大学不但对产业创新感兴趣，更热衷于新技术企业的诞生和参与本地产业合作，喜欢促进小企业之间的合作，而与政府关系并不密切。同时，通过大学制订产业联盟计划，来促进研究人员与外部公司之间的合作，扩大大学在本地区创新网络中的作用。

2．丰富的人力资源要素

人才是硅谷兴盛的核心要素。硅谷堪称全世界的人才高地，有 40 多位诺贝尔奖获得者，上千名科学院和工程院院士，20 多万来自世界各地的优秀工程师，7000 多名博士，占加州博士总数的 1/6，而加州是美国受过高等教育人士密度最大的州。美国积极吸纳高学历、高科技人才移民，为硅谷不断输入新的人才、成果和创意，逐步集中了世界最先进的人才和最尖端的技术。除了技术创新人才之外，硅谷拥有成千上万的创业家。

3．优越的风险投资环境

风险投资成为硅谷发展的“金融发动机”。硅谷内衍生新技术企业的能力如此之强，与风险投资创造的金融环境不无关系。据统计，2011 年，硅谷创业投资额为 76 亿美元，增长 17%，占美国的 27%，占加州的 52%。天使投资者近年来在硅谷快速增加，目前已有高达 30 万名的天使投资者，2012 年投资金额更出现高达 90%的成长，达到 3400 万美元规模。

4．独特的创业文化

硅谷文化是一种地区文化，是在高技术产业形成的特殊环境中逐步形成的，这种文化一旦形成，即为硅谷企业注入强大的活力。硅谷文化中不以失败为耻，而把失败作为宝贵的财富，激发了员工大胆尝试、勇于探索的创新热情，孕育了硅谷独特的创业精神，锻造了硅谷生态系统内在、无限的创新动力和繁衍生息能力；在严密公正的市场竞争法则下，硅谷人才既着力于自身能力和水平的不断提高，又注重在竞争中向对手学习，崇尚尊重对手，在平等中交流；硅谷文化十分看重团队精神，依靠协同、合作和群体的力量，形成一种拿与给的双向知识交流氛围；适度的人才跳槽不仅不会受到谴责，而且还会得到支持与鼓励，硅谷文化认为这将有益于技术扩散和有效培养经验丰富的企业家（李海超和齐中英，2009）。

5．完善的中介服务体系

硅谷创新集群内部建立了非常完善的创新中介服务体系，包括猎头公司、律师事务所、会计师事务所、技术转移机构等，这些中介机构的高效运转为硅谷地区的知识流动和知识成果产业化增添了活力。高度专业的猎头公司能够为创新型企业搜寻最适合的创新人才，提升硅谷创新人才流动效率。专业化的会计师事务所为企业提供专业的财务服务和税务服务。律师事务所为企业提供知识产权咨询和管理服务，提高企业的知识产权管理效率，维护企业的合法权益。此外，硅谷内部存在大量的技术转让、咨询、评估和交易机构，能够以最快的速度推动知识产权商业化（陈劲和赵闯，2014）。

硅谷的成功尽管离不开其拥有的智力、技术、人才、资金等大量生产要素的集聚，但是，创新是一种社会技术化过程、非线性的过程。即硅谷本身是一个创新网络，网络使区域能够适应迅速变化的市场和技术条件，也促进了企业和供应商、客商之间的共同学习和灵活的调控。网络中的企业通过适应市场获得竞争优势。硅谷中的创新网络主要指包括产业链条的上下游供应商和客商之间的创新合作网络，也包括同行业企业之间在竞争中建立的协同创新关系网络。由于创新的复杂性和不确定性，任何一个企业都难以完成创新活动的全部过程，难以控制生产价值链条的全部环节，迫使企业与专业化的供应商建立长期的合作关系网。所以，在硅谷地区内，有些小企业定向在芯片的设计、生产或者销售上。其中一些公司致力于前沿生产技术和设计程序整合，而另一些公司则把精力放在快速设计和向外界厂商转包加工产品上。还有一些公司，则以灵活快捷的生产为一大批芯片和系统软件制造公司服务。这种企业在高度主业基础上的分工协作，使得合作的企业避免了成本的浪费，同时减少了半导体生产的风险。而且，大多数公司建立了灵活分散的组织形式，这使它们能对市场变化做出迅速的反应。硅谷地区内除了有实际上最集中的风险投资机构和著名的大学研究机构外，还有一流的行业协会、一流的律师事务所等中介服务机构。企业与政府、风险投资机构、中介服务机构等层层相扣，组成了硅谷独特的创新网络。有些学者甚至将硅谷地区中通过同学、同事、校友等关系建立起来的社会网络看作是准家族式的社会关系，并认为这种特殊的人际关系网络是硅谷成功的又一原因。

硅谷地区的创新网络特点可以归结为：系统分散化、本地化与开放性。也正是由于硅谷创新网络的产业特殊性和不断的水平分离，使得硅谷的整体发展不会因某个独立公司的困难而动摇，不会因产业失败而威胁整个区域。

二、中国上海张江生物医药产业集群及其创新网络

（一）基本概况

上海在生物医药领域拥有科技优势、人才优势和制造优势，近年来，在国家和地方政府的大力支持下，生物医药产业得到了快速发展，保持了年均 15%的增幅，产业规模呈现平稳增长态势。

根据 2013 年上海市统计年鉴，2012 年上海生物医药工业总产值、销售产值、累计实现利润总额分别为 745.93 亿元、723.49 亿元、95.62 亿元，同比增长 16.4%、18.5%、3.5%，生物医药制造业从业人员数达到 9.35 万人。自 1999 年 8 月上海制定生物医药产业发展行动计划（2009～2012 年）以来，上海生物医药产业进入快速发展阶段，生物医药创新体系不断完善，全市生命科学和生物医药领域有近 80 位两院院士，构成了由 10 多所高校、30 多家专业研究机构、30 多个研发中心（含外资）、30 多家新药临床研究基地、200 多家研发型企业组成的生物医药创新网络。目前，上海已形成六大生物医药产业基地，包括浦东张江一周康一线、徐汇枫林、奉贤星火开发区、青浦开发区、闵行浦江工业园 IK 和金山工业区。这六大产业基地各司其职，共同支持和推动着上海生物医药产业快速发展。

其中，以张江高科技园区为核心的浦东生物医药产业基地是全市生物医药创新要素的核心集聚区，汇集了 300 多家国内外知名的生物医药创新企业，拥有完善的科研体系和优越的创新环境，主导着上海生物医药的创新和发展。根据 2013 年上海市浦东新统计年鉴，2012 年，张江生物医药制造业总产值 146.88 亿元，占张江高科园当年工业总产值（583.94 亿元）的 1/4，占上海市医药制造业工业总产值（513.22）的 29%，显现出其作为主导产业的巨大价值。

（二）发展历程

生物医药产业作为典型的知识与技术密集型产业，其区位选择有着靠近大学、研究中心的突出需要，尤其是在初创时期。不同于国外围绕大学和研究机构自发形成的生物医药产业集群，张江生物医药产业集群是在一片田地上，通过政府引进知识机构和知名跨国药企等方式着力培育起来的，有其独特的发展历程，政府在集群的形成和发展过程中起着十分重要的作用。纵观张江生物医药产业集群的发展历程，大致可以分为两个阶段。

1．第一阶段（1994～2002年）——各级政府驱动的集群形成阶段

该阶段，政府通过制定和出台各项优惠政策和措施，引进知识机构，促成张江生物医药产业集群的形成，可以说政府是张江医药产业集群形成的直接驱动力。该阶段，依靠政府的规划和开发，一批拥有强大创新实力的科研机构迅速集聚，张江生物医药产业集群基础创新力量初步形成。由于政府是张江生物医药产业集群发展的主要驱动力，这些科研机构与政府的联系很强，许多创新项目的设立都是依靠政府资助，通过自上而下的垂直方式而不是大学、科研机构和企业之间的水平方式，创新主体间合作有限，研究、开发和产业功能分离，知识溢出效应弱，没能形成紧密的集群创新网络。

2．第二阶段（2003年至今）——全球化驱动的集群发展阶段

在政府的大力支持下，张江生物医药产业集群创新环境不断优化，集群发展初具规模，吸引国内外大型医药企业、跨国公司纷纷进驻张江，促进了张江生物医药产业集群本地网络与外部世界的联系。2003年，礼来、杜邦、霍尼韦尔中国研发中心在张江高科技园区成立；2004年，罗氏中国研发中心落户张江，同时该研发中心也被一并纳入了罗氏全球研发网络；2006年，诺华、辉瑞、阿斯利康研发中心落户张江；2007年帝斯曼、科文斯、葛兰素史克研发中心在张江设立；此外，安利、美迪西、荣研等世界著名制药企业也纷纷在张江设立研发中心……这些跨国公司研发机构是张江生物医药创新网络的重要组成部分，并带动区域协同创新。自此，张江生物医药产业集群成功嵌入了全球化的创新网络，进入了基于自主创新的全球化发展阶段，集群创新体系不断完善，涌现了一大批本土明星企业，创新成果突出。集群创新实力不断增强，开始迈入自主创新的集群发展新阶段。

（三）张江模式——政府促进形成的创新网络

结合张江生物医药产业集群独特的发展历程，可知张江生物医药产业集群创新网络的行为主体主要包括集群内的生物医药企业、生物医药相关的大学和科研机构、政府、中介服务机构及金融机构。由此构建了由创新核心网络、创新支持网络、创新环境网络和创新外部网络四个子网络组成的集群创新网络结构模型。张江生物医药产业集群创新网络的四个子网络间并不是相互孤立，彼此分割的，而是通过各种正式和非正式的联系进行相互作用和相互融合。

1．创新核心网络

张江生物医药产业集群大学和科研机构在为生物医药企业提供科研成果、中试设备的同时，还直接衍生出创新主体，在生物医药产业集群中的地位十分突

出。除了有产业关联的企业外，大学及科研机构也是创新核心网络层的重要组成部分。该子网络中的网络关系主要表现为两种方式。一是水平方向上的关系，包括制药企业之间、制药企业和生物技术企业间以及研究机构间的合作关系，除此之外，还包括制药企业与其竞争对手之间的竞争关系。另一种方式是垂直方向上的联系，表现为上下游企业间的产品联系、制药公司与研究机构间以及生物技术企业和研究机构间的合作创新联系。

2. 创新支持网络

由政府、专业化的公共服务平台、金融机构及其他的中介服务机构组成，该层网络关系主要表现为支持网络向创新核心网络提供创新所需的资源和服务，支持创新主体开展新药研发和产业化等活动。

3. 集群创新环境网络

集群创新环境网络包括集群创新赖以生存的制度、文化、市场和政策法律等创新软环境和基础设施等硬环境，是维系和促进网络创新的保障。对知识占主导地位的生物医药产业集群而言，创新软环境的影响尤为关键。张江生物医药产业集群位于经济发达的上海，依托其便利的交通、广阔的市场和完备的基础设施，经过多年的发展，初步形成了有利于生物医药企业自主创新的文化和氛围。

4. 创新外部网络

创新外部网络是指集群创新网络的各行为主体超出集群地理边界所进行的各种创新活动所形成的网络关系，包括各种形式的创新合作和创新资源的交互。通过集群“守门人”（优势企业、高水平研究型大学、国际水平的科研机构甚至“桥梁”专家等）与群外组织技术创新合作交流，促进集群对先进知识技术的消化吸收与群内扩散，并规避技术“锁定”效应风险。张江生物医药产业集群自成立之初就在政府的支持下与外部建立广泛的联系，尤其是与知名跨国药企的联系，同时海外人员归国创业也是张江生物医药集群创新网络与外部建立网络联系的主要渠道。通过与跨国药企开展合作以及海外人员归国创业这两种主要方式，张江快速建立起集群外部连接，成功嵌入全球创新网络体系。

第四节　本 章 小 结

产业集群是区域经济发展的典型现象和重要动力，集群创新能力的提升是政府和学界共同关注的焦点。在全球化、知识化和信息化背景下，我国传统制造业集群发展面临前所未有的挑战，如劳动力成本增加、土地资源匮乏、海外市场萎缩，同时技术含量低、自主创新能力弱、品牌缺乏等问题凸显，已成为制约其发展的瓶颈。发达国家的发展实践表明：打造创新集群，构建集群创新网络，发挥各创新行为主体功能，加强网络节点间的信息、知识、技术联系，是集群转型升级的关键和必然选择。

首先，本章对创新集群进行了概念界定，认为创新集群是一种有效的经济组织形式，是培养国家竞争力的重要工具，是传统产业集群的升级。从创新集群与传统产业集群的共性与差异对比中，进一步阐释创新集群的内涵，指出创新集群具有多元参与、高强度研发投入、快速增长的集聚经济和创新产出、良好的技术转移、知识溢出和集体学习等特征。在创新集群中，创新网络结点之间的链条可分为“生产链”“创新链”“资金链”和“信息链”，基本涵盖了创新集群网络结点之间的关系，可反映网络中各种资源的流动状况。从内外部联系、创新范围和形成机制，将创新集群进行类型划分，创新集群具有从萌芽、生长、成熟到衰退的不同发展阶段。知识溢出、集聚经济、技术扩散、学习机制等是影响创新集群形成的主要因素。不同类型和处于不同阶段的创新集群，在其形成过程中起作用的主体不同，其形成与发展过程中起支配作用的机理不同，创新集群的演化过程也具有差异。

其次，本章对创新网络进行了分析，认为创新网络是创新活动的重要形式，是一种集群创新的新模式。创新网络具有动态性、复杂性、开放性、互惠性、非中心化、根植性等特征。依据网络连接方式、产业类型以及组织结构的差异可将创新网络分为不同类型。集群创新网络结构由核心网络、辅助网络和外围网络构成。创新网络的构建过程是各行为主体相互结网及其根植的过程，包括网络的形成、成长与巩固和根植三个阶段。网络演化是网络结构的动态体现，创新网络是一个动态的开放系统，随着时间的变化不断从低级向高级演化。与倡导“制度转向”和“关系转向”的学者对创新网络的“静态”研究不同，倡导“演化转向”的学者主张从动态和历史的角度对创新网络进行研究。

最后，本章选取美国的硅谷和上海的张江生物医药产业集群进行了创新集群与创新网络的典型案例分析。前者是基于企业地缘集聚形成的创新网络，后者是政府促进形成的创新网络的典范。

参考文献

陈芳，眭纪刚. 2015. 新兴产业协同创新与演化研究:新能源汽车为例. 科研管理，36（1）：26-33.

陈光华，王建冬，郭明军. 2013. 中美俄创新集群建设模式比较研究. 科技与经济，（06）：31-35.

陈海华，陈松. 2008. 创新集群的相关研究及进展. 中国科学学与科技政策研究会. 第四届中国科学学与科技政策研究会学术年会论文集，（1）：7.

陈劲，阳银娟. 2012. 协同创新的理论基础与内涵. 科学学研究，30（2）：161-164.

陈劲，赵闯. 2014. 中美创新集群发展模式比较与合作战略透析. 吉林大学社会科学学报，（6）55-62.

邓宏兵. 2007. 产业集群研究进展探析. 武汉大学学报（哲学社会科学版），60（2）：241-245.

邓洪娟. 2014. 基于专利计量分析的浙江东阳磁性材料产业集群升级研究. 浙江理工大学硕士学位论文.

董微微. 2013. 基于复杂网络的创新集群形成与发展机理研究. 吉林大学博士学位论文.

窦红宾，王正斌. 2010. 网络结构、吸收能力与企业创新绩效——基于西安通讯装备制造产业集群的实证研究. 中国科技论坛，（05）：25-30.

范群林，邵云飞，尹守军. 2014. 企业内外部协同创新网络形成机制——基于中国东方汽轮机有限公司的案例研究. 科学学研究，32（10）：1569-1579.

范硕，何彬，Taehyun Kim. 2014. 韩国创新集群发展模式的实证检验—基于空间面板模型的分析. 亚太经济，（04）：74-79.

盖文启，王缉慈. 1999. 论区域的技术创新型模式及其创新网络——以北京中关村地区为例. 北京大学学报（哲学社会科学版），36（5）：29-36.

盖文启. 2002. 论区域经济发展与区域创新环境. 学术研究，（1）：60-63.

韩玉刚，焦华富，李俊峰. 2011. 中国省际边缘区产业集群的网络特征和形成机理. 地理研究，30(5):814-826.

何郁冰. 2012. 产学研协同创新的理论模式. 科学学研究，30（2）：165-174.

惠青，邹艳. 2010. 产学研合作创新网络、知识整合和技术创新的关系研究. 软科学，24（3）：4-9.

贾根良，刘辉锋. 2003. 自组织创新网络与科技管理的变革. 天津社会科学，（1）：23-26.

姜明辉，牛晓姝. 2006. 国外区域经济创新网络典型案例比较分析. 哈尔滨工业大学学报（社会科学版），（1）：134-138.

解学梅，曾赛星. 2009. 创新集群跨区域协同创新网络研究评述. 研究与开发管理，21（1）：09-15.

解学梅. 2010. 中小企业协同创新网络与创新绩效的实证研究. 管理科学学报，13（08）：51-64.

康青松. 2012. 日本创新集群的发展及启示——以九州半导体创新集群为例. 科技进步与对策，（3）：57-60.

李北伟. 2013. 创新集群研究进展与未来展望. 技术经济与管理研究，（7）：36-41.

李二玲，李小建. 2009. 欠发达农区传统制造业集群的网络演化分析——以河南省虞城县南庄村钢卷尺产业集群为例. 地理研究，（3）：739-750.

李海超，齐中英. 2009. 美国硅谷发展现状分析及启示. 特区经济，（6）：82-83.

李顺才，王苏丹. 2008. 创新集群的政策融合研究. 科技进步与对策，25（11）：147-149.

李星. 2011. 企业集群创新网络多主体合作创新机理研究. 武汉大学博士学位论文.

李星. 2014. 产业集群创新网络内多主体间的互动机制研究——以美国硅谷高新技术产业集群为例. 商业时代，19：110-111.

李宇，张福珍，郭庆磊. 2015. 区域创新型产业集群的网络创新机制与引导策略. 宏观经济研究，（9）：98-105.

林秋月，王文平，王娇俐. 2010. 产业集群创新网络结构特征的仿真分析——基于 March 利用式-探索式创新分析框架. 管理学报，（7）：1015-1020.

刘锦英. 2013. 行动者网络理论：创新网络研究的新视角. 科学管理研究，（3）：14-17.

刘巨钦，邝文芬. 2008. 高新技术产业集群创新研究综述. 湖南工程学院学报，18（4）：1-7.

刘兰剑，司春林. 2009. 创新网络 17 年研究文献述评. 研究与发展管理，21（4）：68-77.

刘馨然. 2013. 创新集群中政府的组织过程及策略的研究. 吉林大学硕士学位论文.

刘毅，汪波. 2012. 基于隐性知识溢出的创新集群形成演化机理研究. 科技进步与对策，29（2）：136-140.

刘友金，刘莉君. 2008. 基于混沌理论的集群式创新网络演化过程研究. 科学学研究，26（1）：185-190.

刘云梅. 2014. 硅谷创新集群生长机理研究. 哈尔滨工业大学硕士学位论文.

龙开元. 2009. 创新集群：产业集群的发展方向，（12）：53-56.

卢东芳. 2012. 创新网络企业间非正式关系的演化研究. 中国商贸，（30）：40-41.

鲁新. 2010. 创新网络形成与演化机制研究. 武汉理工大学硕士学位论文.

骆静，涅鸣. 2003. 创新集群及其分类研究. 科学学与科学技术管理，24（1）：27-30.

梅亮，许庆瑞. 2011. 创新网络研究述评. 科技管理研究，（10）：18-23.

孟韬. 2009. 网络视角下的产业集群组织研究. 北京：中国社会科学出版社.

穆晓霞. 2014. 山西省创新网络与科技创新能力互动机理研究. 太原理工大学硕士学位论文.

倪外，曾刚，滕堂伟. 2010. 区域创新集群发展的关键要素及作用机制研究——以日本创新集群为例. 地域研究与开发，（02）：1-6.

宁钟. 2003. 创新集群的特征及产业结构演进过程中的技术能力和生产能力. 科技导报，（10）：20-22.

潘忠志，高闯，赵晶. 2008. 硅谷创新集群的演进机理及其信息体制选择. 商业研究，（02）：19-21.

彭盾. 2010. 复杂网络视角下的高技术企业技术创新网络演化研究. 长沙：湖南大学博士学位论文.

宋姣英. 2006. 区域集群创新系统的配套政策研究. 哈尔滨工业大学硕士学位论文.

宋琦，韩伯棠，李燕. 2010. 创新集群理论研究论述. 科技进步与对策，27（18）：157-159.

宋周莺，刘卫东，刘毅. 2007. 产业集群研究进展探讨. 经济地理，27（2）：265-290.

田桂玲. 2007. 创新集群与区域创新体系探讨. 科学学与科学技术管理，（28）：7.

汪良兵. 2014. 中国高技术产业创新协调度.系统工程，（3）：40-50.

汪秀婷，杜海波，江澄等. 2012. 技术创新网络中核心企业对创新绩效影响：沟通和信任的中介作用研究. 科学学与科学技术管理，33（12）：37-44.

王大洲. 2006. 企业创新网络的进化机制分析. 科学学研究，24（5）：780-786.

王缉慈. 2001. 创新的空间——企业集群与区域发展. 北京：北京大学出版社.

王缉慈. 2006. 创新集群——高新区未来之愿景与目标. 中国高新区，（10）：1-5.

王晶晶. 2007. 创新集群的生命周期研究. 华中科技大学硕士学位论文.

魏江. 2003. 小企业集群创新网络的知识溢出效应分析. 科研管理，24（4）：54-60.

魏江. 2004. 创新系统演进和集群创新系统构建. 自然辩证法通讯，26（1）：48-54.

邬爱其，2006. 企业创新网络构建与演进的影响因素实证分析. 科学学研究，（1）：141-149.

吴贵生，李纪珍，孙议政. 2000. 技术创新网络和技术外包. 科研管理，21（4）：33-43.

吴航. 2014. 中美创新集群比较与合作战略研究. 兰州学刊，（8）：170-174.

吴开松，颜慧超，何科方. 2007. 科技中介组织在高新区创新网络中的作用. 科技进步与对策，24（7）：41-43.

吴绍波，龚英，刘敦虎. 2014. 知识创新链视角的战略性新兴产业协同创新研究. 科技进步与对策，31（1）：50-55.

吴绍波. 2013. 战略性新兴产业创新生态系统协同创新的治理机制研究. 中国科技论坛，（10）：5-9.

仵凤清. 2012. 基于自组织理论与生态学的创新集群形成及演化研究. 燕山大学博士学位论文.

许强，应翔君. 2012. 核心企业主导下传统产业集群和高技术产业集群协同创新网络比较——基于多案例研究. 软科学，26（6）：10-15.

杨寰. 2006. 高新区产业集聚与创新网络研究. 西安电子科技大学硕士学位论文.

杨知歌. 2014. 张江生物医药产业集群创新网络结构研究. 华东师范大学硕士学位论文.

易将能，孟卫东，杨秀苔. 2005. 区域创新网络演化的阶段性研究. 科研管理，26（5）：24-28.

余雷，胡汉辉，吉敏. 2013. 战略性新兴产业集群网络发展阶段与实现路径研究. 科技进步与对策，30（8）：58-60.

余凌，郭峘. 2014. 产学研合作创新网络演进及创新能力培养研究. 企业技术开发，（32）：162-163.

苑全驰. 2006. 从产业集群到创新集群——集群经济发展的方向和对策研究. 江南论坛，（2）：21-24.

曾小永. 2011. 传统产业集群创新网络研究. 广州大学硕士学位论文.

詹. 法格博格，戴维. 莫利，理查德. 纳尔逊，柳卸林，郑刚，蔺雷，李纪珍译. 2009. 牛津创新手册. 北京：知识产权出版社.

詹•法格博格，戴维•莫利，理查德•纳尔逊.牛津创新手册. 柳卸林，郑刚，蔺雷，等译.2009. 北京：知识产权出版社.

张梅青，盈利. 2009. 创意产业集群网络结构演进机制研究. 中国软科学，（1）：23-33.

张敏. 2009. 国内外产业集群研究综述. 全球视野，（10）：149-152.

张琼瑜. 2012. 高新技术产业集群协同创新网络与创新绩效研究. 无锡：江南大学硕士学位论文.

张绪英. 2013. 基于全球创新网络的张江生物医药产业发展研究. 华东师范大学硕士学位论文.

张永安，付滔. 2010. 焦点企业核型结构产业集群创新网络演进模型、问题及对策研究. 软科学，24(2):63-69.

郑胜华，丁元杰. 2014. 创新网络五维度分析及展望. 浙江工业大学学报，13（04）：394-399.

钟书华. 2008. 创新集群：概念、特征及理论意义. 科学学研究，26（1）：178-184.

周海涛，林映华. 2013. 基于 BA 模型的创新集群网络形成与演化研究. 科学管理研究，（15）：244-250.

朱海燕，魏江. 2009. 集群网络结构演化分析——基于知识密集型服务机构嵌入的视角. 中国工业经济，（10）：58-65.

Andersson M, Karlsson C. 2002. The role of accessibility for regional innovation systems. European Regional Science Association.

Boschma R A, Ter Wal A L. 2007. Knowledge networks and innovative performance in an industrial district: The case of a footwear district in the South of Italy. Industry and Innovation, 14(2)：177-199.

Debresson C. 1989. Breeding innovation clusters a source of dynamic development. World Development，17（1）：1-16.

Ferrary M, Granovetter M. 2009. The role of venture capital firms in Silicon Valley's complex innovation network. Economy and Society，38（2）：326-359.

Freeman C. 1991. Networks of innovators：A synthesis of research issues. Research Policy，20（5）：499-514.

Gay B，Dousset B. 2005. Innovation and network structural dynamics study of the alliance network of a major sector of biotechnology. Research Policy，34（10）：1457-1475.

Glückler J. 2007. Economic geography and the evolution of networks. Journal of Economic Geography, 7(5)：619-634.

Harland C. 1995. Network and Globalization Review. Engineering and Physical Sciences Research Council.

Jones O，Conway S，Steward F. 2001. Social Interaction and Organizational Change：Aston Perspectives on Innovation Networks. London：Imperial College Press.

Lee K. 2003. Promoting innovative clusters through the regional research centre（RRC）Policy program in Korea. European Planning Studies，11（1）：25-39.

Li H, Meng L, Wang Q, et al. 2008. Political connections, financing and firm performance: Evidence from chinese private firms. Journal of Development Economics, 87(2)：283-299.

Li J J，Poppo L，Zhou K Z. 2008. Do Management Ties in China always Produce Value？Competition，Uncertainty and Domestic vs Foreign Fims. Strategic Management Journal，29：383-400.

Lundvall B A. 1988. Innovation as an interactive process：From user-producer interaction to the national system of innovation. Technical Change and Economic Theory. London/New York：Printer Publishers：349-369.

Marzetti G V. 2008. Montresors. Innovation clusters in technological systems：A network analysis of 15 OECD countries for the Mid-1990s. Industry and Innovation，（3）：321-346.

Meng H C. 2003. Innovation clusters as the national competitiveness tool in the innovation driven economy. Foresight and Innovation Policy，2005，2（1）：104.

Nonaka I，Takeuehi H. 1995. The Knowledge-Creating Company. New York：Oxford University Press.

OECD. 2001. Innovative Clusters：Drivers of National Innovation System. Paris：OECD Proceedings.

Orsenigo L，Pammolli F，Riccaboni M. 2001. Technological Change and Network Dynamics Lessons from the Pharmacrutical Industry. Research Policy，30（3）：485-508.

Owen-Smith J，Powell W W. 2003. Knowledge networks as channels and conduits：The effects of spillovers in the Boston Biotechnology Community. Organization Science，21（2）：31-45.

Park S O. 2003. Economic spaces in the Pacific Rim：a paradigm shift and new dynamic. Papers In Regional Science，82（2）：223-247.

Porter M E. 1998. Clusters and the New Economics' of Competition. Harvard Business Review，November-December：77

Porter M E. 2001. The competitive advantage of national innovation system. Paris：OECD Proceedings

Remgio R A，Alberg B，Richard G. 1997. The Dynamics of Innovative Region the GREMI approach. Ashgate Publishing Ltd. Relational Contracting. Net York：Free Press.

Rosenberg N，Frischtak C R. 1984. Technological innovation and long waves. Cambridge Journal of Economics，8（1）：7-24.

Teece D J. 1981. The market for know-how and the efficient international transfer of technology. The Annals of the American Academy of Political and Social Science，458（1）：81-96.

Vinding A L. 2002. International diffusion and transformation of knowledge in the process of product innovation. Aalborg University.

Williamson O E. 1985. The Economic Institution of Capitalism：Firms，Markets Relational Contracting. New York：Free Press.

第九章

产业创新、新兴产业与区域发展

当今世界新技术、新产业迅猛发展，孕育着新一轮产业革命，新兴产业正在成为引领未来经济社会发展的重要力量。世界不少地区纷纷调整发展战略，大力培育新兴产业，抢占未来经济科技竞争的制高点。当新兴产业出现的时候，初始区位的空间分布极不均衡，对区域发展的影响作用也差异显著。然而，我们对新兴产业兴起的空间逻辑的理解还很欠缺，许多相关问题亟待深入研究。本章基于演化理论视角，旨在重点探讨新兴产业浮现背后的空间动力机制及其与区域发展的关系，内容结构如下：第一节界定新兴产业的概念及其测量方法；第二节从产业演化的角度，梳理产业创新与新兴产业形成的基本理论；第三节强调人的重要性，分析企业家精神与新兴产业的衍生机制；第四节则突出新兴产业的区位过程，探讨新兴产业形成与发展的地理环境；第五节从路径依赖理论出发，审视新兴产业演化的区域差异，并关注政府在其中所起的作用；最后是本章小结。

第一节 新兴产业的概念与测量

追踪和识别新兴技术和新兴产业具有学术和政策意义。新兴产业将知识以新颖的方式结合，往往与技术创新和企业家的活动有关。更重要的是，新兴产业为未来的经济增长提供了平台。正如 Schumpeter（1934）所描述的，创新和技术变革之所以成为驱动经济增长的动力，原因即在于新技术的浮现和产业活动的演化。最值得注意的是，新兴产业在空间上往往集聚于拥有创意活动和机会的地方。

一、新兴产业的概念

“新兴产业”一词的解释本身具有很强的开放性，目前理论界和实际工作中尚无明确的界定。在国外的学术研究中，以哈佛商学院教授迈克尔·波特的理论较具代表性。Porter（1980）认为新兴产业的兴起受某些因素的影响，如技术创新、相对成本变化、新消费需求的出现等，或其他经济及社会方面的变化，致使某个新产品或某项新服务得以实现市场化。周叔莲和裴叔平（1984）认为新兴产业是相对于传统产业而言的。新兴产业和传统产业的内容是不断变化的，目前的新兴产业指的是伴随生物、信息、新能源、新材料等新兴技术的应用而出现的新的产业部门，其对“新兴”的理解主要限定在新兴技术。国外学者也有类似的定义，将新兴产业包含为一些能够探索和利用新兴技术经济潜能的企业（Tanner，2014）。他们认为，新兴产业的发展是受到渴望创造技术潜在价值的激发，这种发展会吸引新的和已存在的企业加入。当新兴产业与创新活动、创造就业、增加出口等联系起来的时候，新兴产业就会使所在的区域收益（Brachert et al.，2013）。近几年，中国各级政府加快培育和发展战略性新兴产业（表 9-1）。战略性新兴产业被界定为以重大技术突破和重大发展需求为基础，对经济社会全局和长远发展具有重大引领带动作用，知识技术密集、物质资源消耗少、成长潜力大、综合效益好的产业[①]。

表 9-1 中国战略性新兴产业的分类

第一层	节能环保	新一代信息技术	生物	高端装备制造	新能源	新材料	新能源汽车
第二层	①高效节能； ②先进环保； ③资源循环利用； ④节能环保综合管理服务	①下一代信息网络； ②电子核心基础； ③高端软件和新型信息技术服务	①生物制品制造； ②生物工程设备制造； ③生物技术应用； ④生物研究与服务	①航空装备； ②卫星及应用； ③轨道交通装备； ④海洋工程装备； ⑤智能制造装备	①核电； ②风能； ③太阳能； ④生物质能及其他新能源； ⑤智能电网； ⑥新能源产业工程及研究技术服务	①新型功能材料； ②先进结构材料； ③高性能复合材料； ④前沿新材料； ⑤新材料研究与技术服务	①新能源汽车整车制造； ②新能源汽车装置、配件制造； ③新能源汽车相关设施及服务

资料来源：根据国家统计局《战略性新兴产业分类（2012）》整理

二、新兴产业的测量

就本质而言，新兴产业并不适合纳入现有的产业分类体系（Feldman and Lendel，2010），因为其产品可能还未定型和上市。然而，我们还是希望能将其归为一种既能描述过去又能预言未来的产业类型。目前还没有一套系统的定量方法可用来识别属于新兴产业的企业。对新兴产业的理解通常与媒体的广泛报道相关，如生物技术、纳米技术与网络公司等。我们对于技术变化的理解，尤其是关于新兴产业是如何出现及其与现有经济活动的关联，还很缺乏。Berger 和 Frey（2015）采用了新的方法测量技术创新（创造性破坏的表现形式）带来的新兴产业。他们比较了美国人口普查局提供的 2000 版本与 2010 版本的产业分类字母索引，从而找出了新兴产业，发现自 2000 年以来共出现 283 个新的行业名称。其中，有些新部门是由于现有行业的重新划分而产生的。通过人工检阅的方式对这 283 个部门进行筛选，最终确定了 71 个直接由新技术而产生的行业，这些行业大多数与电子技术相关。事实上，新兴产业往往是新兴技术和传统技术的融合。例如，将遗传引入药物促成新的生物医学产业，材料科学中融入分子物理的纳米技术，融合了互联网的新媒体等。如果技术融合的越彻底，新兴产业出现的可能性就越大。而且，这些新兴产业的出现通常伴随新的供应商、新的客户群及新的商业模式（Feldman and Lendel，2010）。

① 《国务院关于加快培育和发展战略性新兴产业的决定》国发〔2010〕32 号，2010 年 10 月 10 日。

第二节 产业创新与新兴产业的形成

产业发展是一个从低级向高级不断演进，具有内在逻辑并不以人们意志为转移的客观历史进程（苏东水，2000）。大多数研究创新的学者都强调“历史方法”在创新研究中的重要性。创新能力是通过复杂的日积月累的学习过程而得到的，产业创新也不例外。创新历史模式的复杂性反映了经济活动的异质性，也反映出技术创造过程在不同产业和区域之间的多样性（Bruland and Mowery，2004；Malerba，2004）。

一、产业生命周期

将技术产业看作生命有机体，其演化过程就可以隐喻为生命周期，用于对产业、产品和技术的发展研究。经济学家史蒂芬·克莱伯（Steven Klepper）早在1992 年就曾指出，越来越多的证据支持产业生命周期（Industry Life Cycle）理论，它对企业和产业的演化作了很好的解释。这些文献探讨了两个核心观点，即谁在创新以及创新活动是如何发生的。根据 Klepper（1996）的看法，这两个问题的答案均与产业生命周期中的阶段紧密相关。

产业生命周期是指产业从产生到衰亡具有阶段性和共同规律性的厂商行为的改变过程（张会恒，2004）。它是每个产业都要经历的一个从成长到衰退的演变过程，是指从产业出现到完全退出社会经济活动所经历的时间。这一理论是在Vernon（1966）的产品生命周期理论基础之上逐步发展和演化而成的，其目的在于探索技术发展和产业结构随着产业年龄的增长而出现的变化。

产业通常指生产同类产品的企业的组合。就某个产业而言，从产生到成长再到衰落的发展过程，就是产业生命周期的基本概念。一般将这个过程分为四个阶段：初创阶段（导入阶段）、成长阶段、成熟阶段和衰退阶段。它通常用一条位于以销售收入为纵轴、以时间为横轴的坐标中的具有 S 形的曲线表示，该曲线包含产业生命周期的导入期、成长期、成熟期与衰退期四个阶段。当产业处于导入期时，企业数目小，产值比重低，管理不完善。当产业处于成长期时，该产业的产出在整个产业系统中的比重迅速增长，在产业结构中的作用也日益体现。当产业处于成熟期时，技术趋于成熟，市场需求缓慢扩大，市场容量相对稳定。而到了衰退期，技术落后，需求萎缩，产出减少。在产业发展的初始阶段，相关变化是最多的，选择的力量也是最强烈的，这也正是研究新兴产业的价值和兴趣点所在。

新兴产业演化背后最基本的动力机制，可能与产品和产业的生命周期研究有关。演化过程因产业处在不同的阶段而不同。在演化的早期阶段其特征是：技术的不确定性、高端市场，以及高频率的进入和退出，并且缺乏一个主导设计（Essletzbichler and Rigby，2007）。主导设计的出现伴随产品到工艺创新的转变，以及“进入”的下降和“退出”的上升。这些“退出”有助于减少企业的异质性，增加市场的集中度（Klepper，2002）。

当然，生命周期理论也存在局限性。其中之一是考虑到技术、产品和产业演化的复杂性，生命周期的隐喻是否在类比分析中都能适用。生命周期被用于描述某一专门的演化过程时，很难提供其发生的细节情况，而且其描述是线性的、简化的，但现实往往是反复的、复杂的（Hirooka，2003）。技术和创新驱动的产业并不是一个同质的群体，在时间上可能表现出不同的演化机制，所以不是所有的生命周期都表现一致。在有关技术产业研究文献中，产业生命周期、产品生命周期和技术生命周期等概念被互换使用。表 9-2 总结了上述三个概念在一些代表性文献中的运用，不同文献对各个阶段的划分和命名均存在差异（Routley et al.，2013）。在生命周期曲线图中，横轴明确是时间或者发展阶段，但纵轴指标却有不同的分析变量。事实上，产业、产品和技术这三个概念本身的定义就存在模糊性，在某些产业研究中，它们的各自边界很难界定清楚。尤其是在产业兴起的最初阶段，其组织结构还在变化中，要找到任何时间序列的测度指标都具有挑战性。

表 9-2 产业生命周期、产品生命周期和技术生命周期的概念比较

	参考文献	分析变量	阶段
产业生命周期	Ayres（1987）	N/A	婴儿期，童年期，青年期，成年期，老年期
	McGahan 等 （2004）	销售额	分化，振动，成熟，衰退（传统模式）
	McGahan 等 （2004）	销售额	导入，收敛，共存，支配（另类模式——新兴产业更替）
	Twiss（1992）	产业规模	孵化，差异化，分裂与增长，成熟，衰退
产品生命周期	Agarwal 和 Bayus（2002）	基于统计结果的指标（0～1 值）	发明，商业化，公司起飞，销售起飞
	Ayres（1987）	投资回报	基础研究，应用研究，开发，扩张，成熟
	Rink 和 Swan（1979）	销售收入	引入，增长，成熟，衰退
技术生命周期	Ansoff（1984）	销售	导入，加速增长，成熟，衰退
	Ayres（1987）	N/A	婴儿期，童年期，青年期，成年期，老年期
	Ford 和 Ryan（1981）	技术渗透率	技术开发，技术应用，产品上市，应用增长，技术成熟，退化的技术
	Nolte（2008）	效用	概念，诞生，童年，青年，成年，成熟，老年，衰老，死亡
	Popper 和 Buskirk（1992）	N/A	前沿，先进，领先，主流，成熟，衰退

资料来源：Routley 等（2013），表 2

二、产业创新与融合

Malerba（2004）认为可以将产业看作是一组为了满足给定需求或正在出现的新需求，由某些相关联的产品群组成，并拥有共同知识的活动集合体。任何产业都有其自身特定的知识基础、技术和相关投入。对知识和技术领域的关注将产业边界置于中心位置，而产业边界通常是不固定的，它随时间呈现动态变化。伴随时间的推移，一个产业系统通过不同组成要素的共生演化而发生变化和变革。

首先是技术创新的产业化。所谓技术创新就是技术发展中的突破，是技术领域发生根本性的、对技术本身和经济活动有着广泛而深刻的重大变化。技术创新能够发现新的原材料，生产出全新概念的产品，或者增加产品的新功能、新品质。如此，新产品的大规模生产，便形成了相应的生产行业或部门。例如，电子技术的发展推动了战后全球经济中三个新产业的出现——电子计算机、计算机软件和半导体元件产业（Bruland and Mowery，2004）。电子技术的革命可以追溯到两个关键性的创新——晶体管和计算机。这两项关键性的创新在 20 世纪 40 年代后期出现，而对两者的应用主要是冷战所引发。从技术创新来看，固体物理学和微电子技术的发展形成了半导体工业，而控制论和电子技术的进展则是建立计算机工作的基础。如此，技术创新通过引起产品、产业的更替，使得一些新兴产业不断兴起和发展壮大，在市场条件下形成产业化。

其次是从传统产业中分化。产业分化是社会生产力发展和产业内部分工的必然结果。当一个产业发展到一定程度，就会开始孕育、萌芽、分离和成长出新的产业，出现新技术、新工艺和新产品。在社会需求动力和市场竞争压力的作用下，这些新产业分支就会从原来的产业中独立出来。按照 Carlton 和 Perloff（2005）对产业的认识，新的市场一旦出现，即可认为新的产业形成。这一新的市场，可以是一种全新的产品所形成的新市场，也可以是已有产品的中间品开始交易而形成的新市场。例如，汽车产业形成后，与之相关的围绕汽车产业服务和配套的汽车修理业、高速公路产业应运而生。一般而言，新产业与传统产业之间存在技术关联。许多研究表明新产业的出现可以看作是原有产业专长的延续。Treado（2010）研究了美国匹兹堡钢铁技术集群的形成是建立在该城市在冶金和材料科学上的长期传统。

最后是技术层面的融合导致产业转型。新兴产业往往是先前几个独立的技术领域相互交叉产生技术改进，从而创造出彻底改变市场的新产品（Kodama，1992）。如果技术融合的越彻底，新兴产业出现的可能性就越大。这些新兴产业通常伴有新的供应商、新的客户群及新的商业模式。因此，产业融合（industry convergence）可以看作是由价值定位、技术和市场等各方面相互渗透、相互交叉所引发的产业之间的边界模糊过程。例如，营养药品与功能食品部门的出现正是食品与医药产业之间的融合结果（Bröring et al.，2006）。这种融合已成为当前产业发展的一个普遍现象，并导致新的产业分支出现，进一步形成新的产业。在信息社会中，电子通信、媒体和信息技术部门的融合是最为明显的产业发展趋势（European Commission，1997）。依赖于技术进步的机会促进了传统产业部门间边界上的创新，寻求跨产品、跨平台乃至跨部门之间的融合，如广电网、电话网和互联网的三网融合即是一个典型新兴部门。

三、产业相关性

“相关多样性”（related variety）是近几年来经济地理学解释新兴产业形成的一个重要概念。其想法最初源于经验观察的发现，即从事不同类型但关联性较高产业的企业比从事关联性较低产业的企业可以从企业彼此的知识溢出中得到较多的好处。自 21 世纪初以来，越来越多的学者关注到某个区域产业与技术的种类会直接影响到知识溢出和获取范围的这一事实。其中，Porter（2003）是最早意识到相关联产业会产生重要的空间正外部性的学者之一，并把这个观点整合到其产业集群理论中。他提出促进区域发展的是相关联产业空间集聚形成的专业化，而不是产业自身的专业化。

Frenken 等（2007）在论述空间外部性和区域增长的文献中正式提出了产业相关性的概念。他们指出了相关多样性的效应，即空间外部性来源于区域相关产业的多样性。这类似于 Nooteboom（2000）所谓最佳认知距离的看法，区域相关联产业的多样性是区域各部门认知邻近性与认知距离间平衡的结果，这使得知识溢出在各部门间更有效地进行。相关多样性通常用来形容相互之间拥有共同或者互补能力的行业之间的关联程度（Boschma and Iammarino，2009）：若两个行业之间具有较高的相关多样性，那么两个行业各自的企业之间将共享一个共同的“认知背景”，这将极大地提高相互之间知识获取与使用的效率，增强各自的学习能力与效果，最终提高相互间的交流与学习成效。在一个区域内，相关联产业的种类越多，可提供给当地产业的学习机会也就越多，跨部门间的知识溢出也就越有可能发生。随之，区域的经济发展水平也就越高。

区域内相关联产业的种类除了对区域发展有促进作用外，同时也会加快一个区域出现新的产业。有研究（Hidalgo et al.，2007；Hausmann and Hidalgo，2010）指出，一个国家现有的产业结构会影响其未来的发展前景，其原因是一个国家已有的各种能力将决定未来适合发展哪些新的产业。Hausmann 和 Hidalgo（2010）认为所谓的各种能力是指那些无法进入国际贸易的生产性投入。这些能力可以是特定的基础设施，也可以是特定的技能、制度或者规范。如果一个国家拥有足够的发展新产业所必需的能力，那么出现新产业的可能性就高；反之，如果能力不足，出现新产业的可能性就低。

不少案例研究表明新兴地方产业会扎根于区域内的关联活动（Glaeser，

2005；Boschma and Wenting，2007；Klepper，2007）。Neffke 等（2011）的研究系统证明了区域更倾向于扩张与现有产业活动密切关联的产业并多样化。考虑到新的产业在区域出现的可能性及其如何被区域内产业之间技术相关性影响，Neffke 等（2011）研究了从 1969～2002 年期间瑞典 70 个区域的产业结构演化进程。他们发现，当新的产业与区域内其他产业有技术关联时，这个新产业更倾向于进入这一区域。另外有趣的发现是，那些与区域内已有产业与其他产业没有或者有很微弱的技术关联时，已有产业更有可能在这个区域继续存在下去。因此，区域产业的兴衰受支配于区域尺度的路径依赖过程。Zhang（2013）运用相关多样性方法对中国北京和上海两大城市的互联网产业发展进行了比较研究。结果表明，相关多样性的复制以及多样化在构建新兴产业地方活力中发挥着主导作用。然而，在新公司的地方化中，不能忽略跨国创业以及风险投资日益突出的作用。对比上述中国两个城市区域中互联网演进的经验研究发现，持久的区域政治制度的嵌入性显著地影响了相关多样性的生成与演进。

区域特定的、地方化的能力同样是多样化的来源。Boschma 和 Frenken（2011）把区域多样化的过程描述为“区域的分岔”，区域已有的产业能力被重新整合到新的经济活动中，技术上相关联的产业诞生出新的产业。企业家创业、企业多样化、劳动力流动及社会网络化，这些知识转移机制均具有强烈的地域偏好，而新产业的产生与多样性紧密相关，因此区域的尺度变得至关重要（Boschma et al.，2013）。成功的新企业通常是由同一区域相关产业的企业家创立。这足以证明，企业衍生的确促使区域内部旧的产业部门孕育出新的产业。有案例研究表明，新产业领域中最成功的企业家往往拥有在技术相关产业中获取的能力（Boschma and Wenting，2007；Klepper，2007）。劳动力流动是知识在企业和产业间转移的另一个重要机制，它也被看做是区域分岔的一个重要来源，因为大部分劳动力流动主要发生在劳动力市场内的区域层面（Eriksson，2011）。劳动力流动对区域分岔具有重要影响，然而这方面的实证性证据还比较少见。

第三节 企业家精神与新兴产业的衍生机制

上一节讨论了新兴产业的出现可能是伴随着企业层面上的相关产业转型机制。而在本节，微观层面上以资源和能力为基础的理论将补充新兴产业发展的宏观视角。这部分文献强调了那些具有能力重塑产业环境的人的重要性（Jacobides et al.，2006）。20 世纪八九十年代美国信息产业发展进程显示，新型计算机产业兴起中出现的各种变化与出人意料之处最容易发生在具有以下特征的地方：熟练的可以自由流动的劳动力；经验丰富的风险资本家和作为创业精神、受过培训的人及新创意源泉的大学；本地知识溢出；最终产品元器件的生产商（Rowen，2000）。美国的状况与这些描述吻合，而硅谷比其他地区更是如此。由此可见，新兴产业发展中地方各个群体扮演着关键性的不同角色。

一、人力资本

人力资本的专业技能禀赋对于区域产业更新颇为重要。Berger 和 Frey（2016）分析了美国城市受过大学教育的劳动力比重与新兴产业就业比重之间的关系，两者呈现强烈的正相关（图 9-1）。他们的研究表明，新兴产业就业人员的专业技能水平相对较高，且新兴产业主要位于拥有大学教育水平的劳动力比例高于全国平均水平的城市。但是，新兴产业所创造的就业机会数量却很少，2010 年美国只有约 0.5%的劳动力就职于十年前还未出现的行业；同时，新兴产业就业分布的区域差异很大，如硅谷所在的圣何塞，1.8%的劳动力就职于新兴产业，而位于密歇根的大急流城，新兴产业的就业比例只有 0.2%。

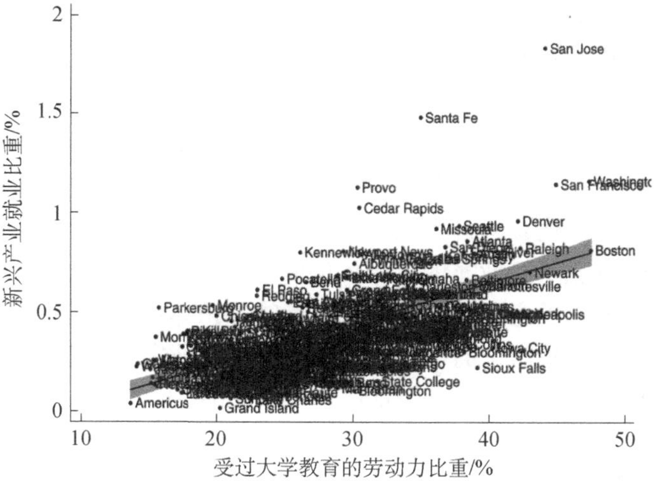

图 9-1　2000 年美国城市的人力资本与新兴产业的出现

资料来源：Berger 与 Frey（2016），图 1

关于人力资本与新兴产业两者之间的关系，有两种理论可以用来解释，即“再造”（reinvention）假设和“创新”假设。其中，再造假设认为高技能城市更善于适应新技术，从而再造和振兴城市产业；创新假设则强调高技能城市的地方创新能力更强。也就是说，新兴产业的产生可能源于地方创新，也有可能是基于其他地区发明的新技术。Berger 和 Frey（2016）的研究在控制地方创新的影响之后，发现人力资本与新兴产业两者的正向关系依旧稳健，说明产业复兴很大程度是由于高技能劳动力能够更好地适应技术变革。因此，他们认为，新兴产业更可能出现在人力资本充裕的地区以及需要相应专业技能的专业化城市。

二、企业家精神

新兴产业通常与企业家精神有关。企业家是以技术密集型企业为主的集群形成并具有活力的关键因素（Feldman，2001）。Schumpeter（1934）较早提出了创新是经济发展的主要驱动力，而企业家精神就是一种创新精神，而且企业家精神正处于创造性破坏的核心位置，是技术变革和经济发展的主要驱动力。通过新企业的建立过程，企业家促进区域产业转型。在获取个人利益的过程中，企业家通过集体的行动塑造了地方环境，建立起推进产业需求的制度。

在产业集群方面，Porter（1998）认为，某一地区某个行业出现的第一个企业，只能从本地企业家精神方面加以解释，而这对于该地赢得某种集群来说非常重要。因此企业家精神也是促进区域产业发展的宝贵资源和强大动力，特别是能够促进产业集群的生成和演化。以生物技术产业为例，美国的首都地区目前是培育生物技术创业活动的摇篮，并带来财富的创造和经济增长（Feldman，2007）。但在 1973 年前，首都区域只有很少几家与生物技术相关的企业。尽管没有普遍认同的高技术发展的先决条件，但一些看似不相关的事件碰到一起为企业家创业提供了机会。早期成立的企业是服务型企业，最初并没有涉及产生新产业的各种研发密集型活动。但是这些企业相对较少的创业成本，为企业家创业提供了一种方式。更重要的是，创业加快了新企业从早期成立企业中衍生出来的步伐。企业家也为政府资源游说，并努力改变当地大学的地位。有了企业家的扶持，集群形成并得以良性运转，建立起自我维持的周期。同样在加州的圣迭戈，当地生物技术集群的形成也依赖于企业家的作用。Kim（2015）的研究发现圣迭戈的生物技术产业的核心是根植于企业家和专业从业者的知识体系及一系列的实践活动。因此，曾有学者指出，从历史的视角来看，产业是企业家在其公司和社群中学习和解决问题的产物（Powell et al.，2002）。

三、衍生动态

在地方新兴产业或产业集群形成过程中，企业衍生机制起着重要作用。不同产业的研究均得到类似的结论，如美国的半导体产业（Klepper，2009）、汽车工业（Klepper，2007）与轮胎工业（Buenstorf and Klepper，2009），以及意大利的塑料区（Patrucco，2005）。衍生企业作为初创企业的一个独特的子集，倾向于进入或者接近母公司所在的区位。Klepper 和 Sleeper（2005）以美国激光产业为例说明，衍生企业倾向进入的市场往往与其母公司所服务的市场存在着密切的联系。按照这种方式，新进入者往往具有区域的内源性，他们的能力主要源自母公司。一般而言，“衍生者”的表现要胜过其他“全新进入者”，这说明当他们为母公司工作时，获得了他们所需要的知识（Klepper，2002；Klepper and Sleeper，

2005)。衍生企业的创始人为企业所赋予的能力是其他创业者所不具有的。衍生企业的成功与创立者在其母公司工作的持续时间以及他们所从事的工作种类有关。在 Klepper(2007)所呈现的“衍生动态”模型中,“衍生机制”在一代又一代公司之间充当着知识传播的渠道,在母公司和新的“衍生”之间形成了成功的路径传承。由于“衍生”往往倾向于在母公司附近定位,产业集中是受到了一些成功企业(这些企业继承了高级路径)的驱动。

组织能力通过衍生过程在区域内部进行转移,给予了产业集群形成的理论解释,它并不依赖源于传统马歇尔集聚经济中的外部性经济的存在(Buenstorf and Klepper,2009)。然而,衍生过程和其他的集群演化的动态过程之间的相互关系在很大程度上并未被发掘利用。这种相互关系可能与两个维度有关。

首先,一个区域早期成功的进入者不仅仅是孕育衍生的理由,他们的增长同样也会对区域发展的外部性发展产生积极的影响,区域的发展并不局限于衍生。从这些外部性获得的潜在利益通过各种渠道实现运营。例如,成功的企业吸引有技能的雇员以及让雇员在工作中积累知识,通过这种方式来增加区域的人力资本供给,从而提高了区域知识储备(Fornahl,2007)。先前关于产业集群的研究同样强调了新的和不断增长的公司与区域合作,客户与供应商之间的联系,区域价值链以及区域大学和公共研究组织的定位等等所产生的一系列影响(Audretsch and Feldman,1996;Gray et al.,1996)。然而进一步的影响可能以一种间接的方式产生。成功的创业活动在区域中塑造了积极的榜样,从而对其他主体创业的态度,发现创业机遇的能力,以及自己创办公司的意愿等诸多方面产生影响。通过这种方式,认知因素有助于解释区域差异程度以及创业活动的本质(Fornahl,2003)。

其次,衍生过程的本身可能会因马歇尔集聚经济的出现而强烈的交互在一起。基于意大利制造业区的个案研究,Patrucco(2005)认为:地方的衍生驱动了区域知识的扩散以及一个共同知识库的出现。高度专业化的衍生为高频率的垂直分工创造了机遇。衍生的过程同样能够提升区域劳动力集中的潜能,因为它增加同一产业中潜在雇主的数量,对于具有专业化的工人来说,区域变得更加具有吸引力。那些先前在同一家企业工作的衍生创建者之间的个人联系是区域社会网络的潜在来源,这被认为是成功创建或经营一家企业所获取资源的重要渠道。

由于衍生过程中“成功孕育成功”的自我强化,历史的“奇点”诸如一个或几个早期成功的进入者所在的区域位置可能会对区域的发展产生长期的影响。区域早期进入者的性质和方向,会促进区域技术发展路径的形成。考虑到产业集群形成的动态模型所隐含的临界点和滞后效应所扮演的关键角色(Brenner,2004),可以设想的是,即使他们只取得了暂时性的成功,“进入者”仍然可以引发持久的区域发展。

第四节 新兴产业形成与发展的地理环境

创业的确是产业转型中的关键机制之一。然而学者们经常将精力集中在个人上来解释这种转变，从而忽略了区域条件。但事实上，创业带有强烈的地方色彩，最近的研究发现区域机会和创业环境是导致这种转变的主要驱动力（Michelsen et al.，2013）。即使在完全不同的经济体制变动下，区域条件对新兴产业的出现均具有重要的影响。

一、区位机会窗口

“区位机会窗口”（window of locational opportunity）的概念源于 Scott 和 Storper（1987）与 Storper 和 Walker（1989）等文献，其基本出发点是指导致新兴产业本地化的一个触发性事件。新兴产业之所以出现在某个空间而不是在其他地点，主要是地方的机会窗口引起的。“机会窗口”是尝试解释为什么新兴产业会出现在新的地点，并导致旧的产业区域会衰退的理论。之所以出现这样的状况，原因在于新兴产业的要素投入需求很多，如劳动技能、基础设施、资源禀赋、资本等，而已有的区位条件很少能够完全满足这些需求，因此企业就有了区位选址的自由，机会就产生了（Storper and Walker，1989）。这一企业自由选择区位的时期即所谓的区位机会窗口。

Boschma 等（Boschma and Lambooy，1999；Boschma and Van der Knaap，1997）进一步拓展了区位机会窗口的理论方法，用来描述新兴产业借助于不确定性、创造力和偶然性所形成的空间格局。在他们的理论修正中，更多地运用了一些演化概念，如机会、选择性环境和收益递增等。他们认为在新产业出现时，区位机会窗口会打开，同时为先进和后进区域的产业发展提供机遇。这是因为新产业在增长初期的空间过程比较独立于原有的空间结构和条件。此时，空间的影响作用是不可预测和比较弱的，新产业所需的新要求并不一定得到满足。反而是一些非特殊区位条件的地方可以获得新产业的发展，因为新产业所具有的强大创造力可以弥补地方发展的区位劣势。因此，占据“先动优势（first mover advantage）”的那些区域往往可以从中获取更大的外部性和收益递增。

Martin 和 Sunley（2003）在梳理产业集群形成机制时，也采用了类似的解释。他们认为新兴产业在产业集群发展中的重要性主要基于两个方面。一方面，新兴产业处于产业生命周期的早期阶段，具有巨大的增长潜力。另一方面，当一个产业处于导入阶段，还没有出现一个具有明显优势的地方可以完全“捕获”这类产业活动，因此，对于其他地方来讲，参与竞争以及在新兴产业周围形成产业集群也是有可能的。那些能与创新产业的自然发展趋势相适应的地方，在捕获潜在的利益时，将会处于一个有利的位置。当然，源于空间邻近性的潜在利益往往是由地方产业内部动态机制所促成的。此外，企业的策略会影响到开放性、外包关系以及对本区域的依附性，进一步会影响到投资和创新的机会（Feldman and Lendel，2010）。

新兴产业的具体特征形塑了演化的空间格局。由于新兴产业所拥有的“新奇”，新兴产业被迫形成新的制度和区域结构来使其业务发展有利。这一变化发生在区位机会窗口的第二个阶段，即增长阶段，其特点是导致空间集中累积机制的出现。产业活动空间集中的原因可归结于地方化的外部性经济及地方环境和机构的支撑（Boschma and Ledder，2010）。通过企业增长和空间集中的途径，那些具有较高调整能力的区域将形成特定产业的区域资产，从而进一步提升和推动产业的空间集中（Storper and Walker，1989）。地区外部性经济的水平越高，区位机会窗口就越窄，这会导致空间动态的降低以及会影响一个相对稳定区域模式的发展。

二、选择性环境

为了解释新兴产业的空间演化，区位机会窗口的概念和随机性的方法越来越将注意力集中在集聚经济和制度调整上，但是这些发展背后的机制并没有进一步概念化。这些遗漏的步骤部分被 Essletzbichler 和 Rigby（2007）提出的“选择性环境方法”（selection environment approach）所填补。它的基本主张是：新企业经济上的成功将取决于区域环境的某些特征。新兴产业持续的空间集中，将伴随形成具有地方化环境区域的过程和条件。随着时间的推移，这些过程将会增加空间结构的区域差异。

事实上，有关产业区域差异的案例很多，如 Saxenian（1994）将美国硅谷和 128 号公路的发散性功能作对比，突出了区域制度和文化差异的作用。Rigby 和 Essletzbichler（2006）在这一论点做出了贡献，他在研究三个制造产业中发现了证据，即尽管需要一些时间来形成技术上的异质性，这一点在年轻产业中得到了较好体现，但是地理的差异性往往在时间上是持续存在的。这些技术上的差异性可以被认为是不同区域本地学习条件的差异（Malmberg and Maskell，2006）。Essletzbichler 和 Rigby（2007）进一步认为，一个区域企业群体的演变是与区域演变整体上耦合的。这个假设认为一个区域所“堆积”的行为能力不仅仅是这些经济主体所包含的业绩总和。地区经济主体之间的相互作用将会导致区域之间的路径、机构、组织形式以及地方的束缚资源的差异化越来越大。如此，把区域作为选择性的环境，在产生本地外部性经济的区域能力和区域新兴产业的发展潜力之间建立起了联系（Brachert et al.，2013）。

最近，更多的学者关注到新兴产业在空间区位上的选择性，他们认为区域条件对新兴产业的出现非常重要。首先，区域创业机会有利于增加新企业的生存机会，这一点在产业结构薄弱的非工业化区域得到体现。Henn（2013）试图解释新兴国家和发展中国家新兴产业的空间演化。他认为可以通过密集的网络以较低的成本在国家间长距离转移相关知识和技术。当外部知识变成特定区域同行之间的知识流动时，即形成了产业集群的先决条件，甚至那些没有产业特定优势的区域也可以形成产业集群。其次，不同行动者之间的网络对新兴产业的出现也有重要的影响。Klitkou 和 Coenen（2013）从区域创新系统的方法分析了挪威光伏产业的出现，其中突显了知识动态网络的重要性。再次，一个区域的知识基础对新兴经济活动的出现也有积极的影响。Wyrwich（2013）分析了区域条件在德国知识密集型商业服务业的出现中所起的作用。前东德地区不存在知识密集型服务业，但在两德合并后开始出现。其研究发现这一新兴服务业一般出现在市场广阔的人口密集区。区域的知识储备状况对创业活动有着显著的积极作用。最后，一些预设的政策项目对新兴产业的成功出现也扮演着重要的角色。Engel 等（2013）评估了德国生物产业两大政策对研发活动的影响，结果发现政策对新兴产业的发展有重要的积极作用，尤其是公共资金的支持对研究和创新活动影响显著。

第五节　新兴产业兴起的区域路径差异

区域产业的形成和发展存在路径依赖，但在一定状态下，也可以创造新的路径。路径依赖和路径创造过程受到了外部环境和自身条件等多方面的影响。对于不同的国家和地区而言，同一产业的兴起和发展往往遵循不同的路径，其背后的动力机制也存在差异（汪明峰和卢姗，2009；汪明峰和郗厚雪，2015；Gertler and Vinodrai，2009）。

一、路径依赖

最近，演化理论被越来越多的应用于产业空间的动态分析。许多针对地方产业的研究都认为路径依赖是产业结构演化的基本特征。Martin 和 Sunley（2006）认为路径依赖存在三种观点：①技术锁定，认为特定的技术领域会锁定于某种轨迹，甚至在拥有其他更有效的技术的情况下；②动态收益递增，认为许多现象的发展由收益递增过程来推动，各种外部性和学习机制产生正向反馈效应，从而强化已有的发展路径；③制度滞后（institutional hysteresis），即通过社会经济行动，各种制度会伴随时间自我再生产。

第一种观点主要与 David（1994；2001）的工作相关联，他曾把路径依赖定义为历史偶然性的选择，并有可能锁定在具有多重稳定的均衡之中；一旦锁定，它就需要一种外在类似刺激物来驱除或打破这种均衡状态。Sydow 等（2005）则认为 David 路径依赖模型存在两点不足：一是强调历史性事件和偶然事件的重要性，忽视了新技术和新产品等的产生是有目的的行为；二是未解释路径锁定是怎么解除、打破和消除的。在他看来，应该有形成前、路径创造、路径锁定和路径消除四个阶段。

事实上，关于技术演化过程的自我增强机制和路径依赖性质的开创性研究，最先是由 Arthur（1989）做出的。他认为新技术的采用往往具有收益递增的机制。由于某种原因先发展起来的技术通常可以凭借先动优势，实现自我增强的良性循环，从而在竞争中胜过自己的对手，这种状况在信息经济发展中体现得尤为明显（Shapiro and Varian，1999）；相反，一种较之其他技术更具优良品质的技术却可能因为晚人一步，没有能获得足够的追随者等而陷于困境，甚至“锁定”在某种恶性循环的被动状态之中（朱华友，2005）。进一步，Arthur（1994）的随机模型，将集聚经济视为规模报酬递增的空间等量以及是形成新兴产业空间格局的主要动力。按照第三节提及的企业衍生机制，一个区域产业产生衍生企业的概率是和该区域新兴产业的企业数量成比例的。区位选择于一个区域的新公司越多，那么马歇尔集聚经济出现的可能性也就越大。在这种背景下出现的空间集中是路径依赖的结果，那些早期拥有大量“衍生”的区域，在后期实现更多“衍生”的概率就越大。集聚经济的兴起，进一步促进了产业在空间的集中。对于那些“新来者”进入一个拥有众多企业的区域，从集聚经济中获益是合理的。如此，即出现了产业集群。

制度滞后的理论脉络更多来源于 North（1990）和 Setterfield（1993）。他们均强调在技术领域，出现的一些制度结构可能不一定是最有效的，然而它们的路径依赖演化意味着这些制度安排能在相当长的时期内锁定。因此，制度也是影响区域新兴产业出现的重要因素。Chesbrough（1999）曾比较日本和美国磁盘驱动器企业的差别，发现与劳动力市场、风险资本和供求关系相关的制度因素存在差异。相类似的，汪明峰和卢姗（2009）对多国电子商务产业兴起过程进行了比较，也强调了国家之间新兴产业赖以发展的制度环境差异，并探讨了路径依赖机制在产业发展中的作用。

根据 Dosi 和 Metcalfe（1991）的观点，在跨越不同尺度的观测中，并不一定存在不可逆性和路径依赖之间的同构。当区域内的一些产业、技术或组织出现路径依赖时，其他的部分不一定也要显示出相同类型和程度的路径依赖变化。事实上，区域内的不同产业可能受制于完全不同的路径依赖机制。从区域的视角来看，区域路径依赖可能源于各种地方资源，包括自然资源、地方资产和基础设施的沉没成本、产业专业化的地方外部经济、区域技术锁定、集聚经济、区域特定的制度和文化传统，以及区域间的联系等（Martin and Sunley，2006）。区域经济越多样化，越有可能包含多种路径。此外，一些路径依赖对于特殊类型的区域经济或多或少是特定的，但是，不同类型或形式的路径依赖在一个区域经济内部可能共存和相互作用。从这个意义上讲，区域路径依赖的概念是复杂的和多维度的，可能拒绝任何单一的理论化（Martin and Sunley，2006）。

Martin 和 Sunley（2010）进一步认为，利用路径依赖模型来解释特定产业、技术或制度的演化有两种主要的途径。一是针对特定区位的演化，集中于确定导致一个区域产业、技术和制度（路径创造）出现的基本和必要要素，自我强化机制的类型，以及协同演化过程，并解释未来路径依赖的发展；二是针对跨区位的演化，不太关注特定地区、特定产业的路径依赖演化，但较多关注于一个产业在不同地区和不同位置下是如何空间演化的。就如在 David（2001）的路径依赖基础演化模型中，其前提假设是新技术或新产业最初位置具有不确定性，可能几个位置都同等适合，但最终确定的位置往往由机会或偶然事件决定。

二、路径创造

如前文所指出，早期的观点认为新增长路径的创造是历史偶然事件或机遇的结果（Krugman，1991）抑或是“区位机会窗口”的偶然产物（Boschma and Frenken，2006）。然而这些方法均适合事后分析，被认为是对新路径形成的非均匀地理分布提供了一种相对模棱两可的“消极的”（Cooke，2012）和“唯意志论”（Mackinnon et al.，2009）的解释。在近些年，作为对经济地理学中关于路径依赖被广为关注的一部分，对于路径创造的地域解释，注意力越来越集中在历史和空间所扮演的角色上，这就表明在其他关于地方依赖的社会和经济变量中，一个区域或者区位预先存在的产业结构会对一个特定新产业的形成与否产生影响（Martin，2010）。然而，曾经一段时间，传统观念将路径依赖描述为一个制约过程，在经济景观的演化中，它致力于强调连续性而不是变化。尽管路径依赖有助于解释路径如何被结构化或者“锁定在特定的轨迹之中”，但是它却不能对新路径的创造方式给予充分的解释。在适应性和高增长的区域和那些被锁定在衰退技术和制度结构的区域之间，它同样促进了对程式化轨迹的双重理解（Martin，2010）。

作为 Martin 和 Sunley（2006）“路径就是过程”观点的一部分，路径创造被理解成“路径依赖、路径创造、路径破坏持续相互作用的一部分”。这样，路径创造和路径依赖之间的关系就变得更清晰。路径创造成为路径依赖的一个潜在要素，它会受到一系列地方产业技术遗产和区位相关因素的制约，因此，这有助于解释为什么特定的路径发生在特定的区域而不是其他的区域（Dawley，2014）。受到自适应性系统的启发以及专注于地区和产业机构、技术和市场选择压力之间的相互作用，这些观点后来被整合成一系列更系统的微观层面的方法，加入到了地区和区域的产业演化之中（Simmie and Martin，2010）。如图 9-2 所示，Martin（2010）确定了涉及新路径创造的可能阶段：预先形成阶段，受已有经济和技术条件所支配；路径创造阶段，一种尝试或不同经济行动者之间的竞争；路径发展阶段，基于局部递增收益和外部性。Martin（2010）的程式化方法有助于解释预先形成阶段与路径创造阶段之间的转变是如何需要将区位条件的识别、利用、转换来满足新的市场机遇。

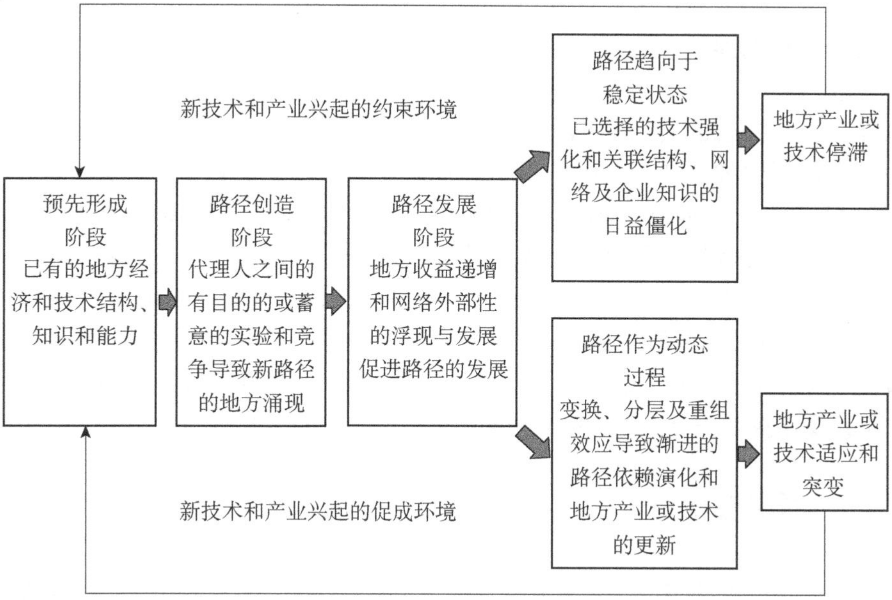

图 9-2 地方产业演化的路径依赖模型

资料来源：Martin（2010），图 5

Martin（2010）利用分层、转换、社会和制度背景的重组等等来分析路径动态的过程。Martin 和 Sunley（2006）曾总结了脱离区域锁定的一系列可能的情景（表 9-3）。然而，理解这些动态过程如何被激活并限制于地方环境仍然是一个关键性的问题。即使如此，这种可供选择的模型与适应性周期（Simmie and Martin，2010）及集群生命周期（Menzel and Fornahl，2010）的相关论点相似，以一种更开放的、动态的方式来理解路径依赖的概念，对于构建路径创造的理论分析框架是很有帮助的（图 9-2）。

表 9-3 脱离区域锁定：一些可能的情景

新路径的来源	特点
内生创造	来自区域内部，与先前没有直接关系的新技术和新产业出现
异质性和多样性	地方产业、技术和组织的多样化，促进了持续的创新和经济重构，避免了对固化结构的完全适应和锁定

续表

新路径的来源	特点
从别处移植	主要的机制是从别的地方引进新产业或技术，这样就会为区域增长的新路径奠定基础
使（技术上）相关产业多样化	衰落的现有产业必须转型，但重新配置和拓展其核心技术为区域中相关的新产业提供基础
升级现有产业	通过注入新技术或引入新产品和服务，提升区域的产业基础，并使其重现活力

资料来源：Martin 与 Sunley（2006），表 5；译文参考苗长虹等（2011），表 6-9

然而，Martin（2010）的模型还是留下了很多因果关系上的分析和实证问题，而且未厘清路径创造的驱动力（Dawley，2014）。首先，为了分析明确，我们所理解的实际上是不断进化的（包括区域经济、集群、部门等）以及由此产生的各种路径（Fornahl et al.，2012）。其次，把路径依赖理解成一种更加开放和有利的过程，那些拥有高水平吸收能力和动态创新系统的区域往往是那些很有可能启用路径创造的区域（Martin and Simmie，2008）。相反，众所周知在其他地方——正是因为他们过去经济发展的特殊性所产生的原因——当地的环境可能不太有利于新兴技术或产业的出现，甚至导致限制因素的出现（Martin，2010）。路径创造中出现地理环境的变异引发了一个重要的挑战，即：理解地方和区域如何不被现实的环境所限制这一挑战。最后，为了所涉及的因果关系更加清晰和明确，有必要寻找新的方法更有效的来描绘其中的关键因素和机制（Dawley，2014）。

三、涌现与规划

路径创造存在三种途径（Martin and Sunley，2006）：①路径创造是随机的，即历史偶然性的结果；②路径创造是限制性条件和机会事件的综合结果，即所谓的区位机会窗口；③路径创造是成功（区域）路径之间的依赖，如硅谷互联网产业的浮现是由于这个区域已有的风险资本产业（Zook，2005）。区域新产业兴起的路径，一方面与政府政策有关，另一方面与新企业的区位因子有关，如熟练技工的可利用性、与研发实验室和大学的邻近性，以及风险资本的可获取性等。其中，对于政府政策（包括国家层面的、区域的、有明确区域的或者没有的）在路径创造中的作用存在争议。

一些研究认为政府政策对区域技术发展的支持效果并不明显（Bresnahan and Gambardella，2004）。例如，一项对发达国家知识密集型产业集群的研究（Sternberg，2010），比较了十个区域案例，发现高技术集群的涌现很少是决策者有目的推进的结果，同时也不是靠机会就能发生。但也有研究表明在各个空间尺度上，政策对区域新兴产业的发展均具有显著的影响作用（Gertler and Vinodrai，2009）。Rowen（2000）认为政府是硅谷成功的基本条件之一，但其方式却不像一些人认为的那样。政府主要通过建立有利于创业精神的制度间接地推动了美国计算机产业的形成和发展。美国联邦政府在其中履行的职能主要有三个方面：①企业运营规则的制定者，包括金融和税收政策、劳工制度，以及对知识产权的保护；②企业产品的采购者，政府在硅谷早期历史中扮演了重要的客户角色；③研究项目和系统早期开发的资助者，互联网的早期历史有力证明了联邦政府作为系统开发者所起的作用。其中，制定规则是比直接采购和资助更为重要的推动因素。当然，在美国的案例中，政府并没有直接参与到企业公司的事务中，而且没有优先支持某个区域（Rowen，2000）。在德国，柏林-勃兰登堡光学产业集群的发展由确定目标的规划驱动，并受限于已有的地方结构，从而减小了“意外”的发生，所以它是涌现（市场作用）与规划（政府引导）共同起作用的结果（Sydow et al.，2010）。

对中国的案例研究则普遍强调产业发展过程中政府的作用。北京和上海互联网产业的比较分析表明（Zhang，2013），相关多样性在构建新兴产业地方活力中发挥着主导作用，其背后也受到政治制度的区域根植性的显著影响。长三角城市的物联网产业兴起的路径比较研究发现，自上而下的政策扶持对于战略性新兴产业的迅速布局是不可缺少的（汪明峰和郗厚雪，2015）。上海软件企业的案例研究也显示，政府规划引导和优惠政策在软件产业集聚区的形成过程（特别是早期阶段）中起到重要的作用，但市场的力量似乎也很显著（汪明峰和毕秀晶，2013）。

Lambooy 和 Boschma（2001）曾梳理了基于演化原则的区域政策，并探讨两种理想的区域发展类型中政策所起的不同作用。一种是认为新的经济活动空间形成中，“机会”和“收益递增”的演化机制，对决策者来说，存在完全相反的看法。一是认为“机会事件”的重要性表明区位存在多种可能性。这是其政策的首要问题，因为新的发展路径是不可能规划甚至预测的。二是认为决策者可以发挥有效的作用。因为空间对于新的经济活动产生的影响是次要的，所以决策者有可能采取行动来建造吸引人的地方环境。因此，通过“城市化经济”可以提供弹性的优势。另一种是强调创新地理中“选择”和“路径依赖”重要性的演化机制。一般认为如果政策目标强烈地根植于周遭环境，区域政策的潜在影响是非常大的。

第六节 本章小结

新的技术、企业、产业的空间过程日益受到各界关注。对于不同的国家和地区而言，同一产业的兴起和发展路径往往存在差异。因此，从地理学的视角研究新兴产业问题至关重要。20 世纪 90 年代后期以来，经济地理学出现了演化思潮，一些理论和概念如相关多样性、衍生动态、区位机会窗口、路径依赖等，为分析产业的空间演化提供了有效的理论工具。本章对这些理论和概念进行了分析和梳理，以期帮助我们更好的认识新兴经济空间的演化过程和机理。当然，这些理论和概念的提出主要基于西方发展的情景，在中国存在适用性的问题。已有学者指出我们要避免将基于西方经验的理论简单直接地应用到中国，而应该更多从中国“初始的经验”里提炼、抽象出一些基本概念（刘志高等，2011）。国内在该领域的研究才刚刚起步，但是近些年新兴产业（尤其是政府大力推进下的战略性新兴产业）正在各地纷纷兴起和发展，这一广受关注的现象及其背后发生的众多故事为演化经济地理学研究提供了丰富的素材和案例，值得我们深入挖掘和理论总结。

| 参考文献 |

刘志高，尹贻梅，孙静. 2011. 产业集群形成的演化经济地理学研究评述. 地理科学进展，30（6）：652-657.

苗长虹，魏也华，吕拉昌. 2011. 新经济地理学. 北京：科学出版社.

苏东水. 2000. 产业经济学. 北京：高等教育出版社.

汪明峰，毕秀晶. 2013. 园区效应：上海市软件企业区位选择中的政府作用. 中国城市研究，6：205-218.

汪明峰，卢姗. 2009. B2C 电子商务发展的路径依赖：跨国比较分析. 经济地理，29（11）：1861-1866.

汪明峰，郗厚雪. 2015. 城市新兴技术产业的演化路径比较分析——以长三角物联网产业为例. 地理研究，34（9）：1697-1707.

张会恒. 2004. 论产业生命周期理论. 财贸研究，15（6）：7-11.

周叔莲，裴叔平. 1984. 试论新兴产业与传统产业的关系. 经济研究，（2）：35-41.

朱华友. 2005. 新经济地理学经济活动空间集聚的机制过程及其意义. 经济地理，25（6）：753-756.

Arthur W B. 1989. Competing technologies，increasing returns，and lock-in by historical events. Economic Journal，99：116-131.

Arthur W B. 1994. Increasing Returns and Path Dependence in the Economy. Ann Arbor：University of Michigan Press.

Audretsch D B，Feldman M. 1996. R&D spillovers and the geography of innovation and production. American Economic Review，86（3）：630-640.

Berger T，Frey C B. 2016. Industrial renewal in the 21st century：Evidence from US cities. Regional Studies：1-10.

Boschma R A，Frenken K. 2006. Why is economic geography not an evolutionary science? Towards an evolutionary economic geography. Journal of Economic Geography，6（3）：273-302.

Boschma R A，Frenken K. 2011. Technological relatedness and regional branching//Bathelt H，Feldman M，Kogler D F. In Beyond Territory：Dynamic Geographies of Knowledge Creation，Diffusion and Innovation. London：Routledge，64-81.

Boschma R A，Iammarino S. 2009. Related variety，trade linkages and regional growth. Economic Geography，85（3）：289-311.

Boschma R A，Lambooy J G. 1999. Evolutionary economics and economic geography. Journal of Evolutionary

Economics，9（4）：411-429.

Boschma R A，Martin R. 2010. The aims and scope of evolutionary economic geography//Boschma R，Martin R. The Handbook of Evolutionary Economic Geography. Cheltenham U K：Edward Elgar：3-39.

Boschma R A，Minondo A，Navarro M. 2013. The emergence of new industries at the regional level in Spain：A proximity approach based on product relatedness. Economic Geography，89（1）：29-51.

Boschma R A，Van der Knaap G A. 1997. New technology and windows of locational opportunity：Indeterminacy，creativity and chance//Reijnders J. Economics and Evolution. Cheltenham：Edward Elgar：171-202.

Boschma R A，Wenting R. 2007. The spatial evolution of the British automobile industry：Does location matter? Industrial and Corporate Change，16（2）：213-238.

Boschma R A，Ledder F. 2010. The evolution of the banking cluster of Amsterdam 1850～1993：A survival analysis//Fornahl D，Henn S，Menzel M P. Emerging Clusters：Theoretical，Empirical and Political Perspectives on the Initial Stage of Cluster Evolution. Cheltenham：Edward Elgar：191-213.

Brachert M，Cantner U，Graf H，et al. 2013. Which Regions Benefit from Emerging Industries? European Planning Studies，21（11）：1703-1707.

Brenner T. 2004. Local Industrial Clusters：Existence，Emergence and Evolution. London：Routledge.

Bresnahan T，Gambardella A. 2004. Building High-Tech Regions. Cambridge：Cambridge University Press.

Bröring S，Cloutier L M，Leker J. 2006. The front end of innovation in an era of industry convergence：Evidence from nutraceuticals and functional foods. R & D Management，36（5）：487-498.

Bruland K，Mowery D. 2004. Innovation Through Time//Fagerberg J，Mowery D，Nelson R. The Oxford Handbook of Innovation. New York：Oxford University Press：349-380.

Buenstorf G，Klepper S. 2009. Heritage and agglomeration：The Akron tyre cluster revisited. The Economic Journal，119：705-733.

Carlton D W，Perloff J M. 2005. Modern Industrial Organization（4th Edition）. New York：Pearson Addison-Wesley.

Chesbrough H. 1999. Arrested development：The experience of European hard disk drive firms in comparison with US and Japanese firms. Journal of Evolutionary Economics，9（3）：287-329.

Cooke P. 2012. Transversality and transition：Green innovation and new regional path creation. European Planning Studies，20（5）：817-834.

David P A. 1994. Why are institutions the "carriers of history"? Path dependence and the evolution of conventions，organizations and institutions. Structural Change and Economic Dynamics，5（2）：205-220.

David P A. 2001. Path dependence，its critics and the quest for "historical economics" //Garrouste P，Ioannides S. Evolution and Path Dependence in Economic Ideas. Cheltenham：Edward Elgar：15-40.

Dawley S. 2014. Creating new paths? Offshore wind，policy activism，and peripheral region development. Economic Geography，90（1）：91-112.

Dosi G，Metcalfe J S. 1991. On some notions of irreversibility in economics//Saviotti P P，Metcalfe S. Evolutionary Theories of Economic and Technological Change. Chur：Harwood.

Engel D，Mitze T，Patuelli R，et al. 2013. Does cluster policy trigger R&D activity? Evidence from German biotech contests. European Planning Studies，21（11）：1735-1759.

Eriksson R. 2011. Localized spillovers and knowledge flows：How does proximity influence the performance of plants？. Economic Geography，87（2）：127-152.

Essletzbichler J，Rigby D L. 2007. Exploring evolutionary economic geographies. Journal of Economic Geography，7（5）：549-571.

European Commission. 1997. Green Paper on the Convergence of the Telecommunications，Media，and Information Technology Sectors，and the Implications for Regulation. Brussels：European Commission.

Feldman M P，Lendel I. 2010. Under the lens：The geography of optical science as an emerging industry. Economic Geography，86（2）：147-171.

Feldman M P. 2001. The entrepreneurial event revisited：An examination of new firm formation in the regional context. Industrial and Corporate Change，10（4）：861-891.

Feldman M P. 2007. Perspectives on entrepreneurship and cluster formation：Biotechnology in the US Capital region//Polenske K R. The Economic Geography of Innovation. Cambridge：Cambridge University Press：241-260.

Fornahl D，Hassink R，Klaerding K，et al. 2012. From the old path of ship building onto the new path of offshore wind energy？The case of northern Germany. European Planning Studies，20（5）：835-855.

Fornahl D. 2003. Entrepreneurial activities in a regional context//Fornahl D，Brenner T. Cooperation，Networks and Institutions in Regional Innovation Systems. Cheltenham：Edward Elgar：38-57.

Fornahl D. 2007. Changes in Regional Firm Founding Activities：A Theoretical Explanation and Empirical Evidence. London：Routledge.

Frenken K，Van Oort F G，Verburg T. 2007. Related variety，unrelated variety and regional economic growth. Regional Studies，41（5）：685-97.

Gertler M S，Vinodrai T. 2009. Life sciences and regional innovation：One path or many？European Planning Studies，17（2）：235-261.

Glaeser E L. 2005. Reinventing Boston：1630～2003. Journal of Economic Geography，5（2）：119-153.

Gray M，Golob E，Markusen A. 1996. Big firms，long arms，wide shoulders：The ‘hub-and-spoke’ industrial district in the Seattle region. Regional Studies，30（7）：651-666.

Hausmann R，Hidalgo C A. 2010. Country Diversification，Product Ubiquity，and Economic Divergence. Working Paper Series rwp10-045. Harvard University，John F. Kennedy School of Government.

Henn S. 2013. Transnational entrepreneurs and the emergence of clusters in peripheral regions: The case of the diamond cutting cluster in Gujarat（India）. European Planning Studies，21（11）：1779-1795. .

Hidalgo C A，Klinger B，Barabási A L，et al. 2007. The product space conditions the development of nations. Science，317（5837）：482-487.

Hirooka M. 2003. Nonlinear dynamism of innovation and business cycles. Journal of Evolutionary Economics，13（5）：549-576.

Jacobides M，Knudsen T，Augier M. 2006. Benefiting from innovation：Value creation，value appropriation and the role of industry architectures. Research Policy，35（8）：1200-1221.

Kim S T. 2015. Regional advantage of cluster development：A case study of the San Diego biotechnology cluster. European Planning Studies，23（2）：238-261.

Klepper S，Sleeper S D. 2005. Entry by spinoffs. Management Science，51（8）：1291-1306.

Klepper S. 1996. Entry，exit，growth，and innovation over the product life cycle. American Economic Review，86（3）：562-583.

Klepper S. 2002. The capabilities of new firms and the evolution of the US automobile industry. Industrial and Corporate Change，11（4）：645-666.

Klepper S. 2007. Disagreements，spinoffs，and the evolution of Detroit as the capital of the U.S. automobile industry. Management Science，53（4）：616-631.

Klepper S. 2009. Silicon Valley：A chip off the old Detroit bloc//Acs Z J，Audretsch D B，Strom R. Entrepreneurship，Growth，and Public Policy. Cambridge：Cambridge University Press：79-115.

Klitkou A，Coenen L. 2013. The emergence of the Norwegian solar photovoltaic industry in a regional perspective. European Planning Studies，21（11）：1796-1819.

Kodama F. 1992. Technology fusion and the new R&D. Harvard Business Review，70（4）：70-78.

Krugman P. 1991. Geography and Trade. Cambridge：MIT Press.

Lambooy J G，Boschma R A. 2001. Evolutionary economics and regional policy. Annals of Regional Science，35（1）：113-133.

Mackinnon D，Cumbers A，Pike A，et al. 2009. Evolution in economic geography：Institutions，political economy and adaptation. Economic Geography，85（2）：129-150.

Malerba F. 2004. Sectoral systems of innovation：How and why innovation differs across sectors//Fagerberg J，Mowery D，Nelson R. The Oxford Handbook of Innovation. New York：Oxford University Press：380-406.

Malmberg A，Maskell P. 2006. Localized learning revisited. Growth and Change，37（1）：1-18.

Martin R，Simmie J. 2008. Path dependence and local Innovation systems in city-regions. Innovation：Management，Policy & Practice，10（2-3）：183-196.

Martin R，Sunley P. 2003. Deconstructing clusters：Chaotic concept or policy panacea？Journal of Economic Geography，3（1）：5-35.

Martin R，Sunley P. 2006. Path dependence and regional economic evolution. Journal of Economic Geography，6（4）：395-437.

Martin R，Sunley P. 2010. The place of path dependence in an evolutionary perspective on the economic landscape//Boschma R，Martin R. The Handbook of Evolutionary Economic Geography. Cheltenham：Edward Elgar：62-92.

Martin R. 2010. Roepke lecture in economic geography——Rethinking regional path dependence：Beyond lock-into evolution. Economic Geography，86（1）：1-28.

Menzel M P，Fornahl D. 2010. Cluster life cycles——dimensions and rationales of cluster evolution. Industrial and Corporate Change，19（1）：205-238.

Michelsen. 2013. Regional entrepreneurial opportunities in the biotech industry：Exploring the transition from award-winning nascent entrepreneurs to real start-ups. European Planning Studies，21（11）：1708-1734.

Neffke F，Henning M，Boschma R. 2011. How do regions diversify over time? Industry relatedness and the development of new growth paths in regions. Economic Geography，87（3）：237-265.

Nooteboom B. 2000. Learning and Innovation in Organizations and Economies. Oxford：Oxford University Press.

North D C. 1990. Institutions，Institutional Change and Economic Performance. Cambridge：Cambridge University Press.

Patrucco. 2005. The emergence of technology systems：Knowledge production and distribution in the case of Emilian plastics district. Cambridge Journal of Economics，29（1）：37-56.

Porter M E. 1980. Competitive Strategy：Techniques for Analyzing Industries and Competitors. New York：Free Press.

Porter M E. 1998. Clusters and the new economics of competition. Harvard Business Review，76（6）：77-90.

Porter M E. 2003. The economic performance of regions. Regional Studies，37（6-7）：549-578.

Powell W，Koput K，Bowie J，et al. 2002. The spatial clustering of science and capital：Accountingfor biotech firm-venture capital relationships. Regional Studies，36（3）：291-305.

Rigby D L，Essletzbichler J. 2006. Technological variety，technological change anda variety of production techniques. Journal of Economic Geography，6（1）：45-70.

Routley M，Phaal R，Probert D. 2013. Exploring industry dynamics and interactions. Technological Forecasting and Social Change，80（6）：1147-1161.

Rowen. 2000. Serendipity or strategy：How technology and market came to favor Silicon Valley? //Lee C-M，Miller W F，Hancock M G，et al. The Silicon Valley Edge：A Habit for Innovation and Entrepreneurship. Stanford：Stanford University：184-199.

Saxenian A. 1994. Regional Advantage：Culture and Competition in Silicon Valley and Route 128. Cambridge：Harvard University Press.

Schumpeter J A. 1934/2008. The Theory of Economic Development：An Inquiry into Profits，Capital，Credit，Interest and the Business Cycle. London：Transaction Publishers.

Scott A J，Storper M. 1987. High technology industry and regional development：Atheoretical critique and reconstruction. International Social Science Journal，12（1）：215-232.

Setterfield M. 1993. A model of institutional hysteresis. Journal of Economic Issues，27（3）：755-774.

Shapiro C，Varian H R. 1999. Information Rules：A Strategic Guide to the Network Economy. Boston：Harvard Business School Press.

Simmie J，Martin R. 2010. The economic resilience of regions：Towards an evolutionaryapproach. Cambridge Journal of Regions，Economy and Society，3（1）：27-43.

Sternberg R. 2010. Neither planned nor by chance：How knowledge-intensive clusters emerge//Fornahl D，Henn S，Menzel M-P. Emerging Cluster：Theoretical，Empirical and Political Perspectives on the Initial Stage of Cluster Evolution. Cheltenham：Edward Elgar：295-323.

Storper M，Walker R. 1989. The Capitalist Imperative Territory，Technology，and Industrial Growth. New York：Basil Blackwell.

Sydow J，Lerch F，Staber U. 2010. Planning for path dependence? The case of a network in the Berlin-Brandenburg optics cluster. Economic Geography，86（2）：173-195.

Sydow J，Schreyogg G，Koch J. 2005. Organizational paths：Path dependency and beyond. Paper given at 21st EGOS Colloquium，Berlin，Germany，30 June-2 July.

Tanner A N. 2014. The emergence of new industries in Space：An evolutionary understanding of industry emergence from a geographical perspective. Paper to be presented at the "15th International Schumpeter Society Conference（ISS）", Jena，Germany：27-30.

Treado C D. 2010. Pittsburgh's evolving steel legacy and the steel technology cluster. Cambridge Journal of Regions，Economy and Society，3（1）：105-120.

Vernon R. 1966. International investment and international trade in the product cycle. Quarterly Journal of Economics，80（2）：190-207.

Wyrwich M. 2013. The role of regional conditions for newly emerging KIBS industries in the face of radical institutional change. European Planning Studies，21（11）：1760-1778.

Zhang J. 2013. Related variety，global connectivity and institutional embeddedness：Internet development in Beijing and Shanghai compared. Regional Studies，47（7）：1065-1081.

Zook M A. 2005. The Geography of the Internet Industry：Venture Capital，Dot-coms and Local Knowledge. Oxford：Blackwell.

第十章

服务业创新与区域发展

第一节 服务业创新的概念、分类

一、服务业在全球经济中迅速崛起

20 世纪 50 年代开始，以美国为代表的发达国家，产业结构发生了革命性的变化，相继从以制造业为主导转型为以服务业为主导。随后，英国、法国和日本也实现了向服务业经济转型的过程，服务业增加值占 GDP 的比重越来越高。发展到 21 世纪，在发达国家服务业占有超过 70%的 GDP，在国民经济中占据了主导地位（表 10-1）。

表 10-1 世界部分国家（地区）服务业增加值占 GDP 的比重 （单位：%）

国家/地区 \ 年份	1995	1998	2001	2004	2007	2010	2013
美国	72.1	75.3	76.7	77.0	76.7	78.4	77.9
英国	68.6	71.2	73.6	76.0	77.1	78.7	79.2
法国	72.7	73.7	74.7	76.1	77.1	78.6	78.5
德国	66.2	69.7	68.8	69.7	68.8	69.3	68.4
西班牙	65.1	64.9	65.3	66.5	67.9	71.4	73.9
日本	65.2	66.4	69.0	70.1	70.6	71.3	74.5
中国香港	84.7	85.7	88.3	90.5	92.8	92.8	92.7
中国大陆	32.9	36.2	40.5	40.4	41.9	43.2	46.1

资料来源：国际货币基金组织 WEO 数据库

自 2001 年以来，在我国的 GDP 构成中，服务业占比超过 40%，与制造业并驾齐驱，但是仍落后于发达国家，甚至落后于印度、南非等发展中国家。从工业经济时代向服务经济时代跨越的过程中，无论是国民就业方面还是经济总量，服务业将逐渐超越制造业，成为国民经济的主导产业和经济发展的增长极。

二、服务业创新的概念

随着服务业部门在国民经济中地位的迅速提升，“服务创新”正日益引起创新研究者、企业管理者和政策制定者的兴趣，这一趋势在过去的 20 年表现得尤为明显。当前，已经有很多学者对服务创新进行研究，并且根据各自的研究目的提出了不同的服务创新概念，这导致了概念界定上的分歧，使得服务创新普适的研究框架难以得出。因此，本节将主要对服务创新的内涵进行剖析（表 10-2）。

表 10-2 服务创新的概念界定

作者	概念界定
欧洲服务业创新系统研究项目小组（SI4S）（1996）（Sundbo，1997）	新的、改进的产品及服务，在服务中使用新技术或对现有技术进行新的应用
Toivonen 和 Tuominen（2009）	新的服务产生或是对现有服务的革新，它可以运用到实际当中，为企业提供利润
van Ark 等（2003）	一种新的、有意义的变化
李刚和余倩（2004）	服务型组织为获得更大的商业或社会利益，向目标顾客提供部分或者全部有别于以往的服务包，以达到差异化的目的，从而获得一定程度的竞争优势
许庆瑞和吕飞（2003）	在服务过程中应用新思想和新技术来改善和变革现有的服务流程和服务产品，提高现有的服务质量和服务效率，扩大服务范围，更新服务内容，增加新的服务项目，为顾客创造新的价值，最终形成企业的竞争优势
刘建兵和柳卸林（2009）	服务提供给顾客时效用或价值的改变
蔺雷和吴贵生（2007）张晶敏（2012）申静（2006）	广义：所有跟服务相关并针对服务的创新行为活动，不管服务是存在于服务业还是制造业
	狭义：仅发生在服务业中的创新行为活动

欧洲服务业创新系统研究项目小组（SI4S）认为，服务创新是新的、改进的产品及服务，在服务中使用新技术或对现有技术进行新的应用。Toivonen 和 Tuominen（2009）认为服务创新是新的服务产生或是对现有服务的革新，它可以运用到实际当中，为企业提供利润。Van Ark 等（2003）将服务创新定义为：一种新的、有意义的变化，这种变化可能分别单独地发生在服务理念，与客户相互交往的渠道、技术理念、服务传递等之中，也可能同时发生在它们的多个组合之中。

李刚和余倩（2004）从企业竞争优势的角度来定义服务创新，认为服务创新是指服务型组织为获得更大的商业或社会利益，向目标顾客提供部分或者全部有别于以往的服务包，以达到差异化的目的，从而获得一定程度的竞争优势。许庆瑞和吕飞（2003）认为服务创新主要是指在服务过程中应用新思想和新技术来改善和变革现有的服务流程和服务产品，提高现有的服务质量和服务效率，扩大服务范围，更新服务内容，增加新的服务项目，为顾客创造新的价值，最终形成企业的竞争优势。

刘建兵和柳卸林（2009）从效用或价值的角度，将服务创新定义为服务提供给顾客时效用或价值的改变。

蔺雷和吴贵生（2007）、张晶敏（2012）和申静（2006）则把服务创新分为广义的和狭义的服务创新。广义的服务创新是指所有跟服务相关并针对服务的创新行为活动，不管服务是存在于服务业还是制造业。狭义的服务创新是指仅发生在服务业中的创新行为活动。基于这个角度，在广义上，服务创新的范畴大于服务业创新；在狭义上，服务创新和服务业创新没区别。

因此，理解服务创新应该认识到：服务创新是企业或组织为了获得商业利益或社会利益而有针对性地改进产品或服务的过程，这种创新能够为企业带来竞争优势。在这一过程中顾客和人力资本发挥着重要的作用。

三、服务业创新的特征

从服务业发展历史来看，很多服务产品是无形的，使得它相对于制造业产品更难以被存储、运输和输出。因此，服务业创新的特性来源于服务本身具有的特性，学者们从不同角度对服务业本质做了不少颇有价值的阐述和界定。Gronoroos（1990）、Fitzsimmons 和 Fitzsimmons（2001）从过程角度对服务业特性进行描述，认为服务是一种具有无形特性和交互作用的过程活动，其经常是与顾客进行“合作生产”而得到利益或满足感，表现为供应商与顾客在设计、生产、传递消费及其他服务过程中频繁的交互作用。Gardrey 和 Gallouj（1998）认为，生产一项服务就是寻求一个问题的解决办法，它将很多不同能力集中起来寻求对顾客和组织问题的解决方案。服务产品经常在“供应商-客户”交互作用过程中的某个特定时点和地点被同时生产消费。

总体而言，服务本质上是一种产品，但是，服务又是特殊的产品，它可能表现为一个概念、一个运作过程或一项措施等，服务创新也具有“无形性”“生产和消费的同时性”“易逝性”“不可储存性”“创新的多样性”和“创新的顾客导向性”等特点。

四、服务创新的分类

从表 10-3 可以发现，对服务创新的分类研究中，学者们的分类标准并不一致，使得服务创新的分类显得比较零乱，这也不利于服务创新研究范式的构建。

表 10-3 服务创新的分类

作者	划分角度或依据	划分类型
Gallouj 和 Weinstein（1997）	从动态变化的角度	根本性创新、改进性创新、渐进性创新、专门化创新、重组创新、形式化创新
李刚和余倩（2004）	从服务包的角度	部分创新、全部创新
Sundbo 和 Gallouj（1998）	从创新对象的角度	产品创新、过程创新、组织创新、市场创新
Wietze 和 Elfring（2002）	从技术维度	技术创新和组织创新
Den Hertog（2000）	从关联角度	服务概念创新、服务提供界面创新、服务提供方式创新和服务提供技术创新
刘建兵和柳卸林（2009）	根据服务生产模型	产品/服务创新和过程创新
蔺雷和吴贵生（2007）、张晶敏（2012）和申静（2006）	对国外服务业创新类型的总结	产品创新、过程创新、组织创新、市场创新、技术创新、传递创新、重组创新、专门化创新、形式化创新
Miles 等（1995）	根据服务创新的特性	产品创新、过程创新和传递创新

Gallouj 和 Weinstein（1997）从动态变化的角度将服务创新分为根本性创新、改进性创新、渐进性创新、专门化创新、重组创新、形式化创新六类。Sundbo 和 Gallouj（1998）从创新对象的角度将服务创新分为产品创新、过程创新、组织创新、市场创新。

国内也有类似上述的分类，是对国外的介绍和总结。例如，蔺雷和吴贵生（2007）、张晶敏（2012）和申静（2006）通过对国外服务业创新类型的总结，将服务创新分为九类：产品创新、过程创新、组织创新、市场创新、技术创新、传递创新、重组创新、专门化创新、形式化创新。

而李刚和余倩（2004）则从服务包的角度理解服务创新，根据服务包的组成把服务创新分为部分创新和全部创新。其中，部分创新包括便利性服务创新，支持性服务形式的改变，全部创新包括核心服务的改变或三个因素都改变。

Wietze 和 Elfring（2002）把服务创新分为技术创新和组织创新，认为很多创新是由技术维度引起的，但事实上，技术只是服务创新的一个维度，很多服务创新是由非技术因素引起的。

Den Hertog（2000）将服务创新分为四种相互联系的创新类型，即服务概念创新、服务提供界面创新、服务提供方式创新和服务提供技术创新。

刘建兵和柳卸林（2009）根据服务生产模型，将服务创新分为产品/服务创新和过程创新。产品/服务创新为提供给顾客的（潜在）价值的较大变化，在服务生产模型里表现为服务矩阵的较大变化。而过程创新即服务提供过程的创新，在服务生产模型里表现为技术矩阵的较大变化。

第二节　服务业创新的流派及主要模式

一、服务业创新的流派

对于服务创新的认识，学术界存在三种不同的流派，即技术导向流派、服务导向流派和制造服务融合流派（Coombs and Miles，2000）（图 10-1）。早期的服务创新研究主要是遵循制造业技术创新的轨道，服务本身的特性不受到重视。随着服务业的不断发展，其在国民经济中的作用越来越明显，人们开始关注服务业的特点，对服务业创新的研究也开始沿着服务专业轨道进行。随着经济的发展和产业的融合，制造业越来越服务化，服务业越来越产品化，人们试着寻求一种整合的轨道来研究创新活动，制造服务融合流派应运而生了。

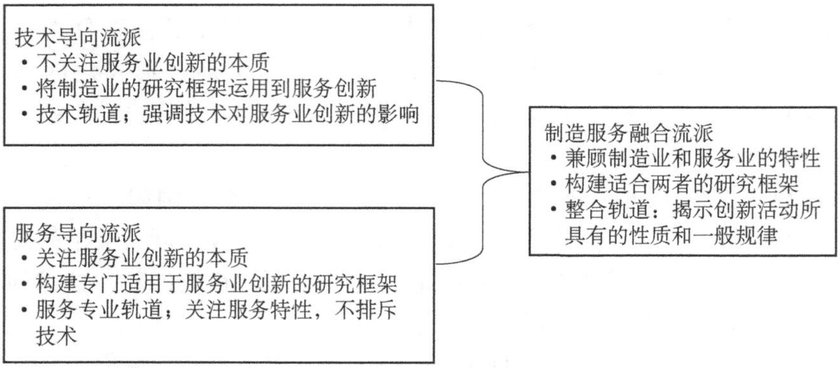

图 10-1　服务业创新的三大流派

技术导向流派被认为是服务业创新研究的先驱，是服务业创新研究最早出现的一个学派，代表者有 Metcalfe 等（2005）、Christensen（2003）、Barras（1986）等。它是从制造业的角度来研究服务业创新，认为制造业创新的理论框架及研究方法适用于服务业创新的研究。而且该学派非常注重技术对服务业创新的影响，甚至过分地强调技术的作用，而忽略其他影响服务创新的因素，这一点可能会导致服务业创新的水平的低估。

其中，最有代表性的成果是 Barras（1986）提出的“逆向产品周期”理论（Revers Product Cycle，RPC），是服务业创新研究最早的一个成果。该理论认为服务产业创新活动的演进规律有三个阶段，从效率增强型的渐进性过程创新开始，经过质量提升的根本性过程创新，直至出现新服务的产品创新，这三个过程中的创新激励和采用的技术各不相同。该理论对服务业创新理论的发展具有一定的贡献，但没有得到广大学者的认同，后来被证实有缺陷，也引发了学者从服务业本身的角度研究服务业创新。由于巴拉斯（Barras）提出的“逆向产品周期”理论把服务业创新和技术紧密联系在一起，所以一些学者将其归为技术导向流派中。

服务导向流派的出现晚于技术导向流派，该学派认为服务业不同于制造业，两者之间具有很大的异质性，服务业创新有着不同的、自身的特征，以往研究制造业的理论和方法不能移植到服务业当中来，它不足以解释服务业中的全部创新活动及其机理，因此，服务业创新应有自己的一套理论框架和研究方法。这类研究是从服务本身出发，根据服务的特点而开发新的研究方法，试图发现服务业中独有的创新活动，在关注技术创新的同时也重视非技术创新。Den Hertog（2000）是这一流派的代表者之一，他试图揭示服务业创新不同于制造业的独特模式，Sundbo（1996）提出的“服务专业轨道”也是这类研究的突出代表。服务导向论的缺陷是过分地重视服务业创新的特点，这可能会导致服务业创新与制造业创新的联系及共同点受到忽视，同样也会低估服务业创新水平。

随着经济的发展，制造业和服务业之间的界线越来越模糊了，两种融合起来的趋势越来越明显，这使得学者开始以一种融合的角度来分析服务业创新，而不是把两种分离开来，这时催生了制造服务融合流派。这种将制造业和服务业融合的方法出现在 21 世纪以后，其认为服务业创新是创新研究领域中容易被忽视的一个元素，然而它和制造有着紧密相关性。例如，Gallouj 和 Weinstein（1997）试图建立一个既适合有形的产品又适合无形的服务的分析框架，被归为制造服务融合论这一流派。Bilderbeek 等（1998）从整合的角度进行研究，提出的四维度模型，包括技术维度和非技术维度。Djellal 和 Gallouj（2006）也是该类研究的代表者之一。

二、服务业创新的模式

Bilderbeek 等（1998）在总结前人研究成果的基础上，提出的“服务业创新四维度模型”，认为服务业创新是新的服务概念、新的顾客界面、新的服务传输系统和技术选择等四个维度或者其中某几个维度的有机结合或重组（图 10-2），提出服务业创新需要多种要素相互联系和影响得以成功实现，而不是孤立完成的，并强调了非技术因素在服务业创新中的重要作用。在每一次创新的过程中，四个维度的重要性是有差别的，往往是其中一个维度主导并推动着其他三个维度的进程。它提供了分析服务业创新的基本框架，比较全面地描述了服务业创新，并指导服务业创新活动。

新的服务概念与其他三个维度有紧密的联系，新的服务概念的开发，有些是在顾客的参与下形成的，有些是在信息技术的辅助下完成的，有些是市场驱动的。

新的顾客界面是服务业创新的第二个维度，包括提供服务给顾客的方式，以及与顾客交流、合作的方法和方式等。顾客是服务创新取得成功的一个重要因素，顾客的需求具有多变性和多样性，服务企业在服务过程中往往会考虑顾客的需求、偏好、想法、不满等。

新的服务传输系统是服务业创新的第三个维度，也是属于服务企业内部的组织安排。通过企业内部的组织协调，使服务传递得以顺利进行。

技术选择是第四个维度，技术对服务创新来说，虽然不是一个必要的维度，但其在服务创新中扮演着重要的角色。技术可以提高服务企业获取、处理和加工信息的能力、改变服务生产方式和拓展经营范围，提高服务企业的效率。

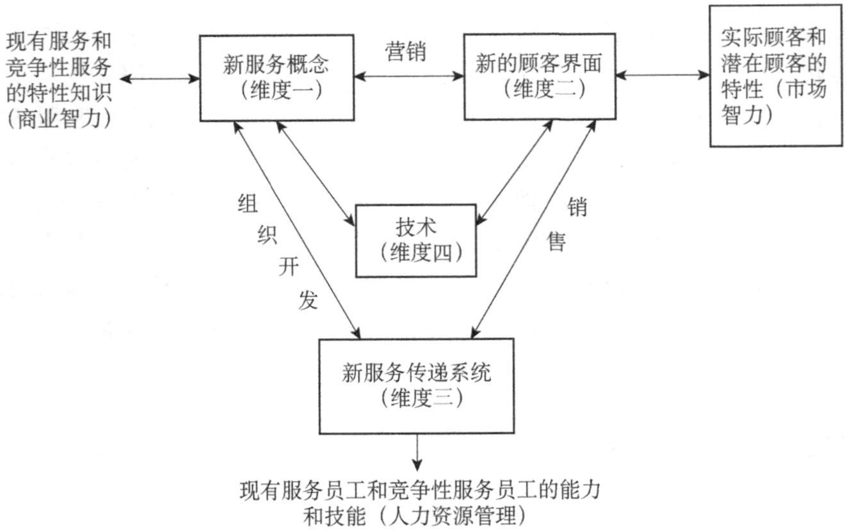

图 10-2　服务业创新四维度模型

资料来源：Bilderbeek R，Den Hertog P，Marklund G，et al. 1998. Service innovation：Knowledge Inensive Business Sevice（KIBS）as co-producers of innovation，the result of SI4S，11

欧洲 SI4S 项目小组提出的几种服务业创新模式也比较具有影响力，该小组把服务业创新模式分为以下五种：供给主导型服务业创新、服务部门创新（如部门组织的重组）、顾客引导型创新、服务过程创新、综合创新。供给主导型服务业创新是一种技术推动型创新，服务供应商往往通过新技术设备来满足顾客的需求。顾客引导型创新是对顾客需求的一种反应，类似于四维度模型中的第二个维度——新顾客界面。

Sundbo 和 Gallouj（1998）提出了创新的六种模型：工艺创新、研发与技术主导型创新、创业式的创新、专业服务的创新、管理的创新或组织战略的创新、网络式创新。

三、信息技术对服务业创新的影响

21 世纪以来，基于通信技术的互联网、物联网、云计算、计算机硬件与软件、移动互联网的兴起和电话网、有线电视网和计算机网的三网融合成为全球信息技术（information and communication technologies，ICTs）发展与应用趋势，正在对后金融危机时代全球经济发展和世界经济格局重组产生深远的影响，包括我国在内的世界许多国家都将新一轮信息技术革命视为推动产业转型升级及经济增长，提升国家综合竞争力的重要机遇。信息技术的飞速发展及广泛应用对服务业的创新产生巨大的影响。“信息技术促进服务业创新”已成为一个普遍认同的观点。信息产业的高速发展，正在改变创新发展方式。

Licht 和 Moch（1999）应用 MIP-S 数据［MIP-S 调查包括了所有在 CREDITREFORM（德国最大的征信机构）记录中的超过四个职员服务类企业；MIP-S 限于在市场出售的服务，仅包括批发零售贸易、运输、交通、银行、保险、软件、技术咨询、行销和其他商业服务，大约 2800 家企业参与了调查］，发现信息技术对服务创新的质量有显著的影响，即 IT 影响了服务部门的产品质量而不是产量。几乎所有受调查的企业都认为 IT 是最重要的技术，所有引入产品、流程和组织创新的企业都把 IT 当做最重要的创新工具。IT 投资对调整产品的灵活性、产品的用户友好性、服务的及时性和传送速度具有重要的功效。

知识密集服务业在信息技术上的投资比其他服务业更多（每个员工），但在新机器和设备上的投资相对较少。Antonelli（1998）基于投入产出表的研究，发现信息技术通过提高知识密集型服务业的使用而增加了网络中中介之间的联系，以及他们对知识、信息的吸收能力。Gretton 等（2004）认为信息技术应用的溢出效应是激励创新活动的原因之一。Viitamo（2003）认为服务业的创新在很大程度上取决于信息技术的使用水平，当今社会信息技术已经主导了服务业的创新范式，为服务业创新带来了新的方式、手段和途径。廖毅敏（2011）从产品组合变革、区位变革、市场变革、生产过程变革四个方面来分析信息技术对生产性服务业创新（包括知识密集型服务业创新）的促进作用。信息技术的快速发展及其所构建的虚拟网络空间，弥补了实物型的地理空间相互作用的不足，使得知识扩散的空间领域越来越广，为服务业发展解除了许多束缚，全面提升服务业创新的强度和广度，增大空间扩展的范围。

方远平等（2013）运用因子分析、探索性空间数据分析和空间计量模型等实证研究方法，深入分析信息技术和服务业创新的空间分布特征和两者之间的关系。结果表明，服务业创新和信息技术均存在空间正相关性，形成全域空间的核心边缘模式和局域空间的“俱乐部”模式。高值簇集聚区（珠三角）的扩散效应只局限在局域“俱乐部”里面，而低值簇亦形成集聚区（粤北、粤东和粤西），体现出珠三角同东西两翼与粤北山区之间巨大的差距。在空间差异和扩散效应的影响下，信息技术和服务业创新在空间上均出现“俱乐部”内趋同、“俱乐部”间趋异的现象。空间计量回归表明，服务业创新在市域空间上具有相互促进作用，信息技术对服务业创新具有明显的促进作用，当信息技术水平每提高 1%，服务业创新水平就将提高 0.715 8%，证明了信息技术是影响服务业创新的重要因素。

第三节 知识密集型服务业创新

知识密集型服务业（KIBS）这个词已经被用了近 20 年，但是在最近几年里，它才成为一个研究的重要课题。KIBS 在国民经济中起到领导性、前瞻性和创新驱动者的作用，对提高整个国家创新强度有重要的贡献，是未来经济增长的发动机。其在信息技术主导的产业内已经发展成为创新先导者，表现出“服务领导，制造跟随”的格局，对国家和区域竞争力的提升有两种类型的影响，直接影响是来自 KIBS 企业自身的创新活动，间接影响是通过使用他们的服务，从而扩大客户的创新能力。

一、KIBS 创新的测度

为了更好地了解知识密集型服务业的创新活动，最基本和最初遇到的难度就是如何通过适当的指标来衡量 KIBS 创新。许多学者参照制造业技术创新的衡量指标，并结合服务创新的特性，构建出一套综合性的衡量指标体系，对服务业创新进行评价。然而，KIBS 创新具有其自身的特征，与经济、社会、组织发展有紧密的联系，制造业相关的指标体系并不完全适合 KIBS 行业。使得 KIBS 创新的衡量成为一个难题。所以在兼顾相关数据可获得性的前提下，构建一套适合 KIBS 创新的评价指标体系是目前亟待解决的一个问题。

Kanerva 等（2006）、Arundel 等（2007）等服务创新进行测量。Cruysen 和 Hollanders（2008）认为评价服务业创新的关键要素包括行业内部的竞争程度、非技术创新、文化背景、语言能力、智力资产和知识产权。国内学者周德发和周翊（2012）、陈劲和陈钰芬（2004）、梁学成（2011）等也从不同的角度提出了服务创新体系的构建方法。如从服务业创新投入、创新产出指标、能力资源、市场需求、产业发展、政府支持等指标入手。

已有部分学者专门对知识密集型服务业创新的衡量指标构建做了重要的探索。Marklund（1997）认为，创新测度应包括创新的投资、能力资源指标及经济效益指标。陈劲（2008）则将经济效益指标更换为创新效果指标。辛枫冬（2010）从组织管理能力、服务实施能力、服务研发能力等方面出发来构建指标体系。孙友霞等（2010）在宏观层面上从知识创造能力、技术创新能力、创新支撑能力等方面来建立指标体系，中观层面上则从创新基础能力和服务创新绩效来建立下级指标，如表 10-4 所示。赵炎和周文（2009）从 KIBS 集群内网络机制、进驻集群的供需影响因素、集群内企业所受到的作用等进行评价。申静（2006）、申静和张亮（2009）基于创新的效用角度，整合了技术创新类型的指标与服务创新指标，从创新投入、创新产出、创新环境三个方面，构建一系列针对我国典型 KIBS 行业（如高技术服务、电信、证券、银行、电子商务等）的创新评价指标体系，并对其进行测量。另外，在最近几年，也有部分学位论文通过指标体系的构建测度了 KIBS 创新水平。

表 10-4 服务业创新的评价指标体系

层面	作者	评价指标体系
服务业层面	Kanerva 等（2006）	人力资源、创新意向、研发投入、战略和体制的变革、知识来源及扩散、商业效益、知识产权
	梁学成（2011）	市场需求、企业赢利、产业发展、政府支持和社会进步
	陈劲和陈钰芬（2004）	投资指标、能力资源指标及经济效益指标
	周德发和张翊（2012）	创新投入、创新产出、市场环境、政府支持
知识密集服务业层面	Marklund（1997）	创新的投资、能力资源指标以及经济效益指标
	孙友霞等（2010）	知识创造能力、技术创新能力、创新支撑能力、创新基础能力、服务创新绩效
	辛枫冬（2010）	组织管理能力、服务实施能力、服务研发能力
	黄舒雯（2010）	研发投入、知识改造、信息科技、企业文化、组织管理
	申静和张亮（2009）	创新投入、创新产出和创新环境
	陈劲（2008）	创新的投资指标、创新的能力资源指标和创新的效果指标

总体来说，国外主要是通过调查问卷来获取服务创新的指标数据，并多是集中在国家或国际层面的大规模调查，大多数是基于欧洲的背景。而国内对服务创新的数据获取多是从公开出版物中收集二手数据，较少进行调查问卷的一手数据获取。同时，国内的研究主要集中在行业和区域层面的调查。

由于 KIBS 创新活动的结果往往是无形的，如新的思想、新的方法、新的服务方式等，加上 KIBS 中顾客和服务提供者紧密的互动关系，加大对 KIBS 创新产出的衡量难度。其次，因为某些统计数据难以获取，使得 KIBS 创新评价指标的操作性下降。通过总结可以发现，KIBS 创新衡量指标的构建虽然有开发出反映服务特性的指标，但在一定程度上受到制造业技术创新的影响。另外，缺乏一套通用的评价指标体系，很难进行地区间的服务创新水平的比较。如何构建一套具有实际操作性，并且又能从各个方面来衡量知识密集型服务业创新的综合指标体系是一个值得关注的课题。

二、KIBS 创新的空间效应

KIBS 在创新系统中扮演着重要的角色，在知识密集型服务企业与客户间的持续互动过程中，产生了大量的非编码知识，也即 KIBS 产品或服务中包含大量的隐性知识。Antonelli（1998）在研究知识密集型服务业同用户的交互关系时发现，实时的、在线的用户和知识生产者交互作用互动式知识生产结构已经逐渐取代第二次世界大战后建立起来的以实验室为基础的垂直知识生产结构。芬兰的商业咨询公司和广告公司的案例研究发现，KIBS 是连接国内和地区与国际发展水平的媒介。魏江等（2007）认为 KIBS 在知识创新系统中有着生产知识的功能，还能起到扩散知识的作用。因此，KIBS 的发展促进了创新的发展，也提高了创新系统的效益。

知识生产和使用的空间边界对企业创新水平有重要的影响。由于区位、规模经济和社会网络、知识扩散等原因，创新活动一般存在空间集聚效应。企业嵌入一个垂直和水平的密集网络，在互动学习和系统性创新的过程有着强大的当地网络，如空间、制度和文化距离等都倾向于更紧密的联系，以及不同类型稳固的知识合作。潘雄锋和张维维（2013）在我国区域创新的收敛性特征研究中发现，区域创新在空间上存在显著的空间依赖性，其有明显的集群趋势。纳入空间效应后的估计结果表明，在研究年份里（1990～2008 年），我国区域创新存在条件 β 收敛，但不存在绝对 β 收敛。其中，β 收敛是指地区经济增速和初始水平负相关。

区域创新能力的提高不仅依赖自身的研发投入、人力资源投入等因素，也受到区域间知识溢出的影响。由于创新本身对经济、社会产生的影响和对生产力的提高是极其有限的，因此只有通过创新外溢效应，才能最大限度地发挥创新的最大效益。因此，从某种程度上来说，创效扩散比创新本身显得更为重要。Nonaka 和 Takeuchi（1995）认为，在知识的创造过程中，有四种明显的知识转化过程，分别是“社会化过程”“外部化过程”“组合过程”和“内部化过程”。

三、知识密集服务业创新推动区域发展

在产业结构不断优化和软化过程中，全球经济呈现出“工业型经济”向“服务型经济”转型的大趋势，KIBS 成为策动经济发展的重要动力。同时，经济增长的实践证明城市、区域发展的成长、发展与现代服务业密不可分。

欧洲多位学者分别就英国、德国和挪威的 KIBS 对区域和城市产业发展的作用、贡献方面进行了实证研究，认为 KIBS 在提高地区竞争力、促进就业和加快地区创新系统发展上发挥了关键性的作用（Aslesen and Isaksen，2007）。同时，国外学者在城市及城市群尺度对 KIBS 的空间发展及布局做了相对比较成熟的研究，发现 KIBS 倾向于向大都市的中心区域和城市群集聚。实践表明，KIBS 在中国的经济发展中也扮演着极其重要的角色，其不仅带来就业效应，同时促进区域经济增长。

信息技术的快速发展正在强有力地改造着原来的地域经济结构、组织关系及空间分布。信息技术在产业层面的扩散力度很强，具有明显的特征，如技术渗透

的广泛性、技术创新的高强度性、扩散产业的强关联性、效率提升的倍增性及对传统产业改造的深度性等，创造 KIBS 的业态和重塑空间，延伸企业价值链，并加速 KIBS 同其他产业的融合，对创新区域空间产生了显著影响，正改变区域经济空间格局。

由于技术和创新所具有的扩散性，将信息技术应用在 KIBS 中，将使得 KIBS 在空间上出现集聚现象；而信息技术加速了 KIBS 企业的协同创新，进一步形成信息技术集成创新平台，并促进了信息产业、KIBS 企业、高新技术产业、研发机构、政府机构等的融合与创新，从而形成 KIBS 创新集群。KIBS 集群的形成和发展壮大，通过创新价值链延伸，带动相关产业集聚，并逐步推动区域性产业结构的优化升级，对区域空间结构产生影响（Wood，2006）。

信息技术环境下，创新发生在开放和互动的过程中，创新企业的创新是互动的，并处于劳动分工中（Strambach，2001）。企业之间的互动性和企业所处的位置是创新的另一种动力，也是从创新中获益的关键。在欧洲，KIBS 的活动有着明显的地域范围特征，这种地域特征在中国也存在，这是由于隐性知识的交流受到了空间限制，进而可能形成集群创新和促进产业升级。

KIBS 创新为第一产业、第二产业以及其他服务行业提供大量科学、工程、技术等专业性和知识型的中间产品和服务，包括法律咨询、会计审计、工程设计、营销广告等，提高了第一产业、第二产业的知识含量和生产率。尤其是与制造业之间互动促进，积极地为制造企业尤其是中小民营企业提供各种技术、信息和资金服务。KIBS 通过与其他行业的企业进行交流而获取相关信息，将外部知识和自有的专业知识进行模块化的重新组合与自我创新。

知识扩散的最终目的是提高自主创新能力和社会对知识的利用，从而提高劳动生产率，促进经济和社会的可持续发展。知识扩散在发生时空传播过程中使得这些知识得到更广泛的应用，使用主体的知识在不断地扩充和完善。同时，KIBS 的增长对区域差距有强化的作用，经济结构向知识密集型转换的过程是慢慢累积的过程，高收入且 KIBS 集聚的区域一般有着较为丰富且重要的公共研发基础设施（Wood，2006）（图 10-3）。

四、经济发展促进知识密集型服务业创新

KIBS 创新依赖于区域经济环境因素，也就是说，其背后的累积循环机制可能是都市圈经济。KIBS 创新活动的最终目标就是要形成新兴的优势产业，实现社会效益和经济效益，而经济增长也反哺于知识密集型服务业创新。地区经济增长象征着良好的宏观环境，增加企业和居民的收入和消费，为 KIBS 创新创造了需求动力。由于 KIBS 创新是以市场为导向来进行创新的，通常情况下顾客与服务提供者共同参与创新，有时甚至受顾客主导，因此，经济增长在宏观层面上为

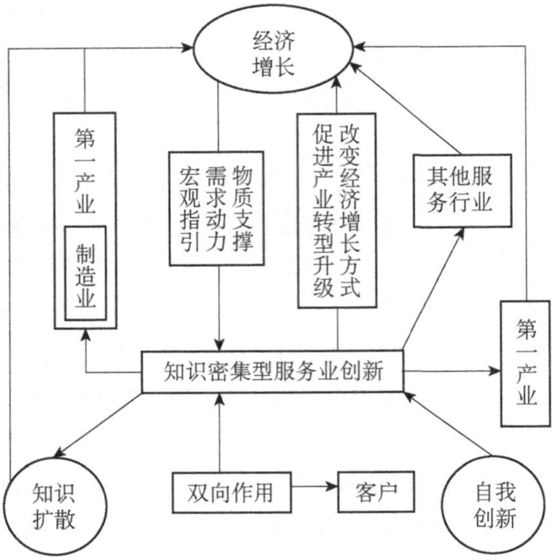

图 10-3 KIBS 创新影响经济增长的动力机制

KIBS 创新提供指导方向；其次，KIBS 创新的发展需要资金、技术、人才等的支撑，经济增长能为其提供物资条件、优质人力资本、科研投入等要素投入，提供良好的基础设施环境；最后，经济的发展能促进配套设施水平及企业管理水平的提高。这都说明了地区的经济发展很大程度上对地区 KIBS 创新的发展有促进作用。

第四节 服务业创新的空间效应及其动力机制

国内外关于服务业创新的研究已有丰富的文献积累，关于我国服务业创新的整体发展以及省域时空演变及其差异等研究极少有文献涉及，大多数研究忽视了创新的空间效应与扩散格局。基于狭义的服务业创新含义，即发生在服务业领域的创新活动，在已有研究基础上，把信息技术和制度因素引入服务业创新的动力机制框架中，对“技术-服务-创新-空间”不同维度进行整合，运用地理加权回归模型探究各因素对服务业创新影响的空间非平稳性。这有助于揭示我国省域服务业创新水平的地区差异、空间关联、空间溢出效应，能更好地理解我国经济发展的态势与格局，以及差异背后是哪些因素在起着主导作用，为深刻理解我国服务业创新水平提供了一个新的视角。

一、服务业创新的评价指标及方法

（一）服务业创新水平的综合评价指标

通过借鉴服务业创新评价指标的相关文献，基于全面性、可行性、综合性和数据统一性等原则，从服务业创新效益指标、投入指标和环境指标来分别构建服务业创新的综合评价指标。服务业创新效益是指服务企业在创新活动中实现的产出水平，体现了一个地区服务业创新的成果与水平（Agarwal et al.，2003）。衡量服务业创新效益的直接指标就是第三产业增加值以及专利授权数（Blazevic and Lievens，2004）。在衡量某个产业的经济效益时，一般采用地区的增加值这个指标。第三产业增加值占地区生产总值的比重则体现了第三产业在整体经济发展下的状况。专利常被用来衡量一个地区的创新产出，而专利授权数目也直接代表着创新成果。由于在统计数据中没有专门的服务业专利授权数，因此直接使用全部专利授权数来代替。服务业创新投入包括人员投入、经费投入、固定资产投入等方面（Brouwer and Kleinknecht，1997）。第三产业社会固定资产投资、全社会固定资产投资、科研经费支出与地方财政科技拨款是实现服务创新的资产条件。全社会固定资产投资反映了固定资产投资规模、速度、比例关系和使用方向，第三产业固定资产投资对第三产业产值具有显著的推动作用。科研经费投入是服务创新发展的必要条件与基础，也是促进服务经济增长的重要条件之一（李文秀和夏杰长，2010）。该指标反映创新的财力投入规模，是区域创新实力比较与发展趋势的一个重要指标。地方财政科技拨款是技术进步的物质保障和动力（齐秀辉等，2011），体现了政府对服务创新的支持程度。科研人员是从事服务业创新的主体，直接影响着服务创新的效果，反映了创新人力投入规模。服务业创新环境是指一个地区内有利于服务业创新的区域条件（李习保，2007）。任何创新活动都离不开人员的参与，服务业的创新依赖良好的人力资源环境，知识的创造能力是构成一个地区创新能力的基础条件，人口的受教育水平、高等院校在一定程度上影响着知识的创造能力，而服务业就业人数及比重在一定程度上体现了人力资源的数量，因此用每万人口平均在校大学生数、高等学校数、第三产业就业人员数以及第三产业就业人员数所占比重来描述服务业创新的人力资源环境。顾客在服务创新的生产以及改进、进行过程中都有着重要的地位，服务厂商与顾客间的交流、互动是服务创新的一个主要来源（Djellal and Gallouj，2000）。一般来说，人均收入水平越高，对于服务的消费也就越高，顾客的参与度也会相应提高，因而对于服务业创新活动的贡献也就越大（原小能，2012）。由于较难量化顾客参与，本着可行性的原则，以人均收入水平来衡量顾客参与（表 10-5）。

表 10-5 服务业创新水平的综合评价指标体系

目标层	一级指标	二级指标
服务业创新水平	服务业创新效益指标	F1 第三产业增加值
		F2 第三产业增加值占地区生产总值比重
		F3 专利授权数
	服务业创新投入指标	G1 第三产业社会固定资产投资
		G2 科研经费支出
		G3 科研人员
		G4 地方财政科技拨款
		G5 全社会固定资产投资
	服务业创新环境指标	H1 每万人口平均在校大学生数
		H2 高等学校数
		H3 第三产业就业人员数
		H4 第三产业就业人员数所占比重
		H5 顾客参与

（二）服务业创新水平的影响因素指标

关于服务业创新的影响因素，在前面总结国内外已有研究基础上，基于科学性、系统性、综合性及可操作性的原则，选取了信息技术、工业化、城镇化、对外开放程度、人力资本、市场化、体制创新作为服务业创新的影响因素（表 10-6）。

表 10-6 服务业创新影响因素评价指标

因变量	自变量	指标解释	指标符号
服务业创新影响因素	信息技术	信息化发展指数	ICT
	城镇化	城镇居民人口占总人口的比重	URB
	对外开放程度	外商直接投资总额占 GDP 的比重	EO
	工业化	工业生产总值占 GDP 的比重	IND
	市场化	市场化指数	MAK
	体制创新	非国有经济固定资产投资比重、非国有经济工业产值占工业总产值比重	INS
	人力资本	专业技术人员占就业人数比重	HC

（1）服务业创新与信息技术：信息技术的迅猛发展和知识资源的快速扩散，促进了经济服务业的进程和服务业高级化，催生了许多新的服务业形态，拓展了服务的深度和广度（Gago and David，2007）。信息技术不仅深刻影响服务业创新，而且也通过直接影响其他因素，而间接地促进服务业创新（方远平等，2013）。信息技术的出现和服务外包的发展改变了这种状况：使得服务的远距离

提供成为可能，提高服务的专业化分工和集成水平，人力资本能力积累加速，更多服务领域具有了规模经济，服务资源能够在全球范围内优化配置等，这些变化都有利于服务领域技术和制度创新（江小涓，2008）。使用国家统计局制订的信息化发展指数来衡量信息技术水平，该指数从基础设施、使用、知识、环境与效果、信息消费五个方面对信息化水平进行综合性的测量。考虑到信息技术对创新的影响具有滞后性，故选取滞后一期的数据。

（2）服务业创新与工业化：工业是我国服务业的需求主体，为服务业的发展创造了需求空间（周振华，2005）。工业化规模的扩大，增加了对服务业的需求，提高服务业的专业化，促进服务业的发展和创新（蔡荣海和罗晖，2006）。另一方面，工业化的发展与质量提升也需要服务业的支撑，对服务业产品提出更高的要求，促使服务业进行不断地创新。反过来，服务业创新能够降低工业化的中间服务需求成本，提高制造业的劳动生产率。

（3）服务业创新与人力资本：服务产品的质量大大依赖于所使用劳动力的质量和水平，大量具有较高知识水平和技能的劳动力能为知识、技术密集型服务业的发展提供相应的智力支持（陈凯，2006）。服务业创新，尤其是知识密集型服务业创新，如信息技术服务业、软件业、科学研究、金融保险、物流等，需要高素质、具有一定技能的专业人才来支撑。本研究用每百万人在校大学生来代表人力资本素质的高低（Hitt et al. ，2001）。

（4）服务业创新与城镇化：城镇化反映人口向城市聚集的过程和聚集程度，城镇化过程中引起的变化为服务业的发展提供了市场条件（Kolko，2010），带来了工业和商业的规模效应，使得服务业能够获取更好的人力资本、基础设施、技术进步、外溢效应等有利条件，从而助推服务业创新。

（5）服务业创新与对外开放程度：对外开放程度是指一个国家或地区经济对外开放的程度。对外开放引进了新产品、新技术和新的管理理念等，带来了多种效应，包括示范效应、资本效应、技术效应、竞争效应等（江小涓和李辉，2004）。对外开放程度越大，服务业越容易接触到新技术，同时也易加剧服务业的竞争，促使服务业进行创新，以保持市场竞争力。

（6）服务业创新与市场化：市场竞争程度是区域创新能力的另一重要因素，对创新具有正面的影响（李文秀和夏杰长，2010）。市场化程度高，意味有着较为健全的融资、投资、准入和退出机制。而市场化程度低，市场竞争不充分，不利于服务业创新的发展。在市场化程度较低的地区，企业创新将更多地受到非市场化因素的制约，较难吸引异地企业的技术转移与创新成果外溢（Andrea and Adriano，2008）。以樊纲等（2006）提出的市场化指数代表市场化程度，由于市场化具有滞后性，以及考虑到数据的可得性，采用滞后两期的数据，以减轻市场化指数本身可能存在的联立内生性问题。

（7）服务业与体制创新：在服务业领域进行体制创新，逐渐开发政府垄断领域，使国有成分不断退出，私有产权不断健全，可以提高经济成分的非国有化率和地区体制活力，减少生产运营中的不确定性和交易费用，从根本上解决服务业发展的体制瓶颈约束，为其发展和创新提供动力（魏江和沈璞，2006）。用非国有经济固定资产投资比重、非国有经济工业总值比重的加权平均来衡量非国有化率水平。

（三）空间计量研究方法

1．探索性数据分析

探索性数据分析是指对已有的数据在尽量少的先验假定下进行探索，通过作图、指标、方程拟合、计算特征量等手段探索数据的结构和规律的一种数据分析方法，包括全局自相关和局部自相关分析。本书使用被广泛应用的莫兰指数来进行全局自相关分析，莫兰指数一般被用来检验区域经济变量的空间相关性存在与否，莫兰指数的公式为

$$\text{莫兰指数}=\frac{n\sum_{i=1}^{n}\sum_{j=1}^{n}W_{ij}(Y_i-\bar{Y})(Y_j-\bar{Y})}{\sum_{i=1}^{n}(Y_i-\bar{Y})\sum_{i=1}^{n}\sum_{j=1}^{n}W_{ij}} \tag{10-1}$$

其中，n 为研究地区总数，即 31 个省（自治区、直辖市）。Y_i 表示第 i 地区的观测值，W_{ij} 为基于距离的空间权重矩阵。莫兰指数在给定的显著性水平时，其值介于-1 到 1 之间，若莫兰指数为正，表示服务业创新水平较高（或较低）的区域在空间上显著集聚；若莫兰指数为负，说明区域与其周边地区的服务业创新水平有着显著的空间差异。若莫兰指数为零，则认为服务业创新在空间上是随机分布的。

局部自相关分析能够揭示局部空间的变化，将局部差异的空间格局可视化。本书用莫兰散点图和 LISA 集聚图来说明局部空间的集聚类型与差异。莫兰散点图的横轴为一个变量在不同位置上的观测值向量（$\boldsymbol{Z}$），而纵轴表示该向量的空间滞后向量（$\boldsymbol{Wz}$）。散点图和集聚图分为四个象限，分别反映一个区域与其周边地区的关系。第一象限 HH（高-高）集聚类型：区域自身和周边地区的服务业创新水平均较高，二者空间差异程度较小。第二象限 LH（低-高）集聚类型：区域自身的服务业创新水平较低，周边地区的服务业创新水平较高，二者的空间差异程度较大。第三象限 LL（低-低）集聚类型：区域自身和周边地区的服务业创新水平均较低，二者的空间差异程度较小。第四象限 HL（高-低）集聚类型：区域自身服务业创新水平较高，周边地区的服务业创新水平较低，二者的空间差异程度较大。

2．地理加权回归

地理加权回归是用回归原理研究具有空间分布特征的两个或多个变量之间数量关系的方法，在数据处理中是将局部特征作为权重。地理加权回归的模型为

$$Y_i = \alpha_o(U_i, V_i) + \sum_i \alpha_k(U_i, V_i) X_{ik} + \varepsilon_i \tag{10-2}$$

其中，Y_i 是 $n \times 1$ 维被解释变量向量；X_{ik} 是 $n \times k$ 维解释变量矩阵；α_k（U_i，V_i）是 α（U，V）在 i 上的值；（U_i，V_i）代表第 i 个观察点的空间位置；ε 是 $n \times 1$ 维向量，它服从方差为常数的正态分布。

3．空间计量模型构建

由于影响服务业创新水平的因素较多，本书选取上述几个重要影响因素进行分析，构建服务业创新水平与信息技术、工业化、城镇化、市场化、体制创新、对外开放程度、人力资本的线性模型，并预期所有的因素均对服务业创新产生正向的推动作用。

$$\mathrm{SI}_i = \alpha_i + \beta_{i1}\mathrm{ICT} + \beta_{i2}\mathrm{IND} + \beta_{i3}\mathrm{URB} + \beta_{i4}\mathrm{MAR} + \beta_{i5}\mathrm{INS} + \beta_{i6}\mathrm{EO} + \beta_{i7}\mathrm{HC} + \varepsilon_i \tag{10-3}$$

其中，α 为常数项；β_{i1} 到 β_{i7} 分别为各个影响因素的回归系数值；ε 为随机误差项；i 为 1，2，…，31 个省（自治区、直辖市）；SI 为服务业创新水平。

本书的研究时间段为 2000～2012 年，影响因素研究时则以 2012 年的截面数据为例。研究范围为中国大陆除了港澳台之外的 31 个省（自治区、直辖市）。数据来源于 2001～2012 年《中国统计年鉴》《中国科技统计年鉴》《中国第三产业统计年鉴》，以及各省市统计年鉴、《中国信息年鉴》《中国市场化指数——各地区市场化相对进程报告》。

二、服务业创新水平的时空演变分析

（一）服务业创新水平的地区差异分析

采用因子分析对服务业创新进行测量，*KMO* 均在 0.7 以上，表明适合做因子分析。而且，巴特莱特球体检验能通过 0.0001 的显著性水平，表明各指标的独立性假设不成立。通过计算公共因子与对应方差贡献率的乘积之和，再乘以 100，得出我国 2000～2012 年 31 个省（自治区、直辖市）的服务业创新水平得分，并且选取 2000 年、2007 年及 2012 年作为重点研究年份，生成服务业创新水平空间分布图，依据 Jenks 最佳自然断裂法，将服务业创新水平分为四个梯队（图 10-4）。

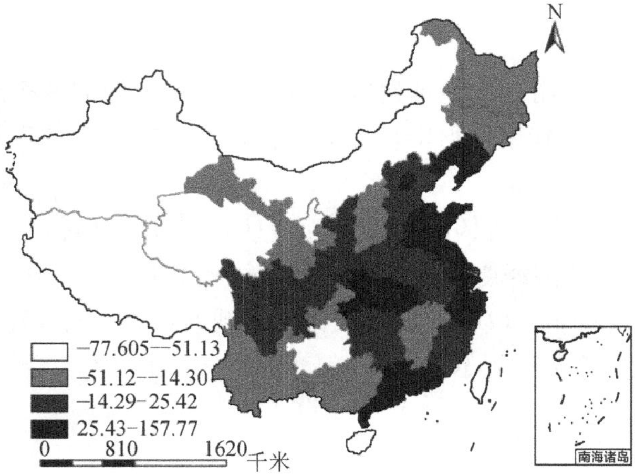

（a） 2000 年

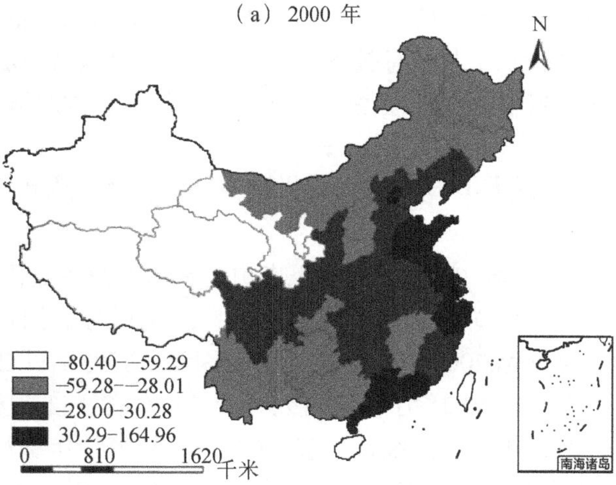

（b） 2007 年

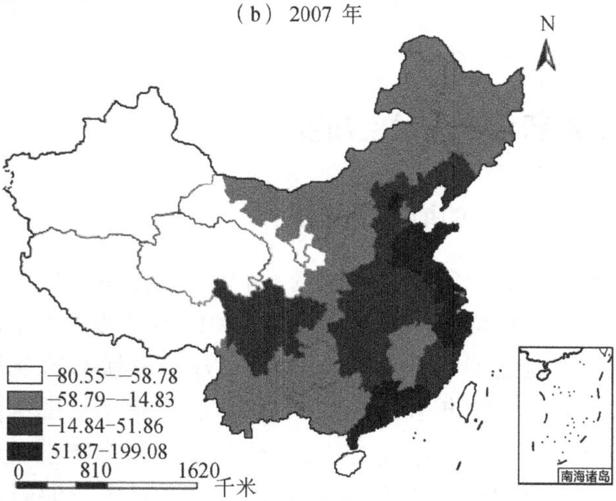

（c） 2012 年

图 10-4 2000 年、2007 年、2012 年服务业创新水平空间分布图

从 2000～2012 年各个地区的服务业创新水平得分有大约 60%为负数，说明我国整体服务业创新水平还较低，大多数地区还处于全国平均水平之下，服务业创新能力还有待提高。图 10-4 显示出我国各个省（自治区、直辖市）的服务业创新水平在空间上并不一致，水平有高有低，得分差距较大，东部的服务业创新水平得分远远高于中西部[①]，服务业创新主要集中在经济发达的东部地区，如北京、山东、江苏、浙江、广州等地。总体上呈现出由东向西递减的格局，这与原小能（2012）得出的“东部高、中部中、西部低”结论相近。东部地区改革开放较早，基础设施、政府支持力度以及服务业人员素质也大大超过其他地区，使得其服务业创新水平也领先于中西部。

随着时间的推移，各个省（自治区、直辖市）的服务业创新水平得分排序虽然略有差异，但是总体上的变动不大。在 2000 年，位于第一梯队的地区有东部沿海的广东、北京、辽宁、浙江、江苏、上海、山东和中部地区的湖北；第二梯队的有东部的福建、河北，中西部的河南、陕西、安徽、四川、湖南；第三梯队的地区包括黑龙江、吉林、山西、甘肃、云南、广西、江西、重庆；而内蒙古、新疆、西藏、青海、贵州、宁夏，海南则处于第四梯队。到了 2007 年，河南上升到第一梯队，而辽宁退居二线，甘肃下降到第四梯队，内蒙古上升到第三梯队，其余地区的相对位置并无大变化。2012 年服务业创新水平的空间格局相对稳定，呈现出与 2007 年一致的空间分布特征，只有陕西的水平相对下降了。并且，2012 年的极差最大，这也说明地区服务业创新水平的绝对差距在不断扩大。

（二）探索性空间数据分析

1．全局自相关分析

利用各地区的服务业创新水平得分计算出 2000～2012 年我国省域服务业创新水平的莫兰指数，发现 2000～2012 年所有的莫兰指数都大于 0，且大多数能通过 5%的显著性检验（表 10-7），这表明我国省域服务业创新水平在研究区间内存在空间正相关关系，具有显著的空间依赖性和聚集特征。总体上，莫兰指数虽然有波动，但是呈现出上升趋势。这表明，我国省域服务业创新水平较高或者较低的区域在空间上的集聚状态不断加强，即高水平的地区趋于向高水平的地区靠拢，低水平的地区趋于向低水平的地区靠拢。同时也说明，服务业创新水平的总体差异在不断缩小。

---

① 东部地区包括北京、天津、河北、辽宁、上海、江苏、浙江、福建、山东、广东、广西、海南（12 个）；中部地区包括山西、内蒙、吉林、黑龙江、江西、安徽、河南、湖北、湖南（9 个）；西部地区包括重庆、四川、贵州、云南、陕西、宁夏、青海、甘肃、新疆、西藏（10 个）。

表 10-7 中国 2000～2012 年服务业创新水平莫兰指数及其显著性

年份	服务业创新	P 值	Std.
2000	0.117 9	0.024	0.073
2001	0.099	0.052	0.074
2002	0.085	0.056	0.074
2003	0.125	0.001	0.071
2004	0.129	0.003	0.073
2005	0.133 5	0.040	0.078
2006	0.171	0.012	0.075
2007	0.149	0.016	0.072
2008	0.161	0.016	0.071
2009	0.166	0.018	0.073
2010	0.169	0.026	0.079
2011	0.267 5	0.012	0.112 8
2012	0.285 1	0.007	0.110 2

然而，全局自相关分析有着较大的局限性，只能反应整体上的聚集或分散程度。由于莫兰指数是正负相关相互抵消后所得到的数值，若某省的服务业创新水平呈现空间正相关关系，另一省市呈现出负相关关系，二者相互抵消后，可能出现不存在空间相关性的结果。为了更好地研究服务业创新水平的空间差异状况，本书对服务业创新进行局部自相关分析。

2．局部自相关分析

为了进一步识别各省域服务业创新水平的局部特征，利用莫兰散点图和 LISA 集聚图进行了局部自相关分析（图 10-5）。从散点图可以发现，2000 年、2007 年及 2012 年分别有 16 个、18 个、22 个地区位于“典型区域”，即 HH 和 LL 象限。在这三个研究年份里，上海、江苏、浙江、山东和河南这 5 个地区一直位于 HH 区，空间集聚特征明显，说明这些地区的服务业创新水平较高并且带动了周边地区服务业创新水平的提高。LL 区域则表现出服务业创新水平较低的区域被同样较低的区域包围的低低集聚特征，从 2000 年的 6 个地区增加到 2012 年的 14 个地区，说明服务业创新水平低的省市自治区的数量呈现上升趋势。其中新疆、云南、西藏、甘肃和青海这 5 个地区一直处于 LL 区域，服务业创新水平较低且与周边相似的低水平区域连成片。

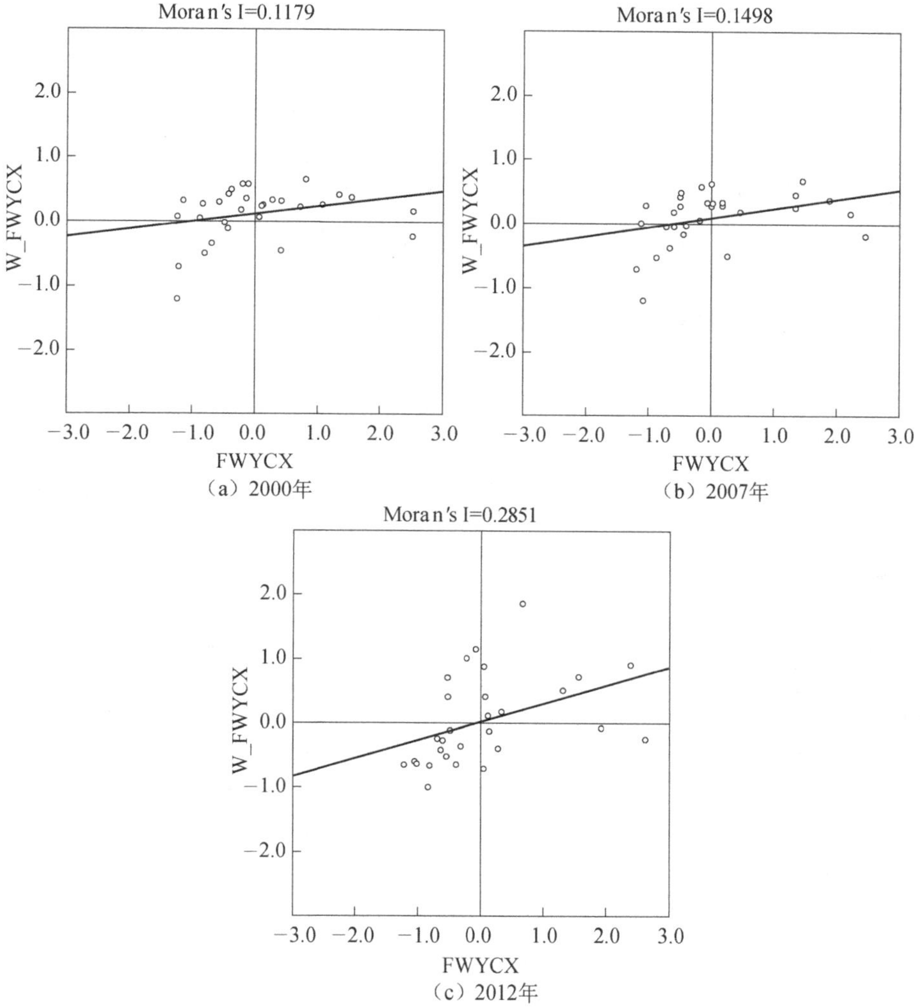

图 10-5　2000 年、2007 年、2012 年中国省域服务业创新水平莫兰散点图

在这三个研究年份里分别有 15 个、13 个与 9 个地区位于“非典型区域”，即第二（底高）与第四（高低）区域，呈现出负的空间相关性。低值被高值包围的省（自治区、直辖市）由 2000 年的 12 个减少到 2012 年的 4 个，说明服务业创新水平比周边低的地区数目在减少。四川和广东在这三个年份里一直位于高值被低值包围的 HL 区域，尤其是四川省，一直表现出显著的高低聚集状态，说明这两个地区的服务业创新水平一直高于周边地区，但是对于周边地区的辐射作用不强。陕西由 2000 年的 HH 区到 2007 的 LH 区和 2012 年的 LL 区，说明与周边地区相比，陕西的服务业创新水平下降了。而河北则由 2000 年的 LH 区进入到 2012 年的 HH 区，表明其服务业创新水平相对提高了。

东部服务业创新具有较强的空间依赖性，与邻近省份的创新增长相互影响，但是这种影响对中部以及西部的扩散效应不足，甚至呈现出东部地区服务业创新水平越来越高，而中西部地区更加落后的“马太效应”。东部地区服务业创新水平对于中西部地区虽然具有一定的积极作用，但是这种作用具有地域性，随着空间距离的增加而衰减。省份的邻近性虽然有利于创新水平的相互交流，使得高水平地区促进低水平地区的发展，但是如果希望通过这种集聚效应促进落后地区服务业创新水平提高，需要考虑到地理空间因素的影响。

三、服务业创新空间差异的动力机制分析

为研究各个因素对服务业创新影响的空间差异性，进行地理加权回归模型的拟合，见式（10-2）和式（10-3）。该模型可以分析各个地区及各个因素对服务业创新水平影响的差异性。结果揭示各地区的拟合决定系数在 0.9 以上，说明拟合效果较好。各个地区的参数估计值均不同（表 10-8），说明各因素对服务业创新的影响具有空间非平稳性。

表 10-8　服务业创新影响因素的地理加权回归结果

地区	R^2	INDUS	URBAN	EO	ICT	MARKE	INSTIT	HC
北京	0.940 56	2.854 15	−7.639 81	3.752 01	6.254 10	1.318 09	−1.431 14	2.810 24
天津	0.930 56	2.854 86	−7.639 15	3.751 61	6.253 21	1.318 81	−1.431 80	2.810 08
河北	0.941 16	2.864 84	−7.629 37	3.762 38	6.263 81	1.328 86	−1.421 12	2.820 79
山西	0.942 56	2.854 52	−7.640 99	3.752 66	6.251 48	1.319 00	−1.432 21	2.811 59
内蒙古	0.931 50	2.849 17	−7.644 31	3.751 48	6.256 11	1.313 00	−1.430 35	2.808 60
辽宁	0.940 56	2.854 87	−7.637 51	3.750 70	6.255 45	1.318 27	−1.431 05	2.808 56
吉林	0.940 00	2.862 60	−7.628 43	3.758 79	6.266 56	1.325 54	−1.421 37	2.815 92
黑龙江	0.914 30	2.852 03	−7.637 71	3.750 94	6.262 46	1.314 55	−1.427 27	2.806 90
上海	0.940 57	2.861 13	−7.634 11	3.749 49	6.245 53	1.325 42	−1.436 80	2.810 22
江苏	0.940 57	2.858 98	−7.636 25	3.749 81	6.246 72	1.323 29	−1.436 04	2.810 05
浙江	0.918 03	2.858 82	−7.637 29	3.746 32	6.240 19	1.323 39	−1.441 11	2.807 65
安徽	0.940 57	2.859 07	−7.636 99	3.750 22	6.245 44	1.323 67	−1.436 51	2.810 80
福建	0.946 84	2.863 89	−7.633 59	3.750 13	6.240 62	1.328 91	−1.439 06	2.812 38
江西	0.940 57	2.861 07	−7.636 54	3.749 87	6.240 97	1.326 16	−1.439 02	2.811 68
山东	0.939 32	2.857 99	−7.636 65	3.752 11	6.251 44	1.322 13	−1.432 48	2.811 41
河南	0.940 57	2.856 91	−7.639 38	3.751 65	6.247 63	1.321 61	−1.434 69	2.811 63
湖北	0.932 36	2.849 91	−7.647 52	3.743 33	6.236 45	1.314 98	−1.444 52	2.804 13
湖南	0.940 57	2.859 84	−7.638 71	3.751 14	6.241 09	1.325 26	−1.438 36	2.812 90
广东	0.932 37	2.854 59	−7.644 84	3.741 63	6.228 23	1.320 27	−1.449 62	2.804 66
广西	0.940 58	2.860 94	−7.639 43	3.751 49	6.237 26	1.326 97	−1.440 19	2.814 29

续表

地区	R^2	INDUS	URBAN	EO	ICT	MARKE	INSTIT	HC
海南	0.922 22	2.845 58	−7.656 04	3.732 01	6.213 70	1.311 98	−1.461 80	2.796 23
重庆	0.940 57	2.857 22	−7.641 42	3.752 77	6.244 00	1.322 72	−1.436 07	2.813 73
四川	0.922 21	2.836 80	−7.662 67	3.736 12	6.226 85	1.302 62	−1.452 99	2.796 75
贵州	0.940 57	2.858 62	−7.641 23	3.752 60	6.240 67	1.324 51	−1.437 89	2.814 47
云南	0.936 72	2.853 73	−7.647 84	3.750 32	6.235 62	1.320 22	−1.441 63	2.812 51
西藏	0.940 57	2.849 13	−7.652 29	3.759 20	6.249 49	1.315 70	−1.430 18	2.818 65
陕西	0.936 70	2.850 96	−7.645 93	3.749 38	6.245 36	1.315 90	−1.436 98	2.808 93
甘肃	0.940 56	2.851 06	−7.646 37	3.755 81	6.252 81	1.316 24	−1.430 03	2.814 37
青海	0.949 66	2.859 31	−7.639 61	3.766 26	6.260 82	1.325 01	−1.420 87	2.825 11
宁夏	0.940 56	2.852 90	−7.643 85	3.754 33	6.251 64	1.317 82	−1.431 34	2.813 21
新疆	0.949 65	2.852 89	−7.645 61	3.769 90	6.268 83	1.318 56	−1.414 97	2.826 56

研究发现，信息技术对服务业创新的推动作用较大，当信息技术水平每提高 1 个百分点，将会促进服务业创新水平提升约 6.2 个百分点，是服务业创新发展的第一推动力量。信息技术对黑龙江、吉林、青海、新疆、河北的服务业创新影响较大，内蒙古、山西、甘肃、宁夏、山东等地次之，紧跟其后的有西藏、陕西、重庆、安徽、江苏、河南，而对广东、海南、四川的影响较小。总体上，估计系数形成了由北向南不断递减的空间特征。

工业化对服务业创新水平有着正向促进的作用，当工业化每增长 1%，服务业创新水平将增长约 2.83%～2.86%。工业化对上海、广西、福建、江西、河北、吉林的服务业创新的影响最大，紧跟其后的是对长三角一带、湖北、湖南、重庆、云南、贵州的影响，对四川的影响较小，影响程度形成了由东向西递减的阶梯状。各地处于工业化进程的不同阶段，东部沿海地区的工业化水平较高，正迈进工业化后期阶段，对服务业有着较大的需求和较高的要求，促使服务业进行不断创新。西部落后地区刚步入工业化初期阶段，工业化对服务业创新的基础带动作用较小。

市场化水平对服务业创新具有推动作用，估计系数在 1.30～1.32 浮动，形成了以东南为核心，不断向外扩散的圈层。其中，市场化对吉林、河北、福建、江西、湖南等地的正向影响最大。由于西部地区的市场透明度不高，监督机制不完善等原因，市场化水平对新疆、四川、西藏、甘肃等欠发达地区的服务业创新影响较小。

人力资本对服务业创新的正向影响大于市场化，影响系数在 2.7～2.8，形成由西部向东部不断递减的阶梯状，对西部地区的新疆、西藏、甘肃、青海、云南、贵州等影响较大，而对黑龙江、内蒙古、河南、吉林等的影响较小。

当对外开放程度每提高 1%，服务业创新水平将提升约 3.7%，而且对外开放度对西部地区新疆、西藏和青海以及河北、辽宁的积极促进作用较高，广东、福建、浙江、江苏等地的影响最小，总体上形成由西北向东南递减的明显地带差异。对于东部地区来说，虽然改革开放时间较早，对外开放程度一直都较高，但是对服务业创新水平的支持作用越来越小了，出现了边际递减效应的现象。在东部沿海地区，由于存在过于激烈的竞争，造成对外开放程度促进服务业创新的过程中出现挤出效应。对于西部地区来说，由于历史及地缘的关系，对外开放时间短且程度低，因此对外开放程度提高对于当地服务业创新水平提高有着很大的潜在推动作用。

城镇化水平的估计结果与预期相反，与服务业创新产生负相关。当城镇化每提高 1%，服务业创新水平将下降约 7.6%。城镇化对大片西部地区的负向影响最大，并向东部逐渐递减，东部沿海的不利影响较小。在西部大开发和中部崛起中，城市化水平迅速提升，并且承接了东部地区的部分产业的转移，工业化发展加速，但是，服务业创新水平提升的速度远远滞后于城市化水平，因此表现出两者之间负相关的关系。尽管城市化能为服务业创新提供良好的环境，如经济规模、人口集聚、生产条件和基础设施条件等，但在东部发达地区，由于城市发展到了一定的规模，出现了交通阻塞、环境污染、地价上升、公共费用提高等问题，使得集聚不经济，以及城市和集聚大规模发展所带来的“模仿驱逐创新”的“柠檬市场”，大大降低服务创新的积极性，进而影响了服务业创新。

结合地区的实际情况，许多地方政府在政绩考核下，通过提高城镇人口百分比、扩张城市的空间规模，而实质上并没有提升人均服务消费规模或高端服务消费需求能力，大多数服务业还停留在初级发展的水平，技术含量和创新水平低。而且，许多地区没有随着城镇化的进程及时调整服务业发展导向，引导服务创新与发展，且部分发达地区城镇化带来的社会经济问题阻碍了服务业创新的进一步发展，因而出现了城镇化水平“虚高”，服务业创新水平滞后的现象。

体制创新对服务业创新有负的贡献作用，尤其是对东部沿海地区的广东、广西、福建、浙江等地负向影响较大，而对东北三省、河北、青海、新疆的负面影响较小。对于东部地区来讲，可能体制创新过程中滋生了许多问题，如结构问题、经营分散、制度灰色空间等，服务业市场上仍然存在较强的政府主导作用，如整个金融市场的国有垄断成分较大。而由于不断凸显的问题，服务业创新受到制度因素的阻碍。

四、结论

利用因子分析测算了我国 31 个省（自治区、直辖市）的服务业创新水平，并运用探索性空间数据分析法研究我国省域服务业创新水平的空间特征及聚集模式，并深入研究服务业创新水平的影响因素及其地区差异性，得出以下结论：

第一，我国服务业创新水平整体低，地区差距较大，区域发展不平衡，总体上呈现出由东向西递减的“核心—边缘”结构。服务业创新水平存在着空间正相关性和聚集性，并与经济发展水平有着较大的关联性。从我国东中西三大地带比较看，东部沿海地区服务业创新水平较高，大多数地区均位于高-高集聚区域；中部地区的服务业创新水平居于中间位置；而西部地区大部分省区的服务业创新水平较低，位于低-低集聚区域。在服务业创新空间格局分布中比较突出的是，四川与广东的服务业创新水平一直是位于被低值包围的高-低集聚区域，虽然自身服务业创新水平高于周边其他地区，但对于周边省区的带动辐射作用不强。

第二，信息技术、工业化、对外开放、人力资本、市场化对服务业创新产生正向的促进作用；其中，信息技术的推动作用最大，对外开放度则是第二推动力量，表明了积极推动经济外向型发展，实施新的信息化发展战略，全面提升各省区、尤其是中西部省区的综合信息化水平，是提升各省区服务业创新能力的重要突破口。然而，基于户籍制度的“虚高”城镇化和国有经济主导的体制创新滞后对我国各地的服务业创新能力产生不同程度的负向影响。可以发现，地区服务业创新水平受到多个因素的综合影响，在抓住重要影响因素的同时，也要重视其他影响因素，多管齐下，共同推进服务业创新的发展。忽视任何一个或几个影响因素都会形成“短板效应”，制约服务业创新水平的提高。研究也揭示，各因素对服务业创新水平的影响也存在空间差异性，信息技术对服务业创新的影响由北向南递减，对外开放程度与人力资本对服务业创新的影响形成了由西北向东南递减的明显地带差异，市场化和工业化的影响程度则形成了以东南为核心，不断向外扩散的圈层。因此，地方政府应根据自身服务业发展水平与创新能力及存在的问题，因地制宜，制定相关政策，推动服务业发展、促进服务业创新。

第三，地理加权回归在嵌入空间地理位置因素后，较好地揭示出影响因素在地区之间的差异性，对空间常系数模型进行了补充和完善。值得注意的是，虽然本研究的结论具有一定的代表性，在一定程度上反映了我国各地服务业创新水平及空间差异。但由于受到数据可得性的制约，指标的选取不够全面，使得研究结果存在一定的局限性，这也是后续研究需要解决的问题。

第五节　本 章 小 结

本章围绕服务业创新的概念、类型，服务业创新的空间效应及其空间格局进行了理论探讨和实证应用研究。结合国内外相关研究，服务创新是企业或组织为了获得商业利益或社会利益而有针对性地改进产品或服务的过程；而服务业创新是指基于服务型企业或服务活动的创新而带来整个行业的业态创新、组织结构变化、生产效率提升等动态过程。

研究表明，服务创新的内涵及特征和服务本身的特征一样，具有“无形性”“生产与消费的同时性”“不可储存性”“创新的多样性”“创新的顾客导向性”等特点。服务创新可以分为产品创新、过程创新、组织创新、市场创新、技术创新、传递创新、重组创新、专门化创新、形式化创新等类型。国内外关于服务创新理论的研究主要三种流派：技术导向流派、服务导向流派和制造服务融合流派。关于服务创新的模型，主要有 Bilderbeek 提出的四维度模型、欧洲 SI4S 项目小组提出五种模型、Sundbo 和 Gallouj 提出的六种模型。

研究表明，信息技术能促进服务创新；IT 是影响服务创新的最重要因素；信息技术对知识密集型服务业创新的影响比对其他服务业影响更为明显；信息技术全面提升服务创新的强度和广度，增大空间扩展的范围。从空间层面看，信息技术与服务业创新在空间上存在密切的关联，形成俱乐部内趋同、俱乐部外趋异现象。

知识密集型服务业（KIBS）创新成为西方 20 年来的研究热点。但如何有效测度 KIBS 创新是一个难题。国内外学者尝试从不同角度构建服务业创新的评价指标体系，通过服务企业问卷调查或利用二手统计数据，运用定量方法加以测度和评价。由于缺乏统一的评价指标，难以进行区域间服务业创新水平的比较研究。

KIBS 在创新系统中扮演着重要角色。在 KIBS 企业和客户互动中，KIBS 产品和服务包含大量隐性知识，具有知识生产和扩散作用。由于区位、规模经济和社会网络、知识扩散等原因，创新活动一般存在空间集聚效应。企业嵌入一个垂直和水平的密集网络，在互动学习和系统性创新的过程形成强大的地方创新网络，产生创新扩散效应，使创新活动存在显著的空间依赖性，形成区域创新系统。

研究表明，KIBS 倾向于在大都市的中心区和城市群集聚，成为区域经济增长的关键动力。信息技术加速了 KIBS 企业的协同创新，形成信息技术集成创新平台，并促进了信息产业、KIBS 企业、高新技术产业、研发机构、政府机构等的融合与创新，从而形成 KIBS 创新集群。KIBS 集群的形成和发展壮大，通过创新价值链延伸，带动相关产业集聚，并逐步推动区域产业结构的优化升级，推动区域经济的发展。反过来，KIBS 创新也依赖于区域经济环境。

本章最后，对我国 31 个省（自治区、直辖市）2000～2012 年服务业创新水平的空间格局及其动力机制进行了实证研究。结果表明：我国服务业创新水平整体较低，地区差距大，总体上呈现出从东部向西部逐步递减的“核心—边缘”结构，空间正相关性和聚集特征明显。信息技术、工业化、对外开放、人力资本、市场化对服务业创新存在正向的促进作用，而城市化和体制创新对我国各地服务业创新产生不同程度的负向影响。各因素对服务业创新的影响也存在地区差异，信息技术对服务业创新的影响由北向南递减，对外开放程度与人力资本则形成由西北向东南递减的地带差异，而市场化和工业化的影响程度形成了以东南为核心，不断向外扩散的圈层。

参考文献

蔡平. 2009. 服务业创新影响因素的实证研究. 中国流通经济，（8）：13-16.

蔡荣海，罗晖. 2006. 服务业创新是未来经济增长的希望所在——对经合组织《提高服务部门的绩效》报告的评述. 中国软科学，（8）：154-157.

陈劲，陈钰芬. 2004. 赢在服务创新. 北京：机械工业出版社.

陈劲. 2008. 知识密集型服务业创新的评价指标体系. 学术月刊，（4）：66-68.

陈凯. 2006. 中国服务业内部结构变动的影响因素分析. 财贸经济，（10）：53-58.

樊纲，王小鲁，朱恒鹏. 2006. 中国市场化指数——各省区市场化相对进程 2006 年度报告. 北京：经济科学出版社.

方远平，谢蔓，林彰平. 2013. 信息技术对服务业创新影响的空间计量分析. 地理学报，68（8）：1119-1130.

郭丕斌，许慧，周喜君. 2011. 知识密集型服务业创新影响因素研究. 技术经济，30（12）：18-23.

黄舒雯. 2010. 我国保险公司创新能力评价体系研究及应用. 硕士学位论文.

江小涓，李辉. 2004. 服务业与中国经济：相关性和加快增长的潜力. 经济研究，（1）：4-15.

江小涓. 2008. 服务外包：合约形态变革及其理论蕴意——人力资本市场配置与劳务活动企业配置的统一. 经济研究，（7）：4-10.

李春成，马虎兆，和金生. 2008. 区域服务业创新影响因素的实证分析——以天津市为例. 中国科技论坛，（9）：46-50.

李刚，余倩. 2004. 浅析服务业服务创新. 商业研究，4：179-181.

李文秀，夏杰长. 2010. 自主创新推动服务业成长：机制、效应与实现路径. 财贸经济，（12）：120-126.

李习保. 2007. 区域创新环境对创新活动效率影响的实证研究. 数量经济技术经济研究，（8）：13-24.

梁学成. 2011. 转变服务业经济发展方式视域下的服务创新体系研究. 中国软科学，（S1）：76-83.

廖毅敏. 2011. 信息通信技术应用与生产性服务业的创新发展. 中国信息界，（8）：11-15.

蔺雷，吴贵生. 2007. 服务创新. 2 版. 北京：清华大学出版社.

刘建兵，柳卸林. 2009. 服务业创新体系研究. 北京：科学出版社.

刘顺忠. 2004. 对创新系统中 KIBS 的功能研究. 科学学与科学技术管理，（6）：71-76.

潘雄锋，张维维. 2013. 基于空间效应视角的中国区域创新收敛性分析. 管理工程学报，27（1）：63-67.

齐秀辉，张铁男，武志勇. 2011. 中国经济增长与财政科技拨款，R&D 经费支出的协整检验. 统计与决策，（4）：118-120.

申静，张亮. 2009. 中国国有商业银行服务创新的评价. 技术经济，28（4）：18-20.

申静. 2006. 知识型服务业的服务创新. 北京：北京图书馆出版社.

孙友霞，熊励，韩昌玲. 2010. 我国知识密集型服务业创新能力实证研究. 科技进步与对策，27（12）：67-72.

王毅，王良元. 2006. 服务创新：电信企业转型的选择. 南京邮电大学学报（社会科学版），8（3）：14-18.

魏江,胡胜蓉.2007.知识密集型服务业创新范式.北京：科学出版社.

魏江，沈璞. 2006. 知识密集型服务业创新范式初探. 科研管理，27（1）：70-74.

辛枫冬. 2010. 知识密集型服务企业服务创新能力的模糊综合评价. 西北农林科技大学学报（社会科学版），10（4）：73-78.

许庆瑞，吕飞. 2003. 服务创新初探. 科学学与科学技术管理，（3）：34-37.

原小能. 2012. 中国地区服务业创新能力评价. 北京理工大学学报（社会科学版），14（3）：44-50.

张晶敏. 2012. 现代服务企业的服务创新. 大连：东北财经大学出版社.

赵炎，周文. 2009. 基于粗糙集理论的知识密集型服务业集群创新能力评价研究. 软科学，23（4）：46-49.

周德发，张翊. 2012. 服务业创新能力评价——基于广东数据的经验分析. 经济问题，（1）：39-42.

周振华. 2005. 现代服务业发展：基础条件及其构建. 上海经济研究，（9）：21-29.

Agarwal S，Krishna E，Chekitan S D. 2003. Market orientation and performance in service firms：Role of innovation. Journal of Services Marketing，17（1）：68-82.

Andrea L E，Adriano A. 2008. Market incentives，capital reallocation，and the business cycle. Journal of Financial Economics，87（1）：177-199.

Antonelli C. 1998. Localized technological change，new Information technology and the knowledge-based economy：The European evidence. Journal of Evolutionary Economics，8（2）：177-198.

Arundel A，Kanerva M，Cruysen A V，et al. 2007. Innovation Statistics for the European Service Sector. Brussels：Pro Inno Europe Inno Metrics.

Aslesen W H，Isaksen A. 2007. Knowledge intensive business services and urban industrial development. The Service Industries Journal，27（3）：321-338.

Barras R. 1986. Towards a theory of innovation in services. Research Policy，（15）：161-173.

Bilderbeek R，Den Hertog P，Marklund G，et al. 1998. Service innovation：Knowledge Intensive Business Service as co-producers of innovation. The result of SI4S synthesis paper 3.

Blazevic V, Lievens A. 2004. Learning during the new financial service innovation process：Antecedents and performance effects. Journal of Business Research，57（4）：374-391.

Brouwer E，Kleinknecht A. 1997. Measuring the unmeasurable：A country's non-R&D expenditure on product and service innovation. Research Policy，25（8）：1235-1242.

Christensen J F.2003. Innovation, entrepreneurship and industrial dynamics in internet services// Christensen J F，Maskell P. The Industrial Dynamics of the New Digital Economy. Cheltenham：Edward Elgar.

Colin C. Cheng，Dennis Krumwiede. 2012. The role of service innovation in The market orientation——New service performance linkage. Original Research Article Technovation，32：487-497.

Coombs R，Miles I. 2000. Innovation，measurement and services：The new problematic//Metcalfe J S，Miles I. Innovation Systems in the Service Economy. Measurement and Case Study Analysis. Boston：Kluwer Academic Publishers：85-103.

Cruysen A V，Hollanders H. 2008. Are Specific Policies Needed to Stimulate Innovation in Services？Brussels：Pro Inno Europe Inno Metrics.

Den Hertog P. 2000. Knowledge-intensive business services as co-producers of innovation. International Journal of Innovation Management，4：491-528.

Djellal F，Gallouj F. 2000. Innovation Surveys for Service Industries：A Review//Conference on Innovation and Enterprise Creation：Statistics and Indicators. France: Sophia Antipolis.

Djellal F，Gallouj F. 2006. Innovation in care services for the elderly. Service Industries Journal，26（3）：303-327.

Evangelista V R，Savona M. 2003. Innovation，employment and skills in services：Firm and sectoral evidence. Structural Chance and Economic Dynamics，14：449-474.

Fitzsimmons J A，Fitzsimmons M J. 2001. Service Management. 3rd ed. New York：McGaw-Hill.

Gago D，Rubalcaba L. 2007. Innovation and ICT in service firms：Towards a multidimensional approach for impact assessment. Journal of Evolutionary Economics，17（1）：25-44.

Gallouj F，Weinstein O. 1997. Innovation in services. Research Policy，26：537-556.

Gardrey J，Gallouj F. 1998. The provider-customer interface in business and professional services. The Service Industries Journal，18（2）：1-15.

Gretton P，Gali J，Parham D. 2004. The Effects of ICTs and Complementary Innovations on Australian Productivity Growth" in OECD//The Economic Impact of ICT：Measurement，Evidence and Implications. OECD Publishing：105-130.

Gronoroos C. 1990. Service management：A management focus for service competition. International Journal of Service Industry Management，1（1）.

Hitt M A，Bierman L，Shimizu K，et al. 2001. Direct and moderating effects of human capital on strategy and performance in professional service firms：A resource-based perspective. Academy of Management Journal，44（1）：13-28.

Kanerva M，Hollanders H，Arundel A. 2006 Trend Chart Report：Can We Measure and Compare Innovation in Services？Maastricht：MERIT.

Kolko J. 2010. Urbanization，Agglomeration，and Coagglomeration of Service Industries. Chicago：University of Chicago Press：151-180.

Licht G, Moch D .1999. Innovation and information technology in services. Canadian Journal of Economics，32（2）：363–383.

Marklund P. 1997. Environmental policy instruments and competitivenesss——A literature survey. Tax Environmental and Employment，11：97-104.

Matthing J，Kristensson P，Gustafsson A，et al. 2006. Developing successful technology-based services：The issue of identifying and involving innovative users. Journal of Service Marketing，20（5）：288-297.

Metcalfe J S，Mina A. James A. 2005. Emergent innovation systems and the development of the intraocular lens'. Research Policy，34：1283-1304.

Miles I，Kastrinos N，Bilderbeek，et al. 1995. Knowledge-intensive Business Services：Their Role as Users，Carriers and Sources of Innovation. EC：EIMS Publication.

Nonaka I，Takeuchi H. 1995. The Knowledge-Creating Company. How Japanese Companies Create the Dynamics of Innovation. New York：Oxford University Press.

Strambach S. 2001. Innovation processes and the role of knowledge-intensive business services（KIBS）Innovation

Networks，12：53-68.

Sundbo J，Gallouj F. 1998. Innovation as a Loosely Goupled System in Services. SI4S Project Synthesis. Work Package.

Sundbo J. 1996. Development of the service system in a manual service firm：A case study of the Danish ISS. Advances in Service Marketing and Management，5：169-191.

Sundbo J. 1997.Management of innovation in services. The Service Industries Journal，17（3）：432-455.

Toivonen M，Tuominen T. 2009. Emergence of innovations in services. Service Industries Journal，29（7）：887-902.

van Ark B，Broersma L，Den Hertoh P. 2003. Services innovation，performance and policy：Areview. Synthesis Report in the Framework of the Project Structural Informatievoorziening in Diensten（SIID），65-71.

Viitamo E. 2003. Knowledge-intensive services and competitiveness of the forest cluster：The case of Finland. International Institute for Applied System Analysis，52.

Wietze，Elfring. 2002. Realising Innovation in Service. scandinavian Journal of Management，18：157.

Wood P. 2006. Urban development and knowledge-intensive business services：Too many unanswered questions? Growth and Change，37（3）：335-361.

第十一章

创意产业与创意城市

20 世纪后期，以数字化和网络化为特征的信息技术飞速发展，经济增长方式发生变化，知识在经济增长中所占比重逐步加大，与知识相关的产业发展较快，特别是金融服务、文化创意产业、高科技产业和咨询服务业迅速崛起使中国乃至全球步入新经济时代，也就是现在经常提及的创意经济时代。伴随创意经济的蓬勃发展，自英国经济学家汤姆·坎农（Tom Cannon）在“首届世界大城市带高层论坛”上提出“创意城市”的发展模式，以及“联合国全球创意城市联盟”成立后，“创意城市”这一概念不断受到大家的关注，尤其是城市创意产业的异军突起带动了新兴产业集群的发展，推动城市功能的转型与城市空间的重构，使传统的城市从“效率城市”迈向“创意城市”。

第一节 创意与创意产业

一、创意的内涵

创意是对传统的叛逆，它与创新既有相似之处，又存在着本质的区别，到底何谓创意？从语意上看，“创意”即创造意义。英文为 creative，指“有目的地把原料制成新产品”或指“创造出原来不存在或与众不同的事物”。汉语有时把它译成“创造”，当它指“创造出某种意义”时，汉语就译为“创意”。“创意”一词在中国传统语言中，有“创造意义”的含义，多指文章的创作。东汉王充《论衡·超奇》篇：“孔子得史记以作《春秋》，及其立义创意，褒贬赏诛，不复因史记者，眇思自出於胸中也。”

从本质上说，创意是开辟新思路，是打破常规的哲学。创意有名词和动词之分，名词是指存在于人类大脑中的一种高级思维活动，这种思维活动过程颠覆了传统，打破了常规，其结果是提出了具有新颖性和创造性的想法与构思。也正是因为有创意的存在，促使人们生活方式发生了巨大变革，推动了人类社会不断向前发展，使人类世界变得美丽缤纷、丰富多彩。作为动词，创意通常被理解为创意活动，指根据新颖和创造性的想法与构思，而创造出全新的、且富含价值的无形或有形资产的活动。要指出的是，创意活动不仅仅指活动本身，还包含了进行活动时所想到的新点子，以及解决问题的新方式等，这些方式、方法是在此之前没有人使用过的，因此，会让人有种眼前一亮，耳目一新之感。总而言之，创意的实质就是通过思维的碰撞、智慧的对接，产生具有新颖性和创造性的想法，让人们产生共鸣。

然而，被称为“创意”的这种人类大脑高级思维活动并非无源之水，无本之木，它来源于人类认识和改造自然界的实践，是人类智慧和经验积累的成果与结晶。创意最大的特点在于，它不为少数天才的“专利”，而是人人有之，若将创意过分神化，反而不利于人们创意思维的培养与发挥。创意是存在于人类大脑中的一种高级思维活动，它是平民化的，大众化的。也正是由于创意大众化的特性，使得人力资源得到最大程度的利用，为发展中国家赶超发达国家提供了可能。在创意经济时代，存在于各人大脑中的创意通过与高新技术结合，成为经济发展的驱动力。它向世人表明，经济发展不再是“少数人”的责任，应该拓宽参与面，让更多人加入其中。

创意的呈现通常是由创意思维所引领的，英国社会活动家、社会心理学家、教育家格雷厄姆·沃拉斯（Graham Wallas）指出创意思维包括准备、沉思、灵感闪现、验证或者修改等四个步骤。在准备阶段，人们会有意识地研究某项任务，并且通常首先采用常规方法按部就班地着手解决。沉思阶段，也是较“神秘”的一个阶段，当常规的方法不能够解决某项任务时，人们就会进入沉思，此时，他的思维方式将不同于之前，其意识和潜意识会以某种不可知的方式和方法对问题进行重新审视与思索。下一个阶段被称为灵感闪现，即以新的思维方式思考和审视问题之后，突然间，灵光一闪，人们找到了一个新的综合推理过程，这就是灵感闪现。验证或修改阶段，包括前几个阶段之后的所有工作，也有一定程度的反复，先将灵感闪现阶段得到的新综合推理过程应用于问题，如果问题得到解决，整个过程即宣告结束，如果问题还是解决不了，则要再重复步骤二、三。根据格雷厄姆·沃拉斯的描述，如今人们所从事的工作或多或少都带有一点创意成分。

目前为止，理论界关于“创意”还没有公认一致的解释。查尔斯·兰德利（Landry，2002）认为创意是一种工具，利用这种工具可以极尽可能挖掘潜力，创造价值，同时，他把创意解释为对一件事情做出正确的判断，然后在给定的情况下寻找一种合适的解决方法。布兰奇尼（Bianchini and Parkinson，1993）认为创意即全新地思考问题，是一种实验，一种原创力，一种重写规则的能力。佛罗里达（Florida，2002）认为“创意”是对原有数据、感觉或者物质进行加工处理，生成新而有用的东西的能力。霍斯伯斯（Hospers，2003）则认为，创意的本质就是利用原创方法去解决每天出现的问题与挑战的能力。基于此，一个好的创意应该具有新（新颖）、先（先进）、实（实际）、奇（奇特）、简（简单）“五字标准”。

一般而言，“创意”是平常所说的“点子”“主意”或“想法”。它源于个人创造力、技能和才华。综上而言，创意可定义为是人类经历的整合，它们可能是简单或者是复杂的；伟大的创意——不管是源自发达国家还是发展中国家——都能够产生巨大的新价值和财富。

二、创意产业

（一）创意产业的内涵

英国政府于 1998 年首次提出了创意产业（creative industry）的概念。20 世纪 80 年代，具备创意特征的一类文化产业，伴随着新的社会消费特征的出现，在普通文化产业中脱颖而出，这就是我们现在所称的“创意产业”。“创意产业”这一专有名词首次发布于 1998 年 11 月的《创意产业路径文件》中，这一文件的发布者是英国媒体文化体育部。“创意产业”的定义也在之后的一份报告中得以给出，即源于个人创造性、技能与才干，通过开发和运用知识产权，具有创造财富和增加就业潜力的产业（Hawkins，2001）。澳大利亚政府在其 1994 年公布的第一份文化政策报告中提出了“创意国家”的思想，成为英国政府成立英国创意产业特别工作小组（creative industries task force，CITF）的直接诱因。换言之，创意产业的概念最早源自 20 世纪 90 年代初的澳大利亚，并于 20 世纪 90 年代末被英国正式提出并推向全球。进入知识经济时代，世界主要发达国家开始利用创意产业作为刺激国内经济发展、塑造国际形象的新途径，进而受到了理论界的追捧。文化经济学家凯夫斯（Caves，2000）认为创意产品具有广义文化、艺术及娱乐等方面的价值，同时基于委托代理视角，研究如何推动创意产业的发展及创意产品的生产与消费。约翰·霍金斯（Hawkins，2001）将创意产业视为由知识产权法的每一部分相对应的产业之总和，这种做法一方面从知识产权视角丰富了创意产业的内涵，另一方面在对创意产业进行明确分类方面起到作用（Florida，2002）。

关于创意产业的起源，我们认为其源于文化产业，但又超越了文化产业的形态，属于一种高端文化产业。创意产业在全球经济转型的背景中崛起，与文化产业紧密相连，在推动经济、社会进步以及增强国家竞争力方面起到不可替代的作用。目前，世界各国对于创意产业的内涵与范畴的界定各有差异，出现了“文化产业、内容产业、版权产业和文化创意产业”等多种说法。受到大多数国家认可的界定主要有三种：一是英国提倡的以“文化为导向”的产业，即在坚持传统文化产业的延续性的同时，强调传统文化产业与新颖想法相结合的产业；二是以澳大利亚、美国为代表的国家，为了弥补国家缺乏悠久历史的缺陷，着重关注科学技术的运用，突出数字内容与应用，提出以“内容为导向”的创意产业；三是以台湾、香港为代表的新兴地区，由于重视文化社会意识作用对整体社会生活水平提高作用，因此提出以“文化和社会大众”为导向的“文化创意产业”。从不同的范畴界定中，我们可以归纳出相同的本质特点：①以创意为产品内容；②利用符号意义创造产品价值；③只是财产权受到保障。见表 11-1。

表 11-1 部分国家（地区）及国际组织对创意产业的定义

国家（地区）/国际组织	创意产业的定义
联合国	结合创意才华和先进技术的一系列基于知识的活动，其产出受知识产权的较大保障。创意产业生产和分销的产品和服务以文本、符号和图像为中心
英国/新西兰/新加坡/日本	源自个人创意、技巧
中国香港	一组经济活动群组，开拓和利用创意、技术及知识产权以生产并分配具有社会及文化意义的产品与服务，更有望成为一个创造财富和就业的生产系统
中国台湾	源自创意或文化积累，透过智慧财产的形成与运用，具有创造财富和就业机会潜力，并促进整体生活环境提升的行业
中国北京	创作、创造、创新为根本手段，以文化内容和创意成果为核心价值，以知识产权实现或消费为交易特征，为社会公众提供文化体验的具有内在联系的行业集群

可以看出，不论是国内还是国外，目前尚未形成一个明确的、被各国普遍接受的关于创意产业的定义。但总的来看，创意产业的概念基本包含以下三个要点：第一，创意产业形成的必要条件是人才及其创造力；第二，创意产业的灵魂是对知识产权的保护，这也是确保创意产业不断发展的必然基础；第三，产业模式层面，创意产业不属于传统的任一产业分类，也不是单一的产业部门；它是可以实现更多财富创造和解决就业的一种产业集群。

（二）创意产业的外延

1. 创意产业的分类

目前国内外有关创意产业的概念有创意产业、文化产业、文化创意产业、感性产业、版权产业等多种。关于创意产业的内容和分类，各个国家并没有一个统一的标准，但是总体来讲都是关注与文化发展、艺术设计等相关产业。欧美国家更注重知识产权方面，而亚洲国家则兼顾文化产品和物质产品两方面的需求。作为一种新兴产业，创意产业目前还没有统一的分类标准或特定的体系，由于各国的国情国策、经济发展水平的差异以及创意产业理论研究深度的不同，创意产业的分类呈现多样化的特点（表 11-2）。

表 11-2 创意产业分类表

名称	国家或地区	分类
创意产业	英国	13 类：广告、建筑、艺术及古董市场、工艺、设计、流行设计与时尚、电影与录像带、休闲软件与游戏、音乐、表演艺术、出版、软件与计算机服务业、广播影视
	新西兰	14 类：广告、建筑、艺术及古董市场、工艺、设计、时装设计、电影录像、互动休闲软件、音乐、表演艺术、出版、摄影、软件及电脑服务、电视与电台
	澳大利亚	6 大类：细项产业类别（出版、出版印刷、其他制造业）；财务产业与商业（音乐商店、其他批发零售交易）；公共管理与国防（建筑服务、广告服务、其他商务资产与商业服务）；社区服务；休闲、个人及其他服务（图书馆等）；其他产业（电影、电视台、电台、现场表演、影院、创意艺术、娱乐等）

续表

名称	国家或地区	分类
创意产业	中国上海	5 大类 38 小类：研发设计（工业设计、工艺美术设计、软件设计、服装设计、产品设计、包装设计、电脑动画设计、广告设计、研究与实验发展等）；建筑设计（工程勘察设计、建筑装饰、室内设计、城市绿化设计等）；文化传媒（文艺创作表演、广播、电视、电影制作、音像制作等 9 个种类行业）；咨询策划（市场调研、证券咨询、会展服务、市场调查等 9 个种类行业）；时尚消费（休闲体育、休闲娱乐、美发及美容设计、婚庆策划、摄影创作、娱乐游戏、旅行等）
文化产业	芬兰	9 类：文学、塑像、建筑、戏剧、舞蹈、影像、电影、工业设计、媒体
	韩国	17 类：影视、广播、音像、游戏、动画、卡通形象、演出、文物、美术、广告、出版印刷、创意性设计、传统工艺品、传统服装、传统食品、多媒体影像软件、网络
	中国内地	9 类：新闻、出版及版权服务、广播电视及电影、文化艺术、网络文化、文化休闲娱乐、文化产品代理、文化用品设备生产、文化用品设备销售
	联合国教科文组织	6 类：印刷、出版、多媒体、视听产品、影视产品、工艺设计
文化创意产业	中国台湾	13 类：视觉艺术、音乐与表演艺术、文化展演设施、工艺、电影、广播电视、出版、广告、设计、时尚设计、建筑设计、创意生活、数字休闲娱乐
	中国香港	14 类：广告、建筑、漫画、设计、时尚设计、出版、电玩、电影、文化艺术、网络文化、文化休闲娱乐、文化产品代理、文化用品设备生产、文化用品设备销售
	中国北京	11 类：新闻服务，出版发行和版权服务，广播、电视、电影服务，文化艺术服务，网络文化服务，文化休闲娱乐服务，其他文化服务，文化用品、设备及相关文化产品的生产，文化用品、设备及相关文化用品的销售，软件及计算机服务，设计策划行业
感性产业	日本	3 类：内容产业、休闲产业、时尚产业
版权产业	美国	4 类：核心版权产业（电影、录音、音乐、图书报纸、软件、戏剧、广告及广播电视）；部分版权产业（纺织品制造业、玩具制造业、建筑业等）；发行类版权产业（书店、图书馆、音像制品连锁店、电影院线、运输服务业等）；版权关联产业（计算机、收音机、电视机等）

资料来源：厉无畏，王如忠. 2005. 创意产业——城市发展的新引擎. 上海：上海社会科学院出版社：299-304

1）英国创意产业的分类

英国政府将创意产业划分为三个门类，分别是产品行业门类、服务行业门类、艺术和工艺行业门类。门类下设 13 个行业和核心活动，见表 11-3。

表 11-3 英国创意产业分类

分类	行业	核心活动
产品行业	电影与录像	电影剧本的创作、制作、分销、展演
	电视与广播	节目制作与配套（频道、销售、资料库），广播（媒体销售与节目单），传送
	出版	原创、书籍出版、杂志出版、报纸出版、数字内容出版
	互动休闲软件	游戏开发、出版、分销、零售
	时尚设计	服装设计、展览用服装的制作、咨询与分销途径
服务行业	音乐	作词与作曲；录音产品的制造、分销与零售；录音产品与作曲的著作权管理、翻录及促销、现场表演（非古典）管理

续表

分类	行业	核心活动
服务行业	建筑	建筑设计、信息制作、计划审批
	设计	设计咨询，环境设计与室内设计，工业零部件设计
	广告	消费者研究，消费者品味与反应识别，客户市场营销计划管理，广告创作，促销，广告资料生产，购买与评估，公关策划，媒体策划
	软件开发	软件开发、软件结构与设计、系统设计与分析、系统软件
艺术和工艺行业	工艺	珠宝与银器、陶瓷、玻璃、金属、纺织品等的创作、生产及演示
	表演艺术	内容原创，戏剧、歌剧、音乐剧、当代舞蹈和芭蕾的现场表演，表演制作，服装设计和制作，旅游，灯光
	艺术与古玩	艺术品古玩交易，纺织原料、女装设计、签名、古玩、金属制品、地图、书籍、装订等零售，包括通过专家现场会、拍卖会、画廊、因特网、百货商店、仓储店、专门店的零售

资料来源：DCMS（2001）

2）美国创意产业的分类

美国将创意产业定义为“生产和分销知识产权的产业”，也就是所谓的“版权产业”。据此定义，创意产业又可分为四大门类，即核心版权产业、部分版权产业、边缘版权产业和交叉版权产业。门类下设具体行业和核心业务见表 11-4。

表 11-4　美国创意产业分类

分类	行业	核心活动及分类编码
核心版权产业	出版与文学	451 运动器材、业务爱好、书籍、音乐商店；511 出版业（除因特网）；519 其他信息服务；541 专业、科学及技术服务
	音乐、剧场制作、歌剧	711 表演艺术、观看赛事及相关产业
	电影与录像	512 电影与声音录制业；532 租赁服务
	广播电视	515 广播（除因特网）
	摄影	541 专业、科学及技术服务
	软件与数据库	443 电子及用具商店；518 因特网服务提供、网页搜索端口及数据处理服务；541 专业、科学及技术服务
	视觉艺术、绘画艺术	711 表演艺术、观看赛事及相关产业
	广告服务	541 专业、科学及技术服务
	版权集中学会	—
部分版权产业		313 纺织厂；314 纺织品加工厂；315 服装生产；337 家具及相关产品生产；339 杂项生产；541 专业、科学及技术服务；712 博物馆、历史名胜及类似机构
边缘版权产业		48-49 交通与仓储；516 网络出版与传播；517 通信
交叉版权产业		333 机械生产；334 计算机及电子产品生产；335 电气设备、用具及零件生产；518 因特网服务提供、网页搜索端口及数据处理服务

资料来源：http：//www/istis. sh. cn/list/list. asp？id=1833. 上海情报服务平台

3）台湾创意产业分类

根据台湾当局对创意产业的定义，可以将其具体分为视觉艺术、广播电视产业、出版产业、设计产业、音乐与表演艺术产业等 13 个门类，具体见表 1-5。

表 11-5　台湾创意产业分类

产业名称	产业说明
视觉艺术产业	雕塑、绘画与其他艺术品的创作、艺术品展览、艺术经纪代理、画廊、艺术品的公正鉴价、艺术品的拍卖零售、艺术品修复等行业
广播电视产业	卫星广播、有线电、无线电等行业
创意生活产业	以创意整合生活产业为核心知识、提供有深度体验与高质美感的产业
设计产业	品牌视觉设计、机构设计、产品外观设计、网页多媒体设计、设计咨询顾问、包装设计、专利与商标设计、原型与模型制作、产品设计企划、流行设计等行业
音乐与表演艺术产业	电影片创作、发行、映演及电影周边产制服务等行业
出版产业	书籍、杂志（期刊）、电脑软件、新闻、录音带、唱片等具有著作权商品发行行业
建筑设计产业	艺术村落、博物馆、美术馆等行业
数字休闲娱乐产业	社会休闲服务、环境生态休闲服务和数位休闲娱乐设备等行业
工艺产业	工艺设计、工艺创作、工艺品鉴定、工艺品展售等行业
设计品牌时尚产业	以设计师为品牌的服饰设计、制造、流通与顾问行业
电影产业	音乐剧及歌剧、喜剧、表演场地、音乐的现场表演及作词、作曲、表演造型设计、表演服装设计与制作、表演设施经营管理、表演舞台灯光设计

资料来源：2005 年台湾文化创意产业发展年报

4）北京创意产业的分类

北京根据其创意产业的实际发展状况，充分借鉴英国、美国等国家，以及我国香港、台湾等地区对创意产业的分类，将创意产业分为文化艺术、软件网络及计算机服务、旅游休闲娱乐等九大门类，见表 11-6。

表 11-6　北京创意产业分类

门类	类别名称	国民经济行业代码
文化艺术	文艺创作、表演及演出场所	9010 文艺创作与表演、9020 艺术表演场馆
	文化保护和文化设施服务	9040 文物及文化保护、9050 博物馆、9060 纪念馆、9031 图书馆、9032 档案馆
	群众文化服务	9070 群众文化服务、9090 其他文化服务
	文化研究与文化社团服务	7550 社会人文科学研究与发展、9621 专业性团体
	文化艺术代理服务	9080 文化艺术经纪代理
新闻出版、广播、电视、电影	新闻服务	8810 新闻业
	书、报、刊出版发行	8821 图书出版、8822 报纸出版、8823 期刊出版、8829 其他出版、2311 书、报、刊印刷、2319 包装装潢及其他印刷、6343 图书批发、6543 图书零售、6344 报刊批发、6544 报刊零售

续表

门类	类别名称	国民经济行业代码
新闻出版、广播、电视、电影	音像及电子出版物出版发行	8824 音像制品出版、8940 音像制作、8825 电子出版物出版、2330 记录媒介的复制、6345 音像制品及电子出版物批发、6545 音像制品及电子出版物零售
	图书及音像制品出租	7321 图书及音像制品出租
	广播、电视服务	8910 广播、8920 电视
	广播、电视传输	6031 有线广播电视传输服务、6032 无线广播电视传输服务、6040 卫星传输服务
	电影服务	8931 电影制作与发行、8932 电影放映
软件、网络及计算机服务	软件服务	6211 基础软件服务、6212 应用软件服务、6290 其他软件服务
	网络服务	6019 其他电信服务、6020 互联网信息服务
	计算机服务	6110 计算机服务系统、6190 其他计算机服务
广告会展	广告服务	7440 广告业
	会展服务	7491 会议及展览服务
艺术品交易	艺术品拍卖服务	6380 贸易经济与代理
	工艺品销售	6346 首饰、工艺品及收藏品批发、6547 工艺美术品及收藏品零售
设计服务	建筑设计	7672 工程勘察设计
	城市规划	7673 规划管理
	其他设计	7690 其他专业技术服务
旅游、休闲娱乐	旅游服务	7480 旅行社、8131 风景名胜区管理、8132 公园管理、8139 其他游览景区管理、8120 城市绿化管理、8012 野生动植物保护
	休闲娱乐服务	8280 摄影扩印服务、9210 室内娱乐活动、9220 游乐园、9230 休闲健身娱乐活动、9290 其他娱乐活动
其他辅助服务	文化用品、设备及相关文化产品的生产	241 文化用品制造、243 乐器制造、2440 玩具制造、245 游艺器材及娱乐用品制造等
	文化用品、设备及相关文化产品的销售	6341 文具用品批发、6541 文具用品零售、6349 其他文具用品批发、6549 其他文化用品零售、6376 通讯及广播电视设备批发等
	文化商务服务	7450 知识产权服务、7499 其他未列明的商务服务

资料来源：《北京市文化创意产业分类标准》

综合以上分类情况，可以看出：一方面，不同国家和地区对于创意产业的分类和界定不尽相同。这给创意产业的相关统计、比较和研究带来诸多不便；另一方面，区域性、本土性和可操作性在各国或地区对创意产业进行分类时表现得很明显。各个国家或地区的创意产业分类标准，都充分考虑了本国或地区创意产业的实际发展情况及发展前景，做到了因地制宜为的是充分体现本国或者本地区创意产业发展的特色以及明确其未来发展方向。

2. 创意产业的特征

依托创意、文化、科技高度融合而成的新兴产业——创意产业，已成为推动各国经济发展的新引擎。创意产业崭露头角，使社会创造财富的形式发生突破性转变：劳动和资本不再是社会生产的主要主体，处于劳动过程外的创意作为生产商品价值的重要因素，将人类无形的创意及文化置于生产链的最前端。在蓬勃发展的进程中，创意产业逐步形成区别于其他产业的特征。作为一种新兴产业，创意产业不但具备传统产业的普遍性特征，如生产性、商品性、营利性和组织性等；同时还有区别于一般产业的特殊性，主要体现在以下几方面：

1）创意性

创意产业最本质的特征就是其独特的创意性。创意作为创意产业的核心要素贯穿于创意产品和服务的开发设计、生产、分配和消费等各环节，延伸至整个产业链。一方面，体现在产品开发、产品设计和产品生产环节的创意是指具有自主知识产权的产品和服务的发现和提出过程，其中以科技创意和文化创意为主。科技创意的产品开发、产品设计和产品生产是指通过新的方法与工艺，实现原有产品和服务的功能结构的改变与升级，实现价值增值。文化创意的产品开发、产品设计和产品生产则体现为通过对情感、观念及品位等内容的改造与创新，带给消费者更为丰满的消费体验。另一方面，创意还体现在产品和服务的经营、推广、销售等各个环节。例如，通过创意的营销手段带给消费者更强烈的共鸣、体验或享受，实现巨大经济效益。可以说，创意产业的创造力和创意本身是构成创意产品和服务的核心要素，是不可仿制和不可替代的。此外，创意真正推动创意经济高速发展，是创意产业的根本性质。

2）高融合性与强关联性

创意产业丰富的内涵与外延决定其具有极强的渗透力和整合力，可以实现跨产业、跨部门发展，实现不同产业或部门之间的高度融合与关联。实际上，创意产业是文化、科技、经济等相互交融的产物，在文化和技术两种核心要素的驱动下，创意产业会沿着各产业价值链进行延伸，实现创意产业内各部门之间、与传统产业之间以及与城市之间的横向或纵向维度的关联，并占据产业价值链的最高端。

首先，创意产业内部关联是指产业内部不同的部门之间在纵向上的联系。创意产业的价值链在纵向上包括内容创意、生产制造、营销推广、分销传播和交换消费五个环节（图 11-1）。创意作为整个价值链上的核心要素会通过自下而上的拓展，以内容创意为出发点，延伸到生产制造、营销推广、分销传播和交换消费等各部门，实现各关联部门之间的竞争与合作，突破原有部门界限，带动整个创意产业的提高。其次，创意产业与传统产业之间的横向关系是指创意产业会把自身的核心要素，即创意无限延伸至其他产品和服务，甚至延伸到生产、销售和消费等过程，使得创意元素与传统元素重新结合，并改变与提高传统产品和服务的共轭结构，推动传统产业向创意产业的趋近。最后，创意产业同城市发展的关系是指创意产业同城市经济与文化等方面的互相融通、互相推动的作用。一方面，工业经济不断向知识经济迈进，城市经济中心正由生产向文化和消费转变，城市建设对生态环境及可持续发展的高度关注，间接地对以知识密集型，具有低能耗、无污染、高增值等特点的创意产业形成强度极大的需求；另一方面，城市的快速扩张也为创意产业的壮大提供必要的条件，使创意产业的形成和发展具备充足的空间和资源。

图 11-1　创意产业基本价值链

3）高增值性

创意不仅是创意产业的根本，还是创造价值的重点。创意的整个过程同时也是实现价值创造的过程。创意产业的高增值性集中体现在价值创造和价值实现两个方面。在价值创造环节，创意通过与传统产业的互融互联，将创意广泛融入传统产品和服务生产的各个环节，形成消费创意、工艺创意和商业创意，赋予传统产品和服务更加丰富的体验，实现价值拓展和价值创造。在价值实现环节，创意产品和服务较之传统产品和服务中的劳动力和资本附加值而言，具有高科技、高文化附加值等特性，可以使消费者得到更高的精神享受和物质享用，即具有更高的效用价值。经济飞速发展，生活水平不断提高，人们的消费观念也从物质消费逐渐转变为文化消费。而创意产品和服务所具有的高科技、高文化附加值等特性可以很好地满足消费者对于品味、情感、观念等的更高层次的要求，从而赋予其更高的附加价值。

4）高风险性

一般而言，高增值则意味着更高的风险。创意产业具有的高风险性具有多重性质。首先，创意过程自身具有高风险性。创意就是思想上的创新，通过具有创新性的思想活动形成富有新意且具有现实价值的行为活动，因此该活动往往应具有一定的目的性和方向性。但同时，创意活动本身作为一种发散式的思维，存在不确定性的特点，在新意和现实价值之间很难进行权衡，一旦该创意在经过前期大量资源投入后无法实现预期目标，则会给创意者和投资者带来巨大的损失。其次，市场需求的不确定性也会增加创意产业的风险。从理性的角度来看，创意的产生应以解决实际问题，满足社会现实需求为目标。但作为一种精神、情感、品味、观念等更多关注精神层面满足感的产品和服务，其在创造之初即面临诸多不确定性因素。创意能否被认同，往往因人、因时、因地而各不相同。如果该创意没有得到某特定消费群体的认同，将带来不可估量的损失。再次，知识溢出效应和创意扩散效应会提高创意产业的风险。创意产业的高关联性决定其不论在空间距离方面，还是市场结构方面，都更有利于知识的外溢。知识的溢出即意味着创意的扩散，这使得创意产业的创意具有显著的短时性特征，当这种创意“过时”后，创意者又不得不开展新一轮的创意之旅。不仅如此，创意创造过程需要大量的时间、精力和资金等成本投入，但成型的创意产品与服务很容易被其他人模仿和复制。因此，在知识产权不被充分保护的条件下，创意产品和服务“开创者”的丰收果实很容易被他人“盗取”，损害创意者收益的同时，更引发“搭便车”出现，给整个创意产业的发展埋下隐患。最后，国际化和区域化竞争带来的风险。随着经济全球化、市场一体化的推进，创意产业在全球范围内面临愈加激烈的竞争，这会让少数发达国家和地区运用创意产业在文化和科技上的优势向欠发达国家和地区进行文化压制和灌输，进一步阻碍或抑制了欠发达国家和地区创意产业的形成和发展，导致其传统文化的进一步弱化和边缘化。

3. 创意产业的生产组织形式

创意产业的发展进程中，其生产组织形式呈现多样性的特点；并且各种生产组织形式之间的界限模糊，具有一定的动态性。从基本的生产单位、生产方式等层面进行划分，可以将创意产业的生产组织大致分为三种，即分散的个体生产、简单协作的集体生产和集中的社会结合生产（表 11-7）。

表 11-7 创意产业生产组织形式

生产组织形式	单位	方式与特点	追求目标
分散的个体生产（低级形态）	具有技巧、才华和创造力的个人	松散孤立，较少关注流通和销售环节	艺术价值至上
简单协作的集体生产（从低级向高级演化的中间形态）	通过分工、协作组成的小团体	简单分工、协作，较有灵活性	经济价值和艺术价值
集中的社会结合生产（高级形态）	大型集团公司	分工深入、精细，专业人士共同合作，通过大规模生产获得经济效益	利益最大化

1）分散的个体生产

分散的个体生产通常是指从事原创和生产的个人，如画家、书法家、作家等。他们通常有个人工作室，而不是从属于某个固定的经济组织，其中大多数从业人员都是自由职业者身份。在这种组织形式中，不需要考虑分工，技术的作用也不显著，更多地依靠艺术家的创意思维和艺术沉淀。同时，在这一形式中，创意和生产是等同的，创意的过程即为生产的过程，反之亦然。需要强调的是，这里所说的“分散”并不是指地域空间的分散，艺术家的办公场所可以彼此相邻，但是他们创作的内容却应该是各自独立的。“分散”指的是这种组织方式从产业链的视角而言是处于松散、孤立的状态，这类分散的个体生产组织形式追求艺术至上而不是追求利益。

2）简单协作的集体生产

简单协作的集体生产通常是指以小团体为单位进行的创作生产，如音乐制作、舞蹈、广告设计等。在这种组织形式中，存在简单的内部分工，技术的作用逐渐凸显。从创意的萌发到创意产品的生产完成需要小型团体内部的共同协作，也形成了一些具有针对性的创意活动市场。这种组织形式的最终产品凝结了大家的集体智慧，根据不同人员的擅长领域初步进行了专业化分工的探索。值得一提的是，这类组织形式不仅追求艺术领域的价值，同时也开始关注经济价值的重要性。

3）集中的社会结合生产

集中的社会结合生产通常是指以大型集团公司出现的组织形式，如影视制作、戏剧、广播、新闻出版、网络游戏等。在集中的社会结合生产组织形式中，专业化分工优势明显，对原创力、技术和知识的要求也越来越高，需要艺术家、各类技术人员和企业家等众多专业人士的共同合作。这种大型企业集团主要目的就是生产能够具有较大增值潜力的创意产品，具有强烈的市场敏锐度，以利益最大化为追求目标。在这一组织形式中，集团内部的从业人员组成了复杂的网络系统，创意产品正是在这种网络中诞生的。创意产业之所以采用集中的社会结合生产组织形式，最根本目的就是通过集结优秀的创意人才，提高创意活动的效率来获取最大的经济效益。换句话说，即为通过大规模生产来获取规模经济，通过不断的批量生产新产品与高效的专业化分工来应对残酷的市场竞争。

（三）世界创意产业的发展态势

随着创意经济时代的到来，创意产业已不再是纸上谈兵，而是能够产生巨大经济效益的直接现实。约翰·霍金斯（Hawkins，2001）在《创意经济》一书中明确指出，创意经济每天创造 220 亿美元的产值，并以每年 5%的速度递增。在一些国家，增长的速度更快，美国达 14%，英国为 12%。创意产业在引领各国、各地区与城市发展的潮流中，显示出强劲的发展态势，产生了空前的经济效益。

目前，无论是发达的欧美国家还是新兴的亚洲国家，都把创意产业作为优势支柱产业，大力发展创意产业作为经济转型的重要途径。各国政府从战略上高度重视，制定促进创意产业发展的政策措施，吸引和培养能力突出的创意从业人才，尽可能地实现创意产业对本国经济的巨大推动作用，创意产业俨然成为全球趋之若鹜的朝阳产业。

1. 创意产业成为推动全球经济增长的新引擎

进入信息化时代，传统制造业的优势逐渐消失，其主导地位亦被取代。而以经济全球化为背景、以信息技术为主导、以知识创新为驱动力的新型创意经济登上时代舞台。这主要得益于其可以融合创意、文化、科技等诸多新兴要素，以及能够减少对土地、能源等的消耗和创造更多的就业机会。在主要的发达国家，创意产业已经取代传统产业，在经济发展中占据重要地位。作为第一个政策性推动创意产业发展的国家，英国 2005 年创意出口达到出口总额的 4.5%，创意产值占 GDP 的 7.3%，且 1997～2005 年保持年均 9%的增长速度，大大高于同期英国传统工业的 2.8%，更是其他产业的三倍以上。尤其进入 21 世纪以来，英国创意产业的发展更是令人惊叹，其产值规模仅次于第一大产业金融服务业，已成为英国的第二大支柱产业。美国虽未产生“创意产业”这一概念，然其版权产业以完整的产业链和成功的品牌策略雄占全球创意市场之首；其产值已占美国国内生产总值的 11%，对国民经济的贡献率超过 43%，成为经济发展的重要推动力之一。而韩国创意产业占其 GDP 的比重则达到 8.7%，是韩国第三大支柱产业。澳大利亚、新加坡、中国香港等国家和地区，创意及相关产业在 21 世纪初已显示出巨大发展潜力（表 11-8）。

表 11-8　主要国家和地区创意产业发展情况

国家或地区	年份	产业增加值	占 GDP 比重/%	就业人数/万人
美国	2002	12 500 亿美元	12	1 147
澳大利亚	2000	192 亿美元	3.3	34.5
英国	2001	1 125 亿英镑	>5	130
新加坡	2000	50 亿美元	3.2	7.9
中国香港	2001	461 亿港元	3.8	—

资料来源：上海市经济委员会，上海创意产业中心. 2005. 创意产业. 上海：上海科学技术文献出版社

2006 年可以说是中国创意产业发展的起始元年，《国家“十一五”时期文化发展规划纲要》首次提出建设文化创意产业中心城市的要求，把文化创意产业园区建设作为发展文化创意产业的重要途径。2009 年，中国又出台了《文化产业振兴规划》，通过设立中国文化产业投资基金，旨在吸引具有雄厚资金实力的大型国有企业加盟（除金融机构），从而推进创意产业投融资进入高速发展通道，中国创意产业的发展迈向了黄金发展时期。

创意产业作为战略新兴产业，各级政府都积极挖掘本土优势资源，在经济、技术、文化及基础设施等方面为创意产业崛起创造有利条件，并不断加速创意产业的规模化发展，推动创意产业集群的形成和进一步壮大。在此背景下，类型多样、功能各异的创意产业基地和园区如同雨后春笋般在各地纷纷涌现，创意产业的集聚化发展在区域经济增长过程中的积极作用逐渐凸显。

2. 创意产业集群发展呈现全球化趋势

全球经济一体化的时代背景以及创意产业的特殊经济属性决定其跨国发展的趋势将越来越明显，并成为各国必须面对的现实。创意产业是一种知识密集型产

业，具有创新性和高增值性等特点，这使得创意产业长期战略规划应突破特定空间区域的局限性，在更广阔的视野内实现思想的交锋、文化的碰撞与创意的推陈出新。在经济全球化背景下，各国在经济、文化等层面的交流越来越密切，国家之间在经济、文化上的界限越来越模糊，必然要求以国际化的视野，面向国际市场制定创意产业的发展战略。

在这种模式下，跨国公司将成为创意产业发展的重要载体和主要组织形式。跨国公司因其雄厚的资金实力、巨大的技术储备等资源优势，可以广泛吸纳来自全球各地的创意思维和创意人才，为创意产业发展提供丰富的文化、技术、品牌和市场等优势资源，在企业发展壮大的同时，通过兼并重组等方式进行优势资源的整合，不仅能够提升创意企业的规模，而且提高了企业的整体竞争力。同时，跨国公司还可以在国家之间、国家与地区之间进行创意产品出口、品牌推广和管理模式输出等业务，推动创意产业迈向更广阔的国际市场。

例如，美国迪士尼公司通过品牌授权经营的方式，在全球共成立了四千多家跨国企业，成为国际市场份额最大的影视游一体化的创意企业，无论是资金实力、企业规模还是品牌效应在世界相关产业中都稳居榜首。另一个典型案例是贝塔斯曼。德国贝塔斯曼集团利用兼并收购等方式整合了各国文化、市场等优势资源，一举成为全球规模最大的商业图书出版集团，在全球范围内拥有数百万会员，是国际市场中媒体行业第三大图书出版集团。

3. 创意产业集聚化发展加剧区域间不平衡

通常，一个国家（或地区）的经济与文化具有协同发展的特点。经济高度发达的区域往往思想较为先进、文化也较为丰富。尤其是经济高速发展的大城市，作为区域经济的中心，能够带动周边相关生产要素的空间集聚，由此形成的集聚区成为该区域的重要增长极。创意产业的发展也多汇聚于这类城市。以美国为例，由于经济的繁荣，文化的多元化，并且拥有纽约、洛杉矶、芝加哥、休斯敦等众多超大城市，形成了各具特色的创意产业集群。

美国洛杉矶是世界电影之都好莱坞所在地，由于创意产业的集聚效应吸引了众多相关产业的企业和从业人员；这里聚集的电影制作与发行的相关企业共有4767家。据统计，每年好莱坞制作的电影占全球放映电影的85%以上，几乎霸占了全球电影市场份额的 80%。而好莱坞实现的电影电视和音乐制作的收入就占到整个行业总收入的65%。

由于区域之间资源禀赋的差异以及市场竞争的结果，创意产业在不同区域的发展必然呈现不均衡的特点。创意产业作为典型的知识密集型产业，对区域的经济发展和文化背景有较高的要求。经济发达地区尤其是大城市恰好可以满足创意产业发展之需。区域经济与创意产业之间相互促进、彼此影响，实现螺旋式增长。换言之，越是经济实力雄厚、文化底蕴深刻的区域，对创意产业的吸引力越强，能带动自身水平的进一步提高；相反，越是经济发展落后，人才和文化等资源匮乏的地区，越难以获得创意企业和创意阶层的青睐，难以摆脱传统产业发展的弊端，从而无法实现经济的跨越式发展。赫希曼曾说过，“在市场力量作用下，‘极化效应’总是居于主导地位”。因此，随着创意产业的不断发展，区域间差异的扩大将成为必然。政府必须出台相关政策，进行人为干预，避免市场自发形成的“极化效应”的消极影响。

第二节 创意产业集群与创意产业园区

一、创意产业集群

在经济全球化和信息化的背景下，区域经济的发展呈现产业空间集聚的态势。作为新兴的创意产业具有较强的产业关联性和融合性特点，决定了创意产业在其发展过程中极易形成集聚效应，有力地促进区域经济竞争能力的提升。

（一）产业集群的概念与特征

1. 产业集群的概念

早期的产业集群被界定为产业区、企业集群、产业簇群、聚集经济等概念。产业集群的概念可以追溯到 19 世纪。早在 1826 年，德国经济学家冯·杜能（Von Thunen）最早将空间引入到经济学领域，提出了最初的产业集群构想，即著名的“杜能圈”。英国新古典经济学家阿尔弗雷德·马歇尔（Alfred Marshall）提出“产业集聚”和“产业区”理论。马歇尔认为如果一个大企业附近集聚了很多中小企业，则这一区域就可以称为“产业区”。在当时产业区这个概念是相对于农业区而言的工业区的概念，因此具有一定的局限性。韦伯（Weber）是最早提出聚集经济概念的学者。聚集经济是指产业的生产活动和非生产性活动，在区域上具有比较明显的集中倾向，并呈现出一种地理性聚集的经济状态。此后，学术界又提出“产业集聚”等概念，更直观地阐释了产业与地理空间的关系，既说明了产业在区域空间上的数量聚集，又揭示其内涵，即分工合作下的集聚产生外部规模经济。

产业集群概念是由哈佛大学教授波特（Porter，1990）在《国家竞争优势》一书中正式提出的。波特把产业集群定义为某一特定领域内相互联系，在地理位置上集中的公司和机构的集合，并认为：产业集群包括一批相互联系的实体和其他组织、销售客户、辅助性制造商，以及提供专业化培训、教育、信息研究和技术支持的政府和其他机构。他同时提出了竞争优势理论，包括四个基本的因素（要素条件，需求条件，相关及支撑产业，企业战略、结构与竞争）和两个附加要素（机遇和政府）。

产业集群是指数量众多的大中小企业在地理空间集聚，并通过协同效用产生巨大规模经济与范围经济效应的新型企业空间组织形态。按集群的产业性质，可以分为四种类型：一是传统产业集群。它以传统的手工制作或劳动密集型产业部门为主，如纺织、玩具、家具、服装、五金制品等行业，大量的中小企业在空间上相互集中，形成一个有机联系的市场组织网络。典型的如意大利米兰服装产业区，中国浙江省慈溪的消费家电集群、诸暨的袜业集群。二是高新技术产业集群。它主要依托本地的高等院校和科研机构的科研力量，发展高新技术产业，企业间密切合作，创新氛围浓厚，如美国的硅谷和印度的班加罗尔软件产业集群等。三是一般资本与技术结合型产业集群。如日本的大田、德国南部的巴登-符腾堡。四是资本与文化结合型产业集群，也可以表述为创意产业集群。美国的好莱坞、英国伦敦新兴的“SOHU”文艺区都是典型代表。

2. 产业集群的特征

一般意义上的产业集群具有以下五大特征。

（1）集聚性特征。也就是说，在一定的区域空间内，众多的产业关联及其相关支持企业、机构等在空间上集聚，形成一种相互独立，结合松散的集合体。集聚的基础可能是因为地缘因素、政府政策的推动、产业基础、偶然性等不一而足。

（2）专业性特征。亦即产业集群是以某种专业性分工为基础的企业集聚。集群内企业间联系密切、相互依存，通过纵向专业化分工和横向经济协作实现弹性专精的生产和经营活动。生产的熟练程度和创新程度大为提高，生产效率得到了充分的发挥。

（3）辐射性特征。在产业集群内一般存在着一个或多个核心产业，核心产业是集群的主要载体，核心产业链是产业集群的轴心。该产业不仅引领整个产业集群的发展，同时，还吸引着大量服务于核心产业的其他企业和机构，实现规模扩张。这种外部经济效应使产业集群显示出强大的辐射力和影响力，它不但有利于集群内的单个企业提高竞争力，而且通过群体效应可以促进和带动整个区域产业转型升级与经济发展。

（4）网络化特征。网络化是产业集群的结构特征。集群内存在由大量中小企业组成的上、中、下游的供应商，生产商，销售代理商，企业与当地政府、大学或研究机构、金融机构、中介服务组织等通过长期的联系形成本地化合作网络。不仅形成了基于专业化分工的交易网络和技术交叉组合的技术网络，而且还包括由复杂的人缘关系所形成的社会网络。在这一网络系统内，各行为主体之间以正式或非正式的关系，频繁地进行商品、服务、信息、资金、劳动力等交易活动。

（5）创新性特征。在产业集群内部，由于企业面临着横向同行业的竞争压力与纵向上、下游企业对产品质量的更高要求，迫使企业不断加强生产技术、运行模式和管理制度的创新。同时，由于集群内的企业地理接近，合作密切，学习交流频繁，由此形成的知识溢出效应将增强企业的创新能力。

（二）创意产业集群的概念与特征

1. 创意产业集群的概念

创意产业集群这一概念直接来源于产业集群。依据产业集群的定义和特征，可以从两个维度来解释创意产业集群的定义，一种是要素的维度，《创意阶层的崛起》一书中将创意产业集群定义为一个完整的产业群体，其核心是雇佣从事自然科学和工程建筑和设计、教育、艺术、音乐和娱乐等领域的人才来创造出新的想法、新的技术或新的独创性的内容（Porter，2005）。另一种是空间的维度，（康小明和向勇，2005）认为在创意产业领域中，由众多独立而又相互关联的创意内容的企业以及相关支撑机构，根据专业化分工和协作关系建立起来的，并在一定区域集聚而形成的产业组织。创意产业集群应该包括创意产业链条上所有的上下游企业。即创意产业的创意主体、制作主体、传播主体、服务主体和延伸主体等五大主体。创意产业本质上是一种产业经济模式，是产业特性与区域特性有效结合而形成的一种新型产业组织形式。尽管创意产业集群具有集群的一般特性，但在创意产业中，“创意”是最重要的因素，成为连接产业集群的纽带。因此，所谓创意产业集群，就是在创意产业领域中，相互关联的众多企业以及相关机构依据专业化分工，在一定区域内建立起来的具有协作关系的产业组织形式。它具有的群体竞争优势和集聚规模效应是其他产业组织形式难以比拟的。创意产业集群的崛起是在经济全球化和市场竞争日益激烈的背景下产业发展的新趋势。

2. 创意产业集群的特征

创意产业作为在全球化的消费社会背景下兴起的新型产业，是一种为满足人们精神需求而提供文化产品或服务活动的产业形态，具有与传统产业不同的产业属性和特征。这些特殊的属性决定了创意产业集群具有以下特征。

1）创意产业集群的地域偏好性

传统产业集群一般会选择在自然资源丰富、土地资源较多，而且地租和劳动力价格较低的地区建立。这类集群往往占地面积大，产业规模大，但企业数量较少，多集中在城市郊区。创意产业发展主要依托文化资源和科技创新能力，对高层次创意人才需求量大，这使得知识水平高的人口密集地，特别是创意人才的密集大城市成为创意产业集群首选之地。而城区便利的基础设施、深厚的文化底蕴和多元化、国际化的氛围，更为创意产业集群提供良好的发展条件。另外创意产品的生产特点与交易方式决定创意企业一般规模较小，通常不需要大量使用廉价劳动力和占用较大的土地。因此，城市的中心区域往往成为创意企业的集聚区，但相对传统产业集群，创意产业集群的规模一般都不是很大。

创意产业集群选择大都市中心区的区位特征，主要体现在创意产业集聚区对城市特定场所的特殊文化与品质存在很强的偏好，对于根植于特定空间的文化特质的挖掘与利用起关键作用（刘学等，2007）。大部分创意产业集群在满足艺术文化氛围和经济成本低廉的地方形成，一些工业遗址成为创意企业的聚集地。例如，美国的苏荷地区、英国伦敦的泰德现代艺术馆、柏林哈克欣区、北京的798、上海的四行仓库、杭州的Loft49等都是城市工业遗址中崛起的现代创意产业集群。这些具有历史沉淀和文化内涵的老厂房、旧仓库经过艺术家改建后具备了现代元素，为创意萌发提供了独特的环境和氛围（潘谨等，2007）。

2）创意产业集群的结构多样性

网络结构是创意产业空间集聚的本质特征。企业是创意产业集群发展的主体，企业的发展需要高等院校、研发机构、金融机构、政府部门及行业协会等共同为其提供必要的人才、技术、资金和政策支撑；因此，创意产业集群表现为数量众多的创意企业及相关的组织机构在空间上聚集，主要包括：创意企业、高等院校、行业协会、研发机构、金融机构、商务代理机构及教育培训机构等，从而形成了一种庞大而又紧密联系的网络结构。在产业集群内部，设计与研发、创作或制作、销售与服务等不同企业相互关联，直接或间接的发生组合，形成一个完整产业链，并与非创意产业发生联系，相互融合，进而实现更大的企业合作体。

建立多样化的创意产业集群结构，不是众多企业和相关机构的简单集中，而是从相互渗透、相互合作甚至相互竞争中获得更多的益处。由于处在集群中的上下游企业相互不断地与外界发生物流、技术流和信息流的交换，共同的利益使得企业间的联系更加密切，形成互利共生的关系。这种关系是以专业化分工和社会化协作为基础，大、中、小企业共生互补，形成强大的产业创新支撑体系。产生集体创造力是创意产业集群的最重要的功能，只有取得竞争优势，才能使创意产业集群脱离起步阶段的简单集合，向具有稳定的网络体系、庞大的规模效益的高级阶段迈进。

3）创意产业集群的企业小型化

传统产业集群通常以生产型企业为主体，特别是制造业集群，规模较大；创意企业以文化创意作为主要生产要素，其创意产品的生产和交易活动可以脱离大型生产车间而独立实现，因此，创意产业集群往往以中小型企业居多，规模偏小。特别是很多创意企业由艺术家和专业人员个人创办，资金少，规模小，有的企业仅有3～5名员工，被称为微型企业。例如，英国的西米德兰创意产业集群少于50人的企业占90%以上，美国好莱坞数量众多的小型企业承接着不同项目的设计制作，从而形成独特的影视产业链。“少量的大企业、大量的小企业”现象正是创意产业集群的真实写照。毋庸置疑，中小企业是创意产业发展不可或缺的重要组成部分，而创意产业集群内的企业组织形态呈现小型化、个性化、扁平化的特征。

4）创意产业集群的环境宽松性

创意产业的发展，并不仅是个人和单个企业的行为，而是需要集体的互动和企业的地理集聚，这就是集群的环境。文化企业、非营利机构和个体艺术家集聚和互动，形成独特的集群发展环境。集聚区内的机构多样性和人员多变性是它的基本特点。因为艺术家和创意者们创意火花的迸发，往往是非正式的交流场所，在轻松愉悦的工作环境中，在新鲜刺激的生活体验之中，不断吸收新的文化元素，激发创作灵感。因此，创意产业集群是集生活、工作、展示为一体的区域合作体，具有半工作场所的性质，创意人员在创意产业集群内的工作与生活是相结合的，他们既在那里工作，也在那里生活。创作既是工作内容，也是其生活的重要方式。

5）创意产业集群的人文根植性

根植性来源于经济社会学，其含义是行为主体的经济行为受到当地社会关系的约束而嵌入社会关系当中。对于创意产业集群而言，依托文化资源，核心要素是创意人才。文化资源和创意人才都具有很强的地域性联系，这种地域性包括政治、经济、文化和社会关系等各个方面。地域性的历史文化传承和人文社会环境是创意产业集群形成和发展的重要基础。如美国的百老汇、意大利的米兰时装，这些国际著名的创意产业集聚区都依托于深厚的文化积淀和丰富的艺术资源。人文根植性是构筑创意产业集群的基石，是吸引创意阶层入驻的磁场。纵观国际上创意产业集群发达的大都市，无一不是通过自身独特的城市人文精神和特殊的人才引进政策，将天下无数的创意人才网罗过来，最终打造出创意产业集群的区域品牌。

（三）创意产业集群与传统产业集群的区别

从理论上来说，创意产业集群的形成和发展晚于传统产业集群，应该说是产业集群“家族”的新成员。创意产业聚集的现象并不是偶然的，有其自身发生、存在的规律，与传统产业集群的形成有着明显的差异。

1. 集群发展要素不同

创意产业是知识密集型产业，需要大量优秀人才的支撑。创意产业集群的核心元素是创意行为。创意产业强调的创意行为和一般产业强调的创新行为有很大的区别。创意产业集群更多依赖于创意人才和社会资本，而不像一般产业更多依赖自然资源和资金投入。在空间上，创意产业集群更多地依靠文化选择而不是靠近能源产地。传统的产业集群强调技术和管理的创新行为，而创意产业集群强调文化创意。创意融入这种集群式的互动交流平台，便能形成“头脑风暴”，产生一种爆炸式能量。创意行为需要松散的联系，因为过于紧密的联系会阻碍和排斥外来者，从而破坏集群结构的多样性，而这种多样性恰是创意产业集群发展的重要因素。

2．集群发展主体不同

传统产业集群是以生产经营业务和相关技术服务为主体，企业生产目的为营利性，生产特点为程序化和标准化。而创意产业集群内既有生产经营企业、中介机构、金融部门，也包括文化机构、艺术场馆等非营利性机构。创意企业、研发机构、创意人员构成创意集群的主体。特别是便利性和舒适性的空间环境吸引创意阶层集聚在一起，不同区域文化特色的思想在这里激情碰撞，从而设计开发更多的创意作品。

3．集群形成模式不同

传统的产业集群是企业先在一定地域里集中，发展壮大后才能吸引更多的人才集聚；而创意产业集群（主要是指自下而上的自发集聚式集群）是创意人才最先集中一起，通过他们的创意活动形成一定影响后，吸引众多创意企业的进驻，形成一定规模的产业集群。例如，北京 798 艺术区的集聚，是艺术家先集聚而产生了各种艺术形式的店面集聚。因此，地方政府在制定创意产业集群发展规划中不仅要有吸引企业的扶持政策，更重要的是要制定吸引创意型人才的特殊政策。

4．集群内部环境不同

在传统产业集群内，一般会对生产经营的主导产业进行核心区、配套区、外围区的集中布局，实现产业区和生活区的功能划分，生活区往往规划在配套区或外围区，现代化大生产的工作节奏快，工作压力大。创意产业集群多要求工作与生活一体化，文化产品生产和消费紧密结合，要求工作和生活环境宽松自由化。创意产业集群内既是工作的地方，又是生活的地方；既有文化生产的工作环境，又有文化消费的生活情调，体现了娱乐性、多样性、变化性的特点。这种环境能积聚巨大社会资本，且深深影响创意阶层的创意行为选择。

5．集群连接方式不同

创意产业集群与传统产业集群在结构上的最大差异是其已经融入了文化的因素。传统产业集群的结构是以价值导向为连接方式的，而创意产业集群是以文化传播和渗透以及价值实现为连接的，创意产业集群中企业之间的互联关系与传统产业集群相比，更具有扩展性。传统产业集群下的同类企业之间更偏向竞争关系，创意产业集群下的企业关系更加注重合作，而相同的文化则是合作的纽带。传统产业集群最初表现在相同的企业在同一地理位置上的集合，这种集合是以商品为导向的，创意产业集群表现为价值导向型的，更突出价值链的纵向延伸，是以地理网络为表象特征。

创意产业集群的地域空间更加广阔，这种广阔性体现在其集群的企业是跨越行业性的，是紧密围绕在某个行业的周围；传统的产业集群在集群区域内集聚的基本都是同类型的企业。创意产业则略显不同，创意产业集群涉及多个行业。创意产业集群包括创意产业链上所有上下游企业，具有较强的跨行业连接重新按需组合的特征，构成立体的多重交织的产业链环，形成综合融汇的集群效应。

二、创意产业园区

创意产业园区是创意产业的一种集聚发展模式，也是城市产业转型升级进程中的重要环节。中国正处于转型的关键时期，创意产业已成为城市的战略性新兴产业而得到迅速增长，深圳、北京、上海、广州、杭州等大城市均将创意产业作为支柱产业发展；同时创意产业的迅猛崛起催生了创意产业园区的集聚与繁荣，如北京的 798 产业园、十里河文化产业园、南锣鼓巷；上海的田子坊、8 号桥；深圳的华侨城创意产业园、大芬油画村、南海意库。根据伦敦西区、纽约 SOHO 区的成功经验，创意产业园区通常以城市中的“三旧”（旧城区、旧街区、旧厂房）区域、高校周边等为空间载体，通过市场机制或政府引导的作用，重塑城市空间结构的形态、功能与性质，推进城市空间重构。

（一）创意产业园区的界定

“创意产业园”是国内对创意产业集聚区的一种称谓，特别包含了政府主动设立的创意园区，这一概念沿袭了早前“工业开发园区”的称谓。它的地理界限比较清晰明确，通常是通过规划而限定的地理界限，创意产业园的发展目标是形成创意产业集聚区。园区建立之初不一定能立刻产生集群效应，只有当大量相关的创意型企业入驻园区，彼此相互交流与合作，增强园区的竞争与活力，同时与其他创意产业园区进行互动与业务往来，形成创意相关产业的专门化分工与协作，才能在园区内形成集群效应。目前对创意产业园区的命名还没有达成一致的看法，各种说法不一而足，如文化产业园、文化创意产业园、文化创意产业集聚区、艺术区、创意产业基地、创意产业园等。

关于创意产业园区的概念，不同学者有不同的理解。美国学者斯科特（Scott，2006）将创意区域中的地理和社会经济组织作为研究对象，探索新经济的一些现象与技术、生产结构、劳动力市场和区位集聚动力之间的联系，从而揭示出新经济的结构是如何释放现代城市中的经济和文化创新的特定历史形式的。

王缉慈和厉无畏（2005）指出创意产业园与一般产业园区存在区别，她将“创意产业园区”称为“文化创意产业集群”，主要特征是创意从业人员的工作和生活相融合，文化产品生产和体验消费一体化，有资源丰富的创意环境和独具地方特色的本土文化，并且便于与世界各地创意群体的沟通与交流。厉无畏和王慧敏（2009）指出，创意产业集聚区是一个界定了的特定区域，具备一定的规模，有较为完善的公共设施、社会网络和管理系统，以密集的创造性智力劳动为主，与国际信息、科技、市场接轨的具有充分活力和现代化的开放社区。肖雁飞等（2007）认为创意产业园是“基于当地特定的文化和制度环境所构建的创意网络，创意活动在城市的特定空间领域集聚，大量创意企业和相关辅助机构通过竞合关系形成创意集中化的产业空间组织”。蒋慧和王慧（2008）认为创意产业园从属于创意产业集聚区的范畴，在园区内创意氛围浓厚，产业定位明确，以密集的创造性智力劳动为主，公共服务设施和管理系统完备，集中体现研发、培训、孵化、制作、展示、交易等功能，进行创意产品的策划、生产和销售的专业化园区。

基于对创意产业的界定以及创意产业发展的现状，我们可以认为，创意产业园是集合一定数量、以创意为核心、具备自主创新能力企业的综合集聚区。它具有相对完善的生产链、专门的公共服务平台、完备的基础设施和浓厚的创意氛围，能产生明显示范、窗口和辐射作用。创意产业园是创意企业、创意阶层及创意社会中介按照一定分工合作模式构建而成的空间集合体，除了具有自身鲜明的文化形象和比较清晰的地理界限外，也同时发挥生产、销售、孵化、展示、培训、休闲等混合功能。

以深圳为例对创意产业园区的内涵与类型进行进一步解析。20 世纪 90 年代后期，面对土地紧张、资源匮乏、人口激增、环境恶化的发展困境，深圳开始实施产业外迁及产业结构升级战略，以转变城市发展模式。2003 年，深圳率先提出“文化经济”的理念，并确立“文化立市”的方针，吸引部分具有创业意识的创意阶层进驻产业更新遗留下的旧厂房，并把旧厂房当作工作场所进行创意产品的生产。2005 年，创意产业被确立为深圳四大支柱产业之一；同年，创意产业园的发展被纳入政策规划范畴。2013 年 7 月，《深圳市文化创意产业园区认定办法》出台，并将原来的文化产业园改称为文化创意产业园区。截至 2013 年年底，经深圳市文体旅游局和文产办共同认定的创意产业园区共有 54 处，如表 11-9 所示。

表 11-9　深圳创意产业园区一览表

产业类型	创意产业园名称
综合型文化类	深圳书城中心城实业有限公司、深圳华强文化科技集团股份有限公司、深圳市人文天地实业有限公司深圳购书中心、深圳市乐器城市场管理有限公司、深圳市非遗文化创意产业园（巷子坊）、深圳文博宫

续表

产业类型	创意产业园名称
创意设计类	深圳市嘉兰图设计有限公司、中国（深圳）设计之都田面创意产业园、深圳 F518 市场创意园、斯达高瓷艺发展（深圳）有限公司、南海意库、深圳市同源南岭文化创意园有限公司、深圳设计产业园、雁盟酒店创意文化产业园、127 陈设艺术产业园、深圳 182 设计产业园
动漫游戏类	怡景国家动漫画产业基地、环球数码媒体科技研究（深圳）有限公司、南山数字文化产业基地、深圳动漫园
工艺美术产业类	大芬油画村、深圳市永丰源实业有限公司、深圳市满京华艺展中心专业市场有限公司、深圳市雅诺信主板首饰有限公司、世纪工艺品文化广场、深圳市汉玉文化发展股份有限公司、宝福李朗珠宝文化产业园、深圳市古玩城文物监管物品有限公司、深圳 22 艺术区、三联水晶玉石文化村、笋岗工艺礼品城、中国观澜版画原创产业基地、中国（观澜）山水国画产业基地、深圳市楼尚家居饰品市场、深圳市宝安艺术城、深圳西部国际珠宝展、深圳坪山雕塑产业园
休闲旅游类	深圳东部华侨城有限公司（华侨城文化产业园区）
传媒出版类	深圳报业集团、深圳广播电影电视集团、深圳出版发行集团公司、深圳雅昌彩色印刷有限公司、深圳市劲嘉彩印集团有限公司、深圳市力嘉文化创意产业园
数字娱乐类	深圳市腾讯计算机系统有限公司、深圳市华动飞天网络技术开发有限公司、深圳市网域计算机网络有限公司、深圳市迅雷网络技术有限公司、深圳市中青宝网络科技股份有限公司、深圳南山互联网产业园、蛇口网谷、深圳南山互联网创新创意服务基地

资料来源：深圳市文化产业信息网

根据进驻企业主导行业的不同，深圳形成了以创意设计、动漫游戏、数字娱乐、休闲旅游、传媒出版、工艺美术及综合类为主要产业类型的创意产业园区，构建了较为合理的产业布局。深圳具有较多以“三旧”（旧厂房、旧工业区、旧村）为载体改建而成的创意产业园区；在公示的 54 个创意产业园中，共有 22 个属于旧改项目，占总数的 41.5%。这种建立创意产业园的方式对城市老旧空间复兴带来巨大助力。

（二）创意产业园区的主要特征

创意产业园区属于综合性功能园区，以发展创意产业为核心。进驻创意产业园区的企业都是以创意为核心竞争力和主要生产力，形成深厚的创意内涵，带动区域的经济增长。此外，创意产业园区具有复合功能，可对创意产品进行生产、储藏、展示、销售。

创意产业园区更加突出独特的文化底蕴。与功能单一、空间单调的传统工业园区相比，创意产业园区在规划建设中强调结合周边区域的历史文化，主张运用新技术、新材料建设特殊的生活工作空间，以促进创意的产生。

创意产业园区发展轨迹与其他产业发展趋势相符，对周边地区产生显著的经济溢出效应。主要由于创意产业园区发展到一定程度后，将会产生品牌效应，吸引数量众多的资金集聚，快速推动周边基础设施的完善，对周边经济产生带动效应。

（三）创意产业园区的演化模式

创意产业园区的演化是政府、企业、创意阶层、中介机构等行为主体，从分散运作与简单协作到相互合作与专业分工的过程，是一个从低级向高级转变的发展过程；其主导组织模式演化主要经历以下几个阶段。

1．自发集聚模式

发展初期，创意产业园的形式表现为创意企业在地理空间上的单纯集聚。创意产业园主要是以某一类型的创意企业为中心，该企业通过固有吸引力召集更多相关企业，形成自发集聚。在此期间，创意企业之间并没有在融资、生产、销售领域形成互相配合的密切关系，集聚产生的规模经济及外溢效应不强。公共服务和中介服务机构的缺失成为严重制约园区进一步发展的绊脚石。例如，深圳大芬油画村的形成源于著名画家黄江率先在当地设立工作室，进而吸引大量艺术家追随。

2．市场引导模式

根据市场经济规律，企业出于对由市场需求引导的利益最大化目标而集聚在同一区域，形成具有一定规模效应和品牌效应的创意产业园区。该模式主导下的园区，通常已形成一定的产业基础，并通过规模效应等正效应吸引大量企业和公共服务、中介服务机构加盟，进而形成较为完整的产业链。此时，创意产业集聚进一步发展，企业联系日渐紧密；由于业务往来频繁，相互间建立了有效协作关系，集聚不再局限于地理空间层面上的集中。

3．政府统筹模式

创意产业园区对经济发展产生巨大推动作用，因而政府统筹模式应运而生。政府在创意产业园建设过程中发挥统筹协调的作用，从园区选址到部分基础设施的建设均以政府为主导，随后再通过制定优惠的税收政策、发放补助等方式吸引创意企业的进驻。深圳华侨城创意园的形成就是地产商在“腾笼换鸟”政策下改造旧厂房、盘活资源的权宜之举。这种模式在一定程度上促进优势创意资源的快速集聚，即创意企业的集聚是在开发商和政府部门完善园区基础设施的基础上，吸引大量创意企业进驻。政府的干涉力量在园区发展进入轨道后逐渐减小，园区快速成长。

4．官产学研合作模式

创意产业园演化发展到较成熟阶段，已具备外溢效应和品牌效应，如何使园区提升创新能力和竞争优势成为面临的又一难题。深圳积极借鉴美国硅谷的成功经验，全面推动由政府牵头，利用科研机构、高等院校的优秀人才和先进技术，缩短创意产业快速产品化的进程，进而达到创意产业园形成完整产业链并获得显著竞争优势的目的。例如，腾讯集团与深圳虚拟大学园结成合作伙伴关系，加大对技术研发的资金及人员投入，现已掌握数百项自主研发的高新技术，其成果的产品化进程远远优于其他企业。

（四）创意产业园区演化发展案例分析

1．大芬油画村概况

面积约 0.4 千米^2 的大芬村隶属深圳龙岗区布吉街道。目前，大量油画相关从业人员集聚在以大芬村为中心的布吉街道及周边地区；其中，油画生产、经营、培训人员突破 10 000 人，主体油画制作人员超过 3000 名，独立工作室和经营门店 775 家，画廊 300 多家。

2．演化历程及影响因素

1989 年，受低廉房租及便利交通的吸引，香港画家黄江在大芬村以民房为基地，招收大批学生和画匠，专门经营油画相关业务，包括创作、临摹、收集和批量转销，大芬村油画行业进入初步发展阶段。低成本和流水化商业艺术创作构成了大芬村最初的利润来源，并随其规模的扩大逐渐分离出专门的接单代理业务和油画生产作业，另外还衍生出美术培训、装裱行业、油画材料等配套产业在大芬村的聚集（图 11-2）。

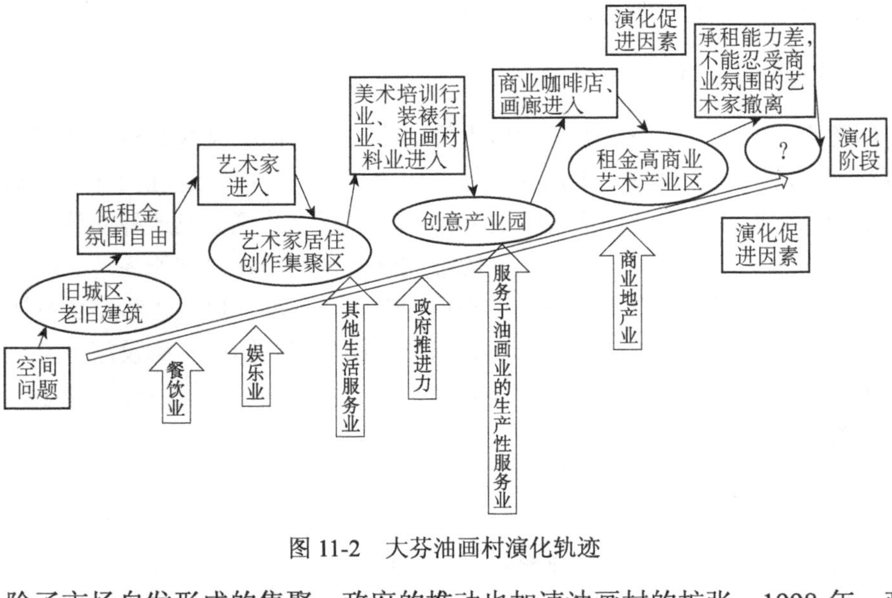

图 11-2　大芬油画村演化轨迹

除了市场自发形成的集聚，政府的推动也加速油画村的扩张。1998 年，政府着手把大芬油画村打造为独特的文化产业品牌；通过对村内外环境进行有效改造，对油画市场进行规范和引导，大芬村的品牌形象得到提升。政府的推动主要体现在以下方面：①制定总体规划，改造村内居住、创作、商业环境；②成立深圳首家镇级文联，搭建公用平台以供外来画家进行交流和合作；③通过举办作品展览、展示高水平美术作品的方式，引导原创绘画逐步向高档次发展。2004 年，大芬村被确定为文化博览会的分会场之一，并获得国家级文化产业示范基地的称号。

总体而言，大芬油画村的形成动力主要源自艺术家自发行为、原居民的出租逐利行为和政府推动力。发展初期，低廉的租金吸引创意阶层的到来，规模效应产生的低成本进一步推动集聚的加强。集聚达到一定程度引起政府的重视，出台相关政策给予支持，完善基础设施及政策环境的软硬条件，加速园区扩张。

3. 演化趋向

艺术家、原居民、政府对经济利益的追逐与博弈，仍将成为大芬村未来演化过程的主要驱动力。作为城中村，大芬村成功转型为创意产业园，给创意企业、创意阶层、原居民、政府都带来巨大利益。但是，随着商业氛围的渐趋浓厚，艺术家对逐利行为的厌倦，租金上升带来的压力，大芬油画村在发展过程中呈现创意发展受约束的倾向。部分创意阶层开始选择迁至更偏僻更低廉的大望村、南岭村等地，大芬村的集聚效应已扩散至周边区域，形成新的集聚中心。大芬村可能会丧失作为集聚区的核心地位，成为多个次级中心的一员。

第三节 创意城市

21 世纪以来，全球化浪潮与知识经济的快速发展推动着各国经济文化与社会转型，创意产业成为城市发展的新增长点。创意经济与城市经济相互作用，创意空间与城市空间互相推动。城市空间结构是支撑创意经济发展的平台；而创意产业的发展及其空间集聚形态促进城市功能转型与空间重构。创意城市（creative city）是在城市发展进入后工业化时代的背景下伴随产业转移、城市重生和创意产业兴起而出现的一种推动城市复兴和重生的模式，是 21 世纪城市发展的新方向。

一、创意城市的内涵与兴起背景

（一）创意城市的内涵

创意城市的理念最早出现于 20 世纪 80 年代末期，并在 90 年代引起广泛关注和热烈讨论。它的出现不仅是为解决快速城市化造成“大城市病”的问题，同时也与时代背景以及产业转型升级密切相关，也可以说是文化创意产业的发展催生了“创意城市”这一概念。虽然学术界对创意城市已有初步研究，但创意城市作为一种全新的城市发展理念，由于提出时间较短且实践刚刚起步，所以对于创意城市的内涵至今尚未形成统一看法。著名学者霍尔（Hall，2000）尝试提出了创意城市的概念，并认为拥有高度创意的城市大多是那些旧秩序正遭受挑战或刚被推翻的城市。正式提出并全面阐述创意城市概念的是兰德里（Landry，2002），他认为创意城市的最终形成代表着城市成为了创意产业集聚的大型载体和场所；兰德里（Landry，2002）认为当代大都市发展面临严峻的结构问题，而这些问题往往需要创意的方法才能加以解决，因而创意城市将成为城市发展的新范式。斯科特（Scott，2006）则认为城市创造力要在特定的城市背景下，通过编织生产、工作和社会生活的综合网络来有机地发展。霍斯伯斯（Hospers，2003）认为创意城市不是政府规划出来的，政府可以提供适当的基础条件来增加城市创意出现的机会。

目前对创意城市进行了较深入研究的主要有英国学者查尔斯·兰德里（Charles Landry）和美国学者理查德·佛罗里达（Richard Florida）。查尔斯·兰德里在2000年出版的《创意城市——如何打造都市创意生活圈》（The Creative City：A Toolkit for Urban Innovators）一书系统地分析了创意城市的研究框架。他指出，创意城市所倡导的是基于创意文化而促进城市的发展。通过发展文化创意产业，并在公共、私人以及小区域内合理运用创意，从而有针对性地解决城市问题，并进一步形成可以面对新形势下各种问题冲击的城市弹性管理机制。理查德·佛罗里达则提出了著名的“3T”理论。他指出为激励创意和促进经济增长，一个城市、一个地区必须同时提供“3T”。“3T”是技术（technology）、人才（talent）和宽容度（tolerance）三个单词英文首字母的合称，它们相互间的逻辑为宽容吸引人才，人才创造科技。对于第一个“T”——技术，经济学的理论已验证了科技是发展的关键，麻省理工学院的罗伯特·索洛还因为将“技术”因素从发展的推动要素中单独列出而获得了诺贝尔奖。对于第二个“T”——人才，现有理论也已证明，经济增长与接受高等教育者的密集度密切相关。诺贝尔奖获得者罗伯特·卢卡斯就提出发展是人力资本带来的结果，他认为人口密集的都市具有更大的生产力优势，因为城市发挥着集合并强化人力资本的作用，城市也因此成为决定创新和生产力发展的关键。对于第三个“T”——宽容，则是佛罗里达“3T”理论的重点，也是其主要创新之处。为什么一些地区在吸引诸如人才、技术等关键生产要素方面比其他地区更具有优势呢？佛罗里达认为答案在于他们的开放性、多样性和宽容性。这里的宽容性不仅仅指宽容差异，能够接受不同种群和人群，更为重要的是“主动地去拥抱差异”。在“3T”理论基础上，佛罗里达经过对美国五个州的社区调研又补充了第四个“T”——territory assets，即领域资产。它是指一个社会（或社区）的自然环境、建筑及心理环境，也是一个社会（或社区）区别与其他社会（或社区）的独特“氛围”，其本质上就是“创意氛围”，高技术人才或者移民，容易被这种氛围所吸引，而喜欢居住在环境优美、交通便捷，且充满咖啡厅、餐馆、书店、音乐俱乐部和其他具有独特的社会和商业空间的城市中，而这些与城市的基础设施建设密不可分，因此，佛罗里达提出的“4T”就形成了其关于创意城市内涵及其发展的代表性理论。

美国学者科瑞德（Currid，2010）通过对纽约时尚、艺术与音乐及创意产业、创意经济历史发展演化路径进行研究与考察，在《创意城市：百年纽约的时尚、艺术与音乐》一书中也提出了自己的创意城市理论，其重点在于阐述了城市中的创意如何产生。她认为那些看上去不太正式的社交场合给了纽约文化经济以持久动力，而这些非正式社交生活在培育时尚、艺术、音乐、设计和相关产业之间流动的创造力和共生关系方面发挥了重要作用。她引入马克·格兰诺维特（Mark Granoveter）用于解释人际互动何以推进事业、传播思想的“弱连接”概念，提出城市中创意产生的交流节点在那些休闲吧、酒吧、餐厅包间和咖啡厅等具有社交性质，却又与娱乐相关的环境中，因为“弱连接”和社交生活的结合正是艺术与创意经济最明显的特征，但发生在创意交流节点的不只是消费行为，它们作为娱乐设施将吸引更多创意人才，为创意大碰撞提供平台。同时，伊丽莎白·科瑞德（Elizabeth Currid）也指出社交是一个重要的生产系统，它是创意优化的关键，社交对创意经济领域内传播思想、衡量商品和服务价值、分配工作、学习技能等方面都有推动与保障的作用。

几位学者的研究，虽然角度不同，但是，他们对于创意城市的理解，以及由此形成的创意城市内涵都存在共同之处。首先，人才的多元化是促进创意城市发展的关键。兰德里在决定城市发挥创意的先决条件中，将“人力的多元性与各种人才的发展管道”作为其中之一，指出当城市中出现多样族群时，有助于增进城市活力，发挥城市创意。佛罗里达的“文化熔炉”指数和波西米亚人指数也说明了人力多元化对于创意城市、创意经济发展的重要性。其次，宽容度是创意城市取得成功的最重要因素。佛罗里达的“3T”理论把宽容单独列出，将其视为“3T”中导致创意城市成功的最重要的一个“T”，并创造性地提出同性恋指数等并对其加以具体说明和阐述。兰德里在论述了人力多元性之后，特别强调，生活在城市中的人们要学会包容以形成良好的社会氛围，这是吸引并留住人才的关键。最后，营造创意氛围是创意城市永葆活力的根本。科瑞德的研究点明了城市中的休闲吧、酒吧和咖啡厅等具有社交性质，却又与娱乐相关的环境是营造创意氛围，产生创意的根本。兰德里指出创意氛围是一种空间概念，必须重视城市中能够激发创意的一切“软”“硬”件设施。佛罗里达的第 4 个“T”也指明，对于创意阶层来说，城市里优美的环境、发达的基础设施，以及那些由咖啡馆、餐馆、书店、音乐俱乐部等元素构成的种种风情和氛围激发了他们的创意本能。

综上所述，我们认为创意城市是依靠创意要素在城市的有效聚集，通过营造良好的社会、经济环境，推动和促进整个城市在新知识运用、新技术突破及其产业化的基础上实现经济社会更大的发展，进而从根本上突破原有的经济增长方式，改变城市发展模式。创意城市一般具有创意人才密集、创意氛围宽松、创意经济发达、创新能力强大、知名大学众多等特点。可见，以知识经济为基础的创意经济时代正在来临，而创意城市的建设则是一些具备条件的城市发展的重要方向和未来趋势。

（二）创意城市的兴起背景

任何新生事物的诞生，都不可能是某个天才人物的凭空构想。同样，创意城市的兴起，也不是凭空捏造，而是有它的背景条件。

1.21 世纪是崭新的城市世纪

20 世纪末以来，世界各国逐渐形成了一个政治多极化、经济全球化、文化多元化的发展格局。从经济发展的角度看，人类社会发展面临一次新的浪潮，在经历了农业革命、工业革命和信息革命三次浪潮之后，创意经济成为世界经济社会发展面临的新高潮（也有学者把人类经济社会的发展分为农业经济、工业经济、服务经济和创意经济四个时代）。随着发达国家城市化水平的进一步提升，发展中国家城市化的迅猛推进，城市的作用已越来越重要，主要表现在以下三个方面。首先，世界大多数人口以及绝大多数经济活动都集中在城市和大都市区域，城市的影响无远弗届，即使是偏远乡村的生产生活，也无法离开城市而自给自足。在联合国“大城市管理”研讨会上，专家们预计到 2030 年世界城市化水平达到 60%左右。如果说 20 世纪是城市快速崛起时期，那么 21 世纪将是一个崭新的城市世纪，城市已成为全球持续发展的动力源泉，再也找不到什么经济可以不受城市发展的促进或制约。其次，经济发展的依托，如培养各类人才的高等教育，现代化基础设施、交通通信设施和服务设施等，均分布在城市，特别是大城市。最后，经济全球化大趋势下，由于资本流动的变化，与生产有关的技术及社会组织的变化，使得传统制造业的大规模生产越来越弱化；而城市的自主权、独立权，与城市以外地区联系的广泛性，都显示得越来越强劲。城市政府，无论在塑造城市形象方面，还是发展经济、组织生产方面，都起着决定性作用，城市的重要性变得越来越突出。

2. 世界经济结构的变化

早在 17 世纪，威廉·配第（William Petty）就发现，随着经济的不断发展，产业中心将逐渐由有形财富的生产转向无形服务的生产。1691 年，威廉·配第通过对英国实际情况的调查指出，工业的利润高于农业，而商业的利润又高于工业，劳动力必然由农业转向工业，然后再由工业转向商业。中国古代杰出思想家司马迁在《史记·货殖列传》中也有类似的记载："用贫求富，农不如工，工不如商，刺绣文不如倚门市。" 1940 年，克拉克（Clark）汲取费希尔（Fisher）三次产业分类法的研究成果，也发现了类似的规律，即随着经济的发展，就业结构的中心将按照从第一产业向第二产业，再由第二产业向第三产业转移的规律发生变化。这一规律被命名为"配第-克拉克经济法则"。

20 世纪初期，工业经济迅速崛起，并成为世界的主导经济，而农业经济开始衰退，服务经济和创意经济在此期间有所发展。自 20 世纪 60 年代末开始，发达国家许多以制造业为主导产业的城市开始逐渐衰退，美国工业化时期最繁荣的东北部城市被人们冠以"冰雪带"的称谓，而以高科技产业为代表的西部和南部城市却蒸蒸日上，被称作"阳光带"现象。从世界经济结构变化趋势看，不仅农业，而且工业占国民生产总值的比重都在逐渐减少，服务业的比重却稳步增加。世界银行 1997 年世界发展报告显示，1995 年服务业增加值占国内生产总值的比重，美国为 72%，英国为 66%，法国为 71%，香港为 83%，日本为 60%，全世界平均值为 63%。80 年代以来，创意经济增长速度加快，有超越服务经济的趋势，这表明创意经济即将到来。以美国为例，20 世纪 80 年代，创意从业人员仅占全美劳动力的 20%，进入 21 世纪则占到全美国劳动力的 30%。当前创意部门创造的财富占全美的 47%，而工业只占 23%，服务业为 30%。未来的创意经济时代，一个国家或地区的经济实力不再由自然资源的丰富与否，工厂生产规模的大小或者科学技术的先进程度所决定，而是由创意经济占据主导地位。

3. "软因素"决定城市发展的未来

在创意时代，决定一个国家、一个城市或者一个产业、一个企业经济强弱大小的主要因素是什么呢？用英国伦敦市首席执行官安东尼·梅尔（Anthony Mayer）的话说是城市发展的"软因素"，"软因素"决定城市的未来。所谓"软因素"，就是汤姆·坎农所说的"人的创意"。在创意时代，竞争力围绕一个中心——国家或者城市，吸引和留住具有创意才能的人才，因为推动经济增长的关键因素不再是技术也不是信息，而是创意。一个好的创意，能带来巨大的经济效益。

典型的案例如印度的"医疗旅游"。据英国《金融时报》2003 年 7 月 2 日的报道，印度希望促进"医疗旅游"的发展，印度政府准备把私营部门的"高科技医疗服务"作为一项旅游卖点进行推销。主要向外国人推销这样一个概念：到印度旅游，享受价格低廉却是世界一流的医疗服务。通过政策性的支持，使印度成为"世界性诊所"。据麦肯锡咨询公司和印度产业联合会的一份报告说，如果外国人做出反应，在 2015 年之前，这种新的医疗旅游业可以给印度带来 21 亿美元的收入。

4. 城市化的负面效果日益凸显

城市化使人们充分享受到了工业文明所带来的各种成果，但随着城市化水平的不断提升，过度的城市化也使人们品尝到更多的苦果。联合国计划发展署的一份全球市长调查显示，世界城市面临的问题具有相似性，主要集中于失业、犯罪、道路交通、环境、基础设施、水资源、空气质量、固体废弃物处理、贫困住房状况、能源等。这就是所谓的“现代城市病”。比如城市的大气污染，伦敦的雾都劫难至今仍然使人心有余悸。

古希腊作家索福克勒斯（Sophocles）说：“属于一个人的城市不能算作城市。”城市能造就一代代人才就是因为居住在城市中的人们能有密切的交流。芒福德（Mumford）说：“假定在一代人的时间内每一万人中可能出现一个杰出人才，那么一千人的群体则要等许多世纪才能获得一个杰出人才，而这个人才由于自身的孤立状态会因缺乏他人的刺激而无法施展自己的才能”，也就是说，即使是天才，也可能被泯灭。现代城市使人际关系越来越疏远，“世味年来薄似纱”，无怪乎在发达国家人们对于城市很少有美好的回忆。美国社会学家怀特（Whyte）说：“美国的城市，特别是那些大城市，居民的满意度比郊区或小镇要更低。”在全球城市面临传统产业衰退、城市生活品质恶化等严峻的结构性变化时期，创意城市已成为实现城市持续发展的一种转型战略。

二、创意城市的特征

作为一种城市发展理念，创意城市并没有严格的学术范畴的概念；它是在经济全球化背景下，由产业转型升级所推动，伴随城市更新和创意产业兴起而出现的一种全新的城市发展战略，是建立在消费文化和创意经济基础上并向相关领域延伸并不断推动城市重生与复兴的发展模式，其核心是创意驱动经济、消费引导发展。英国经济学家汤姆·坎农认为，未来的城市尤其是大城市的发展将更主要依靠人的创意和创造力来推动其在全球经济中的竞争，创意的思维和理念将渗透到城市社会和经济的各个领域。创意城市的崛起为城市重塑形象，重获生机开辟了新的通道和空间，也引发了全球城市在发展理念上的重新思考。从现有的实践来看，创意城市具有以下共性特征。

（一）创意思维是创意城市的根本

创意城市最本质的特征是创意思维，这种创意性表现为城市的发展理念和模式的创新性。城市的发展理念决定了一个城市的发展前景和路径选择，它对城市整体发展构想、设计创意计划、指导创意实践具有非常重大的意义。只有当创意思想贯通于城市的每个角落，才能为城市创意和可持续发展提供有效途径。这种创意性具体表现在知识的创意、管理与制度的创意、文化的创意、生产的创意等多个方面。

（二）发达的创意产业是创意城市的支撑

创意城市是以发达的创意产业为支撑来推进和支持社会经济领域更为广泛的创新。创意城市与创意产业是一对共同成长的“孪生儿”，城市因为有创意产业的营养滋润脱胎重生为“创意城市”，而创意产业又因为城市提供适宜土壤的培育破茧而出，成为撩动城市脉搏的美丽蝴蝶。那些享誉世界的国际大都市都以发达的创意产业为支撑，如纽约、伦敦、东京等城市。创意产业具有关联性极高的价值链，其创意产出往往会成为其他产业的要素投入，为消费者提供新的价值元素。哈罗凯蒂、流氓兔、哈利波特、芭比娃娃、米老鼠等都是创意产业的丰硕果实，创意产出形成品牌后又被广泛渗透到食品、箱包、服饰、服装、文具、玩具等行业，大大提高了产业的附加值。随着创意产业的迅猛发展，人们观念更新、创意涌动，各行各业都有无数的创新出现，城市文化生活水平大大提高。

（三）良好的技术和经济基础是创意城市发展的保证

创意产业作为新兴产业要“无中生有、有了变优”，需要大量的资金投入，因而需要雄厚的经济基础为其提供必要的资金支持。从目前的发展现状来看，创意经济发达的城市也是经济发展相对繁荣的城市。创意城市的建设不仅需要政府文化发展基金的支持，也需要民间力量的扶持，同时还需要发达的金融服务业为其提供风险投资、创业投资和产业投资。其次，创意城市的发展离不开科学技术的有力支撑。创意城市本身就是人类社会经济文化和科学技术发展到一定阶段的产物。第三次科技革命以来，技术创新突飞猛进，尤其是网络技术、数字化、电子通信、计算机软硬件和高新技术的飞速进步使人类的创造潜能得到巨大释放。以文化为基础，借助科技的“翅膀”，人类的创意天赋得以施展，在产业化的推动下，创意产品和服务迎来了高速发展期。可以预见，在网络化、信息化和数字化的新时代，创意城市将超越其他任何城市发展模式而成为最有前途、最具魅力的城市发展方向。

（四）密集的创意人才是创意城市的主要生产要素

在创意经济时代，创意和知识成为经济增长和创造财富的主要源泉，而创意人才则是主要的生产要素。创意城市能吸引大批优秀的创意人才和经营管理人才，并能为创意人才提供适宜其生存与发展的优良的生态环境，且高度重视创意阶层及创意人才的引进与培养。创意阶层在城市中聚集，使得智力资源得以发挥规模优势，大大地增强城市的创意氛围，进一步完善城市创意体系。新的创意产品、营销和设计为城市带来丰厚的经济效益，基础设施的进一步完善就有了物质保障，从而可以吸引更多的创意人才集聚到城市为创意服务。

（五）浓厚的创意氛围是创意城市的核心要素

浓郁的文化创意氛围是创意城市区别于其他城市的一大主要特征，这种特征有利于诞生和培育富于个性、创新性和创造力的创意人才，营造适于创意人才和企业生存发展的优良环境，形成巨大的创意产品消费市场。浓厚的创意氛围不但具有一定水平和数量的受众，而且宽松包容，允许多样性文化的传播和发展，使创意活动得以顺利进行。对许多创意城市而言，地理位置、发展历史，以及对外来文化的包容与学习传统、开放的政策等原因，使其形成多种族、多民族以及多元文化共存、交流融合的文化氛围。创新诞生于各种文化、思想、人物的交流，多元文化的交流融合特别有利于引发创新，产生各种各样的创意。而包容性的意义则在于能够吸引不同类型的创意阶层并能容忍各种奇思妙想，这种文化氛围就可以吸引更多的创意企业和创意人才，产出更多的创意成果。例如，最早被联合国教科文组织授予“设计之都”称号的布宜诺斯艾利斯，具有典型的多元文化兼容并蓄的特点，它容纳了来自不同文化背景，包括意大利、黎巴嫩、亚美尼亚等不同国家和地区的大量移民，从而发展出一种显著的多元融合性文化，其文化产业创造了本地 7%的经济收入和 4%的本地就业。其他如斯德哥尔摩、汉堡、首尔、台北等城市，也都是包容外来文化而融合多元文化形成了开放、宽松、富于创新与时尚的文化氛围，这些成为其形成创意城市的基础优势。

（六）创意城市以开明睿智的创意文化为基础

创意城市是以发展创意驱动型经济为契机，利用创意文化整合集聚经济能量的城市。从某种意义上来说，创意城市并不仅仅是经济学的概念，还是文化学、社会学范畴的概念。佛罗里达认为，经济系统的运行与汽车的原理类似，再强大的引擎也需要有一个底盘才能让它的强大动力发挥出来，而城市经济系统同样需要一个能够有效管理它的社会体系和机构，否则就不能完全释放出自己的潜能。创意城市的发展脱离不了“文化”的特征，一方面，文化是创意城市存在的物质内容和基础，另一方面，文化存在于一切城市创意活动当中。

三、创意城市的发展阶段与类型

（一）创意城市的发展阶段

创意城市理念认为，激发城市内部个体和各种机构的创新活力是城市发展的永动力。著名学者兰德里（Landry，2000）在其著作《创意城市——如何打造都市创意生活圈》中系统地分析了创意城市的发展阶段（表 11-10）。他指出，创意城市是一个动态的发展过程，可以划分为从停滞、萌芽、起飞、活跃、普及到最终形成自我更新的创意城市等十个阶段。在等级的递进中，创意对部门的重要性递增，城市对人才的吸引力增强，创新与创意的实现、扩散机制从刻意强调与推行向自主发展、自我循环演变，城市竞争力增强。

表 11-10 创意城市发展阶段

发展阶段	过程描述
第一阶段（停滞阶段）	创意未被看作属于城市发展循环周期的特定阶段，在社会经济中仅存在非常简单的创意活动或者微弱的创意意识
第二、第三阶段（萌芽阶段）	城市决策者意识到创意的重要性，但缺乏战略性考虑，城市创意处于萌芽阶段，但城市留不住创意人才
第四阶段（起飞阶段）	产业从业者和公共机构开始关注创意经济，城市开始出现创意文化，创意人才的流失与回归开始走向平衡
第五、第六阶段（活跃阶段）	创意开始由局部走向普遍，创意人才出现明显的回流
第七、第八阶段（普及阶段）	公共部门与私人机构均意识到创意经济的重要性，城市已经可以自己培养创意人才，但是高级的优秀人才仍然缺乏
第九阶段（创意中心形成）	城市利用自身优势吸引大量创意人才集聚，成为全国甚至国际知名的创意中心，大量的创意企业与机构集聚在城市中
第十阶段（创意城市形成）	城市已形成高效的自我更新、自我反思的发展循环周期。城市成为吸引创意阶层的磁石，可以提供各种类型的专业服务

资料来源：Charles Landry. 2000. The Creative City：A Toolkit for Urban Innovators. London：Earthscan Publications Ltd

（二）创意城市的类型

关于创意城市类型与模式的理论研究，国内外学者有着不同的见解。早在 20 世纪 90 年代，著名学者霍尔（Hall，2000）就指出，拥有高度创意的城市，在很大程度上是那些旧秩序正遭受挑战或刚被推翻的城市。尼尔·布拉德福德（Neil Bradford）认为创意城市是一个动态的、实验的创新场所。厉无畏（2009）则指出，创意城市不是严格的学术概念，而是一种推动城市复兴和重生的模式。盛垒和杜德斌（2006）预测创意经济将渗入到城市发展的方方面面，城市将成为创新枢纽。

具体而言，霍斯伯斯（Hospers，2003）根据经济与城市发展的历史进程总结出四种类型的创意城市（表 11-11）。

表 11-11 创意城市的四种类型

创意城市类型	特点	历史上的创意城市	当代的创意城市
技术创新型	多为新技术得到发展或者技术革命的发源地	1900 年的“汽车之城”底特律（亨利·福特在此奠定了美国汽车工业的基础）；19 世纪的“纺织之城”曼彻斯特、“造船之城”格拉斯哥、“钢铁之城”鲁尔（采煤和钢铁业）；柏林（电力）	美国的硅谷（旧金山和帕洛阿尔托）、剑桥（同为信息技术的圣地）

续表

创意城市类型	特点	历史上的创意城市	当代的创意城市
文化智力型	更偏重于文化“软”条件，由主张改革的艺术家、哲学家、知识分子的创造性活动引起文化艺术上的创新革命，随后吸引了大量的外来者	古典时代的雅典；文艺复兴时期的佛罗伦萨，17 世纪的伦敦（舞台剧）、巴黎（绘画）和维也纳（科学和艺术）；20 世纪早期的柏林（歌剧）	大学城，如德国的海德堡；爱尔兰的都柏林；法国的图卢兹；荷兰的阿姆斯特丹；比利时的卢维恩
文化技术型	兼有技术创新型和文化智力型两类城市的特点，将技术与文化结合起来，形成所谓的“文化产业”	20 世纪 20 年代的好莱坞和宝莱坞的电影产业、孟菲斯的音乐产业、巴黎和米兰的时尚产业；20 世纪 90 年代的曼彻斯特的新摇滚乐和柏林墙推倒后的莱比锡多媒体产业等都代表了该类城市最鲜明的形象气质	阿姆斯特丹和鹿特丹（后者被选为 2001 年欧洲文化之都）
技术组织型	是在政府主导下与当地商业团体公司合作，共同应对人口大规模聚集给城市带来的种种问题，如城市生活用水供给，基础设施、交通和住房需求等，对这些问题的原创性解决造就了技术组织型创意城市	恺撒时期的罗马拥有著名的引水工程；19 世纪的伦敦和巴黎建造了庞大的地铁系统；20 世纪初的纽约建立了引人注目的摩天大楼；20 世纪 80 年代的伦敦道克兰地区改造；战后斯德哥尔摩修建的耐久住宅等都引领了世界风潮	提耳堡（公司制管理城市）；鹿特丹（港口区复兴）

国内学者根据我国城市发展的现状对创意城市的构建也进行了深入研究。张婷婷和徐逸伦（2007）从发展方式的角度将创意城市分为四类（表 11-12）。

表 11-12　从发展方式角度划分的创意城市类型

创意城市类型	特点	代表城市
创意产业导向型	那些历史文化特点不突出，但拥有相对完善的产业结构和开放的城市氛围的城市，可以以当地特色产业集群和技术力量为支撑，引入或培育与之相适应的创意产业，从而推动创意城市的构建	深圳
文化资源导向型	那些拥有深厚文化内涵和人文环境，但现代工业并不发达的城市，可利用本地的文化遗产发展创意城市	西安
城市更新导向型	那些面临衰退的老工业城市，可构建工业建筑改造和产业结构转型的创意城市	沈阳
混合型创意城市	那些经济发达、社会结构复杂的大都市，单一的发展类型不能满足其发展需求，因此可根据自身特色与条件进行多方面发展	上海、北京

四、创意指数与创意城市评价体系

随着创意经济的产生与创意城市的出现，国内外众多学者也开始对城市创意指数进行研究。创意指数（creative index），又称创意产业竞争力指数，通过创意指数可以直观的了解一个国家、区域或城市创意产业的发展状况以及影响创意产业增长的各种因素，评价区域或城市创意产业的竞争力水平。目前国内外较成熟的创意指数研究包括理查德·佛罗里达的 3T 创意指数、欧洲创意指数、香港创意指数和上海创意指数等；这些创意指数在国内外不同区域的实践中得到应用，对创意城市的建设与发展起到了一定的指导作用。

（一）佛罗里达的3T创意指数

美国学者理查德·佛罗里达在《创意阶层之兴起》一书中提出了对创意经济而言非常重要的“3T”模型：人才（talent）、技术（technology）、宽容度（tolerance）。佛罗里达的“3T”理论认为，当前的经济发展是以知识和创意为驱动力，技术是经济发展的核心，人力资本和宽容的环境则起到一定的促进作用。佛罗里达构建的一套创意指数指标体系，主要由下列四个相同权值的因素组成，如表11-13所示。

表11-13　3T创意指数

一级指标	衡量依据
人才指数	创意阶级在就业人口中的比例
创新指数	每人平均专利数
高科技指数	使用美国米肯机构的技术标杆指数*
综合多元化指数	同性恋指数：一地区同性恋人口的比例； 熔炉指数：移民或在国外出生者占总人口的比例； 波西米亚指数：从事艺术创作的相对人口

注：*技术标杆指数=地区高科技产业产出占全国高科技产出的比例×地区高科技产出占当地全部产出的比例

（二）欧洲创意指数

欧洲创意指数是目前全球范围内最具影响力的创意指数。佛罗里达在“3T”理论的基础上，与（Irene Tinagli）合作，将“3T”模型进一步延伸到欧洲。他在《创意时代的欧洲》报告中首次采用了“欧洲创意指数”这一概念，其中包括欧洲人才指数、欧洲技术指数、欧洲宽容度指数（表11-14）。作为一项突破性的研究，欧洲创意指数对创意产业的发展，城市竞争力的提升起到了巨大的推动作用。

表11-14　欧洲创意指数及其分指数测算方法

指数	测算项目
欧洲创意指数	各人才、技术和宽容指数的总和得分除以最大得分的比值
欧洲人才指数	创意阶层指数：创意从业人员占全部地区从业人员的比例； 人力资本指数：24～64岁持有学士学位或以上学位的人员比例； 科学人才指数：每1 000人中科学研究人员和工程师人员比例
欧洲科技指数	创新指数：每10 000人拥有专利数； 高科技创新指数：每10 000人拥有高科技专利数； 研发指数：研发支出占国内生产总值比例
欧洲宽容指数	态度指数：度量对少数族群的宽容态度比重； 价值指数：度量一个国家或地区中人们不同取向的价值观（如宗教、民族主义、女权、婚姻、堕胎、权威）； 自我表达指数：度量对自我表达、生活质量、民主、信任、休闲、娱乐和文化的态度

在欧洲创意指数研究的基础上，佛罗里达和 Tinagli 又将“3T”模型应用于全球范围内，提出了全球创意指数（global creativity index），指数的衡量与计算方法与欧洲创意指数相同，即人才指数、科技指数、宽容指数。运用该指数体系，佛罗里达等评价了全球范围内不同国家的创意竞争力，包括绝大多数欧洲国家、经合组织成员国、主要的亚洲国家如中国和印度。但是，由于发展中国家与发达国家的经济发展水平仍然存在较大差距，不同国家的国情与文化也不尽相同，将统一的衡量标准运用于各国并不完全合适。

（三）香港创意指数

2004 年，香港大学文化政策研究中心受香港特区政府委托，立足于香港的时代背景，根据其创意经济的发展情况，构建了亚洲地区具有代表性的香港创意指数。香港创意指数的构建创造性地吸收了全球前沿的创意城市评价指标体系，尤其是吸纳了最具有代表性的“3T”模型理论以及高实用性的欧洲创意指数。不同于欧洲创意指数，香港创意指数选取了五个方面的评价指数，包括：创意成果（manifestation of creativity）、机构——制度资本（structural/institution capital）、人力资本（human capital）、社会资本（social capital）和文化资本（cultural capital），因此，这一指数组合也称为“5C”模型。这五种因素相互作用的结果就是创意成果的成长与发展是依托于其他几种资本的互动，如图 11-3 所示。

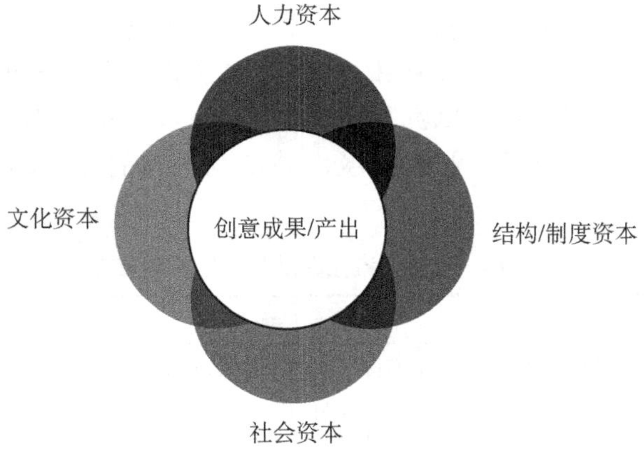

图 11-3　五因素的互动

香港创意指数的“5C”模型具体分成了三级指标，上述五个方面即为一级指标，进而设置了 20 个二级指标对一级指标进行阐释，最后三级指标高达 88 个，由于指标数过于庞大，表 11-15 仅对香港创意指数的一级指标和二级指标进行了相关介绍，并对二级指标的选取依据进行了解释。

表 11-15 香港创意指数

一级指标	二级指标	相关解释
创意的成果指数（17 个分指标）	创意的经济贡献	度量本地创意产业就业人数，交易额和电子商务经济的贡献等
	经济层面富创意的活动	度量本地商业领域创造性能力以及与申请专利有关的创新活动
	创意活动其他成果	定量创新活动的数量，包括传媒产物、音乐、电影和建筑等
结构/制度资本指数（23 个分指标）	司法制度的独立性	确立了规则性和机构性标准，便于思想的反馈，信息的获取和公众的参与
	对贪污的感觉	
	表达意见的自由	
	信息及通讯科技的基础情况	度量社会和文化参与的可用设备，有利于加强社会联系、消息散播和意见交流
	社会及文化基础建设的动力	
	社区设施的可用性	
	金融基础	形成创意经济中经济环境的重要支撑
	企业管理的动力	
人力资本指数（11 个分指标）	研究及发展的支出与教育的支出	度量社区提供增进知识的合适环境的能力
	知识劳动人口	度量地区知识工作者的可得性
	人力资源的流动	度量文化交流、技能和知识传播以及新概念普及的程度
社会资本指数（21 个分指标）	社会资本发展	测度地区能够吸引、动员和维持创意的社会环境支持力度
	度量网络素质：从世界价值调查得出的习惯与价值	评价人们所遵守的价值观
	度量网络素质：从世界价值调查得出的社区事务的参与	
文化资本指数（16 个分指标）	文化领域的公共支出和企业捐赠	度量公共部门和企业对创意产业的支持程度
	家庭在文化产品和服务领域的支出	度量地区在创意产业中的投资力度
	公众对创意、艺术教育、人权的态度	度量文化规范和文化价值

（四）上海创意指数

上海创意指数是中国大陆第一个具有权威性的城市创意指标体系，上海创意指数的建立不仅选择性地吸收了欧洲、美洲等发达国家或地区的创意指数之精华，而且结合了中国具体情况以及上海作为一个国际大都市的具体特点。它主要涉及五个方面的评价指标，分别是产业规模、科技研发、文化环境、人力资源和社会环境；其中涵盖了 33 个分指标（表 11-16）。上海创意指数创造性地提出了不同指标间所占的权重不同；根据各指标对创意产业发展的重要程度，上述五个一级指标所占的权重分别为 30%、20%、20%、15%、15%，从而有效地反映了不同因素对创意效益的作用效果。

表 11-16 上海创意指数

一级指标	二级指标
产业规模指数	创意产业的增加值占全市增加值的百分比
	人均 GDP（按常住人口）
科技研发指数	研究与发展经费占 GDP 比值
	高技术产业拥有自主知识产权产品实现产值占 GDP 比值
	高技术产业自主知识产权拥有率
	每 10 万人发明专利申请数（按常住人口）
	每 10 万人专利申请数（按常住人口）
	市级以上企业技术中心数
文化环境指数	家庭文化消费占全部消费的百分比
	公共图书馆每百万人拥有数（按常住人口）
	艺术表演场所每百万人拥有数（按常住人口）
	博物馆、纪念馆每百万人拥有数（按常住人口）
	人均报纸数量（按常住人口）
	人均期刊数量（按常住人口）
	人均借阅图书馆图书的数目（按常住人口）
	人均参观博物馆的次数（按常住人口）
	举办国际展览会项目（按常住人口）
人力资源指数	新增劳动力人均受教育年限
	高等教育毛入学率
	每百万高等学校在校生数（按常住人口）
	户籍人口与常住人口比例
	国际旅游入境人数
	因私出境人数
	外省市来沪旅游人数
社会环境指数	全社会劳动生产率（按常住人口）
	社会安全指数
	人均城市基础设施建设投资额（按常住人口）
	每千人国际互联网用户（按常住人口）
	宽带接入用户数
	每千人移动电话用户数（按常住人口）
	环保投入占 GDP 百分比
	人均公共绿地面积
	每百万拥有的实行免费开放公园数（按常住人口）

五、全球创意城市网络

2004 年 10 月，联合国教科文组织第 170 届执行理事会上，根据教科文组织的文化多样性全球联盟的倡议，决定设立全球创意城市网络的评选项目。该项目旨在通过对某一城市促进当地文化发展的经验进行认可，并授予其称号，从而达到在全球化背景下倡导和维护文化多样性的目标。入选全球创意城市网络，意味着对该城市在国际化中保持和发扬自身文化特色工作的高度认可。

教科文组织在倡导和维护文化多样性的前提下，希望并鼓励教科文组织成员国家的城市自愿提出申请，将本国城市在社会、经济和文化发展中的成功经验、创意理念和创新实践，向世界各国城市的管理者和市民开放，从而使全球城市之间能够建立起一种学习和交流的关系，推进发达国家和发展中国家不同类型城市社会、经济和文化的发展。

创意城市网络共分为文学之都、电影之都、音乐之都、民间手工艺之都，设计之都、媒体艺术之都、美食之都七种类型。迄今创意城市网络成员城市已达 69 个，其中中国共有 9 座城市入选，分别是设计之都——深圳、上海、北京；美食之都——成都、顺德；工艺与民间之都——杭州、苏州、景德镇；音乐之都——哈尔滨。

（一）创意城市网络的产生

联合国教科文组织成员城市加入全球创意城市网络时需要撰写申请，申请应突出以下几个方面的内容：①申请城市的文化资产在创意城市网络平台上的位置；②申请城市在地区经济和社会发展方面的核心创意因素；③重点介绍申请城市在培训当地文化工作者的专业能力和地方优势；④列举申请城市通过知识、经验和技术方面的交流来培养创意人才的经验。⑤列举申请城市在国内和国际市场上促进文化产品多样化的事例。

申请城市只有得到联合国教科文组织认可，才能授予其称号。创意城市网络内的成员可以自由退出，联合国教科文组织也会长期对网络内城市进行考察，在其失去代表性后也可建议其退出。

（二）“创意之都”的形成方法

“创意城市网络”项目代表了一种具有时代意义的崭新发展观，即通过不同创意城市间的国际合作与交流，建立共同发展的长期伙伴关系，实现促进全球文化多样性和城市可持续发展的共同使命。该项目同著名的非物质文化遗产保护项目一脉相承，共同处于优先进行“文化和发展”与“可持续发展”的全球战略框架之内。来自全球 31 个国家的 69 个城市能够入选“创意城市网络”，必然有其突出的特色（表 11-17）。

表 11-17 全球创意城市网络名单

称号类别	城市
文学之都	爱丁堡、墨尔本、爱荷华城、都柏林、雷克雅未克、诺利奇、格拉纳达、海德堡、布拉格
电影之都	布拉德福、悉尼、釜山、戈尔韦、索菲亚
音乐之都	塞维利亚、波隆纳、格拉斯哥、根特、波哥大、布拉柴维尔、滨松市、汉诺威、曼海姆、哈尔滨
民间手工艺之都	圣达菲、阿斯旺、金泽、利川、杭州、苏州、发布里亚诺、帕迪尤卡、雅克梅勒、景德镇、拿骚、北加浪岸
设计之都	布宜诺斯艾利斯、柏林、蒙特利尔、神户、名古屋、深圳、上海、北京、圣埃蒂安、首尔、格拉茨、毕尔巴鄂、库里奇巴、邓迪、赫尔辛基、都灵
媒体艺术之都	里昂、札幌、昂吉安莱班、达喀尔、光州广域市、林茨、特拉维夫、约克
美食之都	波帕扬、成都、顺德、厄斯特松德、全州市、黎巴嫩、弗洛里亚诺波利斯、鹤岗市

1．突出的个性文化魅力

进入全球创意城市网络的成员，大多依靠城市的文化个性魅力。德国的曼海姆当选音乐之都，因为其是曼海姆乐派的起源地。曼海姆乐派是早期古典时期最重要的音乐流派，由当时聚集在德国曼海姆地区的艺术家们构成，他们为交响曲的进一步发展奠定了不可或缺的基础。美食之都——顺德是中国广东佛山市的一个区，之所以能成为继成都之后的中国第二个美食之都，与顺德是全球知名菜系粤菜的发源地有直接的关系。顺德是我国著名的“烹饪之乡”和“粤菜之源”，善于博采众长，推陈出新，烹饪河鲜和蒸炒各种菜肴，以风味鲜美、清淡香脆驰誉海内外。此外，“凤城名厨”获得外界普遍公认，广州、香港、澳门和海外粤人聚居地的酒楼餐馆，大多乐于聘用顺德厨师。

2．保护传承非物质文化遗产

成员加入“创意城市网络”，有一项非常重要的考察指标就是对传统文化的保护，特别是非物质文化遗产的传承和可持续发展。作为手工业和民间艺术之都的中国苏州，目前拥有联合国教科文组织人类非物质文化遗产代表作六项，居我国各类城市之首，其中民间手工艺类就有缂丝、宋锦和香山帮传统建筑营造技艺等三项；拥有国家级非物质文化遗产代表性名录项目 29 项，列我国同类城市前茅，其中民间手工艺类有 18 项。如此突出的民间艺术财富，为苏州创意之路的发展带来了巨大优势。

3．打造“节庆文化”特色产业

创意城市在保护传承文化的同时，还要注重对于文化产业的投资和商业经营，对当地文化特色大力宣传，尽可能地让其在世界各国都具有知名度。

文学之都——爱丁堡通过各种艺术节上演了一幕又一幕文化产业大戏。创办于 1947 年的爱丁堡艺术节现已成为世界性的艺术盛会。爱丁堡国际图书节，每两年举行一次，每次延续半个月，不但展出来自全球知名出版社的文学图书，还举办逾 500 场作家论坛、作品朗读会和主题论坛。媒体艺术之都——光州位于韩国西南部，素有韩国“文化艺术之乡”之称。光州国际艺术双年展和国际电影节通过多年的实践，已经成为世界范围内拥有一定影响力的文化节庆。作为韩国传统文化的中心之一，光州通过光州泡菜文化节、光州阿里郎庆典等传统文化节庆，在推广韩国传统文化方面发挥了很大作用。音乐之都滨松本身就被称为“日本的音乐之都”，是日本第一个生产钢琴的城市，以滨松国际钢琴大赛为代表的多项国际性音乐活动的举办使之蜚声海内外。而文学之都墨尔本举办的墨尔本国际喜剧节是世界三大喜剧节之一，也是南半球最具规模的喜剧节。

第四节 本 章 小 结

创意是对传统的叛逆，它与创新既有相似之处，又存在着本质的区别。创意的实质就是通过思维的碰撞、智慧的对接，产生具有新颖性和创造性的想法，让人们产生共鸣。创意可理解为是人类经历的整合，他们可能是简单或者是复杂的；伟大的创意都能够产生巨大的新价值和财富。

英国政府于 1998 年首次提出了创意产业（creative industry）的概念，即源于个人创造性、技能与才干，通过开发和运用知识产权，具有创造财富和增加就业潜力的产业。目前的界定主要有三种：一是英国提倡的以“文化为导向”的产业；二是以美国为代表提出以“内容为导向”的创意产业；三是以台湾、香港为代表的新兴地区，提出以“文化和社会大众”为导向的“文化创意产业”。关于创意产业的内容和分类，各个国家没有统一的标准，但总体来讲都是关注与文化发展、艺术设计等相关的产业。作为一种新兴产业，创意产业的分类标准和体系尚不完善，由于各国国情国策、经济发展水平的差异以及创意产业理论研究深度的不同，创意产业的分类呈现多样化的特点。创意产业具有区别于一般产业的特征：创意性、高融合性与强关联性、高增值性、高风险性。

在经济全球化和信息化的背景下，区域经济发展呈现产业空间集聚的态势；所谓创意产业集群，就是在创意产业领域中，相互关联的众多企业以及相关机构依据专业化分工，在一定区域内建立起来的具有协作关系的产业组织形式；特殊的属性决定了创意产业集群具有如下特征：地域偏好性、结构多样性、企业小型化、环境宽松性和人文根植性。创意产业园区是创意产业的一种集聚发展模式，也是城市产业转型升级进程中的重要环节。创意产业园是集合一定数量、以创意为核心、具备自主创新能力企业的综合集聚区。它具有相对完善的生产链、专门的公共服务平台、完备的基础设施和浓厚的创意氛围，能产生明显示范、窗口和辐射作用。创意产业园是创意企业、创意阶层及创意社会中介按照一定分工合作模式构建而成的空间集合体，同时发挥生产、销售、孵化、展示、培训、休闲等混合功能。创意产业园区的演化是政府、企业、创意阶层、中介机构等行为主体，从分散运作与简单协作到相互合作与专业分工的过程；其主导组织模式演化主要经历以下几个阶段：自发集聚模式、市场引导模式、政府统筹模式、官产学研合作模式。

创意城市（creative city）是在城市发展进入后工业化时代的背景下伴随产业转移、城市重生和创意产业兴起而出现的一种推动城市复兴和重生的模式。创意城市是依靠创意要素在城市的有效聚集，通过营造良好的社会、经济环境，推动和促进整个城市在新知识运用、新技术突破及其产业化的基础上实现经济社会更大的发展，进而从根本上突破原有的经济增长方式，改变原有城市发展模式；一般具有创意人才密集、创意氛围宽松、创意经济发达、创新能力强大、知名大学众多等特点。创意城市是一个动态的发展过程，可以划分为停滞、萌芽、起飞、活跃、普及到最终形成自我更新的创意城市等十个阶段；有学者总结出 4 种类型的创意城市：技术创新型、文化智力型、文化技术型以及技术组织型。

创意指数（creative index），又称创意产业竞争力指数，它可以直观的了解一个国家、区域或城市创意产业的发展状况以及影响创意产业增长的各种因素，评价区域或城市创意产业的竞争力水平。目前主要有 3Ts 创意指数、欧洲创意指数、香港创意指数和上海城市创意指数等。

2004 年 10 月，联合国教科文组织（UNESCO）根据文化多样性全球联盟的倡议，设立全球创意城市网络的评选项目。创意城市网络共分为文学之都、电影之都、音乐之都、民间手工艺之都，设计之都、媒体艺术之都、美食之都七种类型。入选全球创意城市网络，意味着对该城市在国际化中保持和发扬自身文化特色工作的高度认可。

参考文献

艾伦·J·斯科特. 2010. 城市文化经济学. 北京：中国人民大学出版社.

爱德华·格莱泽. 2012. 城市的胜利. 上海：上海社会科学院出版社.

陈旭，谭婧. 2009. 关于创意城市的研究综述. 经济论坛，(5)：26-29.

褚劲风. 2009. 创意产业集聚空间组织研究. 上海：上海人民出版社.

褚劲风，等. 2014. 创意城市国际比较与路径选择. 北京：北京大学出版社.

蒋慧，王慧. 2008. 城市创意产业园的规划建设及运作机制探讨. 城市发展研究，15 (2)：6-12.

康小明，向勇. 2005. 产业集群与文化产业竞争力的提升. 北京大学学报（哲学社会科学版），(2)：17-21.

克劳斯·昆兹曼. 2012. 创意城市：城市发展的新模式？国际城市规划，(3)：65-69.

李博婵. 2008. 中国创意城市评价指标体系研究. 城市问题，(8)：95-99.

厉无畏，王慧敏. 2009. 创意产业新论. 上海：东方出版社.

厉无畏，王如忠. 2005. 创意产业——城市发展的新引擎. 上海：上海社会科学院出版社：299-304.

廖双红，肖雁飞. 2011. 创意产业集群发展的经济空间复杂系统演化研究. 华东经济管理，(12)：49-52.

刘平. 2010. 国外创意城市的实践与经验启示. 社会科学，(11)：26-34.

刘学，张敏，汪飞，等. 2007. 南京市文化集群的特征与模式. 现代城市研究，(11)：24-31.

刘玉，冯健. 2008. 创意北京发展：经济、社会和空间转型. 城市发展研究，(6)：91-96.

马仁锋. 2010. 城市观嬗变与创意城市空间构建：核心内容与研究框架. 城市规划学刊，(6)：109-118.

迈克尔·波特. 2005. 竞争战略. 陈小悦译，北京：华夏出版社.

毛磊. 2013. 文化创意产业集群的演化与发展. 镇江：江苏大学出版社.

潘谨，李金，陈媛. 2007. 创意产业集群的知识溢出探析. 科学管理研究，25（4)：80-82.

上海创意产业中心. 2006. 上海培育发展创意产业的探索与实践. 上海：上海科学技术文献出版社.

盛垒，杜德斌. 2006. 创意城市：创意经济时代城市发展的新取向. 经济前沿，(6)：21-25.

汤培源，顾朝林. 2007. 创意城市综述. 城市规划学刊，(3)：14-19.

汤培源. 2014. 城市创意空间. 南京：东南大学出版社.

唐燕等. 2013. 创意城市实践——欧洲和亚洲的视角. 北京：清华大学出版社.

王缉慈，厉无畏. 2005. 创意产业集群的价值思考. 厉无畏等. 创意产业——城市发展的新引擎. 上海：上海社会科学院出版社：45.

香港大学文化政策研究中心. 2003. 香港创意产业基线研究——香港特别行政区政府中央政策组委托顾问报告.

向勇. 2011. 中国创意城市：中国创意城市理论与实践. 北京：新世界出版社.

肖雁飞，刘友金，沈玉芳，等. 2007. 上海创意产业区空间创新特点和趋势研究. 现代城市研究，23（12)：40-44.

伊丽莎白·科瑞德. 2010. 创意城市：百年纽约的时尚、艺术与音乐. 陆香，丁硕瑞译. 北京：中信出版社.

张京成，李岱松，刘利永. 2011. 文化创意产业集群发展理论与实践. 北京：科学文献出版社.

Bagwell S. 2008. Creative clusters and city growth. Creative Industries Journal，1：31-46.

Bianchini F，Parkinson M. 1993. Cultural Policy and Urban Regeneration：The West European Experience. Manchester：Manchester University Press.

Boschma R A，Fritsch M. 2009. Creative class and regional growth：Empirical evidence from seven european countries. Economic Geography，4：391-423.

Caves R E. 2000. Creative Industries：Contracts between Art and Commerce. Cambridge：Harvard University Press.

Evans G. 2009. Creative Cities，Creative Spaces and Urban Policy. Urban Studies，5&6：100-1040.

Florida R. 2002. The Rise of the Creative Class：And How it's Transforming Work，Leisure，Community and Everyday Life.

Florida R，Tinagli I. 2004. Europe in the Creative Age，Pittsburgh，Carnegie Mellon Software Industry Center. London，Demos：13-30.

Gertler M. 2004. Creative Cities：What Are They For，How Do They Work，And How Do We Build Them？Ottawa：Canadian Policy Research Networks.

Hall P. 2000. Creative cities and economic development. Urban Studies，37（4）：639-649.

Hawkins J. 2001. The Creative Economy. How people Make Money from Ideas. London：Allen Lane.

Hospers G J. 2003. Creative Cities：Breeding Places in the Knowledge Economy. Knowledge，Technology & Policy，16（3）：143-162.

Landry C. 2002. The Creative City. London：Earthscan Publications Ltd.

Markusen A. 2006. Urban development and the politics of a creative class：Evidence from a study of artists. Environment and Planning A，38：1921-1940.

Masayuki Sasaki. 2010. Urban regeneration through cultural creativity and social inclusion：Rethinking creative city theory through a Japanese case study. Cities，27：3-9.

O'Connor J. 2006. Creative Cities：the Role of Creative Industries in Regeneration. Power Point Presentation，University of Leeds.

Porter M E．1990. The Competitiveness Advantage of Nation．New York：Free Press.

Scott A J. 2006. Creative cities：Conceptual issues and policy questions. Journal of Urban Affairs，28（1）：1-17.

Scott A J. 2010. Culture Economy and the Creative Field of The City. Swedish Society for Anthropology and Geography. Human Geography，（2）：115-130.

第十二章

创新与城市发展

在全球化进程中创新的空间维度的重要性日益增加。这主要有两个原因：①创新活动、人员和经费普遍呈现出地理集中的趋势；②一些特定区域的成功往往和创新活动的显著水平密切相关。例如，半导体产业的创新发展推动了硅谷的成功（Athey et al.，2008）。

城市为创新的产生提供了诸如邻近、密集和多样化的理想环境，被视为创新和创意产生的场所（Shearmur，2012）。然而，不同城市之间仍存在着创新差异性，相比其他城市，一些城市更具创新性。学者和政策制定者均十分关注这一现象背后的原因。不过，城市是一个复杂的系统，并处于多样化和动态的区域、国家和国际关系之中，要清楚的阐释该问题并不容易。

本章主要讨论了三个关键问题：第一，为什么创新活动产生并集聚在城市区域？影响城市创新的微观和宏观、内部和外部的因素有哪些？第二，什么是城市创新系统和城市创新生态系统，它们对导致创新的新知识创造和扩散中起到了什么样的作用？第三，什么是创新型城市，创新如何推动它们的发展？

第一节 城市创新

城市创新是城市创新主体在一定的制度、组织和文化背景下所进行的一系列的创新活动。城市创新的实质就是在城市发展的过程中，对诸要素进行新的整合而产生的一系列城市创新的活动（韩丽等，2010）。城市创新对于引导城市纳入全球化轨道，提升城市地位具有至关重要的作用（吴煜和刘荣增，2003）。

一、城市创新职能

城市一直是创新的来源，彼得·霍尔（Peter Hall）将都市创新分为三类：文化/智能，技术/生产与技术/组织（夏铸九，2003）。Castells 和 Hall（1994）均认为主要城市及大都市是创新网络最重要的结点。

我国地理学者吕拉昌对城市创新职能进行了系统研究，他认为城市成为创新的源头，具有创新职能的原因主要有几个方面：①城市可以提供大量的创新资源，尤其是具有专业知识的多样化的人力资源；而且具有大学、研究机构等知识的主要生产者，以及金融服务、风险资本及相关公共服务机构。②城市有较多的创新合作伙伴，有利于知识的传递，城市或行业的隐含知识（tacit knowledge）对创新过程尤其重要。另外，城市具有更多的面对面的机会以及高度的工作流动性，有利于创新的产生（吕拉昌等，2009；吕拉昌和李勇，2010）。

他指出与其他的城市职能不同，城市创新职能具有几个特点：①依附性：创新在许多时候呈现非实体性，因此创新本身是依附实体而存在的，它依附于城市的各种网络之中或依附于城市的其他的职能。②复杂性：由于创新内容的复杂多样，因此表现在城市创新职能上复杂多样，但由于文化的差异及创新资源的特点不同，各个城市的创新，各有侧重，因此用定性、定量的方法对城市创新职能进行分类研究是可能的。但是，城市创新职能的有些方面难以进行测量，所以尽管可以测量到城市创新能力、水平，但无法穷尽城市创新职能的所有方面。③规划性：因为城市创新职能是通过各种创新资源的组织实现的，因此城市创新职能是可以挖掘，可以组织和可以规划的，如何在城市规划体现城市创新职能是现代城市规划面临的重大课题。④城市创新职能的专属性与综合性。不同城市由于发展历史不同，形成了不同“历史”路径，不同城市形成的城市文化构筑了不同城市的创新氛围与创新类型，因此各个城市创新有可能在某些方面的创新职能强于另外一些城市，但这种专属性创新职能也可能随着社会经济发展的不同发生变化。另外，由于城市大都具有相似的结构基础，因此各个城市在各方面都可能形成创新，具有综合创新的潜力（吕拉昌等，2009；吕拉昌和李勇 2010）。

二、城市创新过程

城市创新产生的研究主要来自两个视角：①第一条研究主线是城市的本地蜂鸣（buzz），即城市能够提供频繁的、计划外的和有激发性的面对面的交流，增加了创新的可能性。这是目前主要的研究观点，研究脉络可以从 Glaeser（2011）追溯至 Jacobs（1969）。②另一条研究主线是城市具有丰富的劳动力、完善的基础设施和接近市场等优势，有利于创新的产生（Shearmur，2012）。这一主线是建立在经典的集聚理论之上，有更多的实证研究结果的支持。集聚理论认为城市能够提供降低成本和风险的外部性，但这可能更多地关系到在不确定环境下发展的新兴产业，对已经成熟的产业和企业的影响较小。Puga（2010）最近指出集聚产生的节约成本和降低风险的集聚效应已经得到了深入研究，但集聚对本地经济行为者之间的动态相互作用的影响还需要广泛探索。

（一）知识溢出

知识是创新最重要的决定性投入要素之一，知识有着很多确定的特性，这些特性影响着区位作用于创新的效果（Feldman，2000）。知识有两种类型：一种是显性知识（codified knowledge），一种是隐性知识（tacit knowledge）。越来越多的研究者认为，隐性知识构成了基于创新的价值创造的最重要的基础（Pavitt，2002）。正如 Maskell 和 Malmberg（1999）所指出的，当人们相对容易获取显性知识时，独特能力和产品的创造将依赖于隐性知识的产生和使用。“当前经济全球化发展带来一个有趣结果常常被忽略，那就是：可编码化的知识越容易获取，隐性知识对于维持或提升企业的竞争优势就变得越重要。换句话说，全球化的一个结果就是许多先前本地化的能力和生产要素变得无处不在。然而，那些不可交易的知识没有普遍化，它们体现为隐性知识，只能在某一给定的时间通过实践产生。随着市场的国际化，这种本质上无法交换的知识变得越来越重要。”Asheim和 Gertler（2005）认为上面所引述的一段话隐含着对空间的一个观点：隐性知识是某个地理空间创新活动的关键决定因素。他们还指出这一观点包含两个相关因素。第一，因为隐性知识不易清晰化和编码化，难以进行远距离交换。它与所处的社会和制度环境密切相关，这一特性使得它与空间是密不可分的。第二个因素与正在变化的创新过程本身有关，尤其是社会所组织的学习过程变得愈发重要。创新日益基于企业、研究组织和公共机构等经济体间的互动和知识流动。

隐性知识最好的传播方式是面对面地交流和连续地、重复地接触与联系（Hippel，1994）。这类知识的传播还不易和个人、社会及环境分开，所以产生了知识溢出的地方性，也使得集聚在知识的传播中具有特殊意义（梁琦，2004）。另外，空间上接近性对于隐性知识的有效产生、传播和共享的关键作用，强化了创新集群、城市和区域的重要性。

Therrien（2005）指出城市中知识溢出最大化有两条途径：本地化（localization）效应和城市化（urbanization）效应。他认为本地化效应强调产业集中度是导致知识溢出的主要因素，因为来自同行业的知识是紧密相关的。因此，本地化效应来自企业外部影响因素，但是产生于特定区位的行业内部。这种外部性能够降低投入成本，创造更大的专业化的投资和产品市场。企业利用这一优势可以达到更高的生产率和更好的创新绩效。不同于本地效应依赖于产业专业化，城市化经济强调不同行业的企业之间的互补性。城市化经济强调本地产业的多元化和互补性对知识溢出产生的重要性。某一给定行业的企业会受益于位于同一地区的其他企业（在其他行业）的互补性知识。这种外部性来自不同行业，但产生于相同区位的内部。

（二）多样性与专业化对创新的影响

经济活动的专业特性在一个特定的空间起什么作用？这个问题涉及外在性是如何形成的？外在性的存在是无可争辩的，但外在性的原因是多样的。从产业角度来看，知识的外在性可以分为两种：产业内的外在性和产业间的外在性。产业内的外在性是指同一行业内的公司之间的外在性。自从马歇尔第一次阐述了行业集聚与外在性的观点后，他的观点得到阿罗（Arrow，1962）和罗默（Romer，1989）的发展：在一个特定的空间的某个行业的大量集中能促进该行业公司之间的知识溢出。Glaeser 等（1992）将它称为“马歇尔-阿罗-罗默”外在性（亦称 MAR 外在性）。当然也存在产业间的外在性，那些有差异的公司之间也存在知识溢出。Jacobs（1969）认为知识的外部性源于具有差异性的公司之间，以及那些能对新知识产生较大汇报的经济单元之间的互补性知识的交流。比较而言，马歇尔-阿罗-罗默外在性强调了专业性促进了创新发明，而雅各布斯（Jacobs）则认为差异性和多样化更有助于创新发明。城市之所以是创新的基地，正是因为在城市里，不论是知识还是商品，其差异性和多样化都是最大的，他强调在一个地域内产业的差异性和多样化提升了知识的外在性，最终推动了创新和经济增长，当然，这应该是在差异性活动互相作用的条件下，而一个共同的科学基础是必要的。

在马歇尔-阿罗-罗默的理论框架中，对于知识溢出和创新来说，地方垄断是优于地方竞争的，因为创新产品的垄断利润激发创新动力；但波特（Porter，1990）关于意大利瓷器和珠宝业的案例，说明在一个有限的地域上集中大量的厂商，激烈的竞争是在产品创新上而不是价格上；雅各布斯认为竞争比垄断更有利于知识的外在性，这里所指的竞争是指新思想新创意在产品市场的竞争。公司数目的增加为新思想带来了更大的挑战性和竞争性；而公司之间的竞争又使得那些在某个特定产品的小环境里有专长的公司更容易进入，这是因为往往从小的专业性公司得到互补性投入和服务更合适，而不必从大的、垂直一体化厂商处得到。

Feldman 和 Audretsch（1999）以美国小企业管理局创新数据库（small business administration’s innovation data base，SBIDB）的资料进行了实证分析，其中包括（1982 年）制造业 3969 个新产品：以城市为空间单位，分类来自联合都会统计地区（consolidated metropolitan statistical area，CMSA）或大都市统计区（metropolitan statistical area，MSA）；产业则按共有科学基础，分为六大产业集群，分别命名为农业关联产业、化学工程、办公设备、工业机械、高技术计算机和生物医药。在 Feldman 和 Audretsch 建立的回归方程中，创新产品的一个解释变量是反映城市的某个特定产业的专业化程度的，该变量的系数估计值为正则指出马歇尔-阿罗-罗默命题，专业化刺激创新；系数估计值为负则说明一个城市的专业化程度越高反而阻止了创新产出，那么将支持雅各布斯理论，经济活动的多样化将比专业化更能推动创新。为了确定互补性行业间知识外在性的影响，可以用一个所谓的基于产业簇群的多样化指标来描述，这个指标定义为：分子为某城市某产业簇群的就业人口除以该城市全部就业人数，分母为全美该产业簇群的就业人数除以全美就业人数，这个指标的估计数为正说明互补性行业存在越多则创新产出越多，从而支持多样化理论；相反，系数为负则说明与多样性理论相反，建立在同样科学基础的相关产业的存在是阻碍而不是推动了创新。测量地区产业竞争强度的指标是该地区该产业人均公司数目和全国该产业人均公司数目的相对数，如果这个指标值大于 1，那么该产业在该城市的竞争性大于全国其他地方。对美国 5946 个城市-产业观察数据的回归结果是：专业化的指标回归系数为负值，多样性的指标和地方竞争指标的回归系数为正值。因此产业水平上的证据表明：第一，多样性比专业化更有利于创新；第二，地方竞争比地方垄断更有利于创新发明。

从现有研究来看，由于地理单元、衡量指标、产业性质以及选取年限上的差异，研究结论存在非常大的争议（赵勇和白永秀，2009）。正如格莱泽（Glaeser）所言，“到目前为止，已有文献似乎还没有解决集中和多样性的作用问题，不同的时间和不同的样本产生不同的结果，表明在这个论题上还没有普遍的真理。”事实上，专业化外部性和多样化外部性在创新中的作用，并不必然存在哪一类型更重要的问题，专业化外部性与多样化外部性的作用根据产业类别、产业发展阶段、技术特点及区域范围、发展水平等情况的不同而不同。在制造业中，MAR 外部性在成熟产业中作用更加明显，雅各布斯外部性在新兴的高新技术产业中发挥更重要的作用（Viladecans-Marsal，2004）。其次，研究结果还受到指标选取影响。选择不同的指标如就业增长、生产率增加、创新的数量等，研究结果会有所不同。

三、城市规模与创新

许多对城市或区域与创新关系的研究都指出人口密度更大的大城市或区域比人口密度较小的城市或区域更具有创新性。例如，Carlino（2001）强调专利活动和城市人口密度呈正相关关系，认为人口稠密的中心城市更能够促进知识溢出和创新的产生。Breschi（1998）对意大利的区域创新表现的空间分布进行了研究，发现创新活动比经济生产更加集聚，主要集中在大都市区域。

学者们对创新引用数据进行分析，发现城市规模依然十分重要。Karlsson（1997）使用一个瑞典建立的数据库，发现新技术的采用率与区域的基础设施和劳动力市场规模呈正相关。Young and No（2002）使用加拿大的数据（1993 年创新和高科技调查），同样发现新技术的采用主要集中在人口密度大或者高层次劳动力数量较多的区域。

大城市更具创新性的一般解释是集聚经济。集聚经济主要来自于知识溢出、充足的技术劳动力和专业的供应和服务商。相比小城市，大城市的优势可能正如 Lever（2002）所陈述的，“隐性知识的传播往往需要面对面的交流，大城市里的经济主体之间互相访问和接触机会最多”。另外，大城市的优势不仅仅来自于隐性知识，还取决于知识基础（knowledge-base）。知识基础是由显性知识、隐性知识和知识基础设施共同组成的。对欧洲的大城市的研究显示知识基础的质量和城市经济表现呈正相关关系，表明高质量的知识基础能够促使企业取得更好的创新和经济表现。

基于产业生命周期的视角，能够更深刻地认识城市规模和创新之间的关系，也有助于更好地理解产业结构专业化和多样化对城市经济增长的贡献。区域经济的多元化在处于不同发展阶段的产业的创新过程中发挥不同作用，同时，人口数量的差异也会对城市创造和扩散新知识的能力产生影响。Duranton 和 Puga（2001）

在研究中指出企业开始通常会选择在能够提供多元化的、创意环境的大城市中心开发新产品。随着技术和行业的不断成熟，企业就会选择迁移至专业化城市，利用专业化城市的成本优势进行大规模生产。大城市的产业结构比中等城市和小城市更加多元化，拥有更多的知识密集型产业。相关研究结果还揭示了创新活动包括 R&D、专利和产品创新等也与城市规模密切相关，并且主要集中在大都市区域（Audretsch，2002）。

这一观点在工业活动、经济命运和城市规模的相关研究中得以加强。产业结构较多元化的大城市受经济变革的影响程度会比较低，而产业基础比较单一的小城市更容易受到产业生命周期的影响而导致经济的增长或者下降（Brezis and Krugman，1997）。某个行业高水平的专业化发展的确能刺激一些中等城市的经济增长，但这些城市的未来就会取决于专业化行业的发展前景。一旦这一行业失去了竞争力，城市也可能会由于缺乏知识资产，难以培育和推动本地经济的多元化和新产业的发展壮大。另外，这些城市往往缺少能够孕育新思想和新的经济增长点的制度，所以经常面临着革新本地经济发展基础的挑战。这表明城市创新和经济增长的根源不能简单地归结于产业结构多元化或专业化水平，更重要的是城市调动一切经济资源寻求新的增长点的适应能力。同时，也说明了城市创造和扩散新知识能力的变更对其长期发展前景和经济调整能力的提高至关重要。

四、创意人才和城市创新

城市创新和发展关注的另一个焦点是创意人才。创新、个体化的知识交换和经济增长之间的重要联系使得由受高等教育人才和创意工作者组成的广阔的劳动力市场成为最重要的区位资产，库克（Cooke）称之为具有“全球意义的区域人才池”（regional talent pools of global significance），能够使城市吸引和嵌入全球流动投资，促进创新的产生和城市经济的增长（Cooke，2007）。他认为吸引人才的能力对城市和区域经济的繁荣发展至关重要。

美国学者理查德·佛罗里达最早提出创意阶层概念。Florida（2002）指出创意阶层分成“具有异质性创造力的核心人员”（super creative core）和“创造性的专业人士”（creative professionals）两个组成部分。前者包括学者、科学家、诗人、艺术家、创意编辑、咨询公司研究人员、媒体文化人士等，以及其他社会名流。后者包括高科技、金融、法律及其他各种知识员工。创意阶层的定义表明了某些职业对于区域创新和发展而言更加重要。创意阶层对城市生活条件有较高的要求，良好的城市生活条件能够吸引创意阶层集聚。佛罗里达在他提出的著名的创意经济发展“3T”理论的“3T”（technology，talent and tolerance）中又增加了一个“T”（即 territorial assets，地域资产），于是就有了所谓的“4T”理论。而格莱泽提出的“3S”（即 skill，sun and sprawl）理论也强调地点质量（quality of place）对于创意阶层的重要意义，如阳光地带（sunbelt）是吸引创意阶层的一个重要因素（Florida and Tinagli，2004）。

人才越集中，创新性就越强。人力资本的集中是企业和投资接踵而来的必要条件。各种不同文化背景的创意人混合、各种新观念共存，才能产生新的组合，从而带来更高的创新力、高科技企业、新就业机会及经济成长。最近的研究表明，艺术家及其他非科学类的职业和企业的集聚与城市经济呈正相关关系，艺术和娱乐业和区域劳动力生产率高度相关。这说明城市劳动力市场中艺术家及其他创意职业人才的集聚和雅各布斯描述的多元化的产业结构给经济发展带来的影响类似，由多元化的各类创意行业人才集聚组成的人力资本促进了城市创新和经济发展。在全球化经济中，城市重要优势之一就是降低了知识转移的费用，并且因为人才的集聚而成为创意产生和扩散的中心。城市人口密度尤其是创意工作者的密度和大都市区专利活动密切相关，是影响知识溢出和创新的一个关键因素（Carlino，2007）。相关研究结果表明最大的城市吸引最强的知识流动，在美国，最有利于城市创新的创意人才数量超过 100 万人（Knudsen et al.，2008）。二者之间的关系似乎仅在这一层次才比较明显，意味着大城市能够从高度集聚的技术密集型制造业及受高等教育人才中不断增加创新优势。Glaeser 和 Gottlieb（2006）认为伦敦、纽约、波士顿和芝加哥等城市在过去几十年复苏的原因：一方面是因为知识对于经济的重要性不断增加，规模最大、人口密度最高的城市在促进知识流动上具有明显的比较优势；另一方面是因为人才对城市基础设施，如娱乐等与日俱增的消费者偏好。

一些对城市人才集聚和经济增长之间呈正相关关系的反对意见指出，城市中人力资本的高度集聚可能是城市产生的其他外部性的结果。Glaeser（1992）、Florida（2002）等可能混淆了个体工作者（创意或者其他职业）和企业的区位选择之间的关系；决定城市经济增长的主要因素不是高技术人才和创意工作者偏好城市区位，而是城市中企业的集聚最先带来的广阔的劳动力市场。Storper 和 Manville（2006）认为经济复苏并不仅仅发生在阳光地带城市，还发生在那些老的、寒冷的、密集的城市区域，如波士顿、芝加哥和纽约，无论是美国北部的老城市还是南部的新兴城市的人口增长都和区域经济地理及产业活动的变化密切相关。Jacobs（1969）、Florida（2002）和 Glaeser（1992）通常会将技术人才和便利设施放在一起讨论，认为技术劳动力在某一区位的集聚促使本地基础设施的出现和发展，并在一定程度上会使得该地更具包容性。劳动力通常是被城市中心更多的就业机会所吸引，而不仅是大多数具有一定规模的城市均能够提供良好的生活环境，如购物和娱乐等。

相比消费、生活方式和社会便利设施，劳动力更多的是被就业机会所吸引的观点表明城市创新和经济增长原因需要更加细致的考察。目前，迅速发展的知识密集型产业中出现了许多尚未归类的新兴行业，Scott（2007）用“认知文化经济”（cognitive-cultural economy）这一新兴术语来描述经济活动的自然转变，这种经济的增长和创新是由技术密集型制造业、多元化的服务业、时尚导向下的新手工业和文化产业共同驱动。数字技术的广泛应用减少了模式化的生产流程，创造更多定制化产品，促进了生产方式的转变。从这个角度来说，创意阶层和其他人力资本的集聚和区位是向传统经济向知识经济转变的结果。另外，城市经济发展的历史和轨迹，尤其是供给、需求和劳动力之间紧密的共同演化，对人力资源的集聚有着很大影响。

需要指出的是，尽管人才是城市创新和经济发展的基础，但在许多发展比较成功的城市区域中创意人才和高技术劳动力的分布也不平衡，扩大了社会差异。北美和欧洲创意城市的崛起要归因于它们能产生高水平的技术创新和具有经济效益的知识。然而，这种城市发展模式同样会给经济和社会发展带来一些问题。“大城市中新兴经济的发展一直伴随着特权阶层如管理、科学、技术和其他高层次的劳动力与大量的低薪劳动力之间鸿沟的深化。”（Storper and Scott，2009）如果地方和区域政府采取人才战略来促进创新和经济增长，就需要致力于解决社会差异问题，保证吸引更加广泛的、不同技术和职业的劳动力。

五、创新的城市空间体系

（一）世界城市网络对城市创新和发展的影响

一个城市的创新和经济发展不仅受到其在国内经济地位影响，还取决于它在世界城市网络中的地位。20 世纪末以来，以信息和通信技术的发展为基础，新技术的发明所引发的经济、制度、社会的共同变化塑造了城市，城市通过信息网络被吸纳进世界城市体系中，城市间各种要素流动的迅速增加使得全球城市间的联系更加紧密，城市间的经济网络开始主宰全球经济命脉，并涌现出若干在空间权力上超越国家范围、在全球经济中发挥指挥和控制作用的世界性城市。世界城市可以看成是众多的服务性公司实施其全球区位决策的聚合作用的结果，为了能够在全球范围内提供服务，多国公司在全球主要城市设立分支机构，从而形成全球性的服务网络。于是，多国公司在全球范围内组织生产和管理，建立起扁平化的网络体系以实现各城市间的有效合作与协同竞争（马学广和李贵才，2011）。

世界城市网络是一个诸多结点内在连接而成的页面。当我们从世界城市网络的角度来观察时，城市就是一个与其他城市有着内在连接的结点，是作为该网络系统的组成部分而存在的。这一“结点”的概念，意味着城市之间持续的相互作用。值得强调的是，城市作为一个节点的价值，在于它和其他结点之间的相关性。这就把城市间的联系提到了关系城市发展的核心位置上来，成为城市兴衰的关键问题。正是这种旧的和新的联系维系着城市，并决定了城市的地位。因为一个城市与其他结点之间的联系越多，其越有可能获得频繁流动的信息和知识，并通过生产、分配和消费方面的创新来抓住经济发展的机会（周振华，2006）。

（二）国际城市化与创新的跨国传递

全球化的发展推动了国际城市化，城市化表现为人口、技术、资金的跨国流动，在这一过程中，就某一国家来源，国际城市化表现为：①国际人口、资金、技术向该国集中过程；②该国文化受全球文化的影响过程；③外籍人口数量及国际性活动在城市中比例提高的过程。

全球化的发展推动了国际城市化，城市化表现为人口、技术、资金的跨国流动，人力资源迁出地是人力资源的流失地，人力资源迁入地则获得了巨大的人力资源财富，为经济发展创造了巨大潜力和动力。现在，发达国家成为人力资源的净流入国，发展中国家成为人力资源的净流出国。人力资源的流入国，往往成为人才洼地、文化融合区，孕育了创新发展的动力。因此，人力资源的区域流动更加剧区域发展的不平衡，使区域发展更加呈现不平衡的态势。跨国资本的流动，同样是创新流的流动，技术创新、管理等依托于跨国投资在全球传播。跨国公司已成为全球技术、知识、信息的主要载体，其全球活动促进了创新的传播。目前，跨国公司控制着全球 80%以上的新技术、新工艺的开发，以及 70%国际技术转让。进入 1990 年以后，跨国公司投资在地理上分布不断趋于分散化，不仅在跨国公司所在的发达国家相互投资增多，而且新兴工业化国家正在成为发达国家研发的新兴市场。另一方面，一些发展中国家的跨国公司也纷纷到海外经营研发，且具有强劲的势头，许多新兴国家、地区或城市成为全球研发的重要节点。

上述现象说明国际城市化加速，也意味着地区、城市间创新传递的加速，在全球形成了以跨国公司为主要纽带，以人力资源和资本、信息流等为重要基础，以世界主要城市为主要节点的创新网络体系（吕拉昌和李勇，2010）。

（三）全球创新城市空间等级体系

首先，全球城市创新空间存在等级的差别。主要依据创新环境及激励、创新实现以及创新市场等方面，2007 年全球创新城市的排名依次为维也纳、波士顿、巴黎、纽约、罗马、莱比锡、布拉格、墨尔本等。当然从不同角度可以有不同的划分。其次，传统城市地理中，城市体系存在等级与规模间的规律，城市创新等级与规模间的关系尚待研究。再次，城市创新活动的空间扩散如何展开？1953 年哈格斯特朗提出三阶段空间扩散的观点：①创新在一些主要城市采用；②创新传播到第一批中心的四周和次要的中心；③创新传播到次要中心的周围，扩散过程结束。Pred（1977）解释了创新通过城市体系的等级扩散，认为大城市在这个过程中占据循环优势。

由此可见，城市创新空间具有等级扩散的特点，且大城市起重要作用。但从目前来看，创新扩散并非只是单向的，事实上也是双向的过程，创新沿城市等级自上而下传递的同时，也会沿等级网络发生自下而上的创新传递过程（吕拉昌和李勇，2010）。例如，跨国公司在全世界的城市设立子公司，通常跨国公司从母公司将其技术与知识输入子公司，而海外子公司作为母公司的战略的经济参与者，其创造性地吸收和利用当地知识，已经成为跨国公司提高当地回应能力的重要方面，也成为跨国公司全球学习的重要部分（薛求知和李亚新，2007）。

第二节　城市创新系统与创新生态系统

创新系统理论是现代创新空间分析最重要的理论，最初主要集中于国家尺度的研究，关注创新系统的国家差异，后来学者的研究兴趣转向区域创新系统，对不同尺度的区域创新系统均进行了研究，一些研究关注城市创新系统（吕拉昌等，2009）。

一、城市创新系统

（一）城市创新系统理论的形成与发展

20 世纪初熊彼特所提出的创新理论是创新系统研究的理论渊源。熊彼特在《经济发展理论》中第一次将创新系统地引入到经济体系中，从演化的角度探讨了创新对经济周期的影响，明确了创新是改变经济均衡的唯一要素，论证了企业家这一创新行为主体在创新过程中的重要作用。熊彼特思想的继承者们根据其对创新的定义，逐渐分成了相对独立的两大研究路线，即以技术创新、市场创新为研究对象的技术创新论和以组织管理变革为研究对象的制度创新论。前者包括以索洛、阿罗（Arrow）、丹尼森（Denison）、乔根森（Jorgenson）等为代表的新古典学派和以曼斯菲尔德、卡曼为代表的新熊彼特学派，后者包括以加尔布雷斯（Galbraith）、缪尔达尔（Myrdal）、海尔布伦纳（Heilbroner）等为代表的制度学派和以科斯（Coase）、诺斯为代表的新制度经济学派。最初，关于创新的研究均强调创新的线性特征，因此被称作创新理论的线性模式。随着研究的不断深入，学者们发现创新源自不同的出发点，即不同的创新源企业价值链中的所有活动都有可能创新，创新更多地发生于各种行为主体之间复杂的共同运作过程中，因此，从系统论的角度来探讨创新理论迫在眉睫（王缉慈，1994）。

创新系统研究首先是在国家层次上展开讨论的，即国家创新系统。弗里曼（Freeman，1988）明确地提出了国家创新系统的概念，即指存在于公共产业部门和私人产业部门，其活动及互动决定着新技术的发起、进口、改进和扩散的各种制度所构成的网络。20 世纪 90 年代，国家创新系统研究从理论到实践出现了许多重大成果，并形成了宏观学派和微观学派（Isaksen，2001）。随着国家创新系统理论在学术研究上的成功，一些学者开始在区域层次上展开对创新系统的研究，即区域创新系统。库克对区域创新系统的概念进行了较为详细的阐述，认为区域创新系统主要是由在地理上相互分工与关联的生产企业、研究机构和高等教育机构等构成的区域性组织体系，而这种体系支持并产生创新（Cooke，1992）。在经济全球化的背景下，经济的区域化日益凸显，区域的创新能力直接关系到一个国家地区的国际竞争优势的提升，区域创新系统备受世人关注，Cooke（1992）、Howell（1999）、Asheim 等（2011）、Isaken（2001）等从不同角度对其进行了细致研究。

国外学者侧重将创新系统作为一种分析工具，将城市作为一种地域尺度，对城市创新进行分析。Fischer 等（2001）较早提出大都市创新体系并对其进行了研究，他利用区域创新系统的概念框架对巴塞罗那、维也纳和斯德哥尔摩的大都市区域进行了比较研究。Johnson 和 Lehmann（2006）认为城市创新系统概念的提出可能更大程度上是基于地域角度对现有概念的一个补充。他指出城市并不是创新系统产生的理想地域范围，这是因为：第一，它缺乏强有力的政治权利中心，在谋求自身发展的政策制定上，城市管理者与国家政府或区域政府之间会存在一些差别；第二，城市可能缺少明确的共同文化，一种令市民相信大家需要并且有必要一起行动的归属感。国内学者赵黎明（2002）以我国区域经济发展的大环境为背景，以创新理论、区域经济可持续发展理论、技术扩散场理论为基础，以建立促进地区社会经济发展的城市创新系统为主线，较早较明确地提出了城市创新系统理论，并运用系统动力学理论与方法，对城市创新系统运行机制进行研究。

城市创新系统的理论来源和基础除了上面介绍的创新理论外，还有几个主要组成部分，即演化理论、交互性学习理论、新区域科学及现代区域发展理论等。

1. 演化理论

纳尔逊和温特于 1982 年出版《经济变迁的进化理论》，演化经济学逐渐成为较重要的经济学理论。与新古典经济学中关于技术变迁是寻求利润最大化的结果的观点不同，该理论利用进化学中变异、自然选择和遗传思想，运用演化观点解释技术变迁，具体包括时间不可逆性论、非最优和非目的论、共同进化论和动态论。

2. 交互性学习理论

伦德华尔主编的《国家创新系统：一种走向创新和交互性学习的理论》对交互性学习理论进行了深入的探讨，在国家层次上将学习理论与创新系统研究相连。该理论突出了制度和组织在创新系统中的重要性，强调创新过程中营利性组织和非营利性组织之间发生着复杂的互动，它们相互学习，相互借鉴，共同提高。主流经济学只强调创新是对市场需求和价格信号的响应，而该理论所突出的创新过程本质上是学习过程和受创新所在地制度性安排的观点是对主流的超越。

3．新区域科学及现代区域发展理论

20 世纪 90 年代 Cooke（1992）等学者提出“新区域科学”（the new regional science），强调文化和习俗等制度环境对区域竞争力的重要影响，强调各创新主体在地理上集聚的重要作用，强调区域学习和区域组织的重要性。目前，现代区域发展理论研究的焦点体现在区域发展的制度基础和区域管制、跨国公司全球化与区域发展、新贸易理论和地理经济学、区域可持续发展、新产业区理论以及地方环境和学习创新等方面。创新系统的提出正是在大量研究新产业区的基础上，伴随着“后福特主义”“产业集聚”逐渐形成的。

（二）城市创新系统的内涵与特征

1．城市创新系统的内涵

城市创新系统是指在以城市为中心的区域内，各种与创新相联系的主体要素（创新的机构和组织——企业、政府、大学、科研机构和中介组织）、非主体要素（创新所需的物质、资源条件）以及协调各要素之间关系的制度和政策在创新过程中相互依存、相互作用而形成的社会经济系统（赵黎明，2002）。隋映辉（2004）则认为，城市创新系统可以表示为城市创新的扩散效应和科技产业聚集效应的矢量集合，以及一个独特科技、经济、社会结构的自组织创新体系和相互依赖的创新生态系统。以创新城市系统为核心节点，以科技产业和创新企业关联为组织结点的创新生态系统和网络群，将在协同创新中进一步联结城市各个创新结点（产、学、研、政府等），构成创新系统网络，并融入到区域创新、国家创新系统组成的系统结构。张辉鹏和石嘉兴（2004）从系统工程学角度将城市技术创新体系定义为城市区域内参与技术创新的企业、大学和研究机构、政府部门等行为主体通过一定的机制相互延伸和交融组成的创新网络系统，具有鲜明的城市区域特色，是国家创新系统的子系统，并构建了城市技术创新体系三元行为主体系统模型。黄继和管顺丰（2007）认为城市创新系统是由一系列公共机构（国家实验室、高校）和私营机构（企业）组成的系统网络，这些机构的活动及相互联系和影响决定一个城市的扩散知识的能力和创新表现。

综合上述不同学者的定义，城市创新系统基本内涵应包括：①城市创新系统是一个受外界环境影响的开放系统；②城市创新系统具有五大创新主体，企业是最重要的创新主体，政府、大学、科研机构、中介服务机构是其他四个创新主体；③创新的本质是知识的流动和新知识的生成，除此之外，人才的流动、物流、资金流等创新要素的流动是系统运行的必要条件；④创新主体和要素相互作用形成一种网络结构（张省和顾新，2012）。

2．城市创新系统的特征

作为一个系统存在，城市创新系统具有一般系统的特性，即整体性、相关性、结构性、动态性、目的性、环境适应性，也具有反直观性、政策变更抵制性等复杂系统特性，其社会经济系统性明显，包括人的系统主体性、时间不可逆性、周期性和时滞性等（赵黎明，2002）。梁丹等（2005）强调了城市创新系统的开放性、分散性、本地性特征。开放性指创新网络中各行为主体之间的联系不能仅局限于一个地方区域中，而是要通过寻求更多的合作伙伴来扩大网络，开辟新的市场；本地性指创新活动与城市内部环境保持着密切的联系，这是系统功能不断增强的关键环节；分散性指不存在对区域发展具有完全控制力的行为主体，二者应在交流与合作的过程中加快资源的传递速度。张省和顾新（2012）指出城市创新系统作为连接企业创新系统和国家创新系统的中间环节，具有开放技术创新系统的一般特征，即开放性、动态性、竞争性、多样性和耦合性等。

（三）城市创新系统的动力机制

赵黎明和李振华（2003）应用系统动力学的有关理论和方法，通过城市创新系统的动力学结构模型剖析了城市创新系统的动力机制。他将城市创新系统分成了增长和支持系统两大部分，以此来从总体上把握城市创新系统动力机制的形成过程。其中，支持系统包括城市的创新基础（包括知识、经济和技术基础）、创新资源（包括人才、知识、专利、信息和资金等）和创新环境（包括政策法规、管理体制、市场和服务等）；增长系统主要体现在城市创新能力的增长和资源配置能力的增长上，其最终目的是以创新来促进城市产业结构的调整和升级以及带动城市及周边地区经济持续、稳定和健康的增长。城市创新系统的运行主要表现为支持系统和增长系统两大方面的互动作用：当支持系统能够满足增长系统的一切要求时，整个城市创新过程将处于一种良性发展的状态。如果支持系统出现阻滞或运转失灵，将导致增长城市创新经济变量停止增长甚至出现负增长（图 12-1）。因此，协调支持系统与增长系统的平衡，要尽量减少摩擦，促使城市创新过程时刻处于较优的运转状态。

张辉鹏和石嘉兴（2004）构建了城市技术创新体系三元行为主体系统模型，分析了模型的最佳形态和城市技术创新过程，提出并深入研究了三元行为主体系统的四大机制：创新调控机制、成果转化机制、企业自成长机制、社会促进机制。隋映辉以知识传递作为联结点描述创新系统运作，阐述了城市创新系统中知识传递的六种形式：科研院所、高等院校和企业间合作；企业间合作；创新扩

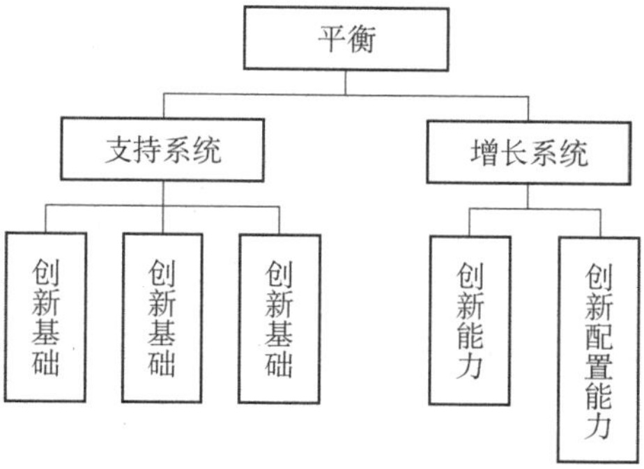

图 12-1　城市创新系统动力机制的总体描述

资料来源：赵黎明和李振华（2003）

散；人员流动；区域知识传递；国际知识传递。他们还指出，目前我国城市创新系统主要有四种运作模式：自主模式、合作模式、区域联合模式、特色园区模式。

于晓宇和谢富纪（2011）基于资源要素投入的视角，揭示了城市创新体系创新机制的四条规律：①城市创新体系的投入与产出之间因果关系并不是简单的线性关系，两者之间的关系需要放在城市创新体系中加以研究；②人力资源投入调节财力资源投入与科技成果产出质量之间的关系；③财力资源投入调整人力资源投入与产业成果产出之间的关系；④城市创新体系的财力资源投入和人力资源投入在数量上的匹配，影响城市创新体系的资源配置效率和综合创新绩效。

张省和顾新（2012）认为，城市创新系统动力机制是指在城市区域内，刺激和推动创新主体产生创新需求，并转化为创新行动的制度化条件。动力机制为整个系统提供和传输运动、发展、变化的能源和能量，使创新活动保持旺盛的动力，保证创新主体获得更大的利益，同时也为社会创造更多的价值和使用价值。它包括：①动力生成机制。动力生成是指城市创新系统形成的诱发因素。新古典经济学家把市场视为创新的动力源；克鲁格曼（Krugman）认为是“偶然因素”导致了创新行为的发生；制度经济学派的基本观点是制度创新带动技术创新。②动力发展机制。动力发展是指推动城市创新系统成长并走向成熟的稳定动力机制。创新动力一旦形成，在市场引力和政策推力的共同作用下，会产生学习效应，将吸引更多的创新要素向区域内集中，这在很大程度上降低了搜寻成本和交易费用，有利于创新成果的扩散。③动力演进机制。城市创新系统的开放性决定城市应该根据创新的需要来吸收和消化外界的创新资源，从而完善内部的系统结构。如果能够动态地和外界进行信息、物质和能量的交流，城市创新系统就会演进到更新期；反之会因为动力的不足进入到创新的衰退期。

黄昱方和徐悦（2014）指出创新活动主体基于其自身需求而关注的创新环境主要体现在城市现代化水平、政策环境、创业创新配套服务、人力资源支持和基本生活条件五个方面。创新环境通过这五个方面创新资源的标识吸引着创新人才，创新人才通过评价环境中的创新要素水平判断其是否符合自身的要求。当其感知到的创新要素与自身发生良好的匹配时，创新人才会选择驻留进行创新活动，由此形成了紧密的黏着机制，进而推动着城市创新系统的发展与创新的产出。

（四）城市创新系统的评价

国内学者在城市创新系统评价指标体系的建立和评价方法的选择上进行了大量研究（赵黎明，2002；孙红兵和向刚，2011）。但是许多学者是从城市创新能力角度进行评价，针对城市创新系统的评价比较有代表性的有黄继和管顺丰（2007）的研究。他们把城市创新系统划分为搜寻子系统、探索子系统、选择子系统三个子系统，并在此基础上构建城市创新系统子系统创新能力评价的指标体系，并对武汉市城市创新系统的创新能力进行了评价（表 12-1 和表 12-2）。

表 12-1　城市创新系统中各子系统的特性

子系统	主要功能	主要功能	主体构成
搜寻系统	开发出能够满足需求新技术和产品（包括 R&D、营销、采购战略等）或通过新的制度安排形成新的、更优的产业状态	教育与培训，科技环境，R&D 投入，人才市场，企业家市场，系统的学习，要素间的交互作用，产业科技链，金融市场等	企业
搜寻系统	开发出能够满足需求的新技术和产品（包括 R&D、营销、采购战略等）或通过新的制度安排形成新的、更优的产业状态	文化、制度氛围，学术气氛，知识（信息）流动，经费投入，公共资助，技术装备	科学家
选择系统	对创新活动进行激励、调节	教育、系统结构、系统的学习、开放性	政府、市场

资料来源：黄继和管顺丰（2007）

表 12-2　城市创新系统创新能力评价指标

一级指标	二级指标	指标的含义
搜寻能力	企业 R&D 投入占 GDP 的比重	企业科技创新活动的财力支撑能力
	企业经济综合支撑实力	创新主体将知识转化为商品的能力
	高新技术产业产值	产业技术创新的绩效
探索能力	R&D 投入能力	科技资源支撑能力
	科研论文	知识创新的绩效
	专利	知识和技术创新的绩效
选择能力	全社会 R&D 投入占 GDP 的比重	科技创新活动的财力支撑能力
	技术市场成交额	知识和技术的有效转移能力
	科技人力资源创新能力	知识创新与转化的能力

资料来源：黄继和管顺丰（2007）

二、城市创新生态系统

（一）城市创新生态系统理论的形成与发展

很多学者在研究创新系统的时候应用了生态学的思路。例如，萨克森宁（Saxenian，1990）在研究硅谷创新体系的时候，就强调了区域创新文化的重要性，并提出了创业精神的“栖息地”等概念，它显然是生态体系的视角。在国内，黄鲁成（2003）较早将生态体系研究方法运用于区域技术创新体系的分析，对区域技术创新生态体系的一般特征、个体行为、种群行为等进行了系统分析。

经过伦德威尔、弗里曼、纳尔逊等的开创性贡献，以及受 OECD 政策报告的影响，国家创新体系（national innovation system，NIS）概念已经深入人心，理论也相对成熟。但是，近年来，生态体系（ecosystem）的思想越来越渗透进 NIS 理论和决策者的视野。例如，2004 年，美国政府提出了维护国家创新生态体系的政策报告；2006 年，欧盟也提出了优化创新生态、打造创新型欧洲的政策性文件（吴希金，2014）。最近，曾国屏等对国家创新生态体系的相关研究进行了系统回顾，并呼吁“深化对创新生态系统理论和实践的探讨”是值得重视的（曾国屏等，2013）。

但国内外以城市创新生态系统为对象的研究成果仍比较少。国内学者隋映辉（2004）较早地对城市创新生态系统开展了研究，近年来余建清和吕拉昌（2011）对城市创新生态系统的内涵及指标体系构建进行了研究。但目前对城市创新生态系统的研究方兴未艾，许多问题尚需全面、深入的分析。

（二）城市创新生态系统的内涵

隋映辉（2004）认为城市创新生态系统是指在某个城市内部，城市创新群落与创新环境之间以及城市创新群落内部相互作用和相互影响的有机整体。创新群落包括该城市中各类企业和各种服务机构；创新环境包括体制、政策、法制、市场和文化等要素。创新主体、服务机构与创新环境形成相互依存、相互促进的良性生态循环，统一于创新的整个动态过程中。

还有学者认为城市创新生态是指城市中政府、企业、机构及人等行为主体的创新行为过程中所依赖的城市基本“生态”状况（吴兰波等，2010）。城市创新生态是集城市经济、文化、政治、基础设施水平、环境状况及城市区位为一体的创新“生态”状况。城市作为一个创新载体，包含着多种创新行为主体。城市创新生态与城市创新行为主体（政府、企业、机构、人）有着密切联系。城市生态水平高，有利于挖掘及加强城市行为主体创新行为，而创新行为主体的创新行为反过来又影响城市创新生态水平。城市创新生态依托着城市的经济、文化、政治、基础设施、环境状况及城市区位，因此是一个多因素构成的复杂集合体。

（三）城市创新生态系统的评价

目前，国内外对城市创新生态指标体系研究尚未形成公认指标体系。最近的研究中，吴兰波等（2010）以城市创新生态系统为研究对象，将城市创新生态分成：政府服务生态、法制生态、社会生态、市场生态、技术生态、知识生态、创业生态、交流生态、生活生态及区位生态等十个组成部分，在此基础上构建了城市创新生态系统的评价指标体系，并运用层次分析法及特尔菲法相结合的综合评价方法，对广州与深圳城市创新生态水平进行了评价，指标体系见表 12-3。

表 12-3 城市创新生态水平评价指标体系

一级指标	二级指标	一级指标	二级指标
政府服务生态	政府各部门协调能力	知识生态	每百人公共图书馆藏书
	政府办事效率		每万人专利授权量
	政策对创新的支持力度	创业生态	创业版股票数量
	政府部门属研究与开发机构		市大中型工业企业科技活动人员
法制生态	社会治安与社会秩序		市大中型工业企业新产品开发
	处理专利侵权纠纷结案率	交流生态	国际互联网用户数
社会生态	文化的开放性和包容性		CNKI 论文发表数
	创新态度		旅行社组团出境游人数
	社会诚信度	生活生态	文化馆及图书馆
市场生态	进出口总额		博物馆及档案馆
	大中型工业企业新产品产出值		人均公园绿地面积
	市大中型工业企业科技经费内部支出		每万医院、卫生院数
技术生态	高等学校个数	区位生态	区位创新生态水平
	社会 R&D 占 GDP 比重		
	科技成果数		
	三项专利申请受理量		

资料来源：吴兰波等（2010）

三、创新系统理论下的城市创新与发展

Athey 等学者认为城市主要从两个层面促进位于城市中企业的创新过程：第一，城市规模。如市场规模、资产基础等。第二，城市促使企业之间的邻近、网络化和知识交换。他将这两种解释框架分别称之为城市中心（urban hubs）和本地联系（local links）。城市中心进一步由两组概念构成，即市场和资产（assets）。同样，本地联系主要由机构（institutions）和网络（networks）组成。企业作为城市中创新主体，其创新过程受到城市两种作用力的共同影响（Athey et al.，2008）。在此基础上，Athey 等提出了城市创新系统下城市创新和发展的概念框架，如图 12-2 所示。

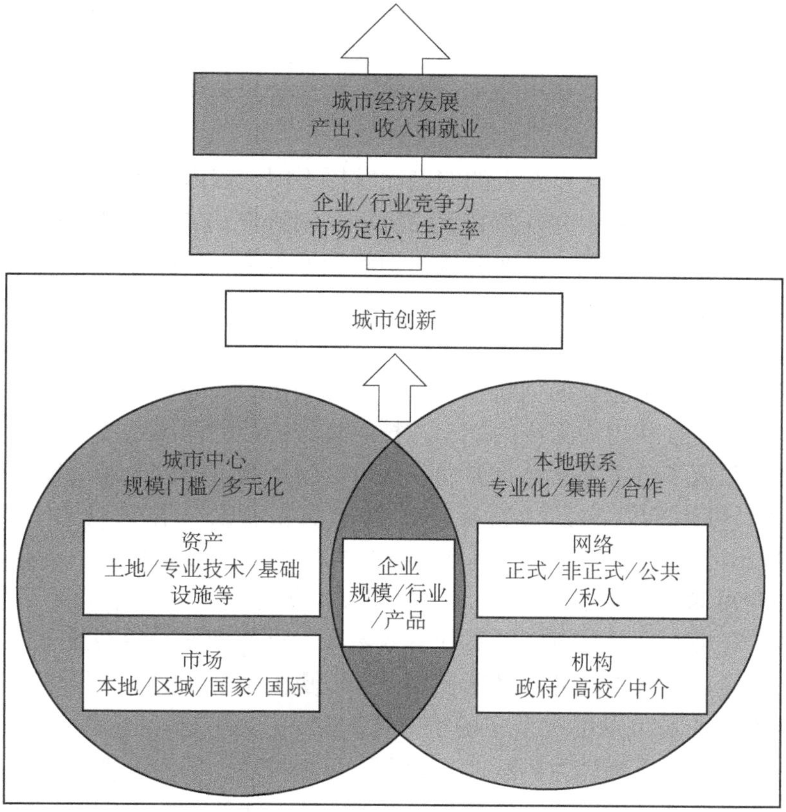

图 12-2　城市创新过程与经济发展

资料来源：根据 Athey 等（2008）整理

第三节　创新型城市

一、创新型城市的提出与内涵特征

西方对创新型城市的研究最初是源于对现代城市发展过程中面临的问题，如交通管理、产业发展、城市生态、种族融合等而提出的具有创造性的解决方案以实现城市的复兴，后来逐渐转向研究以创新作为驱动力的一种城市经济增长模式，并融合社会发展的理念与思想（黄亮和杜德斌，2014）。

Hall（1998；2000）撰文分析了处于不同黄金时期众多城市作为创新环境的

历史嬗变过程，他认为那些拥有高度创新性的城市往往具备一些特质。例如，多处在新旧秩序的交替变迁之中，是社会和意识形态剧烈动荡的中心；多为大的贸易城市，是吸引世界各方天才的磁石等。Landry（2000）首次系统性地提出了创新型城市的概念，指出创新型城市拥有开放的思想、多元化与宽容性、独立的个性、可达性、弹性及富有活力的公共空间、高质量的人居环境及基于本地性的全球化导向等内涵特征。

与西方强调创新文化以及人的创造性发挥不同，国内学者更倾向于将创新定位为城市竞争力的源泉，并判断在新经济下，创新将发展成为城市最为主要的职能或功能。杨小迪和华颖（2009）认为创新型城市是一种拥有能够激发和应用创造力环境的新型城市。杨冬梅等（2006）认为创新型城市是在新经济条件下，以创新作为核心驱动力的一种城市发展模式，是知识经济和城市经济融合的一种城市演变形态，并指出完善的创新系统是创新型城市的核心特征，是一个由多种创新主体之间的交互作用而形成的知识与技术集聚扩散的网络系统。杨贵庆和韩倩倩（2011）强调了自主创新的重要性，认为创新型城市的社会经济发展以科技创新为内涵，以原创性实践为特征，并以知识创新及转化为动力，这与胡钰（2007）提出的自主创新是创新型城市核心内涵的观点形成呼应。还有学者从要素集聚的角度来定义创新型城市，认为创新型城市是一种依靠人才、知识、技术、资本、环境、文化等创新要素的有效聚集，进而能够激活创新意识，发挥创新作用，创造创新成果，并对其所在城市群或更大范围内的其他区域具有高端辐射与引领作用的城市发展类型（杨华锋等，2007；石忆邵和卜海燕，2008）。尹继佐（2003）的观点则较为贴近西方学者，更加关注人的重要性，他认为创新型城市的一个重要特征就在于创新意识已经成为市民思维不可分割的一部分，并推动城市将创新想法付诸实施。

二、创新型城市的构成要素

Landry（2000）认为创新型城市的实现需要软件和硬件设施的结合。软件主要指高技能和高弹性的劳动力；活跃的思想者、创造者及执行者；大量的正式、非正式智力设施和老牌大学；释放个性的空间；城市内外的密切交流以及全面应用于社会或经济目标的企业文化。硬件则指承载上述软件的设施与空间。创新氛围由硬件和软件集合而成，使得城市成为创造思想和发明的容纳空间。同时，他还指出创新型城市的建设不仅需要精英阶层的加入，更需要不同阶层的共同参与。

2005 年，世界银行以新加坡为研究范本，发布了《东亚创新型城市》的研究报告，同样从软硬件的角度提出了一系列建设创新型城市的先决条件，硬件方面包括优良的基础设施，功能完善的城市中心区，充足的文化及学术活动场所设施等，软件方面则主要有研究开发能力，高素质的劳动力队伍，高效的服务型政府以及基于社会多元的多文化融合等（Wong et al.，2005）。

除软硬件视角之外，国外学者还倾向于从经济集聚、文化多样性等角度来探讨城市创新产生的机制。Simmie（2001）等认为本地经济集聚将促进同一产业门类公司的空间集结，带来城市化经济规模进程的加速，并能够在全球化驱动下深化城市与国际市场的联系程度，进而构成城市创新的主要来源，在创新型城市的构建过程中，高质量的知识劳动力和便利的基础设施及通信是两项最为核心的城市资产。Florida（2002）强调了创意阶层人才（talent）、技术水平（technology）以及宽容的态度（tolerance）的重要性，而宽容的态度实际上就意味着城市对于多元文化的包容。在文化多样性之外，人口集中性，城市处于非稳定状态以及积极的城市声誉亦是激发城市创新形成的重要因素（张辉鹏和石嘉兴，2004）。

国内学者在借鉴国外研究成果的基础上，多将创新型城市的构成要素与形成条件纳入到系统论的理论框架之下，强调其综合性。杨冬梅等（2002）指出创新型城市的形成必须具备主体，资源，制度与文化四个基本要素，由企业、大学、研究机构等组成的创新主体是最为重要的能动要素，其余皆为创新型城市的环境支撑要素。相类似的观点还包括，城市创新系统的运行离不开政府调控、研究开发、企业创新和创新服务四大体系的有效支撑；产业创新、基础设施建设以及制度创新是创新型城市构建的三大要素等（邹德慈，2005）。在产业发展层面，毛荐其和俞国方（2006）强调了企业、产业链、产业集群三个层面构成的协同创新网络对于创新型城市建设的基础性推动作用。在空间视角层面，有学者指出城市的创新空间是知识经济或创新产业在空间上的集群，该集群以创新、研发、学习、交流等知识经济主导的产业活动为核心内容，是各种硬件物质要素（研究开发园区等）和软件机制文化要素的综合体（曾鹏等，2008）。

在全球化日益深化发展的背景下，学术界也逐步将研究的视野从城市内部转向城市外部，开始关注推动城市创新发展的外生力量源泉。例如，王德禄等（2012）认为城市能否实现创新取决于城市与全球创新尖峰链接的程度，实现成功链接的关键桥梁在于人脉网络。人脉网络中凝结的技术、资本、产业链三个核心链接机制能够达成对全球创新资源的有效利用。倪鹏飞等（2011）同样指出城市与全球市场的联系是决定创新系统效率的关键因素，对于城市科技与创新竞争力的培育与提升具有十分积极的影响。

三、创新型城市的发展类型与模式

依据不同的标准，创新型城市可以被划分为不同的模式类型。其中，城市技术与文化的组织与作用方式是最为主要的区分标准。例如，韩瑾（2007）将创新型城市划分为文化型和科技型两种类型，不同类型城市创新活动的产业侧重各有不同，文化型创新城市通常实施文化导向的创新策略，创新活动集中于文化艺术产业，而科技型创新城市大多实施技术导向创新策略，主要通过在制造业领域的研发投入来促进经济增长。

国外学者 Hospers（2003）也提出了技术创新型、文化智力型、文化技术性和技术组织型四种相类似的创新型城市类型总结。其他的划分方案还包括：根据创新驱动要素在城市创新过程中的地位不同，将创新型城市划分为知识创新型、技术创新型、产业创新型和制度创新型四种发展模式，还有学者将其扩展为科技创新驱动、产业创新驱动、开放创新驱动、“两型”示范驱动、体制创新驱动及综合创新驱动六种类型（张玉利，2009；韩瑾，2007）；根据政府和市场驱动力组合的不同，创新型城市的发展模式可划分为政府主导型，市场主导型以及同时吸收政府和市场两种力量的混合型三种类型，在中国，上海属于政府主导型发展模式，深圳则属于“政府引导+市场驱动”的混合型发展模式（杨冬梅等，2002；尤建新等，2011）；而根据技术创新与扩散的速度，创新型城市又可分为领先创新型、同步创新型和跟随创新型三种类型（刘元凤，2010）。

尽管存在多种划分方案，但是大致上可以将创新型城市大致分为两类：①基于技术的创新型城市，以专利作为主要产出带动城市经济增长，其主要的分支类型有高科技型城市、科技创新城市、研发城市等（樊杰等，2002）；②基于文化的创新型城市，以版权和制度作为主要产出来推动城市经济发展，其主要的分支类型有创意城市，制度创新城市等。无论何种类型，都反映出创新型城市是一种涵盖了科技、文化、产业、组织、制度、管理等全方位创新的城市治理模式（黄亮和杜德斌，2014）。

四、创新型城市评价

从创新型城市评估指标分析，目前国际上创新型城市评判的代表性指标包括：2000 年欧洲委员会提出了由投入、公司活动、产出三个一级指标，人力资源、研究系统、资金和支持、企业投资、联系及创业、智力资产、创新者、经济效应八个二级指标，24 个三级指标组成的欧盟创新记分牌（european innovation scoreboard，IUS）；2000 年波特和斯特恩（Stern）提出了由科学家及工程师比重、创新政策、产业集群创新环境和联系质量四个一级指标、九个二级指标构成的国家创新能力指数（national innovative capacity index）；2006 年美国学者里查德·佛罗里达提出了由才能（talent）、技术（technology）和容忍度（tolerance）组成的 3T 创新指数（the creative index）；2010 年奥古斯都·洛佩斯-克劳罗斯（Augusto López-Claros）提出了由制度环境、人力资本培训和社会包容、监管和法律框架、研究和开发、采纳和利用信息和通信技术 5 个一级指标、12 个二级指标和 52 个三级指标组成的国家创新能力指数（innovation capacity index）；2011

年波士顿咨询集团（BCG）和美国全国制造商协会（NAM）提出了由制度、人力资本、基础设施、市场完善度、商业完善度五个创新输入指标和科学输出、创新输出两个创新输出指标构成的全球创新指数（global innovation index）等；2011 年澳大利亚创新研究机构 2thinknow 构建了包括文化资产、人力资本、市场网络和专利授予四大方面、由 162 个指标构成的全球创新城市评估指标体系；同时，英国知名智库组织罗伯特·哈金斯协会（Robea Haggins Associates，RHA）依据人力资本理论和经济增长的内生模型，编制了以知识经济为主导的城市竞争力判断模型——WKCI 模型（方创琳等，2014）。

国内创新型城市评判代表性指标体系有科技部的创新型城市建设监测评判指标体系、中国科学院科技发展战略研究小组中国区域创新能力评判指标、中国科学院创新发展研究中心的区域创新能力评判指标、中国人民大学的国家创新评判指标、创新城市评价课题组的中国创新城市评判指标、创新型国家建设报告课题组的创新型城市评判指标、国家创新体系建设战略研究组的创新型城市评判指标、中关村创新指数、深圳创新指数和张江创新指数等。

方创琳等（2014）指出，综合分析国际国内关于创新型城市的评估标准，可将中国创新型城市建设的评判标准确定为由一个 1 万美元、三个 5%、三个 60%和三个 70%组成的十大判断标准：①人均 GDP 超过 10 000 美元；②全社会 R&D 投入占 GDP 的比重超过 5%；③企业 R&D 投入占销售总收入的比重超过 5%；④公共教育经费占 GDP 比重大于 5%；⑤新产品销售收入占产品销售收入比重超过 60%；⑥科技进步对经济增长的贡献率超 60%；⑦高新技术产业增加值占工业增加值的比重大于 60%；⑧对内技术依存度大于 70%；⑨发明专利申请量占全部专利申请量的比重大于 70%；⑩企业专利申请量占社会专利申请量的比重大于 70%。凡是满足以上十大标准的城市就可认定为达到了创新型城市的建设标准，这是城市实现可持续发展的重要标志。

第四节　本章小结

综上所述，国内外的研究都已经证实，城市是创新的源点，是创新的来源。城市创新职能可以分为三类，文化/智能创新，技术/生产创新与技术/组织创新。一方面，城市的创新源点基于知识溢出，知识是创新最重要的决定性投入要素之一，知识溢出最大化有两条途径：本地化（localization）效应和城市化（urbanization）效应。另一方面，多样化和专业化水平对创新有重要影响。城市之所以是创新的基地，正是因为在城市里，不论是知识还是商品，其差异性和多样化都是最大的，一个地域内产业的差异性和多样化提升了知识的外在性，最终推动了创新和经济增长，当然，这应该是在差异性活动互相作用的条件，而一个共同的科学基础是必要的。综合不同学者的定义，城市创新系统基本内涵应包括：①城市创新系统是一个受外界环境影响的开放系统。②城市创新系统具有五大创新主体，企业是最重要的创新主体，政府、大学、科研机构、中介服务机构是其他四个创新主体。③创新的本质是知识的流动和新知识的生成，除此之外，人才的流动、物流、资金流等创新要素的流动是系统运行的必要条件。④创新主体和要素相互作用形成一种网络结构。关于创新型城市尽管存在多种划分方案，本章主要归纳为两类：一是基于技术的创新型城市，以专利作为主要产出带动城市经济增长，其主要的分支类型有高科技型城市、科技创新城市、研发城市等；二是基于文化的创新型城市，以版权和制度作为主要产出来推动城市经济发展，其主要的分支类型有创意城市，制度创新城市等。无论何种类型，都反映出创新型城市是一种涵盖了科技、文化、产业、组织、制度、管理等全方位创新的城市治理模式。

| 参考文献 |

樊杰，吕昕，杨晓光，等. 2002.（高）科技型城市的指标体系内涵及其创新战略重点. 地理科学，22（6）：641-648.

方创琳，马海涛，王振波，等. 2014. 中国创新型城市建设的综合评估与空间格局分异. 地理学报，69（4）：459-473.

韩瑾. 2007. 国外创新城市建设策略研究. 北方经济，（6）：58-59.

韩丽，吕拉昌，韦乐章，等. 2010. 广东城市创新空间体系研究. 经济地理，30（12）：1978-1984.

胡钰. 2007. 创新型城市建设的内涵、经验和途径. 中国软科学，（4）：32-39.

黄继，管顺丰. 2007. 武汉城市创新系统创新能力评价与提升对策. 科技进步与对策，24（5）：72-74.

黄亮，杜德斌. 2014. 创新型城市研究的理论演进与反思. 地理科学，34（7）：773-779.

黄鲁成. 2003. 区域技术创新系统研究：生态学的思考. 科学学研究，21（2）：215-219.

黄昱方，徐悦. 2014. 人与环境匹配视角下城市创新系统动力生成机制研究. 中国科技论坛，（3）：24-29.

梁丹，张小林，张婷. 2005. 基于创新网络的城市竞争力分析——以南京市为例. 现代城市研究，（6）：44-48.

梁琦. 2004. 产业集聚论. 北京：商务印书馆.

刘元凤. 2010. 创新型城市的综合评价研究——关于指标体系的形成与评价优化方法的讨论. 复旦大学博士学位论文.

吕拉昌，李永洁，刘毅华. 2009. 城市创新职能与创新城市空间体系. 经济地理，29（5）：710-713.

吕拉昌，李勇. 2010. 基于城市创新职能的中国创新城市空间体系. 地理学报，65（2）：177-190.

马学广，李贵才. 2011. 全球流动空间中的当代世界城市网络理论研究. 经济地理，31（10）：1630-1637.

毛荐其，俞国方. 2006. 点-链-群：三层创新网络勾画创新城市. 中国软科学，（11）：137-140.

倪鹏飞，白晶，杨旭. 2011. 城市创新系统的关键因素及其影响机制. 中国工业经济，（2）：16-25.

石忆邵，卜海燕. 2008. 创新型城市评价指标体系及其比较分析. 中国科技论坛，（1）：22-26.

隋映辉. 2004. 城市创新生态系统与“城市创新圈”. 社会科学辑刊，（2）：65-70.

孙红兵，向刚. 2011. 城市创新系统的创新综合能力评价. 经济问题探索，（3）：97-103.

王德禄，赵慕兰，张浩. 2012. 硅谷中关村人脉网络. 北京：清华大学出版社.

王缉慈. 1994. 现代工业地理学. 北京：中国科学技术出版社.

吴金希. 2014. 创新生态体系的内涵，特征及其政策含义. 科学学研究，32（1）：44-51.

吴兰波，吕拉昌，许慧. 2010. 城市创新生态指标体系构建及广州——深圳比较研究. 特区经济，（9）：125-127.

吴煜，刘荣增. 2003. 新经济环境下的城市创新模式探讨——以沪宁城市带为例. 人文地理，18（1）：57-61.

夏铸九. 2003. 面对全球化过程中台北市的都市现实. 城市发展研究，10（1）：21-31.

薛求知，李亚新. 2007. 子公司在跨国公司知识创新及流动体系中的角色. 研究与发展管理，19（3）：1-8.

杨冬梅，赵黎明，闫凌州. 2006. 创新型城市：概念模型与发展模式. 科学学与科学技术管理，（8）：97-101.

杨贵庆，韩倩倩. 2011. 创新型城市特征要素与综合指数研究——以上海“杨浦国家创新型试点城区”为例. 上海城市规划，（3）：72-78.

杨华峰，邱丹，余艳. 2007. 创新型城市的评价指标体系. 统计与决策，（6）：68-70.

杨小迪，华颖. 2009. 全球化对创新型城市发展的要求与挑战——以美国传统工业城市匹兹堡为例. 城市发展研究，16（12）：29-38.

尹继佐. 2003. 世界城市与创新城市——西方国家的理论与实践. 上海：上海社科院出版社.

尤建新，卢超，郑海鳌，等. 2011. 创新型城市建设模式分析——以上海和深圳为例. 中国软科学，（7）：82-92.

于晓宇，谢富纪. 2011. 基于资源要素投入的城市创新体系创新机制. 系统管理学报，20（2）：161-167.

余建清，吕拉昌. 2011. 城市创新生态系统指标体系的构建及其比较研究——以广州和深圳为例. 规划师，27（3）：99-103.

曾国屏，苟尤钊，刘磊. 2013. 从“创新系统”到“创新生态系统”. 科学学研究，31（1）：4-12.

曾鹏，曾坚，蔡良娃. 2008. 城市创新空间理论与空间形态结构研究. 建筑学报，（8）：34-38.

张辉鹏，石嘉兴. 2004. 面向知识经济时代的城市技术创新体系. 北京：中国金融出版社.

张省，顾新. 2012. 城市创新系统动力机制研究. 科技进步与对策，29（5）：35-39.

张玉利. 2009. 创新型城市理论研究探索. 商业时代，（5）：108-110.

赵黎明，李振华. 2003. 城市创新系统的动力学机制研究. 科学学研究，21（1）：97-100.

赵黎明. 2002. 城市创新系统. 天津：天津大学出版社.

赵勇，白永秀. 2009. 知识溢出：一个文献综述. 经济研究，（1）：144-156.

周振华. 2006. 全球化、全球城市网络与全球城市的逻辑关系. 社会科学，（10）：17-26.

邹德慈. 2005. 构建创新型城市的要素分析. 中国科技产业，（10）：13-15.

Archibugi D，Howells J，Michie J. 1999. Innovation Policy in a Global Economy. London：Cambridge University Press.

Arrow K. 1962. Economic Welfare and the Allocation of Resources for Invention. Princeton：Princeton University Press：609-626.

Asheim B T，Smith H L，Oughton C. 2011. Regional innovation systems：Theory，empirics and policy. Regional Studies，45（7）：875-891.

Asheim B，Gertler M. 2005. The geography of innovation//Clark G，Feldman M P，Gertler M. The Oxford Handbook of Innovation：291-317.

Athey G，Nathan M，Webber C，et al. 2008. Innovation and the city. Innovation，10（2-3）：156-169.

Audretsch D B. 2002. The innovative advantage of US cities. European Planning Studies，10（2）：165-176.

Breschi S. 1998. Agglomeration Economies，Knowledge Spillovers，Technological Diversity and Spatial Clustering of

Innovations. Cattaneo University（LIUC）.

Brezis E S，Krugman P R. 1997. Technology and the life cycle of cities. Journal of Economic Growth，2（4）：369-383.

Carlino G A，Chatterjee S，Hunt R M. 2007. Urban density and the rate of invention. Journal of Urban Economics，61（3）：389-419.

Carlino G A. 2001. Knowledge spillovers：Cities' role in the new economy. Federal Reserve Bank of Philadelphia Business Review，（4）：17-26.

Castells M，Hall P. 1994. Technopoles of the World：The Making of the Twenty-first-century Industrial Complexes，London：Routledge.

Cooke P. 1992. Regional innovation systems：Competitive regulation in the new Europe. Geoforum，23（3）：365-382.

Cooke P. 2007. Regional innovation，entrepreneurship and talent systems. International Journal of Entrepreneurship and Innovation Management，7（2-5）：117-139.

Duranton G，Puga D. 2001. Nursery cities：Urban diversity，process innovation，and the life cycle of products. American Economic Review，91（5）1454-1477.

Feldman M P，Audretsch D B. 1999. Innovation in cities：Science-based diversity，specialization and localized competition. European Economic Review，43（2）：409-429.

Feldman M P. 2000. Location and innovation：The new economic geography of innovation，spillovers，and agglomeration. //Clark G，Feldmoon M P，Gertler M. The Oxford handbook of economic geography. London：Oxford University Press：373-394.

Fischer M，Diez J R，Snickars F. 2001. Metropolitan Innovation Systems：Theory and Evidence from Three Metropolitan Regions in Europe. Berlin：Springer Science & Business Media.

Florida R，Tinagli I. 2004. Europe in the Creative Age. London：Demos.

Florida R. 2002. The Rise of the Creative Class. New York：Basic Books.

Freeman C. 1988. Japan：A New National Innovation System. London：Pinter：331-348.

Glaeser E L，Gottlieb J D. 2006. Urban resurgence and the consumer city. Urban studies，43（8）：1275-1299.

Glaeser E L，Kallal H D，Scheinkman J A，et al. 1992. Growth in cities. National Bureau of Economic Research，100（6）：1126-1152.

Glaeser E L. 2011. The Triumph of the City: How Our Greatest Invention Makes Us Richer，Smarter，Greener，Healthier and Happier. New York: Penguin Books.

Hall P. 1998. Cities in Civilization. New York：Harper Collins Press.

Hall P. 2000. Creative cities and economic development. Urban Studies，37（4）：639-649.

Hippel V E. 1994. “Sticky information” and the locus of problem solving：Implications for innovation. Management Science，40（4）：429-439.

Hospers G J. 2003. Creative cities：Breeding places in the knowledge economy. Knowledge，Technology & Policy，（3）：143-162.

Howells J. 1999. Regional Systems of Innovation? Innovation Policy in a Global Economy. London: Cambridge University Press：67-93.

Isaksen A. 2001. Building regional innovation systems：Is endogenous industrial development possible in the global economy. Canadian Journal of Regional Science，24（1）：101-120.

Jacobs J. 1969. The Economy of Cities. New York：Vintage.

Johnson B，Lehmann M. 2006. Sustainability and Cities as Systems of Innovation. DRUID Working Paper.

Joung Y, No A. 2002. Agglomeration Effects in the Diffusion of Advanced Manufacturing Technologies. University of Toronto （Mimeo）.

Karlsson C. 1997. Product development，innovation networks，infrastructure and agglomeration economies. The Annals of Regional Science，31（3）：235-258.

Knudsen B，Florida R，Stolarick K，et al. 2008. Density and creativity in US regions. Annals of the Association of American Geographers，98（2）：461-478.

Landry C. 2000. The creative city-a toolkit for urban innovators. Community Development Journal，36（2）：165-167.

Lever W F. 2002. Correlating the knowledge-base of cities with economic growth. Urban Studies，39（5-6）：859-870.

Maskell P，Malmberg A. 1999. Localised learning and industrial competitiveness. Cambridge journal of economics，23（2）：167-185.

Pavitt K. 2002. Knowledge About Knowledge Since Nelson & Winter：A Mixed Record. SPRU-Science and Technology Policy Research. University of Sussex.

Porter M E. 1990. The competitive advantage of nations. Harvard Business Review，68（2）：73-93.

Pred A R. 1977. City Systems in Advanced Economies：Past Growth，Present Processes，and Future Development Options. New York：John Wiley & Sons Ltd.

Puga D. 2010. The magnitude and causes of agglomeration economies. Journal of Regional Science，50（1）：203-219.

Romer P. 1989. Endogenous technological change. National Bureau of Economic Research，98（5）：S71-S102.

Saxenian A L. 1990. Regional networks and the resurgence of Silicon Valley. California Management Review，33（1）：89-112.

Scott A J. 2007. Capitalism and urbanization in a new key？The cognitive-cultural dimension. Tabula Rasa，（6）：195-217.

Shearmur R. 2012. Are cities the font of innovation？A critical review of the literature on cities and innovation. Cities，（29）：9-18.

Simmie J. 2001. Innovative Cities. London & New York：Spon Press.

Storper M，Manville M. 2006. Behaviour，preferences and cities：Urban theory and urban resurgence. Urban studies，43（8）：1247-1274.

Storper M，Scott A J. 2009. Rethinking human capital，creativity and urban growth. Journal of Economic Geography，（9）：147-167.

Therrien P. 2005. City and innovation：Different size，different strategy. European Planning Studies，13（6）：853-877.

Viladecans-Marsal E. 2004. Agglomeration economies and industrial location：City-level evidence. Journal of Economic geography，4（5）：565-582.

Wong P K，Ho Y P，Singh A. 2005. Singapore as an Innovative City in East Asia：An Explorative Study of the Perspectives of Innovative Industries. World Bank. Policy Research Working Paper.

第十三章

中外创新系统比较

随着全球化和信息化的浪潮，中国经济发展经历着巨变，如何从传统的工业经济转变为知识经济，更好地发挥市场经济的作用，完成传统工业经济向知识经济转型的过程，是转型时期中国发展的关键问题。在这个转型过程当中，需要构建完善的创新系统。创新系统是根植于国家和区域特定的制度和文化中，具有不同的要素和机制，通过科技创新网络将各个要素连接，并且发挥各个要素对创新的能动作用的一个体系。一个国家、地区的持续创新能力在一定程度上能够体现该国家及地区的经济持续发展能力。

在“十五”计划纲要中，我国首次明确提出“建设国家创新系统”，体现了现代经济中科技创新对于国家竞争力的重要作用，以及国家对创新的重视程度。通过对欧美发达国家经济发展过程的追溯可以发现，创新为欧美经济的发展提供了重要的支撑和持续的动力，也是欧盟和美国近十几年来区域政策的重要目标之一。通过将中国和欧美成熟创新系统的对比，参考欧美各国在国家和区域层面创建创新系统的成功经验，求同存异，为我国的创新系统提供理论的探讨，为中国创新系统的构建提供经验，寻求摸索出符合中国国情的具有中国特色的创新系统是十分必要的。另一方面，亚洲国家在历史和文化背景上与我国具有较大的相似性，并且创新系统的发展都同样面临着来自全球学习经济（globalizing learning economy）的机会和挑战，在当前发展阶段上面临类似的问题，如以外资驱动的被动发展模式、过分依赖外国技术及制度转型等问题，中国正处于从要素驱动向创新驱动转型的经济发展时期，通过研究日本、韩国、印度和泰国等亚洲主要国家的科技发展及科技政策的演变，总结这些国家在国家创新系统和区域创新系统建设的得失和经验，可以为我国建设创新型国家提供良好的借鉴。

第一节 中国创新系统的建设与特点

一、中国的国家创新系统

随着中国“建设创新型国家”战略不断推进，国家创新系统的建设也取得了明显的进展。科研院所、高等院校、企业研究开发部门和技术中介机构等百花齐放，正在不断发展成为具有独特优势的创新主体，创新系统结构趋于优化和完善。2007 年，全国的研究与开发经费支出已经达到 3700 亿元，我国研究开发人员总数达到 173 万人。当前各种科技中介服务机构数量接近 7 万个。在创新的制度保障方面，技术合同正发展成技术转移以及产学研合作非常重要的法律形式，相关的科技法规也不断完善，包括《科学技术进步法》《技术合同法》《专利法》和《促进科技成果转化法》等，尤其是 2007 年 7 月颁布的《科学技术进步法》

的实施，为我国科技创新工作提供了充分的法律依据和必要的制度保障（科学技术部，2008）。随着国家创新系统的不断建立与完善，我国科研投入经费也不断提高，根据 2010～2013 年国家统计局发布的《全国科技经费投入统计》可以看出，我国的科学技术和 R&D 投入和国家财政科学技术支出稳步提升，但在整体经济增长中的地位还不足，2013 年占 GDP 的比重仅为约 2%（表 13-1）。

表 13-1　2010～2013 年中国研发与技术投入

年份	R&D 的总投入/亿元	占 GDP 比重/%	国家财政科学技术支出/亿元
2010	7 062	1.77	4 114.4
2011	8 687	1.85	4 902.6
2012	10 298.4	1.99	5 600.1
2013	11 846.6	2.09	6 184.9

资料来源：国家统计局，中国科技部，财政部. 2010 年全国科技经费投入统计公报. R&D 普查公报，2011 年 9 月 28 日；国家统计局，中国科技部，财政部. 2011 年全国科技经费投入统计公报. R&D 普查公报，2012 年 10 月 25 日；国家统计局，中国科技部，财政部. 2012 年全国科技经费投入统计公报. R&D 普查公报，2013 年 9 月 26 日；国家统计局，中国科技部，财政部. 2013 年全国科技经费投入统计公报. R&D 普查公报，2014 年 10 月 23 日

我国的国家创新系统在改革开放的进程中不断发展，已经从计划型的创新系统向计划、市场混合作用的形式转变，中国的创新政策的变化从国家政府计划向市场导向转变，创新主体由高校、科研机构为主体变为企业为主体，作为创新的主体，企业内部组成比重也由国有企业向民营企业倾斜。在计划型的创新系统下，国家政策占据主导作用，政府既是技术创新的发起者，也是组织者和推广者，企业的自主性较小，自主创新能力低，仅仅是科技创新的使用者，即企业和客户是通过政府机构进行统一安排的，缺乏直接的生产和技术联系，难以根据市场的变化迅速做出反应，失去了市场调节的灵活性，使得整个创新系统运转较慢。随着社会主义市场经济的发展，政府的职能有所改变，使得企业和高校、科研机构获得较大的自主权，相应的，企业、高校、科研机构在创新中作用也显著提高。通过专利所属机构分布情况，可以更好地理解我国创新系统中企业逐渐占据主导地位。表 13-2 显示，企业逐渐成为专利知识的重要支柱，企业的专利占全部专利的 86%，占第二大比例的是个人专利，第三大比例的是大学。可见，在我国创新系统现发展阶段，政府、企业、高校以及科研机构、中介服务体系四角相倚的基本态势已经形成。

表 13-2　1999～2006 年专利所属机构的分布情况　　（单位：个）

机构	1999 年	2000 年	2001 年	2002 年	2003 年	2004 年	2005 年	2006 年	总计
大学	42	76	92	178	337	490	812	1 855	3 882
研究机构	61	51	52	73	212	139	159	353	1 100
企业单位	3 226	3 707	4 656	5 291	7 045	10 392	13 348	36 703	84 277
个人	680	737	920	1 077	1 061	1 239	1 392	1 561	8 667
其他	4	3	4	2	2	7	2	3	27

资料来源：丁堃. 2010. 开放式自主创新系统理论及其应用. 北京：科学出版社

虽然我国的国家创新系统已经初具规模，但是，我国创新系统的运行效率仍然较低，依然存在较多的问题。主要表现为：①国家创新系统建设中科技体制改革的力度不够。由于计划经济的残留影响，国家对科研立项、科研方向选择和投入以及企业的技术创新和推广的管制干预过多，另一方面政府在创新环境建设等宏观调控方面的管理欠缺力度。另外，市场对资源配置、拉动需求的作用还相当不明显，活力还远远不够。②创新系统中仍然是简单的线性创新模式。各类科研部门是创新的起点，研究出来的成果通过不同方式向企业转移，企业扮演的角色就是研发成果的最后接收者，由此导致创新主体数量的减少及其创新效率的降低。③企业的技术创新主体还不够明确。对于美国、日本这样技术创新系统发达的国家，众多的企业是技术创新的生力军，但是对于中国来说，单单是国有企业，由于产权不清和管理体制不够合理以及创新的机构不够健全，导致企业对创新的投入不足，很多企业都是直接引进国外现成的技术，并不拥有核心技术（刘志春，2010）。④国家创新系统要素配置还不够合理。科学技术系统的要素资源配置不合理，导致科技信息咨询服务、技术创新服务、投资顾问等体系不健全。科研人员数量多，成果推广人员数量少。科研机构与企业相互独立，缺少技术中间服务商和服务机构，不能及时进行信息交流，导致技术开发跟经济发展脱节。⑤创新系统的外部环境依然不够良好。我国在风险投资的建立、科技人员流动政策、知识产权保护以及科技型企业的融资政策等方面工作还相当不完善。特别是科研人员的流动方面存在鸿沟，而且社会对人才和知识的尊重程度还不够，降低了科研人员的工作积极性。⑥科研成果转化为经济生产力的途径不畅通且不广泛。一方面表现在技术市场建设不够完善和配套服务网络建设尚不健全。当前技术市场的发展还是起步阶段，管理水平较低而且没有实现网络化，新技术成果的供求仍然受到较大的时空限制。另一方面，在科研成果转化过程中权威机构对成果价值评估和利益分配的工作还很不完善，导致新技术推广进度缓慢。

二、中国的区域创新系统

如果将区域创新系统分为知识生产和科技成果转化两大系统，在1998～2012年期间，我国两个子系统的创新效率都在提高，但效率值较低，仍有较大的提升空间；从区域来看，在两个子系统上都呈现出不同程度的中心外围结构，二者并未形成良好的互动运行。北京、湖北、云南、陕西和四川表现出科研机构和高校主导RIS，因此在知识生产子系统运行上表现良好；沿海东部地区则因为是制造业密集区，对新技术的强烈需求支持着科技成果转化系统的高效运行。其中，创新模式、人力资本、企业规模、金融发展和产学研合作程度是导致两个子系统在我国地区之间运行效率出现差异的主要因素（王丰阁，2014）。

在我国的区域创新系统的建立过程中，区域创新各主体大多不是因为产业集群而主动聚集发展而来的，相反，区域政策和以产业园区为载体的空间规划是驱动区域创新发展和连接区域创新各主体的重要因素（Su and Hung，2009）。尽管中国的区域创新系统发展由于地方发展条件的差异具有一定的多样性，但总的来说，仍然可以概括为以下三个主要特点：①区域创新的原创性前沿知识来源更多是外生性的，即通过跨国企业直接投资或者进口贸易的形式获得，同时随着外商投资形式在中国的推进，外资研发与区域创新系统的互动确实对中国大部分区域创新系统存在积极的促进作用，但由于目前的互动水平较低，区域尚未形成外资研发机构与其他创新主体稳定的互动机制（章文光和王晨，2014）；②区域创新系统的中介机构和体制（intermediary institutions）发育尚未完善，包括技术经纪和交易机构、知识产权保护机构、相关的法律和规章等，从而影响了区域创新主体之间的协同和互动（Eun et al.，2006）；③中国区域创新系统的创新环境，特别是区域创新文化培育不足，而这与中国处在一个转型国家的特殊背景相关。在转型背景下，法律和制度框架不断改革，市场机制也未完全建立起来，企业经营面临难以预见的成本和风险，从而削弱了其开展长期创新活动的积极性。另一方面，制度转型的背景也影响到了中国区域创新系统内学习网络的特点，基于亲戚、朋友和熟人的社会关系及网络，而非基于合同契约的正式框架安排，成为创新主体之间学习、交流和长期合作的主要方式（Fu，2015）。这也在一定程度上也使得区域创新系统的网络具有一定的封闭性和路径依赖性，容易陷入网络锁定的困局。

相比于以招商引资为主的开发区模式，在创新要素较为集中的部分地区，以中关村为代表的高新区模式体现了中国内生型区域创新系统的发展特征。中关村是我国制度创新区域性试验的典范，在中国实行改革开放的政策中，刚从美国硅谷和 128 公路地区考察回来的中国科学院物理研究所陈春先和另外 14 名中国科学院科技人员，在北京市科学技术协会的支持下，于 1980 年创办了“先进技术”发展服务部，也是中关村第一个民营科技实体。1988 年国务院正式批准建立的中国第一个国家级高新技术产业开发区，旨在建立起完善的区域创新系统。2009 年，国务院批复建设中关村国家自主创新示范区，要求把中关村建设成为具有全球影响力的科技创新中心，这也是我国第一个国家自主创新示范区。经过多年的市场经济的发展，市场经济逐步完善，但是对于中关村的创新发展，政府依然发挥着重要的作用。工业园区、示范区等的名词，都带有强烈的政策导向。

中关村的发展具有明显的区域创新系统特征，聚集了近 2 万家高新技术企业、40 多所高等院校、206 所国家（市）科研院所，形成了移动互联网、新一代移动通信、卫星应用、生物健康、节能环保、轨道交通等六大优势产业集群，构建了“一区多园”格局特色的发展格局。中关村内企业间互动频繁，龙芯、闪联、SCDMA 等几十家产业技术联盟使其产业集群呈现出一定的集团化特征。2002 年以来为了更好地适应变化的技术环境、满足市场需要，中关村内一些高新技术企业和相关机构相互联合，建立起优势互补或优势加强性组织，即产业技术联盟（龚玉环等，2009）。中关村联盟内部各行为主体通过强纽带连接在一起，彼此互惠，这种企业之间的学习和创新网络是区域创新系统的典型特征之一。

2013 年中关村示范区实现总收入超过 3.05 万亿元，同比增长 20%以上；高新技术企业增加值超过 4100 亿元，占北京市 GDP 比重超过 20%；企业实现出口 336 亿美元，约占全市出口总额四成。2011 年，中关村企业、高校和科研机构三类创新主体获得专利授权 18 343 件，占北京市专利授权量的 45%。中关村也是引领全国技术标准和技术输出的高地，创制了 TD-SCDMA、McWill、闪联等 86 项重要国际标准，798 项国家、地方和行业标准；中关村技术交易额达到全国的 1/3 以上，其中 80%以上输出到北京以外地区①。由此可见，中关村的区域创新系统具有高度的外向性和开放性。

中关村高科技工业园区创新系统建成的原因主要有三点，即全国乃至全球的人才资源优势、政策支持与创新，以及不断衍生和壮大的企业。这三个原因也是我国众多地方区域创新系统的形成原因。①北京中关村自建立之期，就成为世界少有的智力资源极为密集的地方之一，更是汇聚了全国顶尖科技人才，在中关村科技园区内有清华大学、北京大学等 40 多所高等院校，以中国科学院为代表的各级各类的科研机构 206 家，其中国家工程中心 38 个、国家级重点实验室 112 个、留学人员创业园 34 家。调查显示，员工在中关村内各企业间的流动率高达 40%，而随着员工一起流动的则是技术、知识、信息和社会关系（龚玉环等，2009）。此外，中关村开始显现出从创新创业人才到创新创业投资人才的良性循环特点，即高层次创新创业人才一代代的在中关村聚集，并将创业经验资源和财富投入到再创业或帮助他人创业，主要通过承担创业导师以及天使投资人（或风险投资家）等方式，实现知识要素和资本要素的代际循环。例如，李开复创办创新工场、小米的雷军创业成功后作为天使投资人投资了几十家创新型企业，留学归来参与创立新东方的徐小平创立真格天使投资基金，投资聚美优品等上百个公司等。②政策支持是中关村创新快速发展的基础，通过不断的制度创新，为中关村快速发展营造了良好的政策环境，包括在高校、科研机构和国有企业中开展股权激励试点；深化科技金融先行先试改革，构建技术与资本的高校对接机制；开展重大科技专项经费列支间接费用试点，提高科研人员的创新积极性；制订支持创新创业的税收政策，通过“双方政策”“863 计划”“火炬计划”，刺激中关村地区高新技术企业的衍生（陈劲等，2014），极大释放了创新创业活力。③在中关

---

① 资料来源：中关村国家自主创新示范区官方网站. http：//www.zgc.gov.cn/sfqgk/56261.htm。

村，除了政府的推动作用，区域创新系统的市场主导者是高科技企业。高校、科研机构的技术成果经过试验后要实现市场化和产业化，需要企业的推动，企业的衍生就是连接科研成果和市场的桥梁，企业衍生能够在一定程度上反映创新系统的运转情况，企业衍生的频繁程度常常意味着可转化为生产力的技术项目的多少，衍生出来的企业常常能够发掘出被原企业所忽略的技术和市场，由此衍生行为常常会导致某个技术领域的改革和新技术的开拓，进而推动区域创新系统的建立与发展。中关村的科研院所和大学是重要的衍生主体，作为母体组织连接着众多衍生企业，如中科院的联想，北大的方正，清华的紫光和同方等。随着“大众创业，万众创新”的推进，中关村形成了新一轮的科技创业热潮，中关村创业大街成为我国第一个将资金、创业服务机构、知识产权管理等多要素集聚在一起的物理空间。三类创业者成为中关村创业的主体：90 后创业者、领军企业骨干创业者和连续创业者。如今的中关村已初步显现出创业生态系统的特点，实现了领军企业、高校和科研机构、人才、科技资本、创业服务体系和创业文化六大系统要素的有效循环和相互支撑。

然而，中关村科技园区的发展还存在一定的不足和问题。首先，中关村的技术创新水平还处于国际高技术产业分工的下游水平。虽然园内高技术产业规模增长很快，拥有自主知识产权的技术和产品数量也不断增多，但支柱产业都属于相对成熟的产业领域，如电子信息、生物医药，一般通过“以贸养技，以贸养工”的模式，通过模仿来跟随发达国家领军者的脚步。其次，产学研体系还没有完整建立起来。虽然中关村内高等院校和企业数量众多，但是整个园区整体建设相对较晚，高等院校和企业的产学研体系还没有很好地建立起来，而且列入国家产学研项目不多，导致人才资源和资金没有得到有效的结合（周英豪，2010）。目前中关村产学研合作是以项目纽带合作模式为主导，具有松散和行为短期化的特征，并且在产学研合作中企业的主体地位薄弱，不能为其合作提供持续的资金支持，也没有通过把握产业化方向来主导研发过程（王晓明，2015）。最后，风险资本对中关村创新集群的投入相对较少。高技术产业是高投入、高风险、高收益并存的行业，需要非常多的资金物质投入，如果没有充足的资金支持很难开发出高技术产品；同时，风险资本也会行使市场的作用，为高技术产业的发展导引方向。而政府的资金支持和政策对中关村科技园区存在较大影响（周英豪，2010），市场风险资本的引导相对较弱。尽管近年来风险资本和天使资本投资有快速的增长，但相比硅谷而言，还没有形成大众化的天使投资网络，由于个人和企业信用体系尚不完善，社会关系和熟人网络是获得天使和风险投资的主要原因（段玉厂和傅首清，2015）。

第二节 欧美国家的创新系统特点与借鉴

一、欧美国家的国家创新系统

（一）美国的国家创新系统

美国是当今世界上最发达的市场经济国家，也是国家创新系统发育最为完善和运行较为顺畅的国家之一。美国的创新系统具有其独特的特点，政府的干预力度小，同时建立了完整的创新激励制度。在美国，政府对于作为创新主体的企业干预力度比较小，但是，美国政府依然是创新系统的重要部分，重要性体现在美国政府的创新投资具有严格的选择性，极少干预市场创新，政府投资支持的研究开发主要是具有战略性的基础性研究或者是意在提高某个特定产业或企业群体竞争力的计划。从 20 世纪 50 年代开始，美国基础研究经费持续快速增长，在 2009 年达到 759.7 亿美元，其中联邦政府支出占 53.2%，是基础研究最重要的资助者。美国建立的创新激励制度包括不断地推出大型科技发展计划，促进创新系统中各主体的互动。美国政府委托政府研发机构主持高技术研究，基础部分由研发机构完成，应用开发研究和产业化过程由政府研发机构通过子项目辐射到高科技创业公司，如果公司能够在政府项目竞争中获胜，不仅能得到相当可观的政府科技投资，更重要的是标志着企业处在该领域的制高点，对于企业的市场竞争和长远发展具有深远的意义，使得创新系统中各主体互动加强，也推动了各主体的创新能力的开发。

美国创新系统的另外一个特点就是工商界是创新系统的主要力量。高校、科研机构是培养人才的主要基地，负责创造新的技术和知识，虽然高校、科研机构能够直接将自己的技术成果产业化，但是毕竟企业具有更大的激励将科研成果实现商品化与产业化，从而产生更多的企业利润和实现更大的企业价值。同时，美国的 R&D 投入当中，企业是投入的主体。美国大型企业除了与高校、科研机构合作外，内部一般都设有 R&D 机构。IBM 在纽约州设有中央实验室，拥有研究人员 3000 多人，其中 4 人曾获诺贝尔奖，1992 年，该公司的研究开发经费高达 66.44 亿美元，占其销售额的 10%。在市场经济体系中，企业需要生存，必须紧跟市场反应，面向市场需求不断开发适销的新产品，以保持竞争优势。每个企业 R&D 机构在确定研究项目之前先了解的是市场需求，为此，在制度上也有相关的规定，凡是用政府资金的研究开发，必须事先就把该项目研究的成果普及化的义务考虑在技术开发之内（霍福广和陈建新，2004）。美国的研究开发中，工业机构的经费支出占全部经费支出逐年增加，并且在 1980 年已经超过政府部门，成为研究与开发经费支出最多的一个部分。

完善和高效的风险投资机制也是美国国家创新系统的重要特点。风险投资（venture capital，VC）在广义上泛指一切具有高风险、高潜在收益的投资；狭义的风险投资是指以高新技术为基础，生产与经营技术密集型产品的投资。在现代金融中，风险投资是企业发展的金融发动机。在美国，风险投资已经形成完善和高效的机制。美国的风险投资是高科技领域研发投资的重要经费来源，在电子信息产业、科学生物医学等领域，约有 90%的企业，就是在风险投资公司的扶持下迅速发展起来的，如世界著名的数据设备公司、信息产业的英特尔公司、网络巨人微软公司以及手机业界著名的苹果公司等。美国风险投资机制的完善在于，企业在技术创新的初期到技术成果实现产业化的过程中，需要巨额的投资，但是高新技术创新面临着高风险的难题，使得普通的投资者望而却步。风险投资资本分散募集、投资分散的组合，还有风险投资独特的运营方式，能够更好地规避风险，获得更高的投资回报，这就为社会资金进入高科技产业架起了一道桥梁，推动了美国技术创新的产业化。而且风险投资机构相比起普通的投资者，更加热衷于投资有发展潜力的高科技，帮助拥有高科技技术能力甚至是只有初期创新想法的个人和企业实现技术创新（陈柳钦，2005）。

（二）英国的国家创新系统

英国作为第一次工业革命的中心和第二次工业革命的重要国家，在工业发展的初期，由于创新技术的发展而处于世界工业的前沿，在世界经济中处于领先地位。但是自 20 世纪中后期以来，英国的经济处于相对衰退的状态，经济的增长速度落后于美国和欧洲某些经济强国，并且在其他国家加大对科技创新发展投资的同时，英国并没有相应增加对于科技创新的投资，使得英国的科技创新系统建设相对缓慢。英国的科技创新系统在 20 世纪 90 年代开始建立，其主要特点是十分重视产学研合作，在此基础上尤其注重相关法律法规的制定，为产学研合作创造良好的政策环境。

英国的国家创新系统在参考模仿欧美创新强国后，在 1993 年发布科学、工程学和技术白皮书——《实现我们的潜力》，在白皮书中提出要严格地控制科学、工程学和技术以增加英国的竞争力，通过将资源集中在鼓励技术扩散和开发上，而不是发展本身（曾国屏和李正风，2010）。1998 年发布《我们的竞争——建设知识型经济》白皮书，通过加强技术扩散，使得大学从产业界获得不断增加的赞助；学生可以找到更好的就业机会；公司自己研究与开发的负担减轻了；当与其他方面合作时，可以共担开发新产品、新工业和新市场的风险。之后，2000 年《卓越与机遇——21 世纪科学与创新政策》和 2001 年《变革世界中的机遇——创业、技能和创新》的政府白皮书均以创新为主题。为响应《高端逐鹿——英国政府科学与创新政策评论》提出的创新建议，英国于 2008 年 3 月 13 日出台了

《创新国家》白皮书，强调创新对英国未来的繁荣和应对气候变化的挑战至关重要，旨在把英国打造成为世界上最适宜创新企业和创新公共服务发展的地方。白皮书制定了一系列措施，其中强调要增加对人才以及高新技术知识的投入，激发各个层次人才的创新活力，加强对高科技的研发以及对知识探索的投入，还要通过法律法规和建立公共采购和公共服务部门促进创新成果的市场化。在 2008 年期间，英国的国家创新、大学与技能部（department of innovation，university and skills，DIUS）出台一项国际战略，该战略围绕高等教育与继续教育、技能、研究和创新，把 DIUS 管辖范围之内相互关联的政策融合在一起。此外，英国政府要求其他各部门制定相应的创新促进计划，并将此作为企业战略的一部分。通过进一步支持创新企业和研究、增加知识交流、推进技术人员培养、支持创新城镇和地区、促进公共部门创新，发挥英国优势，提高生产力，促进经济繁荣。2002 年以后，英国更系统地发布了一系列行动计划，包括 2002 年《投资与创新》、2003 年英国工贸部报告《在全球经济下竞争：创新挑战》、2004 年《科学与创新投资框架 2004～2014》和 2004 年底贸工部《从知识中创造价值》的五年计划。这些创新政策与此后出台的一系列后续创新政策构成了英国国家创新系统的框架，并已经显现出积极的政策效果（王雪双和孙进，2013）。如今，英国在科学研究领域处于前段位置，英国在论文出版方面仅次于美国，位居世界第二。根据英国 2008 年的《英国创新国家白皮书》，英国的研究基地与其他国家的研究人员都有着非常密切的联系，旨在跟踪大学与企业联系的措施也处于上升的发展趋势。

（三）德国的国家创新系统

德国创新系统的特点主要有两个，一是德国独特的教育体系为创新提供大量人才；二是企业的竞争创新方式不同，政府扶持中小型企业，但又以大型企业作为创新的重要支柱。

德国的高校都没有正式级别和名次的区分，也没有重点大学与普通大学的区别，德国高校的特点是双元制的体系结构，即高等院校与职业技术学校并重。高等院校可以根据使命、职能的不同又分为三类：第一类是以培养科学研究型人才为主的综合性大学；第二类是培养高技术人才为主的应用技术性大学；第三类是艺术类学院。为了更加方便学生能够在欧洲范围内实现转学，德国还引进了欧洲的学分转换制，同时德国在保留传统的学位体制的同时，与时俱进的引进国际学士和硕士课程，为了更好地培养人才，还允许专科大学的优秀毕业生能够攻博深造等方式，积极培养创新人才。

德国的创新系统中，企业也是处于中心地位的，但是与美国的大企业垄断式竞争不同，德国市场经济体制的核心是竞争秩序。国家通过一系列的政策法规保障企业能够有效竞争，如《反对限制竞争法》和《中小企业促进法》等（王海燕等，2014a），避免出现由于垄断式竞争所带来的企业缺乏创新动力而停滞不前的现象。德国政府非常重视对企业的扶持，特别是对于中小企业的扶持。对资金短缺的中小企业，政府和重建信贷银行于 1992 年启动了对中小企业的技术革新贷款资助计划，由政府和银行共同承担风险，以低息贷款方式支持中小企业解决创建和开发高新技术产品时的资金困难问题。此外，德国的技术能力集中程度相当高，其国内 R&D 能力的 31%集中在西门子等七家大公司（李宏和张薇，2003），大型企业集团的研究开发部门同时又是企业技术创新的重要支柱。

二、欧美国家的区域创新系统

（一）美国的区域创新系统

众所周知，美国具有完善的创新系统，美国区域创新的私人部门导向性十分明显，硅谷是美国区域创新的典型例子。硅谷是位于美国加利福尼亚州的圣弗朗西斯科以南的狭长地带。美国硅谷的发展为各国发展区域创新系统提供了成功的典范，硅谷的私人部门导向因素主要是指硅谷特有的文化，及其完善的风险投资制度。

编码可以很容易地超越空间的界限，但新知识不是，新知识需要有特殊才能的人利用溢出效应在特定的知识密集的地方产生（Cooke，2001）。区域创新需要知识的生产和扩散，硅谷的独有的崇尚冒险，允许失败的合作竞争文化，有利于知识的产生和扩散，也使得其能够吸引住具有特殊才能的人在知识密集的“硅谷”中发展。硅谷的冒险文化使得具有特殊才能的人能够不断地流转，流动成为常态。在硅谷，不管是企业内部的高级工程师还是一般的技术人员，都会在各个企业间频繁流转，一个员工待在一个企业的平均时间是两年，一旦一个员工待在一个企业的时间过长，就会被看做是保守者或者是无能，成为园区中的异类（王缉慈，2001）。萨克森宁指出：“在美国，人们嘲笑硅谷里的人更换工作的频繁程度，有这么一个笑话，说你可以换工作，但不必换停车场。这里相关的文化认为变化好，迅速的改变是兵家常事，这些对你的简历并不产生负面影响……这就是你作为初创企业所面临的环境，一种迅速决断、迅速行动、迅速变化的文化氛围”（钟坚，2002）。在这种人员的不断的流动过程中，有人在流动的过程中开始凭借自己在工作中的知识、技术和经验的积累，“沉淀”下来，开启了自己的商业王国，于是众多的衍生企业诞生了。硅谷内合作的竞争文化使得溢出效应明显。人员在流动、沉淀的过程中实现了人才、技术、资本的重组，并且在这种交互式的流动过程中，知识随着其重要的载体人才的流动而不断地被创新、传播，而合作的文化渗透在区域内的各个角落，使得旧企业愿意给予新企业鼓励、建议甚至金融的支持，也使得各公司工程师之间展开非正式的交流与合作，以及各企业内部各层次人员间保持着非正式但经常地联系与合作。良好并且独特的合作氛围，为硅谷的信息和资源共享的产生提供了条件，频繁的、分散的人才流动环境加速了科技能力和技能在地区内的扩散传播。

在美国，为促进公司发展而兴起的中介机构对创新发挥着重要的作用。与欧洲国家不同，在美国的区域创新系统中，风险投资公司在其中具有重要作用。可以说，硅谷的成功在某种程度上依赖于本地风险投资的发展（王缉慈，2001）。在谈论硅谷成功的发展历程一定会说到的一个关键词——斯坦福大学，那么就会有个问题了，为什么全球著名的创新区域出现在斯坦福大学附近，而不是牛津大学、剑桥大学、杜克大学的周边地区呢？这个回答就是风险资本。美国有接近一半的风险投资企业总部设在了硅谷，在 20 世纪 90 年代末，美国的风险资本总额中超过 30%投向了硅谷，美国的风险投资规模从 1995 年的 69 亿美元增加到 1997 年的 115 亿美元，增加了 66%，而硅谷获得了这一投资的绝大部分，吸引了新增的投资的 23%（李建军，2003）。在技术创新中，很多的技术在开始都只是存在于创造者的思维中或者实验室中，在实现成果化和产业化之前，都不能真正地推动社会科技的发展，这就使得高新技术产业在发展之前，也就是在企业成立的最初阶段，创业者也许只有一个想法或者是一个实验室的实验结果，公司的员工也寥寥无几，只有自己或者是实验室的同事所组成的开放团队，他们只有对于创新技术的想法，而缺乏资产和企业管理经验，很难通过传统的方式，如银行贷款的方式去获得所需要的资金和设备。面对这种情况，风险投资的介入，解决了这些企业发展的资金瓶颈，加速了高新技术向成果化和产业化的转化，另外，风险投资为注资的企业带来技术技能、操作经验和行业接触的网络。他们与银行投资不同，风险投资对于投资企业的关注更多，虽然不同的风险投资企业对于企业的投入程度不同，但是基本都会在经营和战略方面为企业家出谋划策，帮助寻求投资者，招募重要的经营管理人员，并在董事会上供职（钟坚，2002）。美国的风险投资制度的完善也有力地保障了创新发展。美国完善的风险投资制度是不以长期控制企业为目的的，对于企业的成长有着重要的帮助，在企业的创始初期，主要以股权投资的形式提供有期限的资金支持，参与企业的运营营销，在企业发展成熟后，风险投资就会通过上市集资等形式，抛售股权，以获得高额的利润，实现投资资本的增值，营造了良好的投资环境与风险投资制度。风险投资机制的形成，使得硅谷中小型企业不断衍生、发展壮大，成为区域创新的中流砥柱。

（二）欧洲的区域创新系统

欧洲作为最早发展资本主义经济的大洲，工业生产处于较高的水平，也拥有较高的科技发展水平。图 13-1 展示了 2014 年欧洲 NUTS2 层级的区域创新水平分类，按照人力资本、科研体系绩效、融资与支持、企业创新投入、连接与创业指数、智力资本、创新数量和经济表现的综合创新指标，可将欧洲区域分为四个创新等级：创新领导者、创新追赶者、温和创新者和适度创新者。其中，创新领导者和创新追赶者高于欧盟平均水平，而温和创新者低于欧盟平均水平，适度创新者远低于欧盟平均水平。从图 13-1 可看出，创新水平在部分欧洲小国呈现均衡分布的情况，如奥地利、捷克、比利时、瑞士、希腊等，而在大部分国家，区域创新水平呈现较大的分异情况，如德国呈现明显的东西分异、法国以巴黎作为创新的绝对区域中心、英国以东南部为创新领先区域、瑞典的区域创新中心集中在南部等。

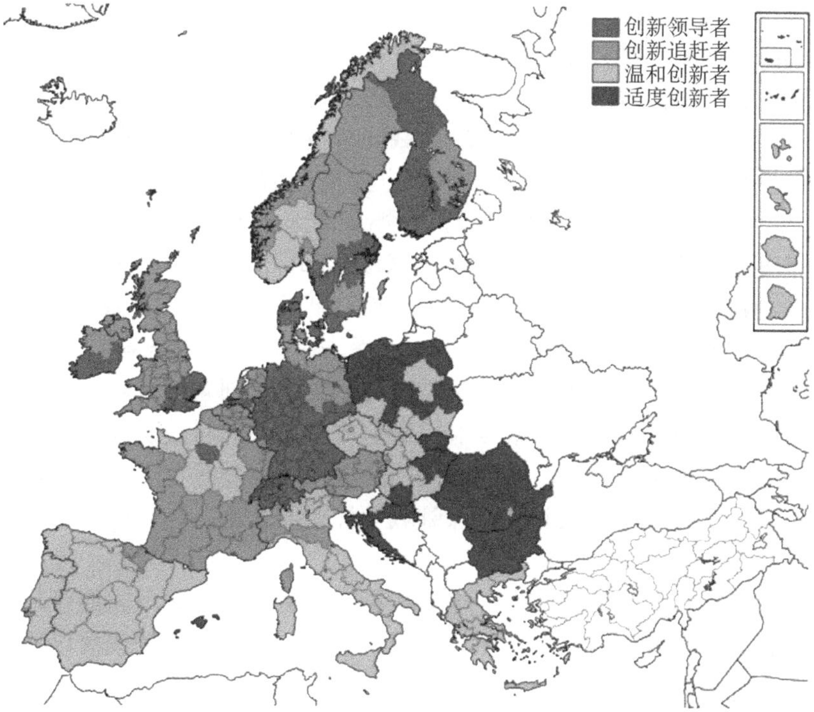

图 13-1　欧洲的区域创新表现（2014 年区域创新记分排名）

资料来源：European Commission Database

欧洲拥有众多著名的工业园区，如德国的巴登-符腾堡州、英国的威尔士、法国的索菲亚科技园等区域，虽然这些区域所在的国家不同，各区域有各自的区域创新特点，但是对比这些区域还是能够发现它们都有相似的地方，即在很大程度上都依赖于公共机构（Cooke，2001）。在公共导向的过程中，政府部门发挥着重要的作用，但是在不同的区域，政府部门或者说公共机构所发挥的作用和方式又有所区别，Raines（2001）在对比欧洲多个地区的区域创新系统后，根据政策的空间尺度将区域创新的管治分为三个类型，即集中式集群政策（centralized cluster policy）、分散的集群政策（decentralized cluster policy）、反馈式集群政策（feedback cluster policies）。

集中式集群创新政策指的是在国家的层面上设定适合地方区域发展的政策，以提高地方的区域创新能力继而达到提高地方产业的竞争优势目标。法国的索菲亚科技园的兴起，体现了明显的自上而下的区域创新系统模式，索菲亚科技园在创立初期，并无工业基础，也没有大学和科研资源，索菲亚科技园实行公共管理，由中央政府和地方政府共同制定发展战略，法国从地方区域的实际情况进行规划，通过全国性的鼓励政策，鼓励知识密集型地区对知识欠密集型地区的支持与援助，通过国家层面的规划实施，推动区域创新的发展（邵云飞和王偌鹏，2008）。例如，鼓励国内大型企业在索菲亚科技园建立 R&D 中心以及将公共研究机构设立在科技园。在区域范围，通过支持地方性生产系统的建立，鼓励中小型企业发展，实行项目本地化，通过商会的形式与其他区域进行合作，确定发展的优势技术。逐步扶持中小企业，推动区域创新技术向中小型企业转移，推动科技创新的本土化，以此吸引新的公司机构，提高区域创新能力（于丽英和童心，2014）。另外一个典型的例子是挪威，在挪威的区域创新中，最重要的地区性金融支持和商业环境管理措施都集中由国家政府部门或其附属机构实施（Raines，2001）。挪威三个主要的科技中介机构，挪威研究委员会（Research Council of Norway）、创新挪威（Innovation Norway）和挪威产业发展公司（SIVA）都隶属于政府部门，挪威研究委员会隶属于教育与研究部，创新挪威和挪威产业发展公司都隶属于产业与贸易部，挪威政府控制着挪威重要的科技研发创新。在挪威，一个部门主要负责一个区域，政府部门在区域创新中发挥着无处不在的作用，特别是在交通、就业、社会福利和环保领域发挥重要作用，使得区域工业与区域政策紧密联系。

分散式集群创新政策是一种与集中式集群创新政策截然不同的管治模式，是一种自下而上的区域创新类型，由企业或科研机构自发形成的集聚以及商业化，并逐渐在政府的帮助下发展起来。这种方法的优势是能够迅速适应区域创新的变化（Raines，2001）。与法国不同，奥地利的中央政府虽然也有为区域创新发展提供支持，但是当地的经济发展部门才是主要负责开发当地工业优势以及出台创新政策的主体。意大利的艾米利亚—罗马格纳地区也是这种区域创新类型的典型代表。艾米利亚—罗马格纳地区的兴起是典型的中小企业兴起带动区域发展。在艾米利亚—罗马格纳地区，除了传统的产业，生命制药也在不断发展，给这个地区提供不断的创新动力，艾米利亚—罗马格纳地区的生命科学的发展与其他地区的不同在于更容易建立研究合作与通过公共研究机构进行合作（Belussi et al.，2010），并利用企业的发展来推动政府的发展，政府只是作为协助的角色。

反馈式集群创新政策属于一种混合型的集群创新政策，由地方政府根据自身创新优势，提出创新政策倡议，国家层面上根据倡议建立基本框架允许地方政府自身的创新发展实践并适当地给予一定的金融资助，促进本地项目的开展（Raines，2001），是经济发展权利区域化的表现。这种政策措施在英国有着明显的特征，体现英国对威尔士、苏格兰和北爱尔兰的权力的下放，在当地设立发展机构。20 世纪 80 年代，在威尔士开展“供应商当地化计划”（proto-cluster），在实现当地化的同时，威尔士开发局（Welsh Development Agency，WDA）也作出了重大的贡献。在威尔士区域创新系统的发展过程中，由于威尔士开发局独特的政策，使得威尔士在吸引国外投资的方面实现了较大的增长，吸引外资上的政策针对的目标主要是日本。在外资的帮助下，威尔士建立了一批汽车和电子工程产业集群，形成集群创新。在围绕外资大型企业发展的同时，重点关注当地中小企业的发展，利用威尔士的汽车和消费电子产品企业，实现供应商的当地化，达到科技的创新。外国投资公司以合作的形成在高校、科研机构建立小型研发部门，通过培训机构以及职业培训协会的平台完成对企业人员的职能培训，威尔士开发局也涉及一些这方面的组合政策领域，包括业务、培训和房地产的开发，这些都是以促进当地创新发展为目标实施的（Cooke，2001）。在苏格兰，90 年代中期遵循波特的咨询团队给出的集群识别方案，由苏格兰本地企业经过长时间的内部讨论，最终给出了明确的集群发展战略，将发展战略定在四个试点部门：食品与饮料、半导体、生物技术和石油与天然气。根据该战略制定了一系列的行动方案发展战略，由苏格兰企业的专门产业小组进行协调，其中包括来自行业协会、其他公共组织和大学的咨询支持。

三、比较与借鉴

首先，通过对比中国创新系统与欧美各国在国家和区域层面建设特点，可以发现，我国在区域创新的过程当中，政府的协调创新作用能够很好地发挥出来，在国家以及区域层面都发挥了较大的作用，能够很好地利用政府的强大调控功能，调节国家、区域内创新的积极要素有机结合，从而使得我国的创新系统初具规模。但是对比欧美各国创新系统建设及特点，可以发现，现阶段我国的创新系统，由于社会主义市场经济的不成熟，政府与市场在创新中的互动关系并没有很好地建立起来，在创新中，特别是区域创新中，较多的依靠政府规划、调控这一“有形的手”，而另一方面市场经济中“无形的手”并没有发挥应有的作用。

其次，在我国，产、学、研的结合不够密切，科技的创新成果缺乏有效快捷的途径进行科技成果商品化、市场化，而不是如美国硅谷、法国索菲亚科技园一样，由具有运作能力的公共机构或私人服务商将科技创新成果与市场紧密联系起来。在德国，联邦政府依据国家产业发展方向制定相应的法律法规来规范科研机构和企业的创新活动，引导其创新方向，国家科研经费原则上只用于基础研究和进入市场竞争前的应用基础研究，而各州政府所划拨经费一般服务于当地大学和研究机构的研发活动。同样在美国的创新系统中，公私契合度也相当的高，常通过国家在重点研究的经济扶持，指定税收、法律法规以及财政等方面的活动，激励私营创新活动的开展。因此，这就需要我国政府根据市场需求和国家发展战略制定相应的产业规划、科技发展计划来适度引导国内的科研活动。

再次，通过技术转移和技术扩散把技术和创新政策融合到潜在的区域创新系统中去，是欧洲在构建区域创新系统中的重要思想。在欧盟内部科技和创新的区域分布也是不均衡的，科技机构和资源集中在各国家的首都和大都市中，而这些大都市的区域创新系统建设不是放在单个企业的创新能力方面，而是放在包括企业、大学、研究机构、中介服务机构等在内的所有与创新活动相关的学习能力和互动协同机制方面。对比欧美各国区域创新系统，我国区域创新系统中最为薄弱的一个环节就是中介机构、服务体系以及科技创新网络并不完善。欧美各国的区域创新系统都拥有完善的中介机构和服务体系，以及科技创新网络。中介机构的不完善直接影响到科技创新成果的商品化、市场化。从系统论来看，中介机构也是连接创新需求和供应方的重要主体，是促进区域创新主体互动的主要组织机构。在美国，完善的风险投资体制为企业的创新提供动力；在英国威尔士，众多的培训机构以及培训协会，为科技创新提供基础的人才培训平台。欧美不同的国家和区域创新系统中，都以不同形式使得中介机构及其服务体系得以完善，构建完整的科技创新网络，促进创新技术、成果在区域内的传播和应用，从而提高区域创新能力。

最后，就区域创新政策的实践主体而言，欧洲的反馈式集群创新政策与我国在地方分权方面的实践具有较大的可比性，因此也能提供更有意义的政策借鉴。集群创新政策在瑞典和英国，通过在制定发展战略上与国家政府形成伙伴关系，增强了地方治理结构的地位，成为发展地方竞争优势的主要方式。这种集群政策的尺度实践与我国鼓励地方改革实验的方法相类似，即通过充分的放权使得地方政府和行动主体更好的界定本地竞争优势和特点，发展各具特色的区域创新系统，而中央政府更多的是在肯定并在全国推广成功的地方实践经验。需要注意的是，尽管中国地方政府在 20 世纪 80 年代以后逐渐获得越来越多的可用于区域发展的自治权和资源，其政策能力还没有发育充分，地方政府经常简单的复制中央发展规划的概念和想法，而没有去仔细分析特定的区域条件和机遇。

针对以上问题，再吸取欧美各国区域创新经验，结合我国实际情况，为建立我国创新系统，创新系统的发展和完善都要以市场机制为基础，加快建立完善的社会主义市场经济，确立企业为创新的主体，充分发挥地方政府的支持和引导能力。同时，加强高校和科研机构的基础研究能力，推动科技创新的研发以及为科技创新的发展提供人才储备和知识储备。充分发挥政府与市场在推动创新中的互补作用，完善市场机制的建设，在国家层面，使得技术改造、技术引进与科技发展计划有机地结合起来，在地方区域层面，寻找本地区域创新的优势和精明增长点，形成有效的地方创新管治机构和制度，推动中介机构和服务体系的建立，建立完善的科技创新网络，实现企业创新的本土化。

第三节　亚洲主要国家的创新系统特点与借鉴

一、亚洲主要国家的国家创新系统

（一）日本的国家创新系统

自 1950 年日本政府制定《外资法》，鼓励从发达国家引进先进技术成果开始，日本就在积极地发展和完善本国的国家创新系统。第二次世界大战以后，日本的科技发展经历了两个阶段，分别是“技术追赶”阶段和“技术领先”阶段（梁洪力和王海燕，2014），日本政府在不同的发展阶段都建立了相对应的国家创新系统，由此在应用技术领域不断突破，成长为公认的“技术大国”。在不同的发展阶段，日本的国家创新系统都有各自的典型特征。

（1）“技术追赶”阶段。日本的国家创新系统最为突出的特征就是政府主导国家创新系统的总体建设，日本政府实施典型的强干预政策，对国内创新主体的各种创新活动进行较大程度的引导和重点化管理。一方面，政府通过宏观控制对技术引进实行有效管理，并且在财政上为技术的引进学习和扩散提供充足的资金支持。日本制定了装备与技术引进审批制度，有选择地引进能满足经济建设需要并且产生最高经济效益的先进设备和技术。实施重大技术研发补助金制度，对装备和技术引进给予税收优惠，给企业创新开发活动提供融资优惠。另一方面，实施专利的弱保护政策，制定了专利申请授权前信息披露制度，延长专利申请时间，在制度上为日本企业消化吸收外国技术提供便利。

在“技术追赶”阶段，企业是国家创新系统中的创新主体，企业主导着研发经费的投入和使用，提供大规模的研发人员队伍。但是，日本的企业只是从国外引进现有知识和技术，政府重点扶持大企业花费大量资金从国外引进技术，然后进行消化吸收，即所谓的二次开发，在国内结合日本的实际情况进行大量必要的技术改造和再创新，从而创造出带有日本特色的新技术产品。因此，日本政府及相关政策是企业创新背后的中坚力量（王承云和杜德斌，2007）。日本政府不是通过直接承担研发任务的方式，而是主要运用敏锐的观察力，扶植有前途的产业研发，尤其是确立“重点目标战略”，对部分企业给予重点援助，促使其获得成功。根据统计，在“技术追赶”阶段，日本是用 1∶5～1∶8 的比例，把资金投入了引进技术和技术消化再创新（李宏和张薇，2003）。第二次世界大战后，诸如三菱、富士等大企业集团都是以大银行为中心集结，融洽的银企关系给技术创新提供了大量研究经费。除此之外，科研院所等公共研究部门为国家创新系统提供了知识和人才源泉。在“技术追赶”阶段，日本国家创新系统形成以企业为创新主体、大学和政府机构为辅的产学研制度。信息和技术在研究人员、企业和各机构之间的交流是创新系统发挥作用的关键。第二次世界大战后，企业、大学和政府逐渐发展成一种分工合作的运行机制，同时，日本政府颁布“产学教育制度”“官民特定共同研究制度”“新技术委托开发制度”等法律制度指导各部门机构研究活动的进行。

（2）“技术领先”阶段。从 20 世纪 90 年代开始，日本政府逐渐将创新系统重点转向科技创新的成果转化和高新技术的产业化。1995 年日本政府颁布《科学技术基本法》，标志着日本踏入技术领先阶段，更加突出科学与技术的地位。在这个阶段，日本国家创新系统的特点也有相应变化。

首先，基础研究在总的研究投入结构中所占比重有较大提高。从“技术追赶”转变为“技术领先”以后，日本的研究开发投入仍然保持较快增长，其所占 GDP 的比例不断上升。这反映了日本在“科技立国”战略的指导下给自主技术创新给予了足够多的重视。其次，“技术领先”阶段政府给予创新型中小企业更多的政策优惠。在前一个阶段，政府主要是引导各领域的大企业集团引进国外的先进技术。而现在，为了鼓励创新型中小企业开发新技术，日本在 20 世纪 90 年代颁布“中小企业技术创新制度”，并且在财政预算中用以支持中小企业创新的资金每年都在节节攀升，在 21 世纪初日本又实行了对萌芽企业的免税制度，日本已经从支持大企业的技术引进逐渐转向了扶持中小企业的技术创新战略（梁洪力和王海燕，2014）。“技术领先”阶段进一步发展了原先以企业为创新主体、大学和政府机构为辅的产学研制度，转而向以大学和科研院所为主的“21 世纪产学官合作模式”转变（王承云等，2006）。2005 年 1 月日本文部省研究振兴局向国会提交了“强化知识产权战略，推进产学官合作”的预算方案，在这部预算案中提出要充实大学知识产权本部的力量，成立专利技术转化支援中心。政府推动科研院所将技术创新成果向企业和产业转移，允许大学教授和政府研究部门的研究人员相互流动，并且促进科研院所的研究设施向企业开放。21 世纪开始，日本的各个大学纷纷创办风险投资企业，高校创办科技型企业的数量和规模都达到了历史空前水平。这些措施，都大大提高了不同创新主体间的人员信息交流和技术流动程度。最后，在“技术领先”阶段政府更加重视专利保护制度，加强保护专利发明者的地位和利益。在 20 世纪 90 年代推行的“重视专利政策”的活动中，日本在立法、司法和行政上三管齐下，都颁行了鼓励技术研究发明创造和保护专利的政策和法规。

（二）韩国的国家创新系统

韩国是世界上为数不多的从技术追赶从而成功达到技术领先的几个国家之一，2002 年韩国被评为亚洲最具经济发展潜力国家的第二名，仅次于新加坡（张雄辉和刘绵勇，2011）。韩国在经济发展中走“引进-消化-吸收-创新”的国家创新发展道路，作为最具计划性的市场经济国家，韩国政府重视从宏观层次上把握和调控科技的系统化发展，进而充分保证韩国科技发展的连续性。

韩国从 20 世纪 60 年代就开始建设自己的国家创新系统，1960～1980 年的二十年间，韩国国家创新系统主要是由政府引领的，最开始韩国的战略重点是建造基本的工业基础设施（范硕和李俊江，2011）。而这个时期依赖美国的经济援助，韩国政府主导各种科学技术的引进和大生产设备的进口，并且建立相应的研究机构使企业能够学习这些技术和设备的应用，这个阶段的技术几乎是从国外引进，自己的创新几乎没有。

从 20 世纪 80 年代开始，韩国政府以引进为特点的创新系统开始遇到困难，技术发达国家进一步强化知识产权和科学技术的保护，导致韩国引进技术的成本大大增加，这个时候，韩国的私人研发部门开始崛起。于是，韩国实施了“科技立国”的战略。在政府的帮助下，韩国的大企业集团不断增加技术研发投资，使得韩国的研究与开发经费占 GDP 的比重迅速增加，1991 年韩国的研究与开发经费占 GDP 的比重是 1.92%，而 2008 年这个比例达到了 3.37%，在经济合作与发展组织成员国中排名第四位。

20 世纪 90 年代亚洲金融危机爆发时期，韩国政府开始更多地投入到基础研究上面，争取在知识技术的前沿领域占得一席之地（张雄辉和刘德勇，2011）。创新系统更多地促进知识流动和技术转移，推动技术研究开发的商业化，支持创新型企业融资和技术中介机构的发展。大量的企业资金投入技术开发使得韩国在美国申请的专利数量大幅度增长。国家创新系统的不断发展和转型，帮助韩国在 1999 年开始加快逃离亚洲金融危机的泥潭，国民经济强势复苏。

与日本相似，韩国政府在国家创新系统的建设中也起着举足轻重的主导作用。政府在科学技术的管理体制上不断调整，以适应国家的发展需求。在调整和改革的过程中，政府对科技创新的干预很强，韩国的科学技术管理部门在政府中的级别地位也不断上升。在创新系统的建设中，韩国颁布了许多政策和法律法规来推动建设进程（王海燕和梁洪力，2014b）。从 20 世纪 60 年代开始，韩国陆续实施了《科学技术振兴法》《科学家教育法》等法律法规，20 世纪 80 年代颁布《科学技术基本计划》《科学技术政策宣言》等，2001 年施行《科技框架法》，这些政策措施，使得“科技立国”的战略进程大大加快。在产学研合作方面，韩国政府还以立法形式加以推动。1998 年，韩国施行《合作研究开发促进法》，并且国家的科研课题实施对象选定采取产学研优先政策，这些法律和政策给企业及科研院所的合作创新活动提供了制度上的保障。

企业是国家创新系统的主体，但是韩国少数的世界级大企业集团和一大批相对落后的中小企业呈现两极分化的态势。政府推动企业与科研院所合作，加快推进技术成果的转化，企业的研究开发能力不断提升，而研发投入也不断增加直至超过政府。在韩国政府的扶持帮助下，不同行业的龙头大企业不断扩张进而占据国家创新系统的主体地位。但是，韩国在 20 世纪 70 年代颁布了很多有利于大企业集团的金融扶持以及控制劳动力流动的政策，并且鼓励大集团不断投资来获得规模效益，这些促进大企业集团快速发展的政策导致韩国少数世界级成功大企业拔地而起的同时，却造成一大批中小企业融资困难，寸步难行，两极分化严重（Suh et al.，2007）。2003 年韩国研究与开发的相关数据显示，研发经费最高的前二十个企业占比 51.7%，前十家占了 43.7%；而在研发人员数的占比中，前二十家企业有 35.9%，前十家占了 30.9%（王海燕和梁洪力，2014b）。

（三）印度的国家创新系统

印度不单单是一个人口大国，在发展中国家中更属于数一数二的技术领先国家，部分研究领域甚至在世界范围内都能够位居前沿水平，这同印度政府重视科技在社会经济发展中的作用是息息相关的。印度的国家创新系统具有非常鲜明的特点，整体由高等教育体系、大量廉价技术劳动力、先进研究中心网络和许多软件技术园构成。从 20 世纪 60 年代开始，印度政府就开始建设发展信息技术产业的制度基础，进而提升研发能力（黄军英，2006）。1970 年印度政府召开全国电子技术大会，进而设立了电子部来专门负责计算机软件业的发展。在那之后，印度政府还在 1973 年建立了技术发展委员会。从 20 世纪 90 年代开始，印度政府颁布了一系列政策措施以促进软件的出口，取消外国公司的准入壁垒和对外国技术转移的限制因素，并且允许私营部门参与政府的决策，利用市场的调节作用为软件业的发展筹集资金，投入更多的财政来建设数据通信设施，同时还在关税的设置上对软件的进出口给予优惠（盖文启等，2004）。1998 年印度建立“国家信息技术特别工作组”并提出“印度信息技术行动计划”，重点解决国家在软件开发与出口、电子商务、网络访问、硬件生产等方面的需求。

在信息技术人才的培养方面，印度政府也是不遗余力。从 20 世纪 50 年代开始，尼赫鲁（Nehru）就提出重点培养信息技术人才的政策要求，从那时起，印度借鉴美国麻省理工学院的经验，投入大量的财政资金陆续在全国建立“印度理工学院”，逐步设置计算机科学硕士和相对应的学位课程（涂成林，2005）。1983 年印度颁布计算机人才发展计划，到了 1996 年，印度全国已经培养了 15 000 人的软件人才。

在信息技术基础设施的建设上，从 20 世纪 80 年代开始印度政府就确立了以发展计算机软件业为重点的国家发展战略，并且在班加罗尔建立了印度第一个高新技术产业园区——计算机软件园区。而且自 21 世纪以来印度政府逐渐把班加罗尔成功的软件业发展模式不断向全国其他的大城市推进发展，从而形成全国性的软件产业集群。与计算机软件相关的其他产业也在软件业发展的带动下得到迅猛的发展。

在 21 世纪初，生物技术产业继软件产业成长为印度的又一主导产业部门。

2005 年，印度的生物技术部门的产出达到 10.7 亿美元，比 2004 年增长 36.55%；2006 年产出则达到 15 亿美元，比 2005 年增长 40%；2006 年印度的生物科技企业数量已经达到了 280 家（高云华等，2008）。印度的生物技术发展如此迅猛，以致联合国特地把发展中国家的生物工程技术培训中心设在印度，而欧美等生物技术发达国家也将各自的生物技术试验基地设在印度。

印度的生物技术产业能够取得如此成就，跟自身拥有的丰富生物资源、较好的研究基础以及政府的大力扶持有密切关系。印度的生物基因资源拥有量非常丰富，地球上 6.5%～7.5%的物种在印度境内都可以寻到踪迹。在印度的生物技术产业中，有 50 多个实验室、20 000 名专业人才以及 800 家相关企业，而且有 1500 名博士和 6500 名硕士开始进入生物产业的科学研究当中（高云华等，2008）。相应地，印度政府在继软件业以后，又将生物技术产业作为国家创新系统拼图一个重要部分，给予强力的政策支持。印度的生物技术产业通过实行产业许可证制度，从而严格规范产业发展。在法律法规上，印度实行了一系列生物技术的安全规则以及基因工程生物的研究、生产、进出口的条例，以此保证生物技术工作者的工作安全，进而建立生物技术产业的安全体系。而在生物技术产品的出口上，生物技术企业出口商品收入可以免除大部分所得税，并且政府还会提供一定额度的低息出口贷款。为了进一步推进生物技术产业的发展，印度最近实施《国家生物技术发展战略》（赵树宽等，2008），在政策措施和长远规划上为产业发展的规划、产研结合、人才培养等提供了重要动力。

（四）泰国的国家创新系统

泰国作为东南亚重要的地区经济体之一，在过去的 40 年间经济发展取得了令世界瞩目的成就，但是在 20 世纪 90 年代末的亚洲金融风暴中，索罗斯（Soros）抓住泰国政府金融政策的失误，狙击泰国货币泰铢，导致泰国几十年的经济成就一夜之间化为乌有。危机过后，泰国政府除了反思一些失误的经济和金融政策外，还需要探讨更深层次经济体制以及国家创新系统的问题。

在金融风暴爆发之前，泰国利用本国廉价劳动力丰富的优势以及其他几个国家货币升值的机会，充分地吸收外国资金以发展制造业，推动本国的工业化。泰国逐渐从一个落后的东南亚农业国家转变为以制造业为主的工业国。但在这个过程中，泰国的国家创新系统建设却踌躇不前，技术创新能力提高非常缓慢。所以，落后的国家创新能力与泰国经济高速发展的不对等，致使其发生经济危机（Intarakumnerd et al.，2002）。危机发生前，泰国的创新政策影响范围很小，对技术研发、技术转移以及科技基础设施建设的投入少得可怜。在政府的金融、外贸、工业等各个重要部门都没有支持自身创新能力的提升。由此，没有自身的技术能力，制造业严重依赖进出口。经济危机爆发前后，泰国经济的出口依赖度达到了 56.7%，而对美国市场依赖度更是高达 21.3%（汪慕恒，2004）。

政府对本国创新能力发展的关注支持程度不高，导致本来应该是创新主体的企业也忽视了技术的自主发展。在 2000 年泰国的企业科技研发能力统计中，具备设计能力的企业还没有 50%，而能够开展研究和开发活动的企业更是低于 15%（Intarakumnerd et al.，2002）。大部分企业是直接的“拿来主义”，通过引进国外的成熟技术用于产品生产制造。另一方面，高等院校和科研机构完全依赖国家的补贴来维系研究，没有和企业联系起来参与市场竞争，并且本来应该为企业提供重要技术支撑的高等院校和科研机构，更多的是把精力放在基础研究上，而对技术研发、技术消化吸收的关注却是少之又少，科研机构之间也没有很好的分工，导致整体的研发效率比较低。泰国的工业企业发展主要是通过向银行贷款筹集资金，但是，大部分的创新型中小企业在起步阶段都很难从银行筹集到资金，银行不愿意为企业承担破产的危险。在资本市场上，泰国也没有专门为高技术创新型企业融资提供渠道的股票市场。在风险投资方面，1994 年启动的风险投资所起的作用还很小，风险资本只会流到那些处于扩张期的大企业大公司，起步阶段的中小企业同样难以得到泰国风险资本的青睐。

金融风暴中“大鳄”索罗斯攻陷泰铢后，泰国经济体制和国家创新系统中的漏洞和缺陷完全暴露在阳光下，泰国政府必须要进行全方位的改革，建设不断更新并且跟经济发展程度相匹配的国家创新系统。

首先，泰国政府在金融体制上进行了大刀阔斧的改革，促使国内经济能够保持整体健康运行，避免重演刚刚发生的危机（李瑞霞，2004）。政府通过持续的“赤字财政”政策，帮助创新型企业、新兴工业企业成长壮大。重点发展以旅游和出口为主的外向型经济，“选择性”地发展软件、旅游、汽车、食品、时尚等五大战略产业集群。针对这些战略性产业的发展，泰国政府提出了成为“世界图形设计和动画中心”“亚洲旅游之都”“亚洲底特律”“世界厨房”“亚洲热带时尚”等五大口号，把创新系统的概念置于核心地位，以此把泰国建成“具备智力和学习基地的创新型国家”。

本来应该作为创新主体的企业也开始意识到自主创新的重要性。在泰国政府的支持下，本国企业开始更新生产设施，利用资源设置研发部门，提升设计能力和创新水平，还有一部分小型创新型企业依靠自身创新和研究开发能力，在竞争激烈的大环境中站稳了脚跟。政府对中小企业的管理人员提供培训服务，提高企业管理人员的水平。大学和科研院所等研究部门逐渐降低对国家补贴的依赖然后参与到市场竞争中去。与各类企业产业合作，吸引企业的投资，推进技术创新成果的市场化，而小企业也在与科研院所的合作中得到了技术支持，提升了产品的附加值并加强两者的技术创新人才和研究信息之间的交流，促进产学研合作的发展。

在企业的融资支持方面，政府大力推动金融机构和资本市场改革，加大对内投资，扩大生产规模，成立国家投资银行，为中小型创新型企业提供低息启动资金贷款，让起步的小企业也能够接受到融资的便利。同时，启动“代用投资市场”（market for alternative investment），降低企业的首次公开募股（initial public offerings，IPO）要求，帮助创新型企业筹集资金。

二、亚洲主要国家的区域创新系统

（一）日本的区域创新系统

20 世纪 60 年代，日本开始实行“技术立国”的国家发展战略，逐渐开始注重基础研究，向“技术创新”阶段迈进，建设筑波科学园区是这个过程中的一项战略性措施（钟坚，2001）。从 20 世纪 60 年代日本政府开始规划，到 1981 年正式建成，一个总面积 284 千米^2，以国立试验研究机构以及筑波大学为核心的综合性科学研究园区在距离东京 60 千米的东北方拔地而起。从最开始的城市定位，筑波科学园区就是整个日本最先进、最完善的科学技术研究中心，既有国家的研究与教育机构区，还有配套的都市商务区、住宅休闲区等满足经济发展和生活需求的功能区。作为日本最大研发中心的知识密集型城市，筑波科学园区拥有 46 个国立科研及教育机构，300 多家研究开发型企业，并且在建设过程中从全国各地吸收（主要是从首都东京抽调转移）了 15 000 名活跃在各学科前沿的科学家以及技术人才（马永斌等，2010）。

相比于其他工业园区，筑波科学园区的特点主要体现在几个方面：①拥有优越的区位条件和完善的基础设施以及丰富的人才资源。筑波科学园区坐落在距离东京东北方向的 50 千米处，距离成田国际机场只有 40 千米，拥有发达的铁路和公路网（陈翁翔和林喜庆，2009）。作为由日本中央政府主导发展的国家最先进科学园区，筑波科学园区所有的设施条件都是以最好的标准来投资建设。在 20 世纪 60 年代～90 年代的 30 多年，政府对筑波科学园区的投资达到了惊人的 2.5 兆日元，而且日本全国约 40%的国立科研机构人员和 40%的科研经费都投入到了筑波科学园区（马永斌等，2010）。政府提供给筑波科学园区的研究仪器和设备也是全日本最先进的。46 个国立科研及教育机构、300 多家研究开发型企业以及 15 000 名高水平研究人才是筑波科学园区拥有丰富人才资源的最好证明。②创新的协作机制和人才培养机制都是独具一格的。区别于一般的“产学研协作机制”，筑波科学园区是典型的“官学研协作机制”（陈翁翔和林喜庆，2009），国立机构及企业拥有的研究机构是筑波科学园区内的创新主体，政府和科研院所的联系比较密切，与产业界的联系却很少，这样导致的是研究对市场的导向不明显，技术创新效率降低。筑波科学园区的创新人才培养机制也比较封闭，各学科各部门的科学家以及技术人才都是由政府负责提供配备的，而不是从世界各国引进（白雪洁等，2008）。

筑波科学园区在发展一开始，就确定了明确的发展方向，即是在日本政府主导下发展成一个科技、经济和生态交相融合的研究中心。筑波科学园区从开始建设到正常运转，奉行的都是政府主导的管理体制，所以，不管是园区内的基础设施建设和企业融资，还是各学科、各部门的研究业务，都是由政府统一规划和统一制定，发展的资金来源自然也是由政府的财政拨款支持为主，风险资本对筑波建设以及研究方向的影响非常小，因此筑波科学园区又有“官僚科技城”的别称（陈翁翔和林喜庆，2009）。筑波科学园区的创新文化氛围带有“官僚作风”色彩。与硅谷等世界上其他高技术产业园区开放、鼓励冒险、宽容失败的文化氛围不同，筑波科学园区受典型日本传统文化的影响，强调权威，事事论资排辈，等级制度森严（马永斌等，2010）。等级制度和权威观念是对创新伤害最大，这种文化氛围很容易造成研究人员不敢向更上一级的研究人员提出学术研究上的质疑和挑战，抑制了人才创造性思维的发挥，最终导致的是科学园区的创新模式逐渐僵化，创新成果更新缓慢。由此导致，日本政府对筑波科学园区的“一厢情愿”没有能够实现，使其在迅速发展并吸引全世界的目光度过一个高潮以后，因为种种原因，开始走下坡路，发展日渐僵化，最终被称作是“现代科技的乌托邦”。

（二）韩国的区域创新系统

大德科技园位于韩国忠清南道的大田市，总面积约有 27.8 千米^2，并在不断扩展。园区经历了四个主要的发展阶段（隆宏贤和张赛飞，2012）：①政府主导发展阶段。从 1973 年开始，韩国政府开始在韩国大田市投资 15 亿美元兴建大德科技园，通过这个战略性政策举措来大大提高国家的科技与经济竞争力。建设之初的大德科技园研究机构和研究人才匮乏，韩国政府通过优厚待遇吸引在海外工作发展的韩国籍科学家和技术人才回国效力。设立政府所有性质的研究机构，包括著名的韩国电子通信研究院，这个阶段的大德科技园研究业务是以消化吸收引进技术为主。②政府引导发展阶段。从 1990 年开始，韩国政府逐步放宽对大德科技园的管理，从“主导”发展到“引导”发展转变。除了继续在大德建立和迁入政府研究机构、引进研究人才以外，韩国政府还通过优惠政策鼓励大企业集团向大德集聚，诸如 LG、现代、三星等世界知名的大企业大公司的研发机构迅速提升了大德的研发水平（李华君，2006）。这个阶段，政府和私人企业的研究合作不断加快。③市场引导发展阶段。由于 1997 年亚洲金融风暴的影响，大德科技园里面的大小研发机构以及企业研发部门的研发资金大大下降，从 1998 年开始，韩国政府施行新起步企业扶持计划，这样在充分利用金融危机重新洗牌的基础上，各类新技术企业如雨后春笋般在大德起步（范硕和李俊江，2011）。为了加强市场对研发活动的引导作用，韩国政府加快吸引风险资本对科技园区和周边大德科技谷的投资，园内的科技型中小企业迅速发展。④市场主导发展阶段。2004 年，韩国颁布《大德研究开发特区特别法》（隆宏贤和张赛飞，2012），从政策上加大对大德科技园区的税收、研究项目以及风险投资基金的支持。在“官产学研”模式的创新机制下，大德科技园不断拥有更多的自主权，并加速向市场主导科技发展的阶段前进。

韩国政府对大德科技园区的初期建设和发展立下了汗马功劳，政府不但在基础设施建设上不遗余力，还在税收上给予高技术企业很大的优惠并且专门设立研发信息中心，增强创新信息的交流（隆宏贤和张赛飞，2012）。大德科技园区集聚了 70 多家研究机构，其中包括韩国科学技术院等五所高校，研究人才数量达到了 18 万人。这些研究机构中，不但有大量的高学历高素质的研究人才，还有着高强度的研发投入，人才和资金两者的充分结合换来了丰硕的高技术产出，专利申请数量也节节攀升（范硕和李俊江，2011）。大德科技园区形成了信息技术、生物科学、航空航天、新能源以及人工智能等产业明显的集聚优势（李华君，2006），这些产业内的企业与园内的科研院所信息共享，以达到双赢的状态。

在 2001 年，大德科技谷发展规划实施，旨在围绕大德科技园的科技知识资源，通过产学研合作促进技术成果的迅速商业化，发展高科技新型企业，形成该区域新一轮的区域发展极，有效连接大德科技园的资源和周边原有的工业和服务业基础。如图 13-2 所示，大德科技园在后期发展阶段，通过与本地的大德科技谷和博览会科技园的功能整合，实现了与区域原有产业和城市休闲服务设施的有效互动。在 2005 年，大德科技园和大德科技谷被重新定位为“大德创新城”（Daedeok Innopolis），旨在进一步推进区域一体化层面上创新集群的发展，通过加强全球声誉和跨国网络联系，形成更为高级的产学研合作系统（Oh and Kang，2011）。

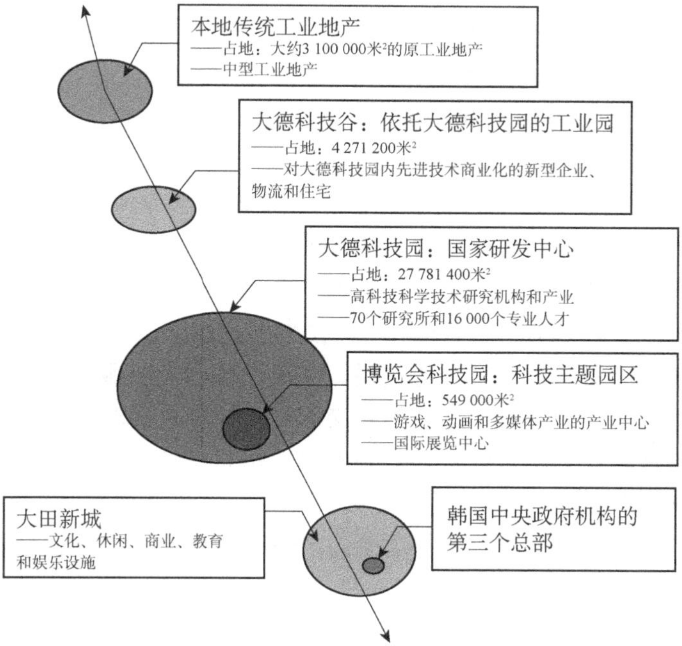

图 13-2 韩国大德科技园的组成和增长轴

资料来源：Oh 等（2005）

（三）印度的区域创新系统

班加罗尔是位于印度南部卡纳塔克邦的一个城市，这里是印度的德干高原地区，海拔较高，气候比较凉爽，班加罗尔集中了全印度大部分先进的软件产业，从企业数量、软件出口额以及外商直接投资总量来说，班加罗尔都处于印度的区域前列。由于高度发达的软件开发制造业，班加罗尔早已成为软件产业的代名词。

班加罗尔向来是印度高等院校和科研机构的集聚地，有包括著名的印度理学院、以计算机专业为特色的班加罗尔大学等七所大学，还有近 300 所的高等专科学校以及高等职业学校；除了高等学校以外，还有 20 多所国家级和邦一级（相当于我国的省级）的科研机构以及为数众多的企业研究机构（严正，2002）。这些都为班加罗尔集聚了一大批研究人才。

20 世纪 80 年代，班加罗尔的软件产业开始发展，1986 年“计算机总理”甘地（Gandhi）上台后施行了一系列政策以推动信息产业的成长（严正，2002）。印度政府划出大量的财政投资，建立国家级重点实验室和信息产业的研究机构部门，在政策上简化和放宽信息技术企业的审批手续，并且在关税上对信息产业的进出口提供优惠，这些措施都大大有利于私营企业进入信息产业发展（涂成林，2005）。班加罗尔市抓住机遇，申请建立了印度第一批计算机软件园区，凭借上述的人才优势，班加罗尔迅速成为印度软件产业的领头羊。从 20 世纪 80 年代末到 2000 年的十几年间，印度的软件业总产值从区区的 3 亿卢比直线增长到单是出口额就有 1000 亿卢比，达到了年均 50%的增长率，印度也因此迅速成长为排名世界第二的软件出口大国，仅次于美国。印度有接近 100 家软件公司拥有 ISO9000 的质量认证（盖文启等，2004），班加罗尔不单单在软件产量上大大增加，在软件质量上也做到了令人信服。

班加罗尔的软件业有如此美誉，与其软件技术园的创新优势不无联系。印度政府在财力有限的情况下，集中精力认准一个目标——全力发展软件产业（赵树宽等，2008）。印度政府对班加罗尔软件技术园提供了较多的优惠政策，如在税收方面，印度政府对软件业实行免关税、免流通税以及免服务税的优惠政策。为了做到更好地与国外先进企业进行信息交流和吸收先进经验，印度政府最大限度地降低外国软件企业的准入壁垒，众多的电子信息企业如微软、英特尔、惠普、西门子、摩托罗拉等都在班加罗尔设立了研发中心（唐礼智，2007），而且在园区基础设施建设上印度政府也是不遗余力，旨在为研究人员提供良好的工作和生活环境。

印度班加罗尔软件园的优势可以总结为几个方面：①班加罗尔有非常开放的科研环境，很多重要的研究设施都可以向私人和企业开放（严正，2002），例如，印度理工学院装备有 64 亿次巨型机的超级计算机中心，尽管是非常重要的国防科研重地，但却对包括全印度学者甚至是外国科研人员敞开大门，而且印度的很多军事研究机构也会参与商业项目的开发，达到筹资和服务社会两不误。②班加罗尔具有大量廉价的高级技术人才。由于印度是经济比较落后的发展中国家，软件研究人员的工资水平比发达国家低，工资优势明显。所以，不只是班加罗尔所属的大学，整个印度的高等学府都致力于花大价钱聘请世界知名学者来为自己培养优秀的软件开发人才。班加罗尔的软件公司还不断将自己的研究人才送往美国接触行业前沿，并且在政策上创造条件吸引国外优秀人才回国效力。③知识产权的制度建设完善。印度政府非常重视在法律上对软件业的知识产权进行立法保护（盖文启等，2004），规定了版权者的权利、侵权的处罚等方面，并且在打击盗版上，印度政府更是采取了严厉的政策措施，以此维护软件开发者的正当权益。

如下图 13-3 所示，班加罗尔的软件产业集群主要位于全球价值链的底端，本地大量的中小企业集中在编码和低水平的设计功能上，而价值链较高端的需求分析、高水平设计、测试以及生产服务等功能主要还是由跨国企业完成，并通过与跨国企业直接的分包关系建立较强的互动学习机制，包括获得关于项目管理、及时交单、生产管理的技能，以实现在全球价值链上的升级。Parthasarathy 和 Aoyama（2006）的实证研究同时发现，本地互动学习机制也逐渐从与跨国企业的互动学习转为本地中小企业之间的知识交流和创新合作，代表着班加罗尔软件产业集群在创新机制上的发展成熟。

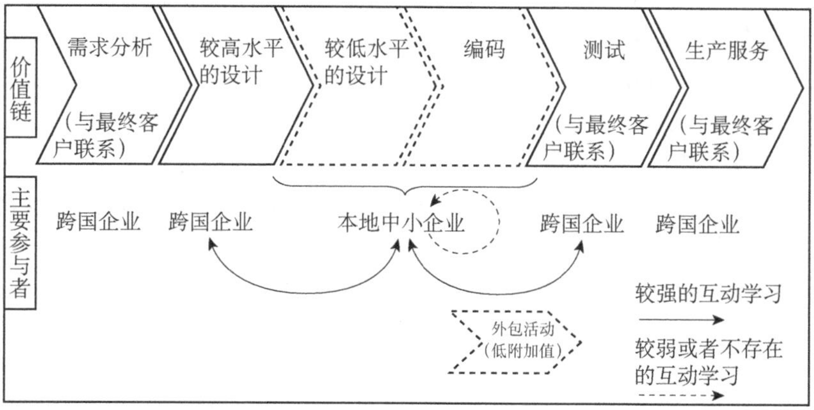

图 13-3　班加罗尔的软件价值链和主要参与者

资料来源：Chaminade and Vang（2006）

三、比较与借鉴

通过分析亚洲主要国家创新系统的建设和特点，可以发现其相对于欧美成熟发达工业国家的创新系统来说，中国与亚洲主要国家在创新系统的建设和发展中，存在更多的共性，即作为后进国家追赶的发展过程中，为了达到持续经济增长的量变过程，国家创新系统和区域创新系统需要不断地发生质变，以适应外部市场和内部转型的压力，而这种质变主要包括制度、组织及组织边界、组织联系等结构特点的转变。

东亚发达国家，特别是日本和韩国创新系统在初期发展的特点包括（Freeman，1995）：高等教育的快速普及和高比例的工程人才；旨在引起技术变革的技术引进，以及后期快速增长的研发经费；工业企业研发经费占到 R&D 经费的一半以上；发展较强的科学技术基础设施，以及后期与工业研发较好的连接；在先进通信基础设施上的巨额投资；电子产业快速强劲的增长，伴随着高出口率和来自全球市场的广泛用户反馈。我国在改革开放后的发展模式在全球化浪潮的推进下与日本和韩国的发展路径有很大的相似之处。对我国创新系统而言，最大的转型挑战来自于摆脱在技术领域的简单模仿模式，并建立支持社会和生态持续发展的制度。在这方面，经历过技术追赶阶段的日本和韩国经验值得借鉴。在发展初期，技术落后的国家或者区域创新系统的主要任务应该是学习，即引进和消化先进国家和区域已经开发出来的技术，然而随着企业内部吸收能力的积累，在经历快速发展之后应该适当注重知识的生产和研发，以避免新知识的市场价值完全被发达国家或地区获取。作为亚洲国家中经济和科技最为发达的国家，日本在技术领先阶段，创新系统的资助对象和制度（特别是专利制度）都相应的发生了转变，当前所面临的任务主要是建立相应制度，并扶持大学等基础研究机构，以支持在先进技术领域的突变创新；韩国作为“亚洲四小龙”之一，在韩国政府的主导下，逐渐建设成了大企业集团占据创新主体、产学研合作发达的创新系统，实现了从引进技术到自主创新的飞跃式发展，但面临着大企业过度垄断创新生态的缺陷，是其创新系统的发展路径所遗留下的结构性问题。

另一方面，同样处于追赶阶段的印度和泰国经验也能为当前我国创新系统提供借鉴，并避免在建设路径上走上弯路。印度以软件信息技术业为产业起点，借助政府对软件产业优惠政策和战略行动计划，全面促进创新系统中公私合作的发展，并主要以建立软件产业园的形式促进软件服务出口，对同样以工业园区为区域创新载体的我国来说，印度的经验为我们提供了在特定产业领域实现技术跨越的经验，其中政府在教育、人才培训和技术转移方面的机构培育和制度建立是成功的关键。泰国在经历亚洲金融危机以后，也走上了对国家创新系统和经济发展道路进行转型的道路，然而由于金融危机之前创新系统长期停滞不前，导致某些创新系统主体的思维和程序僵化，使得改革转型的进程缓慢且困难。泰国经验的宝贵之处在于告诉我们，经济发展和创新制度建设的不匹配是发生结构性危机的主要原因，并且这种不匹配的持续时间越长，对危机之后改革的挑战越大。泰国的经验同时表明，与“亚洲四小龙”的新兴经济体相比，许多发展中国家的政府由于具有较大的既得利益团体，不具备足够的自主性去执行有效的创新政策，也没有充足的能力去协调创新系统中的各个主体。因此，体制建设和改革应该成为亚洲发展中国家经济和创新发展的主要任务。

在发展中国家资源和条件有限的情况下，区域创新系统的建设也要以特定的区域竞争优势为基础。在发展初期缺少研发资金和知识储备的情况下，日本和韩国主要依靠技术引进和模仿创新来发展经济，而印度则主要依靠其软件人才的竞争优势，在市场、技术和基础设施都比较落后的情况下，通过政府的税收优惠和出口鼓励等政策，重点支持软件业发展而作为创新的突破口。因此，我国的区域创新系统也要因地适宜，如在中部和北部，科研型大学较多，可采用建立大学科技园的方式，结合韩国的做法，由政府牵头企业和科研机构组成产学研联合体，西部落后地区则可以采用印度的方式，由政府主导选择合适的产业建立区域创新系统。

第四节 本 章 小 结

中国创新系统在快速发展和建设的过程中，学习欧美发达国家的成熟经验以及具有相似制度文化背景亚洲国家的发展历程，可避免走弯路和重复建设。通过对比研究，本章指出，在国家和区域创新系统建设方面，我国与欧美各国还存在较大差距。首先，政府与市场在创新中的互动关系并没有很好地建立起来，在区域层面的创新引导和实践中，较多的依靠政府规划和调控。其次，中介机构和服务体系发育不够成熟，导致创新系统的建设不具备良好的网络协同性，影响了创新想法的快速市场化和有效商品化。

由于发展阶段和制度文化的临近性，中国与亚洲主要国家在创新系统的建设和发展中存在更多的共性，同样面临在融入全球化经济和生产网络的过程中，持续适应外部市场和内部转型的挑战。在国家创新系统建设方面，可借鉴发达国家日本和韩国的发展经验，在不同的技术发展阶段制定相应的创新政策，在发展后期突出对自主创新和原始创新的资助重点，以摆脱在技术领域的简单模仿模式。而在区域创新系统方面，可借鉴印度在软件产业方面的区域创新政策，以产业园区作为空间载体，通过政府制定关键性的教育、人才培训和技术转移方面的机构和制度，并全面推动创新体系中公私合作的发展。

参考文献

白雪洁，庞瑞芝，王迎军. 2008. 论日本筑波科学城的再创发展对我国高新区的启示. 中国科技论坛，（9）：135-139.

陈劲，吴航，刘文澜. 2014. 中关村：未来全球第一的创新集群. 科学学研究，32（1）：5-13.

陈柳钦. 2005. 美国风险投资业的发展及其借鉴. 上海行政学院学报，6（1）：86-97.

陈翁翔，林喜庆. 2009. 科技园区创新模式比较与启示——基于硅谷、新竹和筑波创新模式的分析. 中国行政管理，（10）：113-115.

丁堃. 2010. 开放式自主创新系统理论及其应用. 北京：科学出版社.

段玉厂，傅首清. 2015. 中关村高层次创新创业人才循环机制建设路径研究——基于与硅谷的比较. 管理评论，27（7）：87-93.

范硕，李俊江. 2011. 韩国创新模式：大学、集群与创新体系. 亚太经济，（2）：60-64.

付信明，张劲松，张文辉. 2009. 中美典型高技术创新集群的比较分析——以硅谷和中关村为例. 工业技术经济，28（2）：38-40

盖文启，张辉，吕文栋. 2004. 国际典型高技术产业集群的比较分析与经验启示. 中国软科学，（2）：102-108.

高云华，吴曙霞，刁天喜，等. 2008. 印度生物技术产业成功的关键因素分析. 中国药事，22（2）：161-164.

龚玉环，卜琳华，孟庆伟. 2009. 复杂网络结构视角下中关村产业集群创新能力分析. 科学学与科学技术管理，（5）：56-60.

黄军英. 2006. 从国家创新体系看印度发展信息技术的成功经验. 科技与经济，19（4）：38-41.

霍福广，陈建新. 2004. 中美创新机制比较研究. 北京：人民出版社.

科学技术部. 2008. 中国火炬计划发展报告（2007）. 北京：科学技术文献出版社.

李宏，张薇. 2003. 世界主要国家与地区国家创新系统比较研究. 中国科技论坛，（5）：31-35.

李华君. 2006. 韩国科技发展引擎——大德科技园的成功之道及启示. 中国高新区，（5）：81-83.

李建军. 2003. 硅谷产学创新系统及其集群效应. 山东科技大学学报（社会科学版），5（3）：6-9.

李瑞霞. 2004. 浅析以出口为导向的泰国经济. 东南亚，（2）：12-16.

梁洪力，王海燕. 2014. 日本创新体系的演进特征及启示. 中国国情国力，（7）：68-70.

刘志春. 2010. 国家创新体系概念、构成及我国建设现状和重点研究. 科技管理研究，15：5-8.

隆宏贤，张赛飞. 2012. 韩国大田区域创新体系建设及其启示. 科技管理研究，（10）：5-9.

马永斌，刘帆，王孙禺. 2010. 科学园区大学主导与政府主导模式的利弊分析——基于剑桥科学园与筑波科学城的对比. 科技管理研究，（6）：32-34.

邵云飞，王偌鹏. 2008. 欧洲区域创新系统的主要特征及其启示. 电子科技大学学报（社科版），10（1）：36-41.

唐礼智. 2007. 硅谷模式的模仿与创新——以新竹和班加罗尔为例. 城市问题，（10）：91-95.

涂成林. 2005. 国外区域创新体系不同模式的比较与借鉴. 科技管理研究，（11）：167-171.

汪慕恒. 2004. 金融危机后的泰国经济. 东南亚纵横，（2）：35-40.

王承云，杜德斌，李岩. 2006. 日本建设创新型国家的政策与路径. 科学学研究，24（S1）：125-131.

王承云，杜德斌. 2007. 日本企业的研发体系及政府相关政策研究. 世界科技研究与发展，29（5）：92-97.

王丰阁. 2014. 中国区域创新系统运行绩效的评价. 中国商贸，（28）：169-170.

王海燕，梁洪力. 2014a. 德国创新体系的特征与启示. 中国国情国力，（4）：68-70.

王海燕，梁洪力. 2014b. 韩国创新体系的典型特征及启示. 中国国情国力，（9）：65-67.

王缉慈. 2001. 创新的空间——企业集群与区域发展. 北京：北京大学出版社.

王晓明. 2015. 中关村产学研合作的三种典型模式. 中国发展观察，（4）：36-40.

王雪双，孙进. 2013. 构建政府引导的全社会层面的国家创新体系——英国《创新国家白皮书》解析. 中国高校科技，

（9）：64-67.

严正. 2002. 班加罗尔与印度的软件业. 福建师范大学学报，3：29-31.

于丽英，童心. 2014. 美日法高新技术产业集群政策的比较与借鉴. 科技管理研究，（21）：37-40.

曾国屏，李正风. 2010. 世界各国创新系统-知识的生产、扩散与利用. 济南：山东教育出版社.

张雄辉，刘绵勇. 2011. 韩国国家创新系统的特点与启示. 商业时代，（14）：48-49.

章文光，王晨. 2014. 外资研发与区域创新系统互动——机制分析和实证检验. 北京师范大学学报（社会科学版），（2）：147-156.

赵树宽，许超，王嘉嘉. 2008. 典型国家创新体系的对比分析及启示. 工业经济，27（3）：113-116.

钟坚. 2001. 日本筑波科学城发展模式分析. 产经评论，（9）：31-34.

钟坚. 2002. 美国硅谷模式成功的经济与制度分析. 学术界，（3）：224-242.

周英豪. 2010. 中美高科技园区发展模式比较及启示——以中关村和硅谷为例. 企业经济，3：111-113.

Belussi F，Sammarra A，Sedita S R. 2010. Learning at the boundaries in an “Open Regional Innovation System”：A focus onfirms’ innovation strategies in the Emilia Romagna life science industry. Research Policy，39：710-721.

Chaminade C，Vang J. 2006. Knowledge，Innovation and Competitiveness：Dynamics of Firms，Networks，Regions and Institutions. Paper Presented at the DRUID Summer Conference.

Cooke P. 2001. Regional Innovation Systems，Clusters，and the Knowledge Economy. Oxford：Oxford University Press.

Eun J H，Lee K，W G. 2006. Explaining the “University-run enterprises” in China：A theoretical framework for university-industry relationship in developing countries and its application to China. Research Policy，35：1329-1346.

Freeman C. 1995. The “National System of Innovation” in historical perspective. Cambridge Journal of Economics，19：5-24.

Fu W Y. 2015. Towards a Dynamic Regional Innovation System：Investigation into the Electronics Industry in the Pearl River Delta. Berlin：Springer Verlag.

Intarakumnerd P，Chairatana P，Tangchitpiboon T. 2002. National innovation system in less successful developing countries：The case of Thailand. Research Policy，31（8-9）：1445-1457.

Oh D S，Kang B J. 2011. Creative model of science park development：Case study on Daedeok Innopolis，Korea//Butler S，Gibson D V. Global Perspective on Technology Transfer and Commercialization：Building Innovation Ecosystems.

Oh D S，Kim K B，Jeong S Y. 2005. Eco-industrial park design：A Daedeok Technovalley case study. Habitat International，29（2）：269-284.

Parthasarathy B，Aoyama Y. 2006. From software services to R&D services：Local entrepreneurship in the software industry in Bangalore，India. Environment and Planning A，38（7）：1269-1285.

Raines P. 2001. Local or national competitive advantage? The tensions in cluster development policy. Glasgow，European Policies Research Center，University of Strathclyde：31. Cheltenham：Edward Elgar Publishing.

Su Y S，Hung L C. 2009. Spontaneous vs. policy-driven：The origin and evolution of the biotechnology cluster. Technological Forecasting and Social Change，76：608-619.

Suh J，Derek H，Chen C. 2007. Korea as a Knowledge Economy：Evolutionary Process and Lessons Learned. Washington D C：World Bank Institute.

第十四章

创新地理学的规划应用

第一节　创新地理学与创新型空间规划体系

创新地理学作为人文地理学的重要组成部分，其对创新要素空间格局及其变化规律的研究，在相关规划领域具有重要的理论指导意义和实践应用价值。通过相关规划的应用，创新地理学的相关理论得到具体验证，并发挥对各类创新系统和空间的科学指导作用。

一、创新型空间规划的基本原理

相关研究表明，新技术、新经济、新变革等创新活动改变了城市的形态、发展路径，对城市规划的变革也提出了相应的要求。早在信息技术变革等对城市空间产生影响之际，国内外许多学者就在研究技术创新对城市空间以及城市规划的影响。多位学者如 Graham 和 Marvin（1999）研究了赛博城市及其规划问题，Shiode（2000）研究了信息技术与赛博空间出现及其对城市规划的影响，Audirac（2002）研究了信息技术对城市规划的影响等，这是从创新地理角度思考城市规划变革的重要源头之一。李晓江（2015）指出，“大众创业、万众创新”成为推动中国经济继续前行的“双引擎”，每个城市都需要认识创新活动的空间特征、寻找创新活动的空间轨迹，并为创新功能、创新活动提供空间载体。从区域尺度到城市尺度再到地区尺度、微观尺度，怎么认识新一轮的创新空间和空间创新是城市规划行业的重要命题，对于城市规划，需要重点发现创新活动的空间端倪，认识创新活动的空间特征，寻找创新活动的空间变化轨迹。创新空间是非传统、非等级、非清晰结构、非单一用途的，这些特征导致创新空间的需求与传统城市规划理念有所背离。创新活动需要特色的、存量的、网络化的新型空间，这些空间的培育与开发问题是对传统城市规划问题的深化与延伸（李晓江，2015）。由此可见，城市空间的发展演化形成的创新型空间，是传统城市规划学科、城市地理学科所不掌握的，但又是实践发展产生的、需要探究和解决的规划学科的新问题。

创新要素的构成和类型比较复杂，但是各类要素均有其功能属性和空间属性，创新要素在空间上的分布、联系和活动，构成了不同尺度的创新空间系统。本书对创新型城区中研发产业空间集聚的研究表明，空间规划对创新活动的空间集聚具有重要影响作用。为更好地发挥规划对创新的引导作用和引导城市更好地适应创新时代的发展规律，除综合性的城乡空间规划需要全面考虑创新要素对城乡空间发展、布局规律提出的新要求之外，也有必要形成专门的创新型空间规划系统，对创新要素及其空间系统的发展、布局和配套系统进行综合部署和协调安排，并对创新型空间与其他空间的关系进行协调。

从本书第一章对创新地理学学科研究对象和主要任务的论述来看，创新地理学主要研究创新要素的空间分布和地域组合规律、创新环境系统、创新的空间格局与效应、创新联系与网络、各种空间尺度的创新体系以及创新与城市发展等，这些研究内容是创新型空间规划的重要组成部分。创新地理学的知识体系与创新型空间规划的关系，就如经济地理学与区域规划、城市地理学与城市规划、乡村地理学与农村规划的关系一样，是原理与应用之间的关系。具体而言，创新地理学通过研究发现和总结的创新空间规律，构成了创新型空间规划的基本原理，在以下几个方面指导创新型空间规划：

（1）创新地理学研究创新要素的空间规律，明确各类创新要素的空间区位、空间行为、空间环境、空间关系，从而为各类创新要素的发展和空间布局引导提供科学依据。

（2）创新地理学研究创新联系的空间规律，明确创新联系的空间尺度、空间格局、空间路径等，从而为创新要素和空间的联系和布局规划提供科学指导。

（3）创新地理学研究创新环境的空间规律，明确创新活动发生、发展的空间环境特征以及明确创新主体的空间需求特征等，为创新型空间规划提供重要的指导。

（4）创新地理学研究创新空间多尺度特征与规律，明确不同空间尺度上创新活动的差异性、关联性以及不同空间尺度上创新空间格局的变化，为不同层次创新型空间规划提供差异化的指导。

二、创新型空间规划体系的总体框架

创新型空间规划并不是法定和传统规划体系的组成部分，但是随着创新驱动发展的新时代的来临，目前在国民经济和社会发展规划、城乡规划中均逐步关注创新发展与创新型空间的内容，也出现了一些专门针对创新发展或者某类创新要素、创新型空间的规划成果。创新型空间规划体系作为一种新的空间规划系统，有两种模式：一是与既有各种规划体系并行、作为一种独立和专门化的规划系统而存在的规划类型，其内容涵盖创新要素的发展、创新空间系统的布局、创新环境塑造、创新配套体系的建设、创新政策等，是一种相对综合性的区域创新系统规划；二是作为城乡规划体系中一种新的、专项性的空间规划类型，其核心内容针对创新载体和空间的布局展开。这两种模式均有其优点，也具有不同的适宜性和适用性。

如果按照空间尺度的差异性进行分类，两种类型的创新型空间规划体系均可以分为跨国和国家尺度、区域与地区尺度、城市与园区或者集群尺度、节点与场所尺度等不同空间尺度类型，如表 14-1 所示。

表 14-1 不同空间尺度的创新型空间规划系统

	跨国和国土尺度	区域与地区尺度	城市与园区、集群尺度	结点与场所尺度
专门化的创新型空间规划	√	√		
专项性的创新型空间规划			√	√

相比较而言，前者适于大尺度的区域性创新空间规划，后者适用于中小尺度的城市或者园区创新空间规划，前者可以单独编制（创新型区域规划）或者作为国民经济与社会发展规划、各类区域规划的组成部分（区域创新系统规划），后者则可以单独编制（创新型城市、园区或者集群规划）或者与城市、园区的城乡规划相结合（城市、园区创新系统规划）。

（一）专门化的区域创新型空间规划体系

作为主要针对区域尺度的专门化创新型空间规划体系，主要包括跨国与国家尺度、区域与地区尺度两个层次的规划，主要类型包括全球性的创新协作规划、创新型国家规划、各类创新型区域规划等，其规划内容体系均涵盖规划区域的创新系统发展与布局评价、区域创新联系分析、创新型城市与园区体系的发展与布局、区域创新协同和创新服务体系、区域创新政策体系等内容。具体内容如下：

（1）区域创新能力与创新环境评价：建立起科学系统的区域创新能力和环境评价指标体系，采集科学可信的系统数据进行全方位区域创新系统发展情况的诊断和评价，明确区域创新发展的基本地位和竞争力，发现存在的问题及创新“短板”。

（2）区域创新要素发展与布局分析：对重要的区域创新要素逐一进行发展和布局情况的调查、分析和科学评价，明确区域创新要素发展程度、布局特征及存在的问题。

（3）区域创新联系分析：通过系统数据分析和调查，明确区域内外创新联系的主要领域、基本格局特征，以及影响、制约区域内外创新联系的主要因素，并通过创新联系分析明确其对于创新要素空间格局的影响和要求。

（4）区域创新发展的总体目标与定位：通过分析，从区域地位、创新能力、创新潜力与需求等多方面，确定未来区域创新发展的总体目标和定位，包括总体目标与具体引导型和约束型指标，涵盖创新技术、创新企业、创新人才、创新环境等多方面。

（5）区域创新型城市与园区体系的发展与布局规划：对区域内部的城市与园区等创新载体系统进行分析评价，并对创新人才、创新型企业等进行空间使用调查，进而明确其创新发展策略和空间格局系统的优化方案。

（6）区域创新协同和创新服务体系规划：提出区域内各领域、结点和要素之间的创新协同系统及其布局，针对创新要素的多元需求提出区域创新服务体系规划，涵盖创新人才生活服务体系规划。

（7）区域创新政策体系建议：从加快区域创新系统发展的角度、从资金、人才、土地、知识产权保护与交易、创新合作等多方面，提出区域创新政策配套与改革的建议。

（二）城乡规划中的专项性创新型空间规划系列

李晓江（2015）认为，城市创新空间目前有五种类型：①新区开发的创新空间，如上海的张江高科技园区、北京的山后地区等；②边缘地区营造的创新空间；③旧城功能更替、提升、转移而来的创新空间；④碎片化地区产生的创新空间；⑤微观层面资源开放而来的创新空间。城市或者园区创新活动的多样性、创新需求的多元性等，决定了创新空间的多类型和多变性。

作为主要针对中小尺度的专项性创新型空间规划体系，主要包括城市与地方性尺度、园区与结点尺度两个层次，主要类型是创新型城市规划、创新型园区规划、创新型集群规划，以及个别的小微尺度创新空间的规划设计。规划内容涵盖城市、园区或者集群的创新要素分析、创新型空间布局、创新服务体系、创新人群的生活配套体系等规划。各类型的具体内容如下：

（1）创新型城市或者城市创新系统规划：首先对创新型城市相关要素进行系统分析、确定城市创新发展或者城市创新系统发展的目标与定位，进而进行创新领域分析，确定城市未来创新活动的引导方向、可行领域，分析创新群体的发展与创新人才规模及其需求，确定各类创新空间、创新载体、创新配套服务体系的规模，进而进行综合协调布局，对既有空间创新化再利用策略进行明确，针对创新竞争需要，确定城市创新政策建议等。

（2）创新型园区或者园区创新系统规划：首先对创新型园区相关要素进行系统分析、确定园区创新发展或者园区创新系统发展的目标与定位，进而进行创新领域分析，确定城市未来创新活动的引导方向、可行领域，分析创新群体的发展与创新人才规模及其需求，确定各类创新要素、创新载体、创新配套服务体系的规模，进而进行综合协调布局，明确园区创新系统与产业体系的对接策略，针对创新竞争需要，提出园区创新政策建议等。

（3）创新型产业集群规划：首先系统分析地方性创新产业集群的发展特征、发展优势与存在问题，分析其空间布局、空间协同体系的基本特征和演化趋势，分析确定创新集群的发展方向和可能规模、预测其空间需求和空间格局，进而确定其空间布局、空间配套、空间协作、空间政策建议。

（4）小微尺度创新空间规划设计：陈勇和杨滔（2014）认为创新中心的空间

规划设计需要以创新人才的生活方式和创新规律为出发点。作为结点与场所尺度的创新型空间的规划设计，主要内容涵盖创新要素分析、创新人群与活动分析、空间利用分析，在此基础上对创新场所的空间利用、空间环境进行具体的空间规划设计，涵盖空间布局、空间利用、空间配套、空间环境设计等。

第二节　创新地理学在创新型国家与区域规划中的应用

一、创新地理学的发展对创新型国家和区域规划的影响

构建创新地理学，将创新思想和创新活动单独作为研究对象，并以此指导国家、区域、城市、企业等的创新活动，具有非常重要的理论意义与实践意义。甄峰等（2001）认为创新地理学主要展开对知识经济的研究，将研究重点从传统资源（资本、土地、劳动力等）的配置逐渐转向对知识资源（知识、人才、信息等）的空间配置。刘燕华等（1998）认为知识经济时代地理学应更强调信息和智力资源（知识和人才）与经济发展的联系，研究智力资源空间配置对区域经济发展的作用，信息技术产业及区域管理等。以地理学基本理论为基础的创新地理学主要对创新的地域空间分布及组合规律、发展趋势及演变规律等进行系统的研究。创新地理学的发展对国家和区域规划的影响，带来了规划理念、规划理论、规划内容和规划方法的改变和拓展。

二、创新地理学在创新型国家规划中的应用

（一）新加坡国家科技发展计划

新加坡于 1991 年成立了科技局并制订了国家科技发展计划，计划周期为五年。2002 年，新加坡政府成立了专门的经济评论委员会（Economic Review Committee，ERC）反思四十多年的发展经验，发现过去的经济增长主要基于传统制造业和服务业的投资驱动增长模式。伦敦、纽约和波士顿等世界级创新型城市的发展，为新加坡的发展方向指明了道路，即成为知识密集产业和人才的汇聚中心。

以发展“全球化、创新化、多元化”经济为目标，围绕提升城市竞争能力，新加坡政府制定了一套创新政策。与之前的两个五年规划（1990～1995 年、1996～2000 年）相比，21 世纪之后的创新政策着眼于长期战略，不仅局限于技术密集的制造业，还拓展到知识密集的服务业创新，尤其是“创意产

业”；从偏重技术应用转向研发新技术，加大基础研发投入；不仅针对跨国企业和国有大型企业，而且将中小企业创新成为重点帮扶对象；不但注重研发投入，而且重视企业家精神培育和社会创新观念导向。新加坡政府的这一套创新政策，以培育创新人才和激励创新活动为出发点，涵盖管理机构改革、产业结构调整，中小企业发展和创新基础设施建设方方面面，是一个全方位的系统工程。

（二）“智慧国家 2025”计划

新加坡总理 2014 年 11 月 24 日发表演说，提出：“10 年时间里，新加坡将发展成为一个‘智慧国家’。”为实现这一发展目标，新加坡成立智慧国家项目办公室，建立基础数据共享平台。智慧国家理念的核心可以用三个 C 来概括：连接（connect）、收集（collect）和理解（comprehend）。智慧国家平台的第一个阶段以“连接”和“收集”为核心，计划于 2015 年完成。“连接”的目标是提供一个安全、高速、经济且具有扩展性的全国通信基础设施，“收集”则是指通过遍布全国的传感器网络获取更理想的实时数据，并对重要的传感器数据进行匿名化保护、管理以及适当进行分享。而“理解”的含义则是，通过收集来的数据尤其是实时数据建立面向公众的有效共享机制，通过对数据户进行分析，以更好地预测民众的需求，提供更好的服务（王天乐，2014）。此外，新加坡政府也对人才培养提出了新的战略，包括：保证教育体系采用全球最新技术的知识平台教学；提供教学设施和空间，培养学生讨论、思考、创新的能力；普及信息技术教学，形成“尝试-失败-学习-成功”的创新模式。

三、创新地理学在区域规划中的应用

（一）欧洲 2020 战略

作为欧盟正式推出的第二个未来发展规划，“欧洲 2020 战略”的核心内容是构建智慧型增长、可持续增长和包容性增长的社会经济发展框架。

智慧型增长是指由知识与技术创新驱动的经济发展模式。据此，必须在欧盟范围内提高教育质量和科研水平，充分依托信息与通信技术发展，加快知识、创意与创新的共享，以推动欧盟增长和创造就业。实现智慧增长必须充分结合企业家、金融、用户需要和市场机遇。“欧洲 2020 战略”指出，智慧型增长的关键取决于激发创新能力、提高教育成果、改善教育机构质量、拓展数字社会的经济效益等四个方面。

智慧型增长的重要举措包括：①创新。由于私人投资水平较低，研究与支出开支低于 2%，远低于美国 2.6%和日本 3.4%的水平。除绝对水平落后之外，欧盟既要重视研究开支的构成，更要重视改善欧盟私人部门 R&D 条件。高新技术企业比例较低是导致与美国存在差距的主要原因。②教育、培训和终身学习。欧洲大约 1/4 的学生阅读能力较差，1/7 的青年没有接受过良好的教育与培训。大约 50%达到中等教育水平，无法满足劳动力市场的需求。25～34 岁年龄段青年的 1/3 接受过大学教育，美国和日本则分别达到 40%和 50%。欧洲仅有两所大学入选世界顶级的 20 所大学之中。③数字社会。全球信息和通信市场的年需求规模是 2 万亿，但仅有 1/4 由欧洲企业提供。在农村的高速因特网、知识在线传播和商品服务在线交易方面，欧洲也落在后面（陆军，2011）（表 14-2）。

表 14-2　智慧型增长的目标与主要措施

	主要目标	欧盟委员会采取的措施	成员国采取的措施
创新型联盟	重新聚焦 R&D 和创新政策，通过强化创新链，实现研究成果商业化应用	完善研究领域，加快提升联合规划进程； 改善创新贸易的结构条件，实施知识产权保护，推行公共采购和智慧管理； 发起“欧洲创新合作伙伴”； 发挥支持创新发展的结构基金、农业发展基金和 R&D 框架安排，CIP、SET 计划等作用； 提高行政管理效率	改革国家和区域 R&D 和创新体系，促进高校之间的专业分工和研究合作；开展联合规划，提高跨边境合作，在欧盟境内实现价值增值，调整国家资金规程，确保跨地区的技术扩散； 确保数学、工程等高校毕业生充足供给，加强学校在创造能力、创新和企业家才能方面的课程设置；优先保证教育开支； 运用税收激励和其他金融工具，大力推动私人 R&D 投资
青年就业流动	提升高等教育吸引力，提高欧盟教育培训质量、实现教育公平，改善青年就业形势	整合大学和研究项目，提高各国研究项目和科研资源的相互衔接与流动； 改革关于非正式学习的认可机制； 发起青年就业体系，制定相关政策，减少青年失业率	确保提高各层级教育和培训的投资供给； 针对不同的教育阶段，改善教育质量； 建立国家的资格评定体系，提高教育体系的开放性和关联性，并以劳动力市场需要为导向组织学习体系
欧洲数字化议程	基于互联网和共享性应用软件，开发数字化单一市场	提供稳定合法的发展框架； 制定有效的互联网发展政策体系； 有效利用欧盟结构基金实现发展目标； 为在线服务创造真正的单一市场； 创新基金制度，扶持 ICTs 领域发展； 提高网络的可进入性	制订高速互联网发展战略； 构建法律框架，协调公共建设工程，降低网络运行成本

（二）长三角地区区域经济发展规划（2009～2020 年）

当前，长江三角洲地区面临着提高自主创新能力、缓解资源环境约束、着力推进改革攻坚等方面的繁重任务，正处于转型升级的关键时期。《长三角地区区域经济发展规划（2009～2020 年）》（简称“《长三角规划》”）的实施有利于这一地区进一步消除国际金融危机的影响，加快转变发展方式，不断提升发展水平，带动长江流域乃至全国经济又好又快发展。《长三角规划》提出了城镇发展与城乡统筹、产业发展与布局、自主创新与创新型区域建设、基础设施建设与布局、资源利用与生态环境保护、社会事业与公共服务、体制改革与制度创新、对外开放与合作八个方面的发展方向和重点任务，并明确了保障规划实施的政策措施。其中，自主创新与创新型区域建设这一部分提出，要以关键领域和核心技术创新为突破口，增强自主创新能力，形成优势互补、资源共享、互利共赢的具有国际竞争力的区域创新体系，率先在全国建成创新型区域，并提出了建设区域创新体系、提高技术创新能力、营造有利于自主创新的政策环境三点要求。

1．建设区域创新体系

强化企业的创新主体地位。加强以企业为主体的技术创新体系建设，加大政府对企业创新的支持力度，通过财税、金融等政策引导企业增加研发投入，加强企业创新能力建设。到 2015 年企业研发投入占全社会研发投入的比重达 85%以上。开展自主创新产品的互认或联合认定，将自主创新产品纳入政府采购目录，支持科技创新型企业发展。创新产学研合作模式，建立产学研主体之间成果共创、信息互通、利益共享的机制。鼓励发展产学研联盟等多种形式的合作，重点围绕船舶、冶金、石化、风电、太阳能光伏、软件等产业建设一批具有国际先进水平的产业技术研究机构。支持高等院校、科研院所开放科技资源，与企业联合兴办研发机构、博士后工作站、成果转化基地等产学研合作组织。积极推进国际产学研合作，吸引和集聚国外先进技术和人才等创新要素，推动本土企业研发国际化和外资企业研发本土化。

完善区域科技创新平台。选择若干创新基础较好的地区开展自主创新试点，探索有利于促进区域自主创新一体化的财政、税收、金融等有关政策。以国家重点实验室、工程实验室、工程（技术）研究中心等为重点，建设研究实验体系。以科技文献情报资源、自然科技资源共享等为重点，加强科技公共支撑体系建设。依托高等院校、科研院所和骨干企业，建设一批技术创新服务平台。建立若干区域性重点科技园区，引导高技术产业、研发机构和融资平台向高新园区集聚，构建布局合理、开放高效的区域创新资源共享网络。加强区域创新合作机制建设，促进科技资源开放共享，推进科技资质互认，加强科技基础条件平台建设。到 2015 年，规划建设科技公共服务平台 300 个左右，创业投融资规模突破 1000 亿元。

2．提高技术创新能力

加快关键领域与核心技术创新。以加快突破核心技术瓶颈、显著增强科技国际竞争力为目标，积极承担民用大型飞机、极大规模集成电路制造装备及成套工艺、新医药、重大疾病防治、核心电子器件、高端通用芯片及基础软件产品等国家重大科技专项，开展电子信息、生物医药、新能源、重大装备、纺织、石化、钢铁冶金等战略产业的重大科技联合攻关，研制一批具备国家乃至国际先进水平的重大战略产品，培育一批具有自主知识产权的世界品牌。在电子信息、机械装备、汽车、船舶等具有一定优势的产业领域，推动建立一批产业技术联盟，协作突破核心技术瓶颈。以高等院校和科研机构为主体，加强基础研究，开展联合攻关，全面提高原始创新能力。加大资源整合力度，形成一批优势学科领域、研究基地和跨地区产业共性技术科研机构。加强科研机构与高等院校合作，促进创新资源共享。

共建重大产业技术创新链。在软件与服务、集成电路、新一代移动通信、生物医药等高技术产业领域，上海逐步向研发、设计、高端制造转型，南京、苏州、杭州等城市侧重测试和制造。在汽车制造、先进装备制造等重要支柱产业领域，以上海为主体加强自主知识产权、核心产品和核心技术研发，南京、苏州、无锡、杭州、宁波等城市在研发、设计环节加强与上海的对接。在纺织、服装等传统特色产业领域，充分发挥上海的科研、高端制造优势，苏南地区、环杭州湾地区在研发、设计和深度加工方面加强与上海的对接。

3．营造有利于自主创新的政策环境

建立科技创新投融资体系。落实国家激励自主创新的有关政策措施，建立以政府科技投入为引导，企业、社会投入为主体的市场化科技创新投融资体系。加大财政对共性技术研发、引进技术消化吸收再创新、初创型科技中小企业的支持力度，确保财政科技投入增长高于财政经常性收入增长幅度。研究制定鼓励创业投资发展政策，完善退出、收益保障和风险承担机制。强化政府资金引导作用，结合产业发展特点，推动建立一批创业投资机构。充分发挥天使基金和种子基金的引导作用，支持高科技初创企业发展。设立中小企业信用再担保资金和中小科技企业发展专项引导资金，培育壮大中小科技企业。鼓励保险机构开发科技保险险种，积极探索科技型企业开展股权出质登记，支持符合条件的科技型企业上市。

完善创新服务支撑体系。大力发展各类科技中介服务机构，充分发挥其在自主创新中的桥梁作用。加强专业性和面向区域产业技术创新的服务体系建设，创新科技中介服务机构管理模式和运营机制，推动科技中介资源跨区域共享。强化专利、商标、版权等知识产权保护，加强对外资企业收购内资企业的知识产权保护，切实保护自主产权和民族品牌。

培养和引进创新型人才。加大创新型人才培养力度，建立创新型人才培养基地。加强国际交流合作，完善人才培养模式，培育适应国际科技创新需要的人才。开辟创新型人才引进的“绿色通道”，积极引进高层次创新型人才，研究制定引进高层次创新型人才鼓励政策，对外籍在华创业人才放宽在参与创新、享受所获成果方面的政策限制。

加强创新型人才社会化服务平台建设，为创新型人才提供培训、交流、咨询、法律等配套服务。强化创新型人才开发的政策协调和制度衔接，拓宽高等院校、科研机构与企业之间创新型人才流动渠道。

第三节　创新地理学在创新型城市规划中的应用

一、创新地理学的发展对创新型城市规划的影响

创新型城市是经济社会发展到一定程度，知识经济、服务经济取代工业经济的背景下产生的，其不仅仅限于科技范畴，而强调创新是发生在经济、社会各个领域的复杂的系统活动，是一种全方位、全社会、全过程的创新，是城市实现跳跃式发展的途径（尤建新等，2011）。创新型城市建设的终极目标是彻底改变传统的经济发展模式，最终实现经济社会的可持续发展。创新地理学更强调信息和智力资源与经济发展的联系，并促使创新型城市规划从以往关注传统资源（资本、土地、劳动力等）的空间配置逐渐转向关注知识资源（知识、人才、信息等）的空间配置。

二、创新地理学在创新型城市规划中的应用

（一）深圳国家创新型城市总体规划（2008～2015年）

为加快深圳国家创新型城市建设，依据《国家中长期科学和技术发展规划纲要（2006～2020 年）》《国家发展改革委关于深圳市创建国家创新型城市的复函》和《中共深圳市委深圳市人民政府关于加快建设国家创新型城市的若干意见》等，深圳市实施了《深圳国家创新型城市总体规划（2008—2015 年）》（以下简称“《规划》”）。这部规划是我国第一部国家创新型城市规划，也是深圳市创新发展的行动纲领，通过《规划》的实施，深圳市已经率先建成为国家创新型城市。

《规划》共分为五个部分，包括基础和形势、指导思想和总体目标、主要任务、重大工程和保障措施，其中后三个部分都对深圳市的城市空间规划提出了相关的要求。

1．促进发展空间向多维领域拓展

《规划》的第三部分提出，要促进发展空间向多维领域拓展。破解创新城市发展的空间瓶颈。加快深圳“数字城市”建设，积极发展新一代移动通信网和下一代互联网，提高城市信息化水平，推广电子商务应用，拓展城市发展的虚拟空

间。把握国际产业转移的有利时机，促进产业技术相互渗透融合，催生新产业和新业态发展，拓展城市发展的产业空间。积极参与国际分工，面向全国发挥服务与辐射带动作用，拓展城市发展的合作空间。进一步加强土地资源集约高效利用，加大异地产业园开发建设力度，拓展城市发展的土地空间。

2．加强城市空间工程建设

《规划》的第四部分提出，要坚持拓展多维空间的创新发展理念，集约利用土地资源，推进城市更新改造工程，开拓虚拟空间，突破创新型城市发展的空间资源约束。

城市功能区建设规划提出，要依托中心区的区位优势，推进区域功能向企业总部、教育科研、金融支持服务、技术研发及文化创意等高端环节集聚。加快推进光明、坪山、龙华、大运等四大新城建设。重点发展河套地区、福田保税区、后海金融中心区、前海湾中心区、大学城知识创新区、光明新城中心区、大工业区聚龙山中心区等中心功能区，将市高新技术产业园区建设成为世界一流高科技园区。城市更新改造规划提出，要加快对城中村、旧工业区、旧商业区、旧工商住混合区、旧居住区的改造步伐，加大零散旧工业区的整合升级改造力度，完善配套设施建设，积极推进重点地段功能置换。加快闲置土地清理和土地遗留问题处理，结合城市更新改造，为创新产业提供发展空间。城市信息化建设规划提出，要全面推动“数字城市”建设，加强超高速、高带宽、广覆盖的城市无线网络信息基础设施建设。将城市无线网络与空间地理信息系统、数字身份认证系统相结合，推进无线网络在城市社会公共服务领域的应用，提高城市管理的智能化程度。

3．保障空间承载

《规划》的第五部分提出，要保障空间承载。首先，要确保土地空间供应。创新产业用地优先纳入近期建设规划年度实施计划和年度土地利用计划，在每年新增产业用地中划出一定比例，用于创新产业的发展。实施土地出让弹性年限，缩短土地流通周期，建立有效的土地利用流转机制。其次，要强化存量空间改造。在近期建设规划年度实施计划和土地供应计划中，适度安排城中村及旧商业区、旧工业区、旧工商住混合区、旧工业区的‘四旧’改造项目。统一规划、分批建设改造、定期推出若干创新产业发展用房。最后，要支持虚拟空间开拓。制定虚拟空间拓展计划及相关配套标准研制，推动重大应用成果产业化。

（二）杭州国家自主创新示范区规划

2015年9月8日，杭州市委推出《关于加快杭州国家自主创新示范区建设的若干意见》，“1+X”的框架设计得以明确。其中，“1”指的是《杭州国家自主创新示范区发展纲要》（送审稿）（以下简称《纲要》），而“X”则是 12 个配套政策，包括《关于加强工业和科技重大创新项目统筹管理的意见》和《关于规范创新型产业用地管理的指导意见》这两个已实施的科技创新文件、六个正在报审的文件和四个正处于制定中的文件。

1．《杭州国家自主创新示范区发展纲要》（送审稿）

《纲要》分 6 个部分共 20 条，涵盖了杭州国家自主创新示范区建设的总体目标和总体要求。《纲要》提出，杭州国家自主创新示范区的战略定位是“一中心五区”（图 14-1），包括：建设具有全球影响力的“互联网+”创新创业中心，打造创新驱动转型升级示范区、互联网创新创业示范区、科技体制改革先行区、全球电子商务引领区、信息经济国际竞争先导区。与此同时，《纲要》提出国家自主创新示范区的发展目标：到 2020 年，电子商务、物联网、互联网等产业具有国际国内领先优势，成为具有全球影响力的“互联网+”创新创业中心。

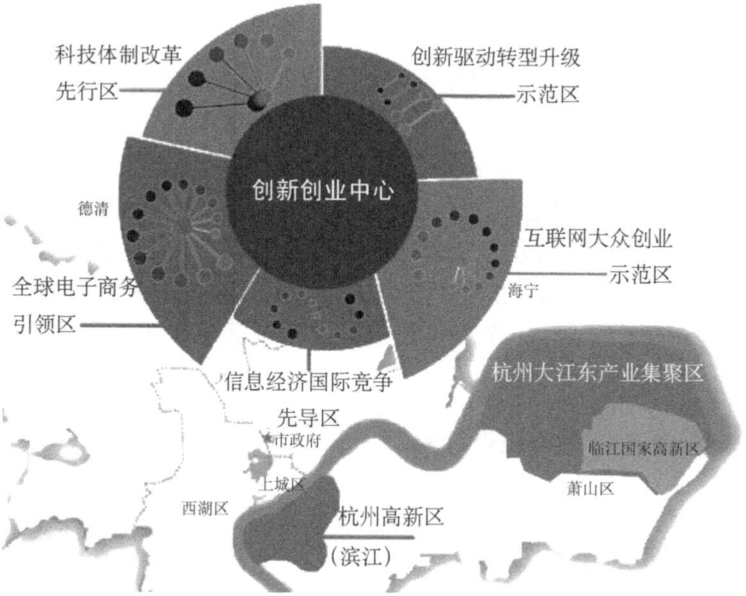

图 14-1　杭州国家自主创新示范区“一中心五区”的战略定位示意图
资料来源：王力等，2015

《纲要》主要内容包括：要加快创新券、服务券的推广应用；要深化杭州与浙大等国内外大院名校的产学研合作；要落实杭州“人才新政 27 条”，健全示范区创新创业人才支撑机制；要完善鼓励企业知识产权创造、管理、使用和保护的制度。

《纲要》提出，要优先发展包括电子信息制造、软件与信息技术服务、大数据和云计算、数字内容、网络安全等在内的网络信息技术产业，打造以万亿级智慧产业为核心的信息经济产业群。同时，还应突出特色优势，发展高端装备制造业、大健康产业、金融服务业、文化创意、旅游休闲和时尚“六大产业”。

增强自主创新能力是实现创新发展根本路径。高技术产业基地是创新创业的重要载体。杭州将打造战略性新兴产业基地、信息经济六大中心、网络信息技术与产业基地、云计算和物联网智慧应用的示范基地、新能源汽车试点基地等一批高技术产业基地，同时推进电子商务和文化创意产业的创新发展。当然，城市创新能力的提升关键还得促进人才、科技、金融、知识产权等创新要素集的集聚。杭州提出了多项人才政策，经认定的杭州市领军型创新创业团队，可以得到政府提供的 500 万元资助。与此同时，杭州市政府对顶尖人才和团队的重大项目实行“一事一议”，个人和团队最高可以获得 1 亿元的项目资助。

2．《杭州国家自主创新示范区空间布局规划》

杭州结合自身实际制订的《杭州国家自主创新示范区空间布局规划》（征求意见稿）（以下简称“《空间布局规划》”），已显示出了“一区十片、多园多点”总体布局思路，其意义正是将示范区的溢出效应尽量延伸到全市。《空间布局规划》提出的“一区”指的是，国家自主创新示范区，总规划面积 398.01 千米^2；“十片”指的是，将示范区分为十个片区，分别是滨江片、城中片、西湖片、之江片、城西片、萧山片、城北片、下沙片、江东片和富桐片；“多园”指的是，各分片区内的若干个子园；“多点”指的是，示范区范围外的散点分布的创新要素，包括科研院所、创新综合体等（图 14-2）。

（三）国外创新型城市建设经验①

1．美国波士顿

作为信息时代高新科技创新型城市的典范，美国的波士顿具有全美一流的科技创新水平。总结波士顿高新科技创新型城市建设发展历程，不难发现：科教资源和人才资源的集聚、完善的创新环境、充足的风险投资、政府的刻意扶植成为支持波士顿创新发展的四大主要力量。

第一，科教资源和人才资源的集聚。从科教资源方面看，波士顿拥有 35 所大学，其中更是包括了世界一流的哈佛大学和麻省理工大学，这些大学的科研力量是支持该城市发展的重要因素之一（祝一君，2007）；从人才资源方面看，这

① 刘硕，李治堂. 2013. 创新型城市建设国际比较及启示. 科研管理，34（S1）：58-64。

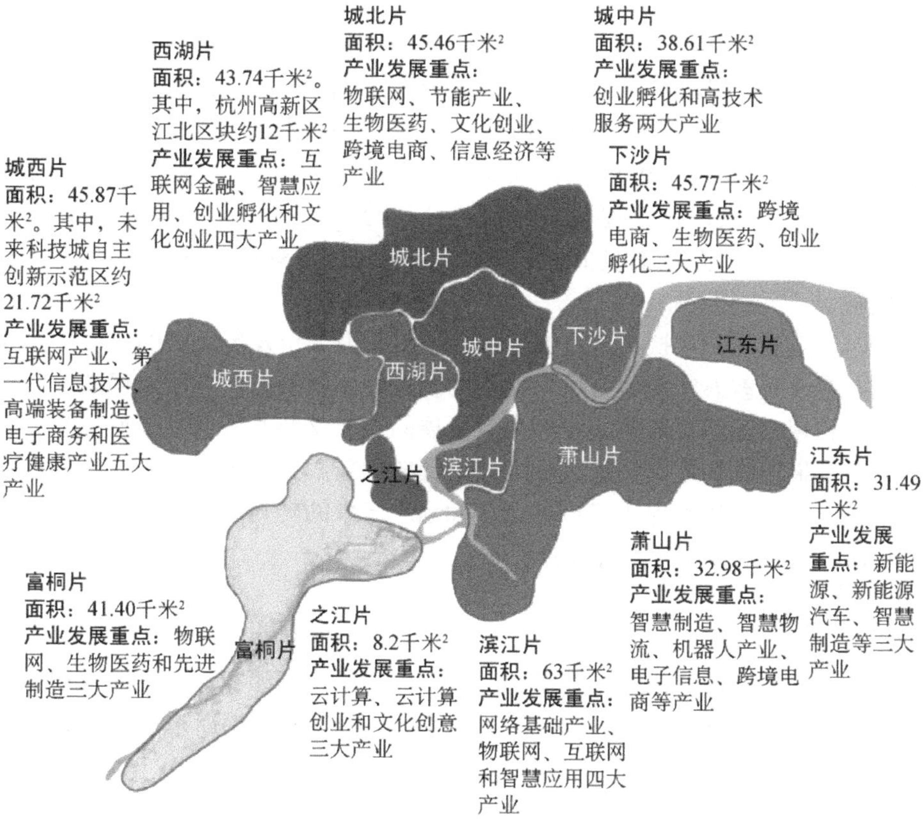

图 14-2 杭州国家自主创新示范区总体空间布局“一片十区、多园多点”示意图

资料来源：吴静，2015

些高等学府中的教师、研究人员以及毕业生积极地投入到城市的创新建设中，使得波士顿各大企业的研究和工作人员的受教育水平均位于美国前列；同时，波士顿这座城市也为这些勤于创新的人才提供了广阔的创业和就业机会。科教、人才资源的集聚以及波士顿这座城市对于这些资源的充分吸收利用，使得这座城市拥有者得天独厚的科技创新能力，走高新科技创新型城市发展模式的原动力已经具备。

第二，完善的创新环境。波士顿拥有丰富的创新实践经验，创新文化深入人心，整座城市鼓励人们自由思考，激励人们不断创新，为波士顿营造了良好的文化氛围；同时，为了保护创新主体权益，波士顿建立了一套完善的知识产权法律保护体系，打消了创新者最后的后顾之忧，使得创新活动更为纯粹；最后，波士顿完善的基础设施，如完善的地铁网络等从硬件环境为波士顿的创新提供了便利，形成了具有波士顿特色的创新产业集群。

第三，充足的风险投资。创新不可能马到功成，其过程充满了失败与挑战，同时，创新也需要技术、硬件、软件等各方面的投入，因此通常需要雄厚的资本支持。与世界其他高新科技创新型城市相比，波士顿拥有非常完善的金融体系，风险投资不断寻找具有潜力的创新活动，这使得波士顿拥有着充足的风险投资，这些投资为创新提供了强有力的资金支持；相应的，波士顿没有令这些风险投资失望，各领域的创新成果为这些支持创新活动的资本提供了丰厚的回报，这就促使了风险投资的进一步支持，久而久之形成了目前波士顿创新资本充足的良好状况，为该城市的创新发展提供了源源不断的资金支持。

第四，政府的刻意扶植。在波士顿走上创新型城市发展之路的过程中，其原动力主要在于科教人才集聚、风险投资的注入和完善的创新环境，但政府的作用依然不可忽视。虽然政府对波士顿创新发展的直接支持并不像其他城市那么直接明显，但大笔巨额的政府订单无疑为波士顿的创新成果提供了稳定的市场，政府这种市场化手段间接地促进了该城市各种创新成果的转化，进一步鼓励了创新活动，从而推动着这座城市快速发展。

2. 韩国大田

韩国大田的资源禀赋并不突出，甚至可以说是个资源相对匮乏、面积不大的小城市，但如今大田已被誉为“韩国硅谷”，是韩国建设创新型城市的典范与重要成就。

与波士顿相比，大田在创新型城市发展过程中更多地得到了政府的支持。20 世纪 70 年代，韩国政府为了摆脱经济过分依赖加工型行业的状况，从根本上提高国家竞争力，投入 15 亿美元在大田市开发建设大德科学城（赵峥，2011）。目前，大田聚集了韩国将近 40 所高等学府、近 10 个韩国一流的研究所，拥有高新科技企业 2000 余家，极大支持了韩国经济的发展和科技竞争力的提升。大田之所以能够成为现今创新型城市的典范，离不开政府的政策扶植、完善的创新成果保护法律环境以及崇尚创新宽容失败的创新文化氛围。

第一，政府的政策扶植。大田创新型城市的建立是由政府发起的，2000 年大田市出台了诸如《大田市科技经济发展振兴规划》等一系列政策指导文件，这些文件中纷纷制定了大田科技发展的远景目标和发展规划，从政策环境层面保证了大田走创新型城市发展的道路；同时，大田市鼓励其高等院校、科研机构加强科研资源共享，特别是加强高校和科研机构的合作，促进科研成果的落地转化；最后，大田市非常注重对科技型中小企业的扶植，对具有创新能力和自主知识产权的中小企业提供有力的财政支持。

第二，完善的创新成果保护法律环境。大田市十分注重创新成果的保护，拥有非常完备的知识产权保护法律条例，通过严格执法来保障创新者的权益和创新成果的合理利用。对创新成果及创新者的法律保护，极大地鼓励了创新研发活动的进行和城市的发展。

第三，崇尚创新、宽容失败的创新文化氛围。大田市对创新的鼓励逐渐形成了崇尚创新、宽容失败的创新文化氛围，对创新活动中的失败有着特有的宽容性，使创新者勇于创新、敢于创新、不怕失败，从而促进了创新活动的可持续性。

3. 日本东京

与波士顿和大田相比，东京的创新型城市发展模式更趋近于服务行业创新，这使得东京成为亚洲地区经济最有活力的城市之一。对于高新技术实行优惠政策、为高新技术产业提供金融服务、鼓励校企合作、促进交流研究成为支持东京这个以服务行业为主要支柱的创新型城市发展的主要动力。

第一，对具有自主知识产权、拥有较强创新能力的企业实行优惠财政政策。首先，对创新型企业减免设备税，降低企业设备采购成本；其次，允许电子设备进行大比例特别折旧，以促进创新型企业设备的更新换代；最后，还对信息产业增加贷款、进行减免技术开发资产税等。这些优惠政策大大减轻了创新型企业的创新成本，鼓励并促进了这些拥有自主创新能力企业的创新活动。

第二，为高新技术企业提供完善的金融服务。创新离不开资金的支持，为了促进高新技术企业的创新活动，东京为这些企业提供了长期限、低利息贷款，降低企业创新信贷成本；同时，为科技型中小企业提供 OTC 股票交易市场，为这些企业提供低门槛、便捷的上市融资渠道。充足的信贷资金和金融资本极大支持了东京高新技术企业的创新活动。

第三，鼓励校企合作。政府鼓励产业界与高校建立共同研究中心，并为校企联合项目提供财政补贴；同时，政府对于在创新活动中做出卓越贡献的个人给予丰厚的奖励，以鼓励企业、高校、个人的创新工作。

第四，促进交流研究。东京倡导研究机构之间进行人员交流，更鼓励增加国外研究人员的比例，以吸收和学习更为先进的技术。

4. 英国伦敦

伦敦的创新型城市发展模式是以其发达的文化创意产业为主要特征，这使得伦敦成为世界的金融、经济和创意文化中心。创意产业是伦敦的主要经济支柱，是近年来增长最快的产业，为了支持伦敦的创意产业发展，构建创新型城市，伦敦政府通过采取优惠政策促进文化创意产业发展、发展校—研—企合作式创新体系、营造城市创新文化氛围等手段，进一步加快伦敦的创新型城市发展进程。

第一，政府出台相应政策并组织专门机构推动文化创意产业发展。英国政府自 1994 年就开始重视其文化创意产业的发展，并将该项工作提升到国策层面，并先后出台了若干部发展战略规划，提出“文化发展战略是维护和增强伦敦作为世界卓越的创意和文化中心的主要途径以及把伦敦建设成世界级的文化中心的目标”；同时，通过组建专门的创意产业委员会对创意文化产业进行专门的服务支持；此外，政府还通过完善金融服务、企业财政支持、完善知识产权保护等手段对文化创意企业进行大力扶植，突显出政府力量在伦敦创新型城市发展进程中的导向作用。

第二，发展校—研—企合作式创新体系。为推动创意文化产业发展，提高高校、研究院所创新成果的转化小轮，伦敦鼓励发展校—研—企合作式创新平台来加强区域创新体系建设，并以这些区域为中心向外辐射，以提高区域和城市的影响力，进一步推广自身的文化创意产业。

第三，营造城市创新文化氛围。伦敦市积极营造创新文化氛围，将文化创新植入到公民生活，提供给市民接触文化创新的机会，为其文化创意产业的发展提供良好的外部环境；同时，伦敦市积极开展各类民间国际交流活动，学习吸收外界先进文化理念。英国的这种“全民创新”模式实现了城市创新发展内生性和可持续性。

第四节　创新地理学与创新型园区和创新型产业集群规划

一、创新地理学对创新型园区和创新型产业集群的指导作用

创新地理学对创新型园区的理论指导作用体现在对创新要素的系统性梳理分析，确定其战略定位与发展方向，构建其创新发展战略体系，包括技术创新、产业创新、服务创新和制度创新等内容。以战略体系为指导，分别对开发区的企业创新体系、产业创新体系、创新人才体系、创新服务体系、创新制度框架和创新要素布局进一步规划，提出园区建设的具体性政策建议。

创新地理学对创新型产业集群的指导作用包括创新产业集群的构建，同时也包括对传统产业集群的改造升级。分析产业集群发展的优劣势，研究影响产业集群升级的创新要素和升级路径，确定创新产业集群的发展方向，做好相关的公共配套。

二、创新地理学在创新型园区规划中的应用：《盐城经济技术开发区创新型园区发展规划》①

（一）战略定位

1．江苏省创新型园区建设示范区

盐城经济技术开发区要以创新型国家建设战略为重要契机，紧紧结合江苏省创新型省份建设要求，率先建设和完善创新型园区体系，打造技术创新、产业创新和服务创新平台，成为引进和吸收国际一流技术与对外合作与交流的重要窗口，在创新型园区建设过程中为其他园区起到示范作用。

2．沿海产业带发展的重要"创新极"

盐城作为沿海区域三大中心城市之一，在沿海地区发展中具有承南起北的重要战略地位。盐城经济技术开发区要全面吸引、集聚和融合国际国内创新要素，打造沿海产业发展带中间重要的"创新极"，通过创新的扩散效应、区域经济合作等方式带动整个沿海产业带的经济增长。

3．苏北地区首家国家级高新区

盐城经济技术开发区要紧紧抓住创新型园区建设的契机，瞄准目前苏北地区国家级高新区的缺口，努力将盐城经济技术开发区打造成为苏北地区首家国家级高新区。

4．盐城市创新人才高度集聚的宜居宜业园区

开发区要充分利用盐城市科教资源较为丰富的优势，培养各类科研和技术人员。同时，要努力建设舒适优美的生活环境和营造浓郁的创新创业氛围，使开发区既宜居又宜业，并通过一系列优惠政策大量引进和留住国内外高端人才，推动创新人才在园区的高度集聚。

以创新人才和创新要素布局为支撑的创新战略体系，以战略体系为指导，分别对开发区的企业创新体系、产业创新体系、创新人才体系、创新服务体系、创新制度框架和创新要素布局做了进一步规划（图 14-3）。

---

① 本案例来源于"东南大学区域与城市发展研究所"编制的《盐城经济技术开发区创新型园区发展规划》，作为国家社会科学基金重点项目"我国创新驱动发展的路径选择、突破方向与政策研究：创新集群的视角"（项目号：11AZD003）的案例研究部分。

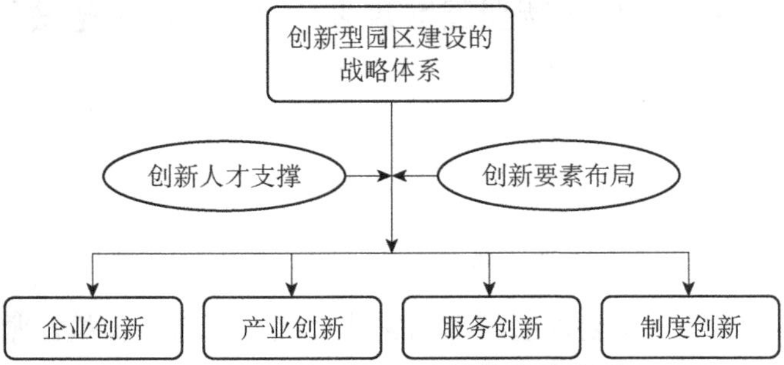

图 14-3　创新型园区建设的战略体系

（二）开发区企业创新体系规划

1．企业创新目标

以开发区建设创新型园区的指标体系为指导，针对性地对开发区企业的创新能力建设进一步细化，提出相应的发展目标和考核指标，主要包括核心技术占有、新产品研发、企业技术中心、科技研发投入和高新技术产业发展五个方面（表 14-3）。

表 14-3　开发区企业创新体系发展目标

一级指标	具体目标
核心技术占有	5 项有前瞻性的技术 10 项具有国际先进水平和自主知识产权的技术 重点推广 5 项量大面广的共性技术
新产品研发	完成 100 项省级及以上新产品、新技术开发 规模以上工业企业新产品产值率达到 20%以上 全区申请和拥有专利数量在原有基础上增加 100%以上
企业技术中心	30 家企业建立技术中心 5 家成为国家认定企业技术中心 12 家成为省认定企业技术中心
科技研发投入	创新投入占企业销售收入比重的 2%以上 骨干企业技术创新投入占企业销售收入的 4%以上
高新技术发展	全区高新技术产值要达到工业总产值的 60% 省级以上认定的高新技术企业达到 15 家 国家火炬计划重点高新技术企业要达到 3 家

2．开发区企业创新体系建设计划

根据对企业创新体系内涵的解读，开发区管理委员会除了要制定适宜企业创新发展的政策以外，对企业创新体系的内部系统和外部系统均可以给予相应的引导和扶持。鉴于此，规划认为管理委员会在盐城经济技术开发区企业创新体系的

建设过程中应该重点实施六大工程，分别是企业创新文化培育工程、企业创新能力提升工程、企业创新人才共享工程、企业创新平台优化工程、企业创新绩效评价工程、企业创新投入激励工程。

（三）开发区产业创新体系规划

从开发区产业创新体系的内涵可以看出，完整的产业创新体系应该包含三个元素，即产业创新结点、产业创新链和产业创新集群。产业创新结点包括区内企业和产业创新研发平台。其中，企业创新体系已在第五章作具体阐述，因此本处的产业创新结点具体指产业创新研发平台。结合开发区目前的产业创新要素建设现状，规划提出盐城经济技术开发区“四点五链三群”的产业创新体系总体架构。“四点”分别指公共技术研发平台、知识创新平台、科技成果转移平台和政产学研合作平台；“五链”分别为汽车及零部件制造产业创新链、新能源汽车产业创新链、软件及服务外包产业创新链、光电产业创新链和新能源装备产业创新链；“三群”分别指新能源汽车产业创新集群、软件及服务外包产业创新集群和光电产业创新集群（表 14-4）。

表 14-4　开发区“四点五链三群”的产业创新体系架构

产业创新体系	发展载体
四点	公共技术研发平台
	知识创新平台
	科技成果转移平台
	政产学研合作平台
五链	汽车及零部件制造产业创新链
	新能源汽车产业创新链
	软件及服务外包产业创新链
	光电产业创新链
	新能源装备产业创新链
三群	新能源汽车产业创新集群
	软件及服务外包产业创新集群
	光电产业创新集群

（四）开发区创新人才体系规划

1. 创新人才培养体系

首先，开发区要充分依托在盐城的高等院校以及一批国家级和省级科研机构的学科建设优势和科技研发优势，加强实用型技术人才的培育，夯实创新人才金字塔的基础。规划建议开发区要将这类院校作为培养实用型技术人才的主要渠道，促进校企之间的互动。一方面鼓励院校在专业设置上主动适应开发区内产业发展的需求，另一方面积极推动在校学生进驻开发区企业实习，丰富实践经验。

其次，在人才培养方式上，开发区要重视国内著名高校在外设立的分校或研究院的作用。如表 7-3 所示，目前国内许多知名高校通过与政府、开发区联合办学的模式，在政府或开发区所在地设立了分校，如淮安经济技术开发区与西安外国语大学联合成立了西安外国语大学淮安学院。规划建议开发区根据现有产业发展基础，积极吸引在该领域内实力强劲的院校来区设立分校或研究院。

2．创新人才引进模式

在人才引进载体建设方面，推行“筑巢引凤”工程，重点建设新能源汽车及零配件产业园、国际软件园、盐城光电产业园等特色园区，使其成为人才引进的主要平台。同时，要加快建设一批国家级科技研发机构，重点吸引两院院士、长江学者、省特级专家、海外留学人员等高端人才。

在创新人才引进模式上，突出“不求所有、但求所用”的柔性人才引进理念，规划建议盐城经济技术开发区结合自身人才引进特点，重点实施三大人才引进计划，即“海归计划”“候鸟计划”和“银色计划”。每类计划分别面向不同的人才群体，采取的合作内容也各不相同。

（五）开发区创新服务体系规划

1．生产性创新服务体系建设

盐城经济技术开发区未来构建的生产性创新服务体系应该主要包括综合型生产创新服务中心、投融资服务体系、产业技术支撑体系、技术市场服务体系，区域联盟服务体系等（表 14-5）。

表 14-5　开发区生产性创新服务体系规划

创新服务体系	具体内容	开发区已有基础
综合性生产创新服务中心	如生产力促进中心、创业服务中心，为企业提供综合性服务	创业孵化服务中心
投融资服务体系	吸引银行、保险公司、风投公司等多类型的金融机构入驻园区，形成多元化、多层次的投融资体系建设	科技小额贷款公司、中国农业银行盐城经济开发区科技支行
产业技术支撑体系	共性技术服务平台、公共科技研发平台	研发协作服务中心
技术市场服务体系	技术转让服务平台、技术信息发布平台	—
区域联盟服务体系	开展园区合作、创建高新技术产业行业协会与高峰论坛	南北合作共建园区

2．生活性创新服务体系建设

以高科技人才生活乐园为宗旨，打造集居住、工作、休闲于一体的功能完善的高科技产业社区，建立层次明确的生活性创新服务体系（表 14-6）。

表 14-6 开发区生活性创新服务体系规划

生活性创新服务设施	建议衔接内容
人才公寓	合理预测需求，开发面向不同白领阶层的不同档次住房
基础教育设施	加盟市盐中等知名学校，新建新城小学、新城初中和实验小学
医疗卫生设施	形成市级医院和社区医疗卫生服务中心两级医疗系统，
文化娱乐设施	新增文化艺术中心、电影院、娱乐厅、健身娱乐中心、书店等文化娱乐场所
商业服务设施	提供大型商场、超市，特色商业街等高端服务，同时建立基层商业服务设施

（六）开发区创新要素空间布局规划

1．总体布局结构

考虑到盐城经济技术开发区内不同片区的自主创新能力的差异，规划充分借鉴了自主创新的分类方法，同时结合创新服务的需要，最终在开发区东部形成“四区三轴”的创新要素空间布局结构。“四区”包括创新服务区、原始创新区、集成创新区和技术引进再创新区，其中创新服务区位于开发区的南部，原始创新区主要包括新能源及汽车零部件产业园，集成创新区主要包括韩资工业园和光电产业园，技术引进再创新区包括出口加工区和上海漕河泾工业园区。“三轴”包括创新服务轴、创新联系轴和创新发展轴（图 14-4）。

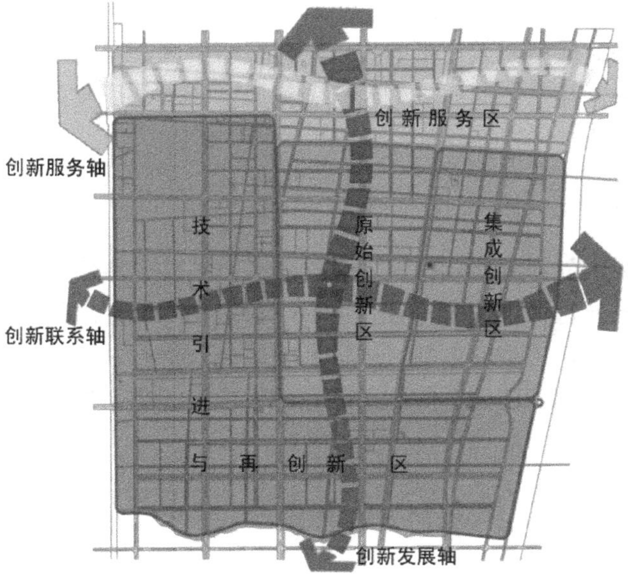

图 14-4 开发区创新要素的空间布局总体结构

2．创新服务区规划

创新服务区按照服务类型的不同分为生活性服务区和生产性服务区。前者主要布局在创新服务区的东部，主要创新要素包括人才公寓、专家楼和餐饮娱乐设施；后者则主要在创新服务区的西部，主要创新要素分为平台共享区、商务会展区、科技金融区和教育科研区（图 14-5）。

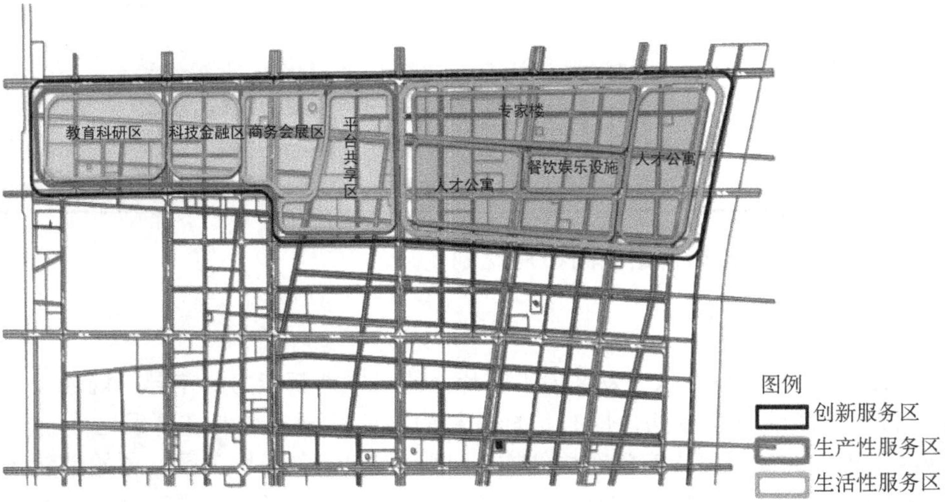

图 14-5 创新服务区布局规划

3．原始创新区规划

原始创新区内创新要素的选取和布局要突出原始创新对科技研发能力的要求，重点要加强对科技研发要素的投入。科技研发区、科技企业孵化器、创新成果产业化基地和产品示范区四类创新要素构成了产品从研发到生产再到展示的一条完整的创新产业链（图 14-6）。

4．集成创新区规划

集成创新区的创新要素包括技术交流中心、共性技术研发中心、创新成果产业化基地和产品示范区四大类（图 14-7）。其中，应该重点突出技术交流平台和共性技术研发平台，以方便创新区内创新人才之间的相互交流，促进技术的集成创新。同时，各个创新要素之间的关系也体现了产品由研发到生产、展示的创新产业链。

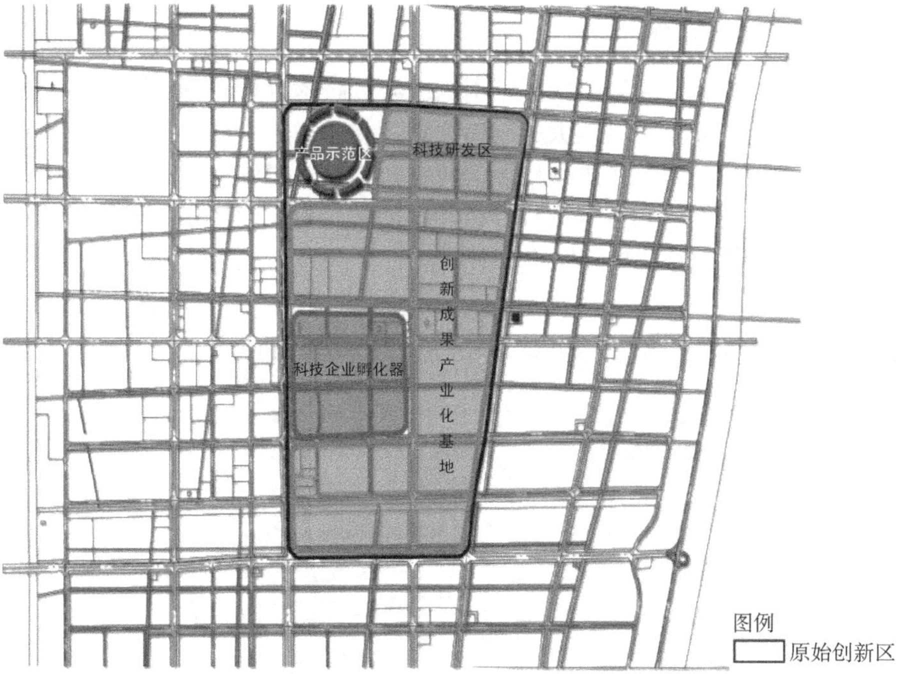

图 14-6　原始创新区布局规划

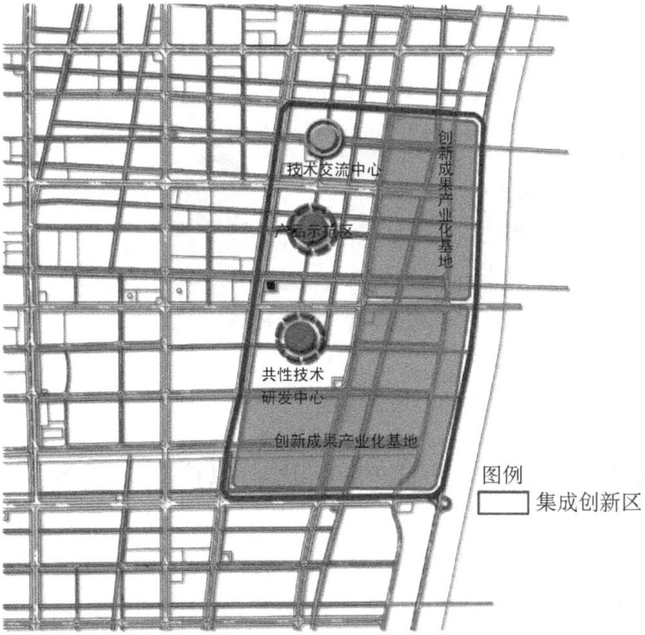

图 14-7　集成创新区布局规划

5. 技术引进再创新区规划

技术引进再创新区主要包括技术引进中心、技术分析与再创新中心、创新成果产业化基地和产品示范区四大类创新要素。技术引进中心、技术分析与再创新中心的设置强调了技术引进再创新区的特色，重点是对国内外相关领域内的前沿技术的跟踪以及对引进的技术进行分析和再创新，最终形成创新成果的产业化。具体的创新要素的建设要求如图 14-8 所示。

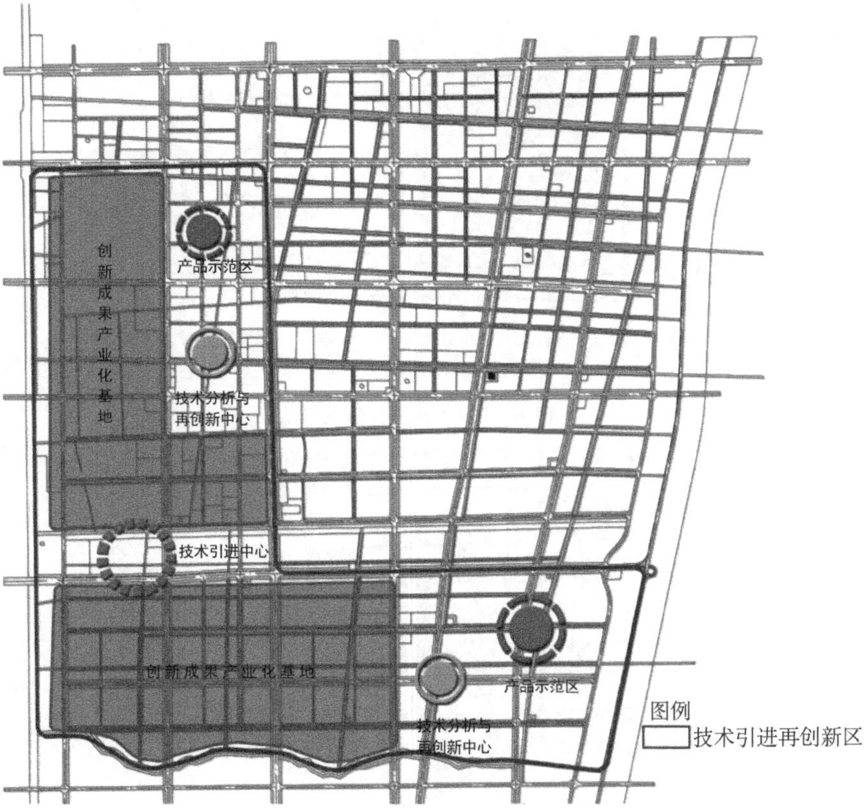

图 14-8　技术引进再创新区布局规划

三、创新地理学与创新型产业集群：以广东昭信科技园区为例

广东昭信科技园区（简称“昭信”）位于珠江三角洲腹地佛山市南海区桂城平洲，是以产业为主体，集科研、生产、销售为一体的多元化发展企业集团。目前已获得领域国内外专利技术专利近百项，在装备、封装、驱动电源、灯具应用等方面均获得广东省企业自主创新纪录。经过剖析认为，地理临近性、开放式创新、龙头企业作用以及集群政策支持等四个关键性要素，促进了昭信科技园从产业集群向创新集群升级（陈晓红等，2013）。

（一）产业集群升级成为创新集群的促进关键因素

研究认为地理临近性、开放式创新、龙头企业引领以及集群政策支持，对于促进昭信科技园从产业和集群向创新集群升级发挥了关键性的作用（图 14-9）。

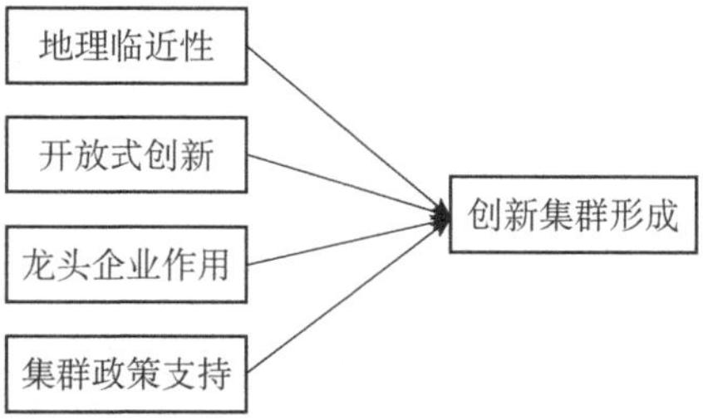

图 14-9　产业集群升级为创新集群的影响机理概念框架

1. 地理邻近性

地理临近性主要是指资源不同的经济主体（国家、区域、产业、企业、大学科研院所等组织及其个人）在交互行动的生产、服务、资源创造等实践活动中所具有的社会、经济、地理或者制度等方面的共性特征。不仅包括以企业为主体的固态选址意义上的位置临近，也包括经济主体为加强交流学习，以会议为形式的临时地理临近，即“动态临近性”。地理位置临近不仅体现的是经济主体在空间上的接近，更体现的是企业一种向外开放的学习态度和知识流动的战略。

昭信科技园区下属共 13 个企业，园区除广西壮族自治区梧州市平洲电子有限公司因传统因素没有在该园区，其余都在昭信园区内部。该园区内所有企业几乎涵盖了 LED 产业链的上下中游，而从对调研对象的访谈中发现，地理位置临近无论对企业间正式交易，还是非正式的信息沟通和社会网络，都确实发挥着极大的正向影响作用。

2. 开放式创新

昭信科技园区采用开放式创新模式，无论是纵向的产业链间垂直协作还是横向的“官产学研”间横向交流都体现了协同创新的作用。具体反映在以下几点：①建立佛山市新光源产业联盟，加强区域内各企业与研发机构间的日常联系。通过共建专利池（专利相互授权）、共建产学研创新平台等途径，实现技术资源和科研基础设施的开放和共享。②加大 LED 产业发展资助力度，支持具有较强研发和技术辐射能力的大企业，联合高等院校等相关科研力量，共建国家级或省级实验室（如佛山市香港科技大学 LED-FPD 工程技术研发中心），并开展 LED 产业关键与共性技术的联合攻关。③实施“科技特派员”制度等形式，联合开展产业关键与共性技术研发，多渠道争取研发经费。同时，通过企业与高校合作共建人才培养基地，为企业培养和引进高层次技术人才和管理人才，优化研发团队。

3. 龙头企业引领升级

昭信科技园区的龙头企业在产学研之间的协同开放式创新方面也发挥了重要的引领和刺激作用。如广东昭信灯具有限公司，其“LED 封装及灯具一体化集成制造”获得了 2011 年粤港关键领域重点突破项目。昭信灯具公司的“轻质高效模块化大功率 LED 路灯”通过科技成果鉴定，被鉴定为国内领先水平，并获2010 年度佛山市科技进步二等奖。

4. 集群政策支持

昭信科技园区由产业集群升级为创新集群，与集群政策的支持密切关联，具体体现在国家、区域以及地方政府三个层面。

国家层面，《国家中长期科学和技术发展规划纲要（2006—2020 年）》《关于深化科技体制改革加快国家创新体系建设的意见》以及《中国区域创新能力报告2011：区域创新与战略性新兴产业发展》等，从国家的顶层设计着力推动区域科技创新能力的提高以及新兴产业集群的发展与升级。

区域层面具体以广东省为例，为了鼓励和支持产业集群的优化升级省政府协同省经济贸易委员会、发展改革委员会等 13 个部门出台了《关于建设产业升级示范区加快产业集群发展的意见》《关于创建区域品牌的指导意见》，明确以公共服务平台、区域品牌和产业园区“三大建设”为重点，着力推进产业集群升级。截止 2012 年，广东全省已形成 12 个省级产业集群升级示范区和一批具有高科技含量的优质产业，LED 等战略性新兴产业就是其中的典型代表。

地方层面，具体体现在佛山市的集群政策支持。以《佛山市新光源产业发展规划（2010～2015 年）》为例，政府明确提出“推动佛山市新光源产业基地发展成为具有国际竞争力的绿色照明创新集群的目标”，重点加快“产业聚集、产业创新、环境优化”三大工程建设。《佛山市南海区促进绿色照明产业发展扶持办法》提出，对新建绿色照明类企业进驻广东都市型产业基地相关平台载体，企业按其租用厂房面积予以一定的资金补贴，对重大投资、企业转型、绿色照明项目给予一次性奖励。除此之外，《佛山市南海区推进品牌创新和企业上市扶持奖励办法》《佛山市南海区促进环保产业发展和奖励办法》以及《佛山市战略性新兴产业扶持办法》都从集群政策角度着力推动 LED 产业集群的创新与升级。

（二）“产业集群–创新集群”升级路径框架

产业集群是创新集群的前提与基础，但并非所有的产业集群都可以成功实现升级，以政府示范工程为契机凭借产业集群及集群内企业为主体的创新绩效的提高是产业集群升级的关键要素。目前广东省在省级、市级以及县级产业集群基地100 余个，综合起来可以分为三种：高新技术产业集群、传统产业带以及以第一产业为主的产业集群。但真正能够从产业集群升级为创新集群的少之又少，截止2012年，广东升级产业集群省级示范区只有12个。如何汇聚创新要素提升集群，将是一个重要的研究问题。

地理临近性、开放式创新、龙头企业引领和集群政策支持是产业集群向创新集群升级的重要推动因素。昭信科技园区内大部门企业都具备地理集聚的特点；企业与企业间、企业与政府、大学、科研机构等都不同程度的存在知识的交流与转移；龙头企业的作用发挥以及政府政策在当中也发挥着重要的作用，四个要素缺一不可。

政府在促进产业升级方面承担着必不可少的重要角色，在产业升级初期应该通过政策因势利导，待产业成熟之后逐渐转为环境建设者。本质上，产业集群向创新集群的升级是产业问题，属于市场范畴。创新集群的形成路径包含自下而上和自上而下的方式，原则上提倡产业集群自下而上的自由市场自发形成转型或者升级，这也是为什么在国外有“集群策动”，而在国内没有专为“集群政策”的原因之一。

但中国目前的市场经济尚不健全，无论是整体还是区域创新水平与发达国家相比还有一定距离，整体上处于“追赶式”机制，特别是像LED这样的战略性新兴产业，具有高科技含量、溢出效应较强、试错成本较大，在市场失灵的情况之下，特别需要政府从制度上自上而下的推动集群升级促进创新集群从产业集群的形成。

第五节　本章小结

以地理学基本理论为基础的创新地理学主要对创新的地域空间分布及组合规律、发展趋势及演变规律等进行系统的研究，通过研究发现和总结创新空间规律，构成了创新型空间规划的基本原理，为各类创新要素的联系、发展和空间布局引导提供科学依据。创新地理学的发展对国家和区域规划的影响，带来了规划理念和理论、内容和方法以及规划体系构架的改变和拓展，并促进了创新型空间规划体系的形成与发展。

创新型空间规划体系作为一种新的空间规划系统，有两种模式：一是与既有各种规划体系并行、作为一种独立和专门化的规划系统而存在的规划类型，其内容涵盖创新要素的发展、创新空间系统的布局、创新环境塑造、创新配套体系的建设、创新政策等，是一种相对综合性的，区域创新系统规划；二是作为城乡规划体系中一种新的、专项性的空间规划类型，其核心内容针对创新载体和空间的布局展开。作为主要针对中小尺度的专项性创新型空间规划体系，主要包括城市与地方性尺度、园区与结点尺度两个层次，主要类型是创新型城市规划、创新型园区规划、创新型集群规划，以及个别的小微尺度创新空间的规划设计。规划内容涵盖城市、园区或者集群的创新要素分析、创新型空间布局、创新服务体系、创新人群的生活配套体系等规划。

在国内外规划实践层面，创新型国家与区域、创新型城市与园区、创新型产业集群的规划已经具有比较丰富的成果，其中蕴含和应用了创新地理学的基本原理和方法，为系统、全面的创新型空间规划体系的构建提供了比较扎实的实践支撑，也为既有区域与城市规划、园区与产业规划等与创新地理学的结合提供了有益的探索。面向未来，需要立足实践、进一步丰富创新地理学的理论体系和方法，并进行与实践结合的多方面创新型空间规划实践，形成覆盖由理论到实践应用全知识链的创新地理学学科和知识体系，对创新型国家的建设提供有力的规划支撑。

| 参考文献 |

陈晓红，周源，许冠南，等. 2013. 产业集群向创新集群升级的影响要素和路径研究——以广东昭信科技园区为例. 中国管理科学，21（S2）：751-757.

陈勇，杨滔. 2014. 创新中心与政治经济中心分离原因探析——兼谈对规划编制的启示. 城市规划，38（7）：68-75.

李晓江. 2015.创新空间与空间创新：北京、天津等项目实践的思考.第三届城市创新发展论坛. http://www.planning.org.cn/report/view?id=48[2015-5-30].

刘硕，李治堂. 2013. 创新型城市建设国际比较及启示. 科研管理，34（S1）：58-64.

刘燕华，刘毅，李秀彬. 1998. 知识经济时代的地理学问题思索. 地理学报，（4）：289-294.

陆军. 2011. 欧洲2020战略：解读与启示. 欧洲研究，（1）：72-88，159.

王力、吴静、郑莉娜. 2015. 专家全方位解读：国家自主创新示范区的杭州机遇. http://biz.zjol.com.cn/system/2015/09/ 07/020820856.shtml[2015-09-07]

王天乐、施晓慧. 2014. 新加坡推出“智慧国家 2025”计划. http://world.people.com.cn/n/2014/0819/c1002-25490518.html [2014-08-19].

吴静. 2015. 杭州布局“一区十片、多园多点”. http://hznews.hangzhou.com.cn/chengshi/content/2015-09/09/content_ 5913163.htm[2015-09-09]

尤建新，卢超，郑海鳌，等. 2011. 创新型城市建设模式分析——以上海和深圳为例. 中国软科学，（7）：82-92.

赵峥. 2011. 国外主要创新型城市发展实践与借鉴. 决策咨询，（1）：87-92.

甄峰，徐海贤，朱传耿. 2001. 创新地理学——一门新兴的地理学分支学科. 地域研究与开发，（1）：9-11+18.

祝一君. 2007. 国外创新型城市的实践与启示. 杭州科技，（6）：57-59.

Audirac I. 2002. Information technology and urban form. Journal of Planning Literature，17（2）：212-226.

Graham S，Marvin S. 1999. Planning cybercities? Integrating telecommunications into urban planning. The Town Planning Review，70（1）：89-114.

Shiode N. 2000. Urban planning，information technology，and cyberspace. Journal of Urban Technology，7（2）：105-126.